Eduard W. Kleber
Diagnostik in pädagogischen Handlungsfeldern

Grundlagentexte Pädagogik

Eduard W. Kleber

Diagnostik in pädagogischen Handlungsfeldern

Einführung in Bewertung, Beurteilung, Diagnose und Evaluation

Juventa Verlag Weinheim und München 1992

Über den Autor
Eduard W. Kleber, Dipl.-Psych. Dr. phil., Jg. 1936, ist Professor für Schulpädagogik und Vergleichende Erziehungswissenschaft an der Bergischen
Universität-Gesamthochschule Wuppertal. Seine Arbeitsschwerpunkte
sind Pädagogische Diagnostik, Pädagogische Beratung, Sonderpädagogik
und Allgemeine Didaktik.

Die Deutsche Bibliothek — CIP-Einheitsaufnahme

Kleber, Eduard W.:
Diagnostik in pädagogischen Handlungsfeldern: Einführung in
Bewertung, Beurteilung, Diagnose und Evaluation / Eduard W. Kleber.
— Weinheim ; München : Juventa-Verl., 1992
   (Grundlagentexte Pädagogik)
   ISBN 3-7799-0346-6

© 1992 Juventa Verlag Weinheim und München
Umschlaggestaltung: Atelier Warminski, 6470 Büdingen 8
Umschlagabbildung: Edvard Munch, Der Schrei
Printed in Germany

ISBN 3-7799-0346-6

Inhalt

Einleitung

Ist es notwendig oder sinnvoll, ein weiteres Buch über Diagnostik in der Pädagogik zu schreiben?

Es gibt sehr viele Bücher zu diesem Thema und alles, was dort geschrieben steht, ist auch unter der einen oder anderen Perspektive sinnvoll und brauchbar — es ist eingeschränkt richtig. Gleiches wird wahrscheinlich auch über dieses Buch zu sagen sein. Mein Entschluß, das Buch zu schreiben, ein weiteres Buch für sinnvoll zu halten, gründet in der Hoffnung, daß ich neue pädagogische Perspektiven in die Diagnostik einbringen kann. Darüber hinaus bin ich der Überzeugung, daß eine spezifisch pädagogische Akzentuierung der Diagnostik bisher in Ansätzen nur für den sogenannten objektiven Leistungsbereich vorliegt; dabei werden Grundmuster des pädagogischen Denkens jedoch kaum berücksichtigt, sondern es geht eher darum, methodisch zu fixieren und diagnostische Verfahren für sehr schmale inhaltliche Bereiche zu optimieren.

Ob mein Plan, diese pädagogische Lücke zu verkleinern, gelingt, muß der Leser entscheiden. Es scheint mir einen Versuch wert.

Ich bin nicht dem Anliegen des Verlages gefolgt, ein weiteres Buch mit dem Titel „Pädagogische Diagnostik" zu veröffentlichen. — Ich bin allerdings dem Wunsch gefolgt, eine breite Einführung in Diagnostik für Pädagogen zu konzipieren und nicht ein alternativ-diagnostisches Buch zu schreiben. Meine Thematik ist die Position der Pädagogischen Diagnostik und nicht die Gegenposition, sondern die Integration bisher vernachlässigter Bereiche. Deshalb erhält diese Schrift über weite Strecken Lehrbuchcharakter, und es wird für diejenigen, die weiterarbeiten wollen, eine sehr große Zahl von Verweisen aufgenommen. Ich hoffe, daß meine LeserInnen sich dadurch nicht ermüden lassen, sondern gerade diese Vielfalt schätzen lernen.

Mein Wunsch für das Buch ist am Ende des letzten Kapitels auf Seite 300 zu finden.

Mein Dank gilt vor allem dem Kollegen JOCHEN NIERMANN, dessen Anregungen in vielen Gesprächen insbesondere die jetzt vorliegende Gliederung und Endformulierung wesentlich beeinflußt haben, den Herren Kollegen KLAUER und MEISTER, die mich bei der Erstellung der Konzeption zum Schreiben dieses Buches ermutigten. Des weiteren Frau SANDRA SCHULTE-OSTHOFF, die sowohl Formulierungsanregungen als auch redaktionelle Arbeiten einschließlich der Erstellung von Abbildungen und Tabellen erledigte.

Für jede Rückmeldung und Kritik, die mich nachfolgend von Lesern erreichen, danke ich schon im voraus.

Inhaltsübersicht

Für den Aufbau der Schrift folge ich acht leitenden Fragekomplexen:

(1) Worüber soll in diesem Buch geschrieben werden?

— Was ist Diagnostik? — Was soll unter einem pädagogischen Handlungsfeld verstanden werden? Welchen Modellvorstellungen folgen wir, wenn wir Diagnostik in die Pädagogik aufnehmen? Welche Kompetenzen sind dann für Lehrer notwendig?

Kap. 1: Pädagogische Diagnostik oder Diagnostik in pädagogischen Handlungsfeldern

In diesem Kapitel wird geklärt, was Diagnostik ist und in welcher Erziehungssituation sie wie — welche — Dienste leisten (können) sollte. Dabei blieben zunächst Vorformen und „diagnostische" Praktiken, die im Laufe der Zeit in pädagogische Handlungsfelder hineingenommen wurden, unberücksichtigt. Modelle der Diagnostik werden dargestellt und Kompetenzen für Diagnostiker und Beurteiler diskutiert.

(2) Welchen Zielvorstellungen und Strategien folgen wir, wenn wir Diagnostik in die Pädagogik aufnehmen?

— Welche handlungsleitenden Denkmuster werden mit der Diagnostik in die Pädagogik aufgenommen? — Was sind die Ziele diagnostischen Handelns? — Schließt am Ende diagnostisches gar pädagogisches Handeln aus?

Kap. 2: Zieldimensionen und Strategien für diagnostisches Handeln

In diesem Kapitel erfolgen eine Auseinandersetzung mit den Kompetenzen, Zieldimensionen und Strategien diagnostischen Handelns und eine abwägende Argumentation über die Verträglichkeit diagnostischen und pädagogischen Handelns.

(3) Wie ist es zum Beurteilen und zum Diagnostizieren in der Pädagogik gekommen?

— Welche Praktiken wurden hier tradiert? — Wessen Interessen wurden mit diesen Praktiken befriedigt? — Was ist als Mitwirkung solcher Traditionen auch weiterhin zu bedenken?

Kap. 3: Historische Herleitung von Diagnostik und der Weg der Diagnostik in pädagogische Handlungsfelder

Die Schule als eine verfaßte Institution wird heute keineswegs in ökologisch-phänomenologischer Richtung verwaltet bzw. praktisch betrieben. Historisch gewachsene Strukturen dominieren oft pädagogische Bedürfnisse und/oder Notwendigkeiten. So setzte mit Beginn der Reformpädagogik zu Beginn dieses Jahrhunderts und von freien und alternativen Schulen weitergetragen, die Diskussion um diese Notwendigkeit ein.

(4) Auch wenn Beurteilung in pädagogischen Handlungsfeldern tradiert ist, gibt es eine aktuelle Notwendigkeit, in eben diesen Handlungsfeldern zu diagnostizieren?

— Beruht die Beurteilungspraxis nur auf Außeninteressen? — Wie groß ist das pädagogische Bedürfnis nach Bewertung, Beurteilung und Diagnostik?

Kap. 4: Zur Notwendigkeit von Bewertung, Beurteilung, Diagnose und Evaluation in pädagogischen Handlungsfeldern

Beurteilung hat viele Funktionen, d.h. sie soll vielen Erwartungen entsprechen. Diese Erwartungsbündel werden in diesem Kapitel aufgeschnürt. Die pädagogischen Bedürfnisse für Bewertung und Beurteilung werden argumentativ herausgearbeitet. Der dominierenden Wirkung der gesellschaftlichen Verteilungsform Leistungsprinzip wird breiter Raum eingeräumt, und die pädagogisch-funktionale Wirkung derjenigen der pädagogisch-dysfunktionalen Leistungsform gegenübergestellt. Die pädagogische Notwendigkeit erweist sich als so umfänglich, daß in keinem Falle auf Beurteilung verzichtet werden kann: Beurteilungsabstinenz zeigt sich als pädagogisch ebenso dysfunktional wie reines Selektieren.

(5) Was geschieht mit dem Beurteiler und mit der unvermeidlichen Beurteilung in der Interaktionssituation?

 — Wie sieht der praktizierte Beurteilungsprozeß im pädagogischen Feld aus?

Kap. 5: Der Beurteilungsprozeß

In diesem Kapitel werden Grundprobleme des Bewertens und die vielfältigen Tendenzen, welche bereits die Wahrnehmung und darüber hinaus auch das Urteil beeinflussen, differenziert dargestellt und das Dilemma, in das LehrerInnen unausweichlich geraten, diskutiert. — Wege aus dem Dilemma werden aufgezeigt.

(6) Welche Möglichkeiten gibt es, Realität in pädagogischen Handlungsfeldern diagnostisch abzubilden?

 — Auf welche Skalen können pädagogisch relevante Tatbestände abgebildet werden?

 — Sind die Gütekriterien für Tests auch für andere pädagogische Beurteilungen relevant?

 — Welche objektivierenden Beschreibungsmuster stehen zur Verfügung?

Kap. 6: Abbildungsmöglichkeiten in der Diagnostik

In diesem Kapitel werden auf der Basis einer sehr schmalen meßtheoretischen Diskussion (hier muß auf spezielle Fachliteratur verwiesen werden) die Fragen der Meßskalenniveaus, der Gütekriterien für Beurteilungen am Beispiel von Tests — aber auch der Wert einer beschreibenden Dokumentation abgehandelt.

(7) Welche Verfahren zur diagnostischen Informationsgewinnung stehen dem Pädagogen zur Verfügung?

 — Wie kann diagnostische Information gewonnen werden, wenn Tests nicht zur Verfügung stehen oder als für die Fragestellung nicht angemessen zu erklären sind?

 — Was kann Computereinsatz dabei leisten?

Kap. 7: Wege der Analyse und Informationsgewinnung

Die in pädagogischen Handlungsfeldern wichtigsten infragekommenden Erhebungsverfahren (Tests nur sehr eingeschränkt, hierzu kann auf eine umfängliche Fachliteratur verwiesen werden) werden hier ausführlich systematisiert: Beobachtung, Gespräch, Analyse von Handlungsgestalten, schriftliche Arbeiten und Rating. Das Kapitel schließt mit der Würdigung des Computereinsatzes bei der Informationsgewinnung und Analyse.

(8) In der pädagogischen Beurteilungspraxis soll bisher überwiegend Beurteilungsinformation in eine Zensur verdichtet werden. Wie erfolgt dieses?

- Was ist eine objektive Zensur?
- Gibt es eine gerechte Zensur?
- Sind mit dem Verzicht auf die Zensur die Beurteilungsprobleme bewältigt?

Kap. 8: Der schulische Alltag als diagnostisches Feld

Ausgehend von der historischen Entwicklung der Zensurengebung werden die Möglichkeiten der Zensur und des Zeugnisses diskutiert. Konventionellen Praktiken der Notenfestsetzung werden mathematische Modelle gegenübergestellt. Die Möglichkeiten einer gerechteren Beurteilung durch die konsequente Anwendung der ökologisch-phänomenologischen Sicht werden ebenso diskutiert wie die Abschaffung von Zensur und Zeugnis.

1. „Pädagogische Diagnostik" oder „Diagnostik in pädagogischen Handlungsfeldern"

1.1 Der Ruf nach mehr Diagnostik

Seit Jahrzehnten wird nach mehr Diagnostik in pädagogischen Handlungsfeldern gerufen:

- „Die Zensurengebung genügt weder den Mindestanforderungen an die Objektivität der Auswertung, an die Gültigkeit und Zuverlässigkeit der Erfassung des Schülerverhaltens, noch liefert sie ausreichend differenzierte Informationen oder über den Rahmen einer Klasse hinaus reichende Vergleichsmaßstäbe.
- Der Vorgang des Zensierens und die Zensur sind eine viel zu unsichere Basis, um daraus pädagogische Maßnahmen abzuleiten.
- Für die pädagogische Diagnostik in Deutschland hat die Neuzeit noch nicht begonnen." (INGENKAMP 1975, S. 24)

Diese Einschätzung aus den frühen 70er Jahren wird den Ausführungen vorangestellt, weil sie in exemplarischer Weise die Problematik verdeutlicht, mit der sich dieses Buch ausführlicher beschäftigen wird. Tatsächlich sind die seit Einführung des öffentlichen Bildungswesens in Millionen von Fällen von PädagogInnen[1] getroffenen Urteile sowohl im Hinblick auf die zu fordernden Maßstäbe einer Urteils-Güte als auch im Hinblick auf ihre Eignung zur Ableitung pädagogischer Maßnahmen höchst unzureichend. Insofern ist INGENKAMPs Kritik an der Art und Weise, wie in Lehr-Lern-Prozessen beurteilt wird, wohl uneingeschränkt zuzustimmen. Die schulische Leistungsdiagnostik muß eindeutig als ein defizitäres Feld pädagogischer Bemühungen angesehen werden. In Übereinstimmung mit INGENKAMP wird deshalb gefordert, durch verstärkte Reflexion, Forschung, Ausbildung und Aufklärungsbemühungen die Situation zu verbessern.

---

1 Bei der Formulierung des Textes wird oft die männliche Form einer Position verallgemeinert, weibliche Mitglieder sind selbstverständlich immer mitgemeint. Eine zufriedenstellende Lösung für eine gleichberechtigte Darstellung ist nicht bekannt (vgl. HORSTKEMPER 1987). Ich halte den Gebrauch der Suffixe-In bzw. -Innen keineswegs für eine Lösung. Geneigte Leser werden finden, daß ich verschiedene Möglichkeiten angewandt habe, um die patriarchalische Darstellungsform aufzuweichen.

INGENKAMP hatte Ende der 60er, Anfang der 70er Jahre gerade den Begriff „Pädagogische Diagnostik" auf den Weg gebracht und mit der Herausgabe der „Deutschen Schultests" begonnen. Er setzte hier auf Schmalbandverfahren in Form von Tests; das ist ein bekannter Weg, um die Präzision von Meßverfahren zu erhöhen. Der Beginn der „Neuzeit in der pädagogischen Diagnostik" führte fortan zu gewaltigen Bemühungen, um die Präzision (Objektivität und Zuverlässigkeit) bei der Informationserhebung zu verbessern; mit diesem Hochloben von Testverfahren ging gleichzeitig eine vernichtende Kritik des Lehrerurteils einher, wenn es sich nicht auf Tests gründete; insgesamt gesehen wurde eine Ära der testpsychologischen Aufrüstung in den Schulen eingeleitet. Dieser „neuzeitliche", von INGENKAMP propagierte Weg führte zugleich auch in ein Dilemma: Je höher die Präzision (Fidelität), desto schmaler die relevante Beurteilungsinformation, denn die Optimierung der Präzision verlangt die Einengung auf ein immer spezifischer herausgearbeitetes Kriterium bei schrittweise immer breiterer Ausblendung des Kontextes. Je größer die Einengung, die Ausblendung des Kontextes, desto geringer die Relevanz der Beurteilungsaussage. Dieses in der Diagnostik bedauerliche Phänomen wird in der Literatur als das „Bandbreite-Fidelitäts-Dilemma" (vgl. CRONBACH/ GLESER 1965; CRONBACH 1970) diskutiert. So entstand zunächst zu Beginn der „Neuzeit" bei einer Reihe von PädagogInnen eine Testgläubigkeit, bei anderen dagegen eher eine Testreserviertheit, weil neben der immer breiteren, schrittweisen Ausblendung des Kontextes auch ein wachsender Aufwand bei der Informationserhebung notwendig wurde. Aus einem Empfinden des Relevanzmangels und der geringen Hilfe einer solchen Testdiagnostik für die Förderung von Lernprozessen, insbesondere bei Lernschwierigkeiten, schlug die Haltung von LehrerInnen oft in eine Testfeindlichkeit um. Beides erwies sich nicht als ein Weg zur Verbesserung der defizitären Situation.

Seit Anfang der 80er Jahre ist ein Swingback zu beobachten. Versucht wurde eine Rehabilitation des Lehrerurteils (vgl. SOMMER 1983; WEINERT/ SCHRADER 1986) ohne umfängliche diagnostische Verbesserungsmaßnahmen. Ein gewisser Vorteil des Lehrerurteils herkömmlicher Art liegt in der Breitbandmethode seiner Informationserhebung; hierin liegt eine mögliche Stärke. Allerdings ist darauf zu achten, daß diese etwas überhastete Rehabilitation nicht aus dem zaghaften Beginn einer fraglichen Neuzeit ins finstere Mittelalter zurückführt. Schultests, kriterienorientierte Tests, insbesondere informelle Tests, sind ohne Zweifel nützliche Methoden der Informationserhebung in pädagogischen Handlungsfeldern. Nachdem das Lehrerurteil in Grund und Boden verdammt worden war, war seine Rehabilitation dringend notwendig, doch sollte sie sich nicht darin erschöpfen zu feiern, daß seit Hunderten von Jahren in Millionen von Fällen Lehrerurteile nützlich waren (manchmal auch für die Lernenden). – Das Lehrerurteil ist durch eine konstruktive Auseinandersetzung mit dem Bandbreite-Fidelitäts-Dilemma und der kontrollierten Breitbandinformationserhebung zu verbessern. Auf diese Weise kann auch eine echte (und nicht nur eine proklamierte) Rehabilitation des Lehrerurteils erreicht werden.

Darüber hinaus sind bisher noch zahlreiche Problemstellungen offen, die dringend einer Bearbeitung bedürfen:

- So sind die SchülerInnen als wichtige Informanten (Selbstbewertung) im schulischen Bewertungsprozeß noch zu entdecken.
- Die Bündelung von Informationen aus verschiedenen Perspektiven, eine Forderung der phänomenologisch orientierten ökologischen Ansätze in der Pädagogik, wird bisher bei der Beurteilung zu wenig berücksichtigt.
- Bei der Quantifizierung von Beurteilungen (z.B. in Schulnoten) wird deren Unzuverlässigkeit nicht genügend berücksichtigt, es wird nicht mit Vertrauensbereichen gearbeitet.
- Urteile werden überdifferenziert.
- Der gesamte Bewertungsprozeß, der der Abgabe einer Beurteilung vorausgeht, bleibt vom Beurteilungsdenken und -handeln ausgenommen, der Beurteiler wird außen vor gelassen.
- Der Kontext des beurteilten Kriteriums wird oft infolge der Bemühungen um Erhöhung der Objektivität vernachlässigt, was zu Problemen der diagnostischen Fairneß und Ethik führt (Schmalbandproblematik).
- Eine Folge der Ausblendung dieser Aspekte sind perspektivisch verzerrte Beurteilungen, die in bestimmten individuellen Lagen eher als Verurteilungen entlarvt werden können.

Die Auseinandersetzung mit dem Aspekt der Bewertung im alltäglich menschlichen und pädagogischen Handeln und mit dem diagnostischen Prozeß, der zur abschließenden Beurteilung führt, ist für die Ausbildung und die Arbeit von BeurteilerInnen grundlegend. Der Ruf nach mehr Diagnostik in pädagogischen Handlungsfeldern bleibt.

1.2 Diagnose — Diagnostik

1.2.1 Definitionen

Der Begriff Diagnose wird von altersher in der Medizin verwendet. Er stammt aus dem Griechischen: dia-gnosis = auseinander-erkennen (unterscheiden). Es geht um das „Auseinander-Erkennen" von Normal- und Krankheitszustand. Allgemein stellt Diagnostik die methodische Erforschung der Merkmale eines Gegenstandes oder einer Person dar (vgl. BROCKHAUS ENZYKLOPÄDIE 1968, S. 684). Die Begriffe Diagnose und Diagnostik wurden aus der Medizin sowohl in die Psychologie als auch in die Sonderpädagogik und von dort in die Pädagogik übernommen. Am ausführlichsten hat sich in den letzten achtzig Jahren die Psychologie mit diesem Arbeitsgebiet befaßt. Im Wörterbuch der Psychologie wird Diagnostik definiert als „die mit qualitativen und quantitativen Kenndaten zu ermittelnde Charakterisierung 1. des Zustandsbildes eines Menschen und seiner Position innerhalb eines bestimmten Bezugssystems und 2. der Bedingungen und Ursachen, die zur Ausprägung des Zustandsbildes geführt haben, aber 3. auch das damit verbundene Ziel, eine Prognose zu geben und über durchzuführende Maßnahmen zu entscheiden" (CLAUSS 1978, S. 105). Neben der diagnostizierenden Praxis, die als ihr Endprodukt eine Diagnose, eben jene Charakterisierung, sieht, wurde Diagnostik in der Psychologie zu einer wissenschaftlichen Disziplin entwickelt. „Psychologische Diagnostik wird als eine wissenschaftliche Disziplin der Psychologie verstanden, deren Aufgabe darin besteht, eine Methode zu entwickeln, mit deren Hilfe Aussagen über psychologisch relevante Charakteristika von Beurteilungsverhalten, das heißt über Personen, Institutionen oder Gegenstände gewonnen werden sollen." (JÄGER 1986, S. 112)

Die wissenschaftliche Disziplin „Diagnostik" wird dann, wenn sie zur Gewinnung von relevanten Aussagen auf psychologische Fragestellungen angewendet wird, zur psychologischen Diagnostik, sie kann analog bei ihrer Anwendung auf pädagogische Fragestellungen zur pädagogischen Diagnostik werden usw. Diagnostik bezeichnet somit sowohl die Bemühung um geeignete Methoden als auch die Anwendung geeigneter Methoden zum Erkenntnisgewinn bei präzisierten gegebenen Fragestellungen. Als angewandte Diagnostik handelt es sich um ein theoriegeleitetes Verfahren zur Datengewinnung und -reduktion. „Unter Diagnostik soll zunächst die theoriegeleitete Datengewinnung und -reduktion im Rahmen eines gewichteten Entscheidungsverfahrens im Hinblick auf ein vorgegebenes Behandlungsziel verstanden werden." (ROLLETT 1976, S. 139)

Die Frage nach der Methode lautet: „Wie lassen sich Personmerkmale, Umweltmerkmale und Merkmale von Person-Umweltinteraktionen erfassen und auswerten?" (WESTMEYER 1976, S. 75) Theoriegeleitete, systematische, kontrollierte bzw. kontrollierbare Datengewinnung und Datenreduktion charakterisieren jede Diagnostik. Zur Kontrollierbarkeit sind präzisierte, gegebenenfalls in Verhaltensbegriffen operationalisierte und auf ihre Beantwortbarkeit hin überprüfte Fragestellungen notwendig. In der Präzisierung oder Operationalisierung werden klar definierte Kriterien zu einer Fragestellung entwickelt, die zu einer überprüfbaren Entscheidung bzw. zu einem argumentativen Urteil (nicht zu einem Wahrheitsurteil) führen, das sich auf dieser Grundlage auch jederzeit überprüfen läßt. Diese Charakteristika unterscheiden Diagnostik von alltäglichen Beurteilungen wie sie auch in der Schule gang und gäbe sind.

Tradierte Diagnostikkonzepte sind aus unterschiedlichen Gründen immer wieder heftiger Kritik unterzogen worden. Ihnen wurden folgende Argumente entgegnet:
— Sie seien zu eingeengt und ausschließlich auf den innerpersonalen Bereich bezogen;
— sie blieben argumentativ unzureichend begründet;
— sie seien oft unkritisch fixiert, würden Stereotypisierungen und Vorurteile beinhalten und gäben zudem eine nicht vorhandene Objektivität vor;
— sie konstituierten eine neue artifizielle Wirklichkeit und
— seien in der Praxis zu wenig konstruktiv und nicht hilfreich.

So sah sich PAWLIK (vgl. 1976) genötigt, der psychologischen Diagnostik die Diagnose zu stellen. Er zeigt, daß mit der Entwicklung der Diagnostik die Bewertungs- und Beurteilungsprobleme keineswegs als gelöst betrachtet werden können, sondern daß durch die Bemühungen um eine bessere, die wissenschaftliche Methode, erst eine Vielzahl von Problemen der Diagnostik sichtbar und bewußt gemacht worden ist, nicht ohne auch neue Probleme aufzudecken (z.B. das Bandbreite-Fidelitäts-Dilemma).

1.2.2 Modelle der Diagnostik

1.2.2.1 Indirekte versus direkte Diagnostik

Diagnostisches Handeln wird durch eine Fragestellung eingeleitet und verfolgt die daraus abgeleiteten Ziele. Diese sind in der Regel auf Beratung, Therapie oder Selektion angelegt. Wie ich welche Ziele erreiche, hängt von der Auswahl, Akzentuierung und Handlungsrichtung ab, die bestimmten Modellvarianten folgt, und insofern werden absichtlich oder unabsichtlich auch die in den Modellen enthaltenen Prämissen übernommen. In der Diskussion, speziell auch bezogen auf pädagogische Handlungsfelder, werden zunächst indirekte von direkten Modellen unterschieden.

Indirekte Diagnostik ist nicht unmittelbar auf therapeutische oder pädagogische Maßnahmen ausgerichtet. Sie hat als vorgeordnetes Ziel die Erkundung der Persönlichkeit bzw. der Problemursachen in der Persönlichkeit. Sie ist deshalb weitgehend Persönlichkeitsdiagnostik. Hierzu betrachte man folgendes Beispiel aus dem Handlungsfeld der Sonderpädagogik: Im Sinne indirekter Diagnostik wird nach Defekten und Defiziten in der Person gesucht. Aus den diagnostischen Daten wird ein Persönlichkeitsbild des Schülers erstellt. Aufgrund dessen wird er der Gruppe der Lernbehinderten zugeordnet; er wird als lernbehindert diagnostiziert (etikettiert). Damit sind noch keine oder kaum verwertbare Informationen für konkrete und gezielte pädagogische Maßnahmen verbunden (letzteres würde man von einer direkten Diagnostik erwarten). Für den defizitären Persönlichkeitstyp „Lernbehinderter" gibt es allerdings aufgrund einer entsprechenden Persönlichkeitstheorie ein umfängliches pädagogisches Rahmenprogramm: die Schule für Lernbehinderte. Über die Umschulung sind also aus der indirekten Diagnostik (Umweg über eine Persönlichkeitstheorie) dann doch pädagogische Maßnahmen herzuleiten (indirekt). Diese sind jedoch, an einem Persönlichkeitstypus orientiert, recht allgemein und können für die individuelle Situation eines einzelnen Schülers recht unergiebig sein. Somit erweist sich diese Art von Diagnostik für pädagogisches Handeln als problematisch.

Im Gegensatz dazu bezieht sich direkte Diagnostik unmittelbar auf Lernziele, Lernwege und individuelle Ausgangsbedingungen von SchülerInnen. Sie erbringt deshalb auch direkte Informationen für konkretes pädagogisches Handeln. Direkte Diagnostik ist in der Psychologie weitgehend mit Verhaltensdiagnostik identisch. Neben der Frage der Direktheit in der Beziehung von Problemen zu konkreten Interventionen werden in der Literatur in bezug auf die Verankerung der Problembedingungen und die daraus hergeleitete Richtung für Interventionen drei Modellvarianten unterschieden.

17

1.2.2.2 Das medizinische Modell der Diagnostik

Das medizinische Diagnostik-Modell spielt seit jeher in der Pädagogik eine große Rolle. Das liegt nicht nur an der Verbindung der beiden Disziplinen im sonderpädagogischen Bereich und der Einrichtung medizinisch-pädagogischer diagnostischer Instanzen, sondern sicher auch an der Plausibilität, die die in diesem Modell enthaltenen Vorstellungen für den „gesunden Menschenverstand" haben. Konsequent wurde es von SZASZ (vgl. 1960) kritisiert, und die Kritik verstummte seit dieser Zeit unter den Sonderpädagogen nicht mehr. In der Schulpädagogik wird das darin liegende Problem kaum zur Kenntnis genommen, und somit sind Beurteilungen auf der Grundlage dieser Vorstellungen immer wieder und überall anzutreffen. Da seine Konsequenzen pädagogisch eher dysfunktional sind, scheint es wichtig, daß sich jeder Diagnostiker in der Pädagogik sowie jede Lehrperson über die expliziten und impliziten Modellvorstellungen Rechenschaft gibt und sich von einem medizinischen Diagnostik-Modell entfernt.

Was ist das sogenannte medizinische Modell und wie funktioniert es? BUSS (vgl. 1966) unterscheidet in der Medizin drei Krankheitsmodelle:

– Infektions-Krankheitsmodell: Von außen treffen Elemente (Viren u.ä.) auf den Körper und verursachen Dysfunktionen oder Veränderungen im Organismus (Infektionskrankheiten, die, sobald sie das Nervensystem einbeziehen, Verhalten und Lernen beeinflussen können).

– Systematisches Krankheitsmodell: Hierbei handelt sich um dysfunktionale Normabweichungen organischer Prozesse (Zuckerkrankheit u.ä.). Für den pädagogischen Bereich lassen sich zahlreiche Analogien für Behinderungen und Beeinträchtigungen des Lernens angeben.

– Traumatisches Krankheitsmodell: Ein durch eine Außenwirkung entstandener Schaden in der Person bzw. dem Organismus geht mit einer mehr oder weniger generellen Dysfunktion des Organismus einher (z.B. Minderleistungen). Der diagnostizierende Pädagoge kann hier an „Verwahrlosung", „familiäre Belastung" oder ähnliches denken.

Die verschiedenen Formen dieses medizinischen Modells halten alle an folgenden Grundannahmen fest (vgl. GOLDENBERG 1973):

– Träger von gestörtem oder auch angemessenem Verhalten, auch im Lern- und Leistungsbereich, ist das Individuum. Es funktioniert normal oder es ist krank (mangelnde Begabung und spezielle Schwächen im Lernen, z.B. Legasthenie, werden als eine Art Krankheit aufgefaßt, als spezielle Arten einer „mental illness"[2]).

– Die Symptome jeder nicht-körperlichen Krankheit lassen sich wie diejenigen einer körperlichen Krankheit beobachten und bewerten.

– Die Krankheit entspricht bestimmten zugrundeliegenden Agenten oder Prozessen, die innerhalb des Patienten gegeben sind.

---

2 Mental illness (Geisteskrankheit): Der Begriff Geisteskrankheit wird in Deutschland sehr viel spezifischer gebraucht als der Begriff „mental illness" im Angelsächsischen. „Mental illness" steht im Angelsächsischen als Sammelbegriff für nichtkörperliche Krankheiten.

– Das gestörte oder unangepaßte Verhalten ist nicht nur ein quantitativ anderes, es erhält zusätzlich eine andere Qualität (Krankheitsqualität) und ist nicht mehr unmittelbar mit demjenigen unauffälliger Individuen vergleichbar. Deshalb wurde von der Sonderpädagogik, soweit sie diesem Modell folgt, eine Behindertenpsychologie gefordert, die sich speziell mit diesen qualitativen Unterschieden befaßt.

– Viele solcher individuellen Krankheiten haben eine mehr oder weniger spezifische Ätiologie; oft wird eine Folge emotionaler Störungen in der frühen Kindheit angenommen.

– Wurde die Krankheit richtig diagnostiziert und ist die Ätiologie erst einmal bekannt, kann die Therapie beginnen.

– Die Therapie ist primär patientenbezogen, sie richtet sich zuallererst auf das Individuum, dann erst, wenn überhaupt, auf dessen Umfeld.

Das medizinische Modell ist in bezug auf seine Konsequenzen pädagogisch problematisch, wenn nicht sogar unerwünscht. Es untersucht vornehmlich die Lernperson, verankert die Probleme an bzw. in der Person und berücksichtigt die pädagogische Situation nur ungenügend. Die Analyse pädagogischer Probleme wird systematisch verzerrt, pädagogische Möglichkeiten werden vertan.

1.2.2.3 Das interaktionistische Modell der Diagnostik

In interaktionistischer Modellsicht werden weder abweichendes Verhalten noch Lernminderleistungen im Sinne einer „krankhaften Veränderung" im Individuum verstanden. Selbst eine Reihe medizinischer Krankheiten wird als das Ergebnis bestimmter Wechselwirkungen zwischen dem Individuum und seiner Umwelt aufgefaßt. Das Individuum ist nicht krank, sondern die Interaktionen mit seiner Umwelt sind gestört bzw. inadäquat entwickelt. Im Symbolischen Interaktionismus wird postuliert, daß die objektive Umwelt nur eine geringe Rolle, sozusagen als ein Substrat, spielt und daß die objektive Umwelt erst durch definierende bzw. interpretierende Akte eines Individuums zu der Umwelt wird, in der es lebt. Die Welt, in der wir interagieren, ist gewissermaßen eine symbolische (vgl. für den pädagogischen Bereich KRAPPMANN 1972; HOMFELDT 1974; BRUSTEN/HOHMEIER 1975). Nach dem Symbolischen Interaktionismus wird ein Individuum erst krank, indem es sich selbst als „krank" definiert oder von einem Diagnostiker als „krank" definiert wird.

Damit erhalten LehrerInnen, die sich speziell in der Rolle der Definierer befinden, eine besonders verantwortungsvolle Position, denn sie bewerten nicht nur Vorgefundenes, sondern sie schaffen mit ihrer Bewertung auch eine neue Realität (vgl. zu den Konzepten Stigmatisierung und Labelling Approach BRUSTEN/HOHMEIER 1975).[3]

---

3 Stigmatisierung/Labelling Approach: Vor dem Hintergrund der philosophischen Richtung des Symbolischen Interaktionismus (vgl. MEAD 1968; BRUMLIK 1983) hat die Kriminalsoziologie ein theoretisches Konzept entwickelt, das auch für die Pädagogik Bedeutung hat. Demzufolge wird die Welt (Umwelt) erst real erlebbar, indem wir sie in Symbolen (Etiketten/Label) für uns erfahrbar machen. Auch Personen werden auf diese Weise von uns „etikettiert". „Fremdbilder" sind komplexe Etiketten, die eine Person aus den Reaktionen von anderen Personen in bezug auf sich

Diagnostik richtet sich, diesem interaktionistischen Modell zufolge, auf die Wechselwirkungen zwischen Individuum und Umwelt (niemals allein auf das Individuum) und berücksichtigt dabei vor allem auch die verschiedenen Fremdbilder, die einer Person durch externe Beurteiler (Definierer) zugeschrieben werden. Diagnostik wird auf Veränderung dieser Interaktionen angelegt; den Beurteilten sowie den Beurteilenden wird Beurteilung als ein definierender Akt vor „Augen" geführt und deshalb Wert auf behutsames Bewerten gelegt. Das interaktionistische Modell ist in pädagogischen Handlungsfeldern brauchbarer als das medizinische. Die bessere Aufklärung der Bedingungen für die Probleme aufgrund des Aufdeckens von Wechselwirkungen kann pädagogisch wichtige Hinweise geben. In der Form des Symbolischen Interaktionismus kann das interaktionistische Modell als Kritikrahmen für das Beurteilungshandeln genutzt werden. Es wird in der Praxis oft nicht konsequent genutzt, und die Definitionen sind mit Zeitverschiebung doch wieder auf die Person gerichtet. Lehrer glauben oder proklamieren heutzutage aufgrund ihres Wissensstandes und im Sinne der sozialen Erwünschtheit[4], daß sie nach dem interaktionistischen Modell beurteilen.

Wenn z.B. in der Diskussion um Probleme in der Hauptschule die Vokabel vom „Schülermaterial" auftritt oder wenn die „familiäre Belastung" und/oder das „ungünstige Erziehungsmilieu" als Erklärung für ein bestimmtes Verhalten oder eine gezeigte Leistung herangezogen bzw. als Entlastung benannt werden, ist Vorsicht geboten. − „Selbstverständlich liegt es überwiegend an der Umwelt . . .", „nein, der Schüler ist nicht krank . . .", „aber bei einem solchen Elternhaus, was will man da erwarten . . .", „er ist einfach verdorben worden; da wären sicher viele Möglichkeiten gewesen, früher − aber jetzt . . .", „wenn überhaupt, dann ist in diesem Fall nur mit Verhaltensmodifikation, mit Sonderpädagogik, noch etwas zu erreichen." Solche Aussagen enthalten alle Implikationen und Konsequenzen des medizinischen Modells (Typ: Traumatisches Krankheitsmodell). An dieser Stelle der Problementwicklung ist beim Lehrer selbst Diagnostik überflüssig und Pädagogik machtlos (das interaktionistische Modell ist gekippt). Eine konsequente Weiterentwicklung des interaktionistischen Modells führt zu einer ökologisch-phänomenologischen Variante.

---

selbst „ablesen" kann. Wenn solche Etiketten für Personen negative Konsequenzen haben, handelt es sich um eine Stigmatisierung (z.B. werden Schüler durch die Zuschreibung des Etiketts „Schulversager" stigmatisiert). Wenn Fremdbild und Selbstbild nicht übereinstimmen, wird unter bestimmten Bedingungen in einem genau zu beschreibenden Prozeß das Selbstbild dem Fremdbild angepaßt. Der Etikettierte paßt sein Selbstbild und sein Verhalten dem Etikett (Label) an; deshalb bezeichnet man dieses Konzept kurz als: Labelling Approach.

4 Soziale Erwünschtheit „social desirability" bezeichnet einen Fachbegriff, der in bezug zur Diagnostik mit Fragebogen erarbeitet wurde. Er gilt zunächst für Antworten, darüber hinaus aber auch für Verhalten und bezeichnet die Tendenz von Personen, so zu antworten, wie sie annehmen, daß es von der Öffentlichkeit oder von ihrer Bezugsgruppe erwartet wird.

1.2.2.4 Das ökologisch-phänomenologische Modell der Diagnostik

Im ökologischen Modell wird die individuelle Lebens- und Lernsituation zum Gegenstand der Diagnostik und Intervention (vgl. Kap. 1.3.2). Das betrachtete Individuum wird als ein „Moment"[5] seiner eigenen Situation gesehen (im Falle der Diagnostik als ein „Moment", auf das die Betrachtung fokussiert wird). Diagnostiziert werden die Bedingungen, unter denen ein Individuum sich entwickelt und lebt bzw. lernt (vgl. KLEBER 1985b, 1987a; BRONFENBRENNER 1979), und nicht die jeweiligen Personen selbst. So wird ein Diagnostiker, der diesem Modell folgt, feststellen, daß bei Schüler S eine ungünstige Lernsituation vorliegt und dieser aufgrund dessen die erwartete Leistung nicht bringen konnte. Die ungünstige Lernsituation wird in konkreten Bedingungen beschrieben, Passungen und vor allem Unpassungen zwischen den verschiedenen Bedingungsbereichen werden aufgezeigt. Auf dieser Grundlage wird die Verbesserung der individuellen Lernsituation geplant. Das Ergebnis der Diagnose ist weder ein „schulschwacher" noch ein „verhaltensgestörter" Schüler, sondern die näher bestimmte „ungünstige, individuelle Lernsituation" bzw. „Störungen in den Handlungssystemen". Dies bedeutet keinesfalls, daß auf der Bedingungsseite die Umwelt als dominant behauptet wird, auch die Bedingungen in der Person werden gebührend berücksichtigt. Die Diagnostik nach dem ökologischen Modell (vgl. auch Beratungsdiagnostik; KLEBER 1978a, S. 207) ist auf eine Verbesserung der individuellen Lernsituation und der Interaktionen in den relevanten Handlungssystemen in dieser Situation angelegt.

Für den schulpädagogischen Bereich läßt sich die Lernsituation eines Schülers in drei Bedingungsfelder aufteilen (vgl. Abb. 1).

Die Diagnostik in der Schule bezieht sich als erstes immer auf die Analyse der innerschulischen Bedingungen und die Wechselwirkungen zwischen dem Individuum und diesen Bedingungen, denn hier sind am ehesten pädagogische Maßnahmen im Sinne einer Verbesserung möglich. Sie bezieht sich erst in zweiter Linie auf die außerschulischen Bedingungen; dabei ist das Interesse auch nicht so sehr darauf ausgerichtet, diese zu ändern, sondern es ist stärker darauf gerichtet, die Wechselwirkungen mit den innerschulischen Bedingungen besser oder überhaupt erst zu verstehen, um auf diese Weise in den innerschulischen Bedingungen gegebenenfalls Kompensationen für ungünstige außerschulische Bedingungen vornehmen zu können. Die Analyse der personalen Bedingungen schließlich erfolgt nicht zum Zwecke einer Persönlichkeitsbeurteilung, sondern um angemessene innerschulische Bedingungen schaffen zu können (zum Zwecke der Individualisierung und des Verstehens). Nicht die Maximierung sogenannter objektiver Fakten (Objektivität als zentrales Ziel), sondern das Verstehen der Situation und eine kontrollierte Subjektivität stehen im Mittelpunkt der diagnostischen Bemühungen.

---

5   Ein „Moment" ist ein dynamisches Element in einem System. Ihm kommt eine eigenständige Dynamik zu, und es unterscheidet sich insofern von den übrigen Elementen eines Systems, die vollständig durch das System determiniert sind.

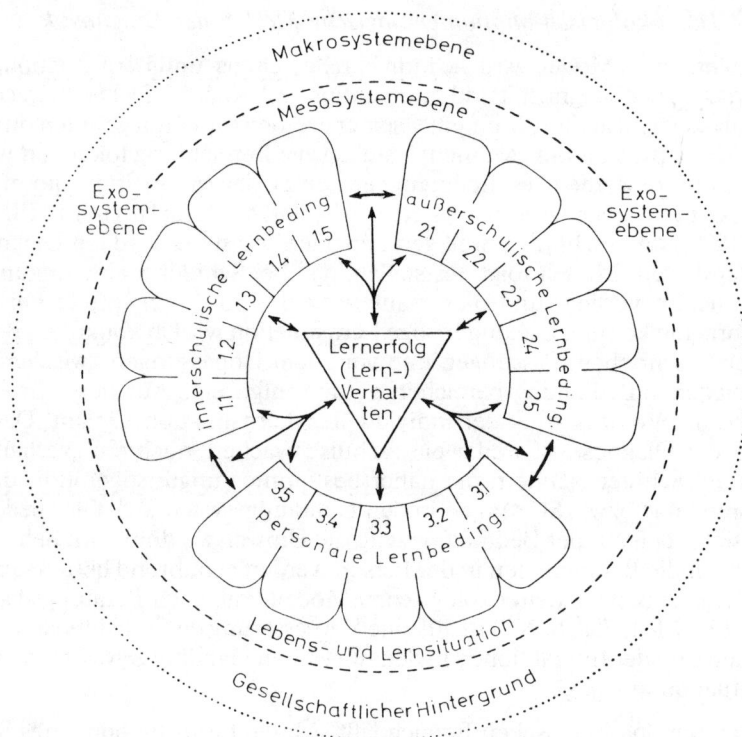

Abb. 1: Gliederung der individuellen Lebens- und Lernsituation eines Schülers ´
1.1 bis 1.5 einzeldefinierte innerschulische Lernbedingungen
2.1 bis 2.5 einzeldefinierte außerschulische Lernbedingungen
3.1 bis 3.5 einzeldefinierte personale Lernbedingungen, wobei Arbeits- und Lerntechniken, Interessen, Gewohnheiten, Fertigkeiten und Meinungen der Person im Vordergrund stehen und Eigenschaften nicht diagnostiziert werden.

Zum Verstehen der individuellen Lehr-Lern-Situation und zur Interpretation gesammelter Daten (Diagnostik) wird es unter dem ökologisch-phänomenologischen Modell notwendig, unterschiedliche Positionsinformationen einzuholen (vgl. Kap. 1.3.2). Dies erfolgt unter der phänomenologischen Prämisse, daß die Realität nicht objektiv erschlossen werden kann. Wenn jemand seine Umwelt in einer bestimmten Weise erlebt, wenn er sie für sich in einer besonderen Weise gestaltet, so hat diese „Sichtweise" für diese Person reale Konsequenzen (vgl. THOMAS/THOMAS 1928; BRONFENBRENNER 1979). Nur unter Berücksichtigung dieser Tatsache können erhobene Daten angemessen interpretiert und eine ökologische Gültigkeit gesichert werden.

Dieses phänomenologische Postulat ist nicht nur eine Erkenntnis der Philosophie und der geisteswissenschaftlichen Pädagogik, sondern es wird auch in der völlig empirisch-statistisch orientierten Testpsychologie in eingeschränkter Weise angewandt. Ergebnisse aus sogenannten objektiven Tests werden von erfahrenen Psychologen, wenn sie Minderleistung ausweisen, immer erst dann im Sinne des Testkonzeptes interpretiert, wenn über testbegleitende Beobachtung und im Gespräch mit dem Probanden[6] sichergestellt ist, daß die Testinstruktion voll verstanden wurde und der Proband sich für die Durchführung motivieren ließ (er nicht blockierte).

Es gibt eine Vielzahl weiterer Modellvarianten, die sich nach verschiedenen Gesichtspunkten ordnen lassen. Für diese soll hier nur noch eine synoptische Zusammenstellung erfolgen. Tabelle 1 (s. S. 24) gibt einen Überblick unter dem Gesichtspunkt unterschiedlicher Therapie- oder Maßnahmeformen für den psychologischen und pädagogischen Bereich.

Tabelle 2 stellt unterschiedliche Positionen für Diagnostik in der Pädagogik dar (s. S. 25).

1.3 Die Erziehungssituation als allgemeines pädagogisches Handlungsfeld

Pädagogik, in jüngerer Zeit auch Erziehungswissenschaft, ist die Wissenschaft von der Erziehung, die sich in Erziehungssituationen konkretisiert. In der angewandten Pädagogik sind Lehren und Lernen zentrale Gegenstandsbereiche. Die Erziehungssituationen, in Abhängigkeit vom Alter der Lernenden und dem Hintergrund des Lehrenden auch als Bildungssituationen[7] definiert, umspannen einen Großteil der Wachzeit des Menschen gerade in den entwicklungsrelevanten Epochen des Lebens. Die Entwicklung einer Person vollzieht sich überwiegend in Erziehungssituationen. Erziehungssituationen sind daher auch immer Entwicklungssituationen. Angewandte Pädagogik und Entwicklungspsychologie sollten deshalb aufs engste zusammenarbeiten. Die bis-

---

6 Proband: Fachausdruck der Psychologie für die Person, die einer Beobachtung oder einer Testdurchführung „unterworfen" wird (man beachte den Objektcharakter dieser Ausdrucksweise!).

7 Das Ideal der Bildung stammt aus dem humanistischen Bildungsdenken. Es ist die sich in ihrem Eigencharakter hervorbringende selbständige Individualität, die sich auch unter widrigen Bedingungen in Freiheit entschließen und handeln kann. Bildung läßt sich dann entweder als „Prozeß begreifen, in dem eine als wünschenswert ausgegebene Persönlichkeitsstruktur hervorgebracht werden soll" (MENZE 1980, S. 350) oder als „ein Anregen und In-Tätigkeit-Setzen aller Kräfte des Menschen, damit diese sich in dem ihnen eigenen Telos entfalten können. Sie ist somit Ausbildung dieser Vermögen (Dispositionen) und zwar so, daß sich jedes Vermögen, indem es ist, voll entfaltet, gleichzeitig aber auch keine anderen in ihrer Entfaltung einschränkt. Wilhelm von HUMBOLDT spricht daher von dem harmonisch-proportionierlichen Spiel der Kräfte des Menschen, in dem sich der Mensch zunehmend als Mensch selbst, ohne Blick auf seine spezifische Funktionalität, in dem, was er seiner Natur oder Idee nach ist, hervorbringt. Bildung ist daher nur als Selbstbildung möglich" (MENZE 1980, S. 351).

Tab. 1: Synoptische Darstellung unterschiedlicher Therapie- und Maßnahmeformen (in Anlehnung an PRICE 1972)

Basis-Annahmen	Begriffe	spezielle Begriffe	"Kausale" Faktoren	Beschreibungsart	Therapieformen	Vetreter
Krankheitsprinzipien	körperliche Krankheit	Nosologie, Ätiologie, Symptom, Syndrom, Prognose	organische, bio-chemische Faktoren	Symptome, Syndrome, organische Störungen	medizinische Behandlung, Medikamente, Schock-Behandlung chirurgische Eingriffe	MEEHL, AUSUBEL, KRAEPELIN
Psychoanalytische Prinzipien	Innerpsychischer Konflikt	Es, Ich, Über-Ich, Angst, Abwehr	unbewußte Konflikte von Ich, Es, Über-Ich	Abwehr/Angst	Psychoanalyse	FREUD und Epigonen
Moralische Prinzipien	Moral, Religion	Sünde, Schuld, Bekenntnis, Beichte, Buße	sündhaftes Verhalten	Symtome, die sich auf Angst und Schuld beziehen	Redlichkeitstherapie, Beichte und Buße	MOWRER
Humanistische Prinzipien	Aktualisation, Reifen	Erfahrung, Selbst-Wert, Unangemessenheit, Bedingungen des Werts	Bedingungen des Selbstwertes, Unzulänglichkeit	wechselndes und schlecht organisiertes Verhalten	klientenzentrierte Therapie, Sensivity-Training	ROGERS, MASLOW, MAY
Lernprinzipien	Lernen	Reiz, Reaktion, Verstärkung, klassisches bzw. operante Konditionieren	Verstärkung, klassische und operante Konditonierung	unangemessenes, unangepaßtes, auffälliges Verhalten	Verhaltenstherapie, Desensitivierung, Shaping u.a.	SKINNER, EYSENCK, BANDURA, ULLMANN, KRASNER, WOLPE
Soziale/Soziologische Prinzipien	Abweichen (Devianz), Normverletzung	Normen, Regeln, Regelverletzung, Karriere, Stigma	verschiedenartige Faktoren: organisches, psychologisches, soziales Labeling	abweichendes Verhalten; die Reaktion der Umwelt wird betont	institutionelle Reformen	GOFFMANN, BECKER, SCHEFF, SARBIN
Ökologische Prinzipien	ungünstige Bedingungskonstellation, gestörte Handlungssysteme	Bedingungsanalyse, phänomenologische Perspektiven	eskalierende Entwicklung aufgrund fehlender Passung von Bedingungen, Interaktion verschiedener Faktoren	individuelle Lebens- und Lernsituation, Handlungssysteme	Verbesserung der Arbeits-/Situation durch engagiertes gemeinsames Handeln	KLEBER, FATKE, BRONFENBRENNER

Tab. 2: Charakteristika verschiedener exemplarischer Ansätze für Diagnostik in der Pädagogik (nach BARKEY 1976)

Kennzeichnung	Grundannahmen	Ziel pädagogischer Diagnostik	Zentrierung	Verfahren	Info-Inhalte	Entscheidungen	Autoren
Pädagogische Leistungskunde	"naturgesetzliche" Determination der Schulleistung	"objektive Leistungsfeststellung"	Individuum	Schultests	Schulbegabung	Selektion/Klassifikation in Schullaufbahnen	HEYDE/MARTIN 1937
Sonderpädagogische Diagnostik	deviantes Verhalten, unterdurchschnittliche Leistungsfähigkeit	Förderung "hic et nunc"	Individuum	Tests, Beobachtungsverfahren	ätiologische und pädagogische Orientierung	Art der Beschulung via multidimensionale sonderpädagogische Diagnostik	KLEBER 1973
Diagnostik intellektueller Leistungsfähigkeit	Denk- und Lernpsychologie (Wygotski), Kritik der Testologie	Pädagogisierung als spezielle Instruktion	Individuum plus Lernprozeß	Leistungs-Intervall-Testmethode, Trainings-Test-Methode, programmierte Lerntests	Information über objektive Lehr-Lernprozesse	Plazierung im Rahmen spezifischer Pädagogisierung	GUTHKE 1972
Leistungsbeurteilung in der Schule	Lernprozesse: Schüler, Unterricht	pädagogisch-didaktisches Ziel der Leistungsförderung	Individuum, Zentrierung plus Unterrichtsorganisation, Bildungsreform	Tests, Schultests, Lernsteuerungstests, Lernkontrolltest, Modelle zur Evaluation von Schulversuchen	Lernzieldefinition als Voraussetzung der Leistungsmessung	Lernerforderungen (Curriculum, Unterrichtsmethoden koordinieren)	HELLA 1974a, 1974b
Diagnostik in der Schule	pädagogische Orientierung der Schülerbeurteilung	Neuorientierung der Diagnostik in der Schule	Curriculum, Unterricht, Schule	curriculare Tests	Lernvoraussetzungen, Lerndefizite	Hinweis auf notwendigen Zusatzunterricht/Plazierung	PROJEKTGRUPPE SCHULLAUFBAHNBERATUNG 1973
Bewertung, Beurteilung	ökologisch-phänomenologisch-schul-pädagogische Orientierung	Lern- und Entwicklungsförderung der Schüler	Inner-, außerschulische personale Bedingungen der individuellen Lebens-Lern-Situation (L-L-S)	Analyse der L-L-S, Positionsinformationen, Beobachtung, Gespräche, Tests (informelle)	Lernvoraussetzungen, didaktische und mathematische Möglichkeiten	adaptiver Unterricht (KLEBER 1978)	KLEBER 1983, 1987a,b

herige Zusammenarbeit war überwiegend eine Einbahnstraße aus der Entwicklungspsychologie in die Pädagogik, die sich zudem aufgrund von bestimmten Unzulänglichkeiten (vgl. Streaming als Differenzierungsmaßnahme und ganzheitliches Lesenlernen zur falschen Zeit) in beiden Disziplinen in der Vergangenheit nicht selten negativ ausgewirkt hat.

In jüngerer Zeit haben sich allerdings die Grunderkenntnisse beider Disziplinen in erheblichem Maße angenähert. Entwicklung vollzieht sich demnach überwiegend durch Lernprozesse, und Lernen wird von Vertretern beider Disziplinen als je subjektive Aneignung in und durch komplexe Lernumwelten verstanden. Diese theoretische Bestimmung hat sich bisher aber in der Schulpädagogik noch nicht durchgesetzt. In der Praxis jedoch ist die Auffassung, die Erzieher/Lehrer/Bildner über eine Erziehungssituation haben, mitkonstituierend für die unterrichtliche Realität. Demnach gibt es faktisch wohl so viele unterschiedliche Erziehungssituationen wie es Auffassungen bei Lehrpersonen gibt. Die Standardisierung durch Schul- und Bildungssysteme vermag diese Vielfalt zwar einzuengen, aber keinesfalls aufzuheben. Zur Diskussion in bezug auf Diagnostik in der Pädagogik ist es notwendig, diese Vielfalt sehr einzuschränken, sie nur exemplarisch zu behandeln. Um aber dennoch die unterschiedlichen Konsequenzen, die eine je andere Art der theoretischen Konstruktion der Erziehungssituation auf das praktische Erziehungshandeln hat, aufzeigen zu können, scheint es besonders geeignet, die „kritisch-rationale" (vgl. POPPER 1935; BREZINKA 1971; KLAUER 1973) und die ökologisch-phänomenologische (vgl. BRONFENBRENNER 1979; KLEBER 1985b) Betrachtungsweise einander gegenüberzustellen.

1.3.1 Die Erziehungssituation aus dem Blickwinkel der kritisch-rationalen Position

Diagnostik in pädagogischen Handlungsfeldern ist zunächst einmal und überwiegend eine Angelegenheit der empirischen Pädagogik; diese wurde aus der positivistischen und kritisch-rationalen Position der Wissenschaftstheorie entwickelt. Deshalb soll zunächst die Erziehungssituation aus dem Blickwinkel dieser Position dargestellt werden.

Eine kritisch-rationale Pädagogik fußt im Positivismus und stellt den Versuch dar, Pädagogik als exakte Wissenschaft zu betreiben. Der Positivismus steht „in der Tradition des ... Versuchs, Erkenntnis auf der Basis von Unbezweifelbarkeiten neu zu begründen" (SCHNÄDELBACH 1971, S. 13). Die Basissätze einer Wissenschaft werden dabei als evidente Axiome (Grundsätze, die selbst nicht beweisbar sind) verstanden, aus denen weitere Sätze deduziert (abgeleitet) werden können. Eine zureichende Begründung von wissenschaftlichen Aussagen geschieht demzufolge durch Rückführung auf eine empirische Basis. Wissenschaft ist somit auch immer wertfrei. Die Weiterentwicklung des Positivismus führte zum „Kritischen Rationalismus" (vgl. POPPER 1934/1971; ALBERT 1971). Das „Prinzip der zureichenden Begründung" des Positivismus wird vom Kritischen Rationalismus durch das „Prinzip der kritischen Überprüfung" ersetzt (vgl. ALBERT 1968, S. 29); dabei gilt die Methode der Falsifizierbarkeit, weil sich generelle Sätze nie endgültig verifizieren lassen (vgl. POPPER 1934/1971, S. 3 f). Unter Erziehung werden im Sinne des Kritischen Rationalismus ausschließlich Handlungen verstanden, „durch die Erwachsene ... versuchen, in den Prozeß des Werdens heranwachsender Persönlichkeiten ... einzugreifen, um Lernvorgänge zu unterstützen oder in Gang zu bringen, die zu Dispositionen und Verhaltensweisen führen, welche von den Erwachsenen als sein sollend oder erwünscht angesehen werden." (BREZINKA 1971, S. 26) Erziehungshandlungen sind somit „... Handlungen, durch die Menschen versuchen, das Gefüge der psychischen Dispositionen anderer Menschen in irgendeiner Hinsicht dauerhaft zu verbessern oder seine als wertvoll beurteilten Komponenten zu erhalten oder die Entstehung von Dispositionen, die schlecht bewertet werden, zu verhüten." (BREZINKA 1978, S. 45)

KLAUER geht in seiner Bestimmung der Erziehungssituation von BREZINKAs Erziehungsdefinitionen aus, weist aber auf die generelle Wechselwirkung zwischen Lernendem und Lehrendem hin, die BREZINKA nicht ausgewiesen hat. „Erziehung ist der Prozeß der Wechselwirkungen (Interaktionen) von Lehren und Lernen" (KLAUER 1973, S. 47).

Abb. 2: Das allgemeine Erziehungsmodell der empirischen Pädagogik (modifiziert nach KLAUER 1973, S. 47)

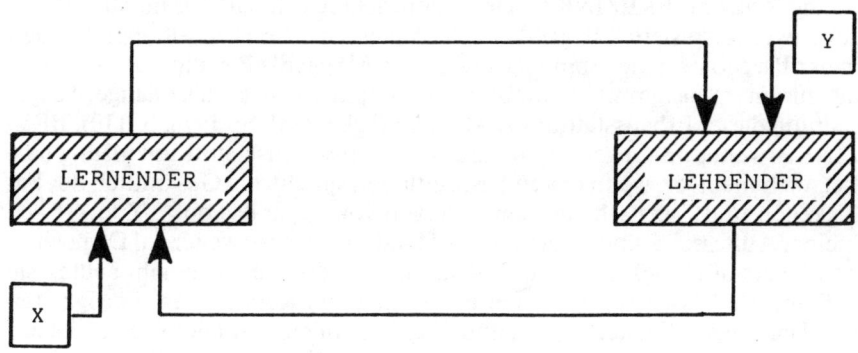

„Der Lehrende beeinflußt durch seine Aktivitäten den Lernenden und ruft bei ihm bestimmte Persönlichkeitsänderungen sowie Verhaltensänderungen hervor. Selbstverständlich wirken auch andere Einflüsse auf die Persönlichkeit und das Verhalten des Lernenden ein, die durch den Faktor X zusammenfassend gekennzeichnet sind. ... Das Verhalten und die Verhaltensänderungen beeinflussen im Modell die Lehrtätigkeit, die ihrerseits wiederum auch unter dem Einfluß anderer Größen steht (Y)" (KLAUER 1973, S. 48). Er kritisiert zudem den spezifischen Charakter, den Erziehung bei BREZINKA als soziale Handlung erfährt. Auf diese Weise seien Selbsterziehung und das unmittelbare Lernen z.B. aus Materialsammlungen und Lernlandschaften sowie aus Lernprogrammen in der Erziehungssituation ausgeschlossen.

KLAUER benutzt zu diesem allgemeinen Modell noch drei Hilfsannahmen:

- „Der Lernende kann für sich selbst Lehrtätigkeiten übernehmen, z.B. sich Informationen verschaffen und deren Einprägung prüfen . . . autodidaktisches Lehren und Lernen" (KLAUER 1973, S. 51).
- „Natürlich kann zweifelsfrei eine Lehrtätigkeit vorgelegen haben, es kann auch Erziehung beabsichtigt gewesen sein, ob es aber dazu wirklich gekommen ist, ist eine andere Frage" (KLAUER 1973, S. 52).
- „Es kann darüber hinaus auch Erziehung ohne jedes absichtliche Handeln stattfinden" (KLAUER 1973, S. 52).

KLAUER hält deshalb den Begriff des unvollständigen Erziehungsvorgangs für erwähnenswert, jedoch betrachtet er ihn lediglich als ein Randphänomen.

Es gibt nicht wenige Anzeichen dafür, daß selbständiges und selbstverantwortetes Lernen hohe Erziehungseffekte erbringen kann (vgl. MONTESSORI 1909/1969; FREINET 1946/1979; ROGERS 1979). Das heißt deswegen noch nicht, daß dort Lehren überhaupt nicht stattfände, es wird lediglich durch auf selbständiges Lernen abzielende Situationen erheblich reduziert. Des weiteren gibt es nicht wenige Beobachtungen, nach denen entweder absichtsvolles Lehren nicht zu den gewünschten Erziehungseffekten führt (vgl. z.B. „Lernunlust"; NYSSEN 1975) oder unbeabsichtigtes bzw. verdecktes Lernen stabile Erziehungseffekte hervorbringt (vgl. z.B. „Heimlicher Lehrplan"; ZINNEKKER 1973; HENKE 1980).

Meine Kritik an BREZINKAs Definition richtet sich darüber hinaus auf die „überpsychologisierte" Begrifflichkeit. Als psychische Dispositionen werden in der Psychologie die erbmäßig angelegten Möglichkeiten einer Person bzw. die zu einem bestimmten Handlungszeitpunkt entwicklungsmäßige Ausgestaltung dieser Erbausstattung verstanden (vgl. CLAUSS 1978, S. 110). BREZINKA weitet im Gegensatz hierzu den Dispositionsbegriff unzulässig aus. Letztlich meint er, wenn er von Dispositionen spricht, die Gesamtheit der Fähigkeiten und Eigenschaften einer Person (vgl. dazu das obige Zitat). Nach meiner Auffassung sind pädagogische Handlungen aber weder auf Dispositionen noch auf Fähigkeiten oder Eigenschaften gerichtet. Vielmehr sollten sie auf eine Verbesserung bzw. eine Erzeugung von Kenntnissen, Fertigkeiten und Haltungen (Einstellungen) und überdies auf eine Anleitung zu problemlösendem, kritischem Denken zielen. In diesem Sinne ist eine Diagnostik gefordert, die nicht Eigenschafts- oder Fähigkeitsdiagnostik sein will und kann (vgl. zur Problematik der Eigenschaftsdiagnostik PAWLIK 1976). Diagnostik in der Pädagogik, soweit sie der Lehrer betreibt, ist immer Verhaltens- und Leistungsdiagnostik, niemals Persönlichkeitsdiagnostik. Bezogen auf Tests sind deshalb kriterienorientierte Verfahren die Methode der Wahl. Konstrukttests[8] dagegen bleiben der psychologischen Diagnostik vorbehalten.

---

8 Konstrukte sind theoretische Begriffe, die nur im Kontext einer Theorie definiert werden können (z.B. Intelligenz oder Angst). – Konstrukttests sind diagnostische Verfahren, mit deren Hilfe solche Konstrukte erfaßt und gemessen werden sollen. Kriterienorientierte Verfahren bleiben dagegen auf einer weniger komplexen, konkreteren Ebene. Sie stellen fest, ob ein genau definiertes Kriterium erreicht wird, ob z.B. Additionsaufgaben richtig gerechnet werden können, eine Person also addieren kann.

Unter der Bedingung einer präzisierteren Fassung des Konzepts „Erziehungssituation" wird der unvollständige Erziehungsvorgang zum allgemeinen, durchgängigen Erziehungsmodell. Innerhalb der empirischen Pädagogik sind daher auch unvollständige Erziehungsvorgänge immer häufiger Gegenstand von Untersuchungen.[9]

1.3.2 Die Erziehungssituation aus dem Blickwinkel der ökologisch-phänomenologischen Position

Ökologische Betrachtungsweisen in sozialen Feldern datieren zurück bis zur Feldtheorie LEWINs (vgl. KLEBER 1985b, c). Sie gehen von Erkenntnissen aus, die aufzeigen, daß das Umfeld, der Lebensraum, der situative Kontext für (Lern-)Handlungen oft wichtiger ist als Instruktion, Aufklärung und Belehrung (vgl. LEWIN 1943/1963, S. 206 f). Nachdem man erkannte, daß Entwicklung sehr stark durch Lernen bestimmt wird und grundlegendes Lernen überwiegend durch Erfahrungen aus Handlungsvollzügen resultiert, also Aneignung ist (vgl. LEONTJEW 1973), wurde für das Verständnis und die Untersuchung von Entwicklung und Lernen eine ökologische Konzeption entwickelt, die die Lernumwelt zum zentralen Lernmedium erklärte (vgl. BARKER 1968). Aufgrund der hohen Bedeutung des Handelns wurde die Lernumwelt in Handlungssysteme gegliedert (vgl. BRONFENBRENNER 1979). Aus der Tatsache, daß das Erlebnis für das Handeln und Denken des Individuums reale Konsequenzen hat (vgl. THOMAS/THOMAS 1928), wird die Dimension der erlebten Umwelt als das „phänomenologische Primat" (vgl. BRONFENBRENNER 1979; KLEBER 1984, 1985b, 1987c) in die ökologische Konzeption aufgenommen.[10]

---

9 Die unvollständige Erziehungssituation ist bisher eher als allgemeines Erziehungsmodell in der hermeneutisch-pragmatischen als in der empirischen Pädagogik zu finden. „Die hermeneutisch-pragmatische Pädagogik interpretiert die prinzipiellen Zielsetzungen der Pädagogischen Anthropologie und Bildungstheorie sowie die verfügbaren ‚technischen' Handlungsmöglichkeiten auf dem lebensgeschichtlichen Hintergrund des zu Erziehenden, seiner ‚Individuallage' und seiner Definition der jeweiligen Situation" (HERRMANN 1983, S. 30). Zu dieser im Grunde geisteswissenschaftlichen Pädagogik wurde zuerst von DILTHEY (vgl. 1934/1974) ein empirischer Zugang versucht. Sie wird von der ökologisch-phänomenologischen Erziehungswissenschaft als Ergänzung wieder neu thematisiert.

10 Die Entwicklung dieser Position ist durch die umfängliche Ökologiediskussion beeinflußt und begünstigt, jedoch keineswegs mit ihr identisch. Eine bedeutsame Parallele zwischen der allgemeinen Ökologiediskussion und einer Grundannahme der ökologischen Erziehungswissenschaft scheint mir jedoch darin zu liegen, daß der früher als gesichert angesehene Bestand unseres Wissens und unserer Erkenntnis sowie deren Bedeutung für unser Handeln fragwürdig geworden ist. Die ErzieherInnen wissen, wenn sie kritisch und ehrlich sind, nicht mehr, wo es in der nächsten Generation hingeht. Die Erkenntnis dieser Ungewißheit, die uns bei ökologischen Fragestellungen immer wieder eindringlich bewußt wird, wurde allerdings schon vor der Ökologiediskussion durch unsere geschichtliche Erfahrung und bei der Aufarbeitung unserer Geschichte deutlich. In der Aufarbeitung der Vergangenheit ist mit

Die allgemeine Ökologiediskussion hat allenthalben deutlich gemacht, daß der als gesichert geltende Bestand unseres Wissens frag-würdig geworden ist. Auf die Erziehungsdiskussion bezogen, ist zumindest das Jahrhunderte lang geltende Modell der Erziehung ins Wanken geraten, das tradierte Erzieher-Zögling-Verhältnis scheint nicht mehr legitimierbar (vgl. MENZE 1980, S. 188 f). „Gemäß der (heutigen) Situationsanalyse kann Erziehung nicht länger als ‚Formung eines Ungeformten durch einen Formenden‘ verstanden werden. Sie wird vielmehr ‚zur gemeinsamen Ausschau von Erziehern und Zöglingen nach einer gemeinschaftlichen Sinnverständigung des von ihnen wirklich erlebten Lebens‘" (FINK 1970, S. 178). Über Jahrhunderte stand der Zögling im Mittelpunkt der Betrachtung, er war das Objekt der Erziehung. Seit den sechziger Jahren, spätestens nach der „Revision des Erziehungsbegriffs" (KLAUER 1973), rückte das Wechselwirkungssystem Lerner-Lehrender in den Mittelpunkt. In ökologisch-phänomenologischen Ansätzen rücken der Schüler als Subjekt, die individuelle Aneignung als Lernen und die vielfältigen Wechselwirkungen (Vernetzungen) mit der Lernumwelt (einschließlich der darin eingebundenen Personen) in das Zentrum der Betrachtung von Erziehungswissenschaft. Die zentralen Fragen lauten dann: Wie Lernumwelt beschaffen ist bzw. beschaffen sein soll und wie der Schüler als Subjekt seinen Lebensraum erschließt bzw. aufbaut. Im Vordergrund steht Lernen und nicht mehr Lehren und auch nicht mehr nur Lernen in seiner Wechselwirkung zum Lehren, sondern Lernen in seinen Bezügen zur Lernumwelt. Dies bedeutet, nach Möglichkeiten zu suchen, wie man Kindern und Jugendlichen helfen kann, sich selbst zu organisieren, – und es bedeutet nicht mehr, sie zu erziehen.

„Umwelt wird aktualisiert in Gestalt von Situationen. ‚Situation‘ meint zunächst nichts anderes als eine zeitlich begrenzte Einheit von Umwelt, Person und Handlung oder als ein psychologisches Feld zu einer gegebenen Zeit" (SCHULZE 1983, S. 276; vgl. auch LEWIN 1963, S. 91 f). Unter einem ökologisch-phänomenologischen Ansatz wird dann Umwelt als individuelle Lern- und Lebenssituation gegliedert, akzentuiert und unter dem vorwaltenden Einfluß der relevanten Handlungssysteme einer Person subjektiv abgebildet bzw. individuell definiert (vgl. HERRMANN 1983, S. 30). Unter diesen Bedingungen wird der unvollständige Erziehungsvorgang zum allgemeinen Erziehungsvorgang; die Erziehungssituation muß umfänglicher definiert und differenziert werden (X und Y – vgl. Abb. 2 – werden zumindest teilweise ausformuliert), der Lehrende verliert seine zentrale Stellung, er wird zu einem Erziehungsmoment unter anderen. Die Eltern, ein Elternteil, Geschwister, Freund oder Freundin, Mitschüler oder Mitschülerin oder andere Handlungs-

---

den Auswirkungen des deutschen Faschismus auf die Erziehung eine ähnliche Orientierungskrise eingetreten: Was kann ein Erzieher nach Auschwitz noch bewirken? Er konnte das erste Auschwitz nicht verhindern und ob er ein „zweites Auschwitz" wird verhindern können, scheint fraglich. Zumindest mit Instruktion und Belehrung wird dieses Ziel wohl nicht erreicht werden. Einen neuen empirischen Zugang unter diesen sehr komplex zu verstehenden Bedingungen versuchen ökologische Ansätze in der Erziehungswissenschaft (vgl. FATKE 1977; SCHULZE 1983; KLEBER 1985b).

partner der SchülerInnen können genauso wichtig oder wichtiger werden als die LehrerInnen. Auch Lernstoffe bzw. Lernmaterialien selbst können in gleicher Weise wie der Lehrer den Erziehungsvorgang bedingen. Die Lern-Lebens-Situation wird damit zu einem offenen, allgemeinen und durchgängigen Erziehungsmodell.

Abb. 3: Lern-Lebens-Situation (als allgemeines Erziehungsmodell)

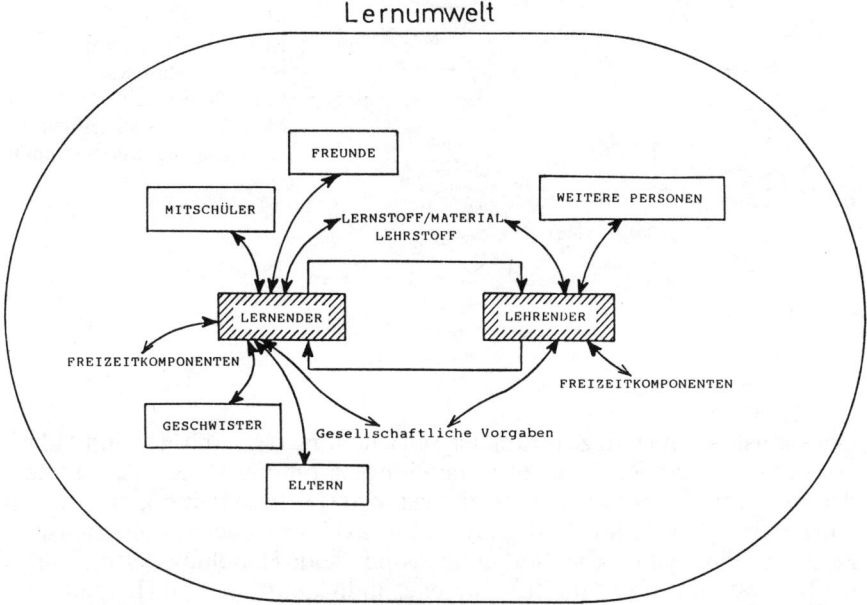

Die Lern-Lebens-Situation überschreitet natürlich die schulische Lernsituation. Da sie in jedem Fall aber auch deren Grundlage bildet, sollte Diagnostik möglichst selten nur auf die schulische Situation verkürzt werden. Der umfassende Einschlußrahmen in Abb. 3 bezeichnet ein Handlungssystem auf der Mesoebene (Schulklasse/Schule), in das Eltern oder andere Personen entweder real oder als Exosystemeinflüsse mit eingebunden sind.

Zur Verdeutlichung des Handlungssystemkonzeptes und des Eingebundenseins der am Entwicklungsprozeß (Erziehungsgeschäft) beteiligten Personen folgt hier eine phänomenologische Betrachtung der Grundkonzeption des ökologisch-phänomenologischen Denkens. Jeder Mensch entwickelt sich und agiert in einem Netzwerk von Beziehungen. Dieses Netzwerk kann nach BRONFENBRENNER (vgl. 1979, S. 3) als ein geschachteltes Gesamt verschiedener Systemebenen, die wie ein Satz „russischer Puppen" ineinandersitzen, beschrieben werden. Da sich Entwicklung und Lernen über äußeres und inneres Handeln . . . vollziehen, ist es nützlich, die in Frage kommenden Systeme als „Handlungssysteme" zu definieren (vgl. KLEBER 1984 und 1985b, S. 1177 f).

Abb. 4: Handlungssytemebenen, bezogen auf eine Lern- und Entwicklungssituation (KLEBER 1985b, S. 1178)

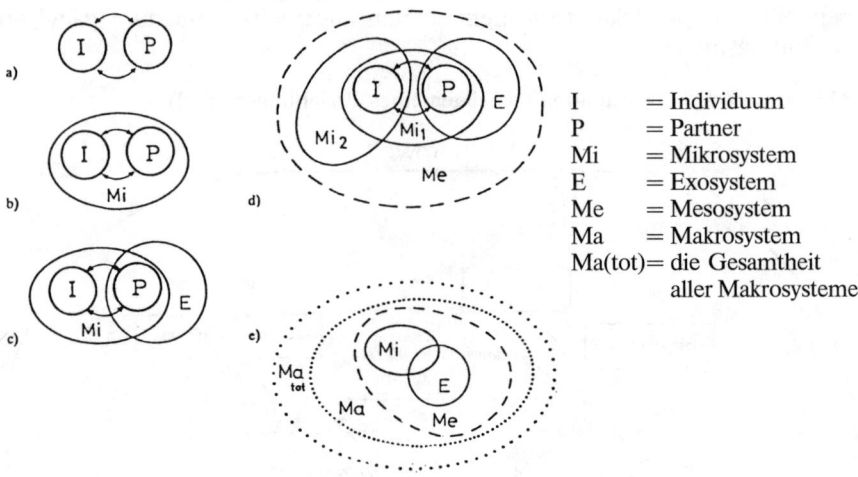

I = Individuum
P = Partner
Mi = Mikrosystem
E = Exosystem
Me = Mesosystem
Ma = Makrosystem
Ma(tot)= die Gesamtheit
aller Makrosysteme

Die kleinste Einheit im Zentrum der Schachtelung (vgl. Abb. 4e) sind Mikrosysteme, die in der Regel aus zwei Handlungspartnern bestehen: demjenigen, der ins Zentrum der Betrachtung gerückt wird (I = Individuum), und seinem Partner (P; vgl. Abb. 4a). Zu Beginn der Entwicklungs- oder Sozialisationsprozesse sind dies in der Regel Mutter und Kind. Beide Handlungspartner bilden ein Mikrosystem (vgl. Abb. 4b). Für jedes Individuum werden Handlungssysteme (andere Mikrosysteme), an denen nicht das Individuum als Handelnder, aber einer seiner Partner P aus seinen Mikrosystemen beteiligt ist, zu Exosystemen (E; vgl. Abb. 4c). Mehrere Mikro- und/oder Exosysteme bilden zusammen ein Mesosystem (vgl. Abb. 4d). In der Schulpädagogik ist zwar die Arbeit innerhalb der Mikrosystemebene sehr bedeutsam (z.B. Lehrer-Schüler-Interaktion als Vermittlungs- und Verhaltensregelungssystem), allerdings sollte immer die Mesoebene (innerschulischer und außerschulischer Bereich) in die Betrachtung eingeschlossen werden.

Mikro- und Mesosysteme sind definierbare Einheiten innerhalb von Makrosystemen. Makrosysteme sind nach BRONFENBRENNER kulturelle bzw. gesellschaftliche Einheiten wie z.B. kirchliche oder weltanschauliche Gemeinschaften, politische Parteien, ethnische Gruppen, aber auch Sportvereine u.ä.

Die Kombinationen der verschiedenen Makrosysteme, denen ein Individuum angehört (Ma(tot)), bilden den kulturellen und gesellschaftlichen Hintergrund, aus dem heraus ein Teil der Beziehungen auf der Meso- und der Mikrosystemebene gesteuert und kontrolliert wird und durch den der normative Rahmen für das Handeln auf der Mikrosystemebene gestaltet wird. Dabei ist es von Bedeutung,

- ob ein Individuum nur passiv-zugehörig oder aktiv-praktizierend an einem Makrosystem beteiligt ist;
- ob es zeitweilig oder andauernd sich selbst als Mitglied dieses Makrosystems definiert.

Dementsprechend sind ein primärer Makrosystemeinfluß (I gehört ihm an: Religion o.ä.) und ein sekundärer Makrosystemeinfluß (I gehört ihm nicht direkt an, jedoch einer seiner Partner) zu unterscheiden. Letztere sind für Minderheiten und Randgruppen in besonderer Weise interessant.

Abb. 5: Handlungssysteme der Mikroebene (KLEBER 1985b, S. 1178)

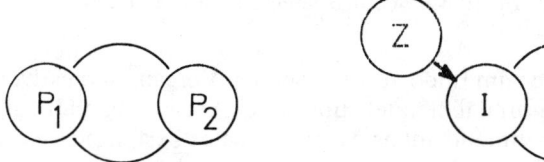

P1, P2   : Handlungspartner
Z   : Zeuge
I   : beobachtetes Individuum
P   : Partner

In bezug auf die diagnostisch relevante Information zur Analyse einer Lern- und Entwicklungssituation ist zu berücksichtigen, daß ein Zeuge (Z) hinzutritt, der seine Betrachtung fokussiert. Aus der Perspektive dieses Zeugen wird die eine Person zum beobachteten Individuum (I) und die andere zu ihrem Partner (P). Somit sind im diagnostischen Prozeß die drei Positionen aus Abbildung 5 (I, P, Z) in die Informationssammlung einzubeziehen.

Diagnostik in der Pädagogik darf aber nicht nur Person-, sie muß Situations- und Prozeßdiagnostik sein. Um nicht nur festzustellen, was „mehr oder weniger" zufällig gelernt wurde, sondern auch verstehen zu können, was wann gelernt und warum trotz intentional ausgebauter „Erziehungssituation" (KLAUER 1973, S. 47) nur ein Teil gelernt oder nichts gelernt wurde, sind folgende Informationen notwendig:

I-Informationen: Interpretation der Lernsituation allgemein und der spezifischen Erziehungssituation durch das Individuum (den Lernenden);

P-Informationen: Interpretation der Situation durch Handlungspartner des Individuums;

P_L: Interpretation der Situation durch den Lehrer. Sie ist deshalb besonders wichtig, weil der Lehrer eine direkte oder indirekte Erziehungssituation intentional schafft und als Gestalter der Lernumwelt Verantwortung trägt. In diesem Zusammenhang erhält seine Definition ein besonderes Gewicht.

P_E: Interpretation der Situation durch die Eltern. Sie ist insbesondere bei jüngeren Schülern wichtig, weil Interessen und Motivation des Schülers von hier aus stark beeinflußt sein können.

P_S: Interpretation der Situation durch MitschülerInnen. Bedeutsam ist vor allem die Definition derjenigen SchülerInnen, die in

33

einem engeren Handlungszusammenhang mit I stehen (z.B. Schulfreunde aus der Klasse).

P_X: Interpretation der Situation durch eine andere, für den Schüler sehr bedeutsame Person (eventuell auch SchülerInnen anderer Klassen oder fremde Personen, die als bisher unerreichbares Idol auf I wirken; sofern sie nicht direkt, sondern nur mittelbar über andere Handlungspartner auf I einwirken, handelt es sich hier um Exosystemeinflüsse).

Z-Informationen: Interpretation der Situation durch einen Dritten (Zeugen);

Z_S-Information (standardisierte Zeugeninformation bzw. sonstige standardisierte Informationen): objektive Persondaten − objektive Umweltdaten − standardisierte Informationserhebungsdaten zu Lernstand und Personmerkmalen.

In der Erkenntnis, daß Lernen am Ende immer über den Vorgang subjektiver Aneignung gelingt oder aufgrund fehlender subjektiver Aneignung mißlingt, wird in der Pädagogik zunehmend mehr Wert auf selbstbestimmtes und selbstverantwortetes Lernen gelegt, wobei der Lehrer zum „Lernberater" wird. Aus dieser Sicht können folgende drei idealtypische Modelle für Lernen unterschieden werden:

− Modell 1: Buchlernen/Belehrung,
− Modell 2: Lernen durch Materialerfahrung,
− Modell 3: Lernen als soziale Welterfahrung.

Abb. 6: Idealtypische Auffassung von Lernorganisation (KLEBER 1987c, S. 3)

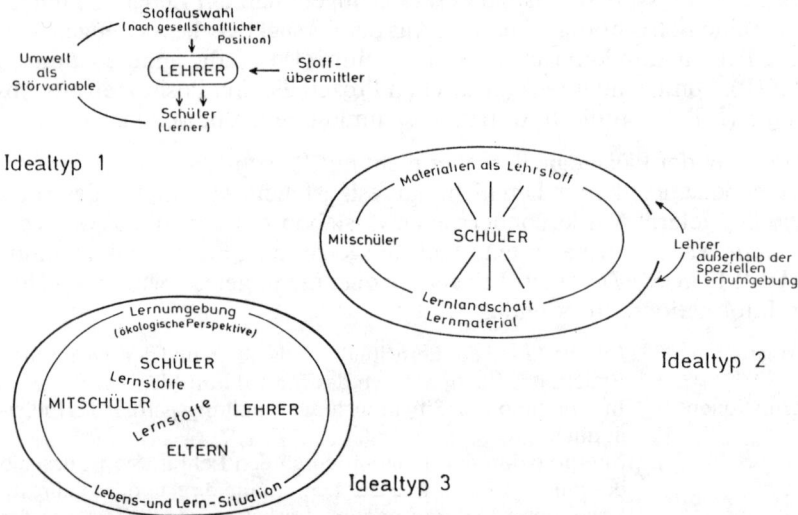

Welcher Lernorganisationstyp für das jeweilige schulische Lernen zu einer gegebenen Zeit an einem bestimmten Ort dominant ist, braucht nicht Gegenstand akademischer Diskussion zu bleiben; er kann durch die Definition der Lehrer-Rolle, die Gestaltung der unmittelbaren Lernumwelt (Klassenraum/Schule) und die didaktisch-methodische Organisation empirisch erfaßt werden (vgl. KLEBER 1987c).

34

Je nachdem welches der Modelle in der unterrichtlichen Situation dominant wird, ist jedoch die Akzentuierung pädagogischer Fragestellungen unterschiedlich; dies ist selbst dann noch der Fall, wenn vorgegeben wird, Gleiches messen zu wollen. Die Diagnostik kann somit je nach der Lernvorstellung des Diagnostikers sehr unterschiedlich ausfallen:

– Nach dem Modell (1) gilt es zu erfassen, wie weit der Schüler mit vermittelten Stoffen „angefüllt" ist. Das Abrufen vermittelter Inhalte ist hierbei die vorherrschende Methode. Sammelt er schnell viel an, gilt er als befähigt; sammelt er zu wenig an oder braucht zu lange, ist er entweder nicht befähigt, strengt sich nicht an, unterliegt der Umwelt als Störvariable oder ist nicht ausreichend konzentrationsfähig. Der Königsweg für die Informationserhebung sind lehrzielorientierte Tests.

– Nach dem Modell (2) ist von besonderem Interesse, wie sich der Schüler mit der Materialumwelt auseinandersetzt und wie diese Umwelt verbessert werden kann. Der Königsweg für die Informationserhebung ist hierbei die Beobachtung. Bei MONTESSORI (vgl. 1922) wird der Lehrer als Gestalter der Lernumwelt und Beobachter der kindlichen Auseinandersetzung mit dieser Umwelt definiert. Die präzise Verfolgung dieser Auseinandersetzung (als Beobachtung der Arbeits- und Lernprozesse) liefert die Information für die je weitere Gestaltung von Lernumwelten und dient der formativen Evaluation (unmittelbare Förderung der Lernprozesse).

– Nach dem Modell (3) wird insbesondere dann, wenn Lernprobleme sichtbar werden, eine Situationsanalyse notwendig, bei der auch die unterschiedlichen Beziehungen in den zentralen Handlungssystemen nicht unberücksichtigt bleiben dürfen. Der Königsweg für die Informationserhebung ist hier die Verschränkung von Beobachtung und Gespräch. Die systematische Berücksichtigung der Erlebnisweisen aus den drei Grundpositionen der Handlungssysteme dient der adäquaten Erfassung von Lernvorgängen vor allem auch bei Lernproblemen. Ein besonderes Gewicht erhält die Beteiligung der SchülerInnen an Bewertungsprozessen. Sie zielt auch auf Verbesserung der sozialen Beziehung, der Gestaltung der Handlungssysteme vor der Optimierung der materiellen Lernumwelt. Zur präzisierenden Ergänzung können sowohl in Modell 2 als auch in Modell 3 zusätzlich Tests eingesetzt werden.

Fassen wir diese Ausführungen zur ökologischen Erziehungswissenschaft zusammen, so wird ergänzend zur Wissenschaft vom Lehren, der Didaktik, eine Wissenschaft vom Lernen bzw. der Gestaltung der Lernumwelten zum selbstbestimmten Lernen, eine Mathetik, gefordert (vgl. von HENTIG 1985; KLEBER 1987c). Unter Mathetik wird das Bereitstellen von vorbereiteten didaktischen Materialien im weitesten Sinne verstanden. Solche didaktischen „Materialien" sind: vielfältige Erfahrungssituationen unter Einbeziehung der konkreten individuellen Lebenssituation, Erfahrungen auch unter den Schülern (diese werden z.B. durch Altersheterogenität vermehrt), eine hohe abrufbare Kompetenz für Lernen und für Lerninhalte auf seiten des Lehrers, mannigfaltige Lernformen sowie vielfältige soziale Begegnungen, kommunikatives Aushandeln, Sich-Verstehen und Sich-Akzeptieren. Die Arbeit der Lehrperson ist zu erheblichen Teilen vor und neben den Unterricht gelegt; LehrerInnen sind GestalterInnen der Lernumwelt im weitesten Sinne, also nicht nur der materiell didaktischen Lerngegenstände, sondern auch der geschachtelten Handlungssysteme, in denen sich Entwicklung und Lernen vollziehen. Sie sind nicht Belehrende, sondern vorbereitend Wirkende, als Katalysator Anregende und als Partner Bekräftigende. Sie didaktisieren nicht die Lernstoffe, sondern mathetisieren die Lernumwelt; sie gestalten die Lernumwelt so, daß die Entwicklung und das Lernen der Lernpersonen optimiert werden.

Hieraus ergibt sich in bezug auf Diagnostik eine neue Forderung für die Gestaltung der Bewertungsprozesse innerhalb des schulischen Lernens: nämlich eine Selbstbewertung des Lernenden. Der Schüler kann innerhalb des notwendigen Bewertungsprozesses nicht nur I-Information, nämlich die eigene Definition der Lernsituation liefern, sondern auch „objektive" Daten zum Lernstand beitragen, indem er das Feedback didaktischer Materialsequenzen bewußt in sein Lernen aufnimmt, indem er seinen Lernweg selbst beobachtet und über den Standort innerhalb seines Lernweges Auskunft gibt. Daß dies möglich ist, haben uns Schulen verschiedener pädagogischer Ausprägung, die mathetische Konzeptionen beinhalten, in jahrzehntelanger Erfahrung gezeigt (vgl. z.B. Montessori- und Jenaplan-Schulen). Diagnostik ist unter diesen Prämissen für ihren Einsatz in der Pädagogik daraufhin zu befragen, inwieweit sie Hilfen für die unterschiedlichen Entscheidungssituationen liefern kann, inwieweit sie hilft, I-, P- und Z-Informationen systematischer und verläßlicher in der jeweils ihr eigenen Subjektivität kontrolliert zu erfassen.

1.3.3 Diagnostik in pädagogischen Handlungsfeldern

Wie steht es nun um eine „Pädagogische Diagnostik"?

In der Interaktionssituation Schulklasse z.B. wird ständig in der vielfältigsten Weise bewertet (auch wenn dabei nicht benotet wird). Dem Lehrer geht es vor allem in Entscheidungssituationen um Informationsgewinnung und Informationsordnung. Empirische Forschungen zeigen aber, daß diese Informationsgewinnung oft recht zufällig, nicht ausreichend systematisch und nicht hinreichend kontrolliert geschieht. Die zugrundeliegenden subjektiven Fragestellungen sind oft recht global gehalten (nicht genügend präzisiert) und die Kriterien oft nicht ausreichend konkretisiert und hinterfragt. Es wird deshalb seit längerer Zeit gefordert, daß es analog zur medizinischen und psychologischen Diagnostik eine pädagogische Diagnostik geben sollte. „Die Pädagogische Diagnostik ist aus der Psychologischen Diagnostik herausgewachsen. Gemeinsam ist beiden nach wie vor die methodologische Grundlage. Das Spezifische der Pädagogischen Diagnostik liegt in der pädagogischen Fragestellung" (KLAUER 1982a, S. XI). Über die Betonung des gemeinsamen methodologischen Fundamentes hinaus gestaltet sich ein solcher Definitionsansatz jedoch als problematisch, denn schließlich kann man auf diese Weise letztlich soviel unterschiedliche Diagnostiken postulieren wie es unterschiedliche Fragestellungen gibt.

In der Pädagogik können nach meiner Auffassung je nach Spezifität einer Fragestellung unterschiedliche Methoden, das hieße dann auch unterschiedliche Diagnostiken, eingesetzt werden. Deshalb scheint es mir sinnvoll, statt von „Pädagogischer Diagnostik" von einer „Diagnostik in der Pädagogik" zu sprechen.[11] Spezifisch humanwissenschaftliche Erkenntnisbemühungen in Entscheidungssituationen verlangen eine systematische und kontrollierte Informationserhebung. Diagnostik kann somit als das Insgesamt solcher Erkenntnisbemühungen im Dienste aktueller Entscheidungen angesehen werden (vgl. KLAUER 1982a, S. 6). Handelt es sich dabei um pädagogische Entscheidungen, dann wird Diagnostik in pädagogischen Dienst gestellt. Die jeweilige Auswahl an diagnostischen Methoden erfolgt entsprechend der jeweils aktuellen und speziellen pädagogischen Fragestellung. Es kann sich dabei um Beobachtungs- und Befragungsmethoden (die des öfteren speziell in der soziologischen Methodenliteratur abgehandelt werden), aber auch um Verfahren zur Erfassung von Persönlichkeitsmerkmalen (z.B. Konstrukttests, die als Kernstück einer psychologischen Diagnostik bezeichnet werden können) oder um kriterienorientierte Instrumente (letztere werden im Gegensatz zur psychologischen Diagnostik dann oft als spezifisch pädagogisch-diagnostische Verfahren bezeichnet) handeln. Indem hier ausschließlich von „Diagnostik in der Pädagogik" gesprochen wird, soll das Spannungsverhältnis, das zwischen dem Diagnostiker und dem Pädagogen besteht, voll im Bewußtsein gehalten werden.

In den meisten Definitionen von Diagnostik wird als Unterscheidungsmerkmal zu anderen Formen der Informationssammlung das Kriterium der „wissenschaftlichen Ermittlung" betont. Dies impliziert, daß es auch unwissenschaftliche oder vorwissenschaftliche Erkenntnisbemühungen dieser Art gibt. Es ist nicht von der Hand zu weisen, daß bei dem vielfältigen Informationsbedarf für akute pädagogische Entscheidungen oft nur sehr begrenzte Erkenntnisbemühungen erfolgen oder Entscheidungen ganz ohne solche Bemühungen gefällt werden. Leidet die Pädagogik folglich – so ist zu fragen – an einem fundamentalen Mangel an Diagnostik oder ist in pädagogischen Handlungsfeldern (z.B. beim Unterricht in der Schule) ein vorwissenschaftlicher Erkenntnisgewinn sogar vor bzw. neben der wissenschaftlichen Ermittlung von Informationen über Personen und Situationen notwendig? Beide Arten der Informationserhebung sind erforderlich und ergänzend aufeinander angewiesen. Der vorwissenschaftliche Erkenntnisgewinn ist durch Erhöhung der diagnostischen Kompetenz und pädagogischen Reflexion der wissenschaftlichen Ermittlung von Informationen anzunähern.

Was Diagnostik in der Pädagogik leistet, ist nicht nur und nicht einmal vor allem vom Stand der methodischen Ausarbeitung des Instrumentariums abhängig, sondern wesentlich von den präzisierten Fragestellungen des Pädagogen (als Diagnostiker), von dessen impliziten und expliziten theoretischen Konzepten und von dessen Vorstellungen über Lernen und Lehren:

– Geht es um den Aufbau und die Veränderung von Dispositionen in der Person, dann wird die Diagnostik sich sehr stark an bestimmte Modelle der Persönlichkeits-

---

11 So werden die Begriffe Experiment (vgl. KLAUER 1973), Beobachtung (vgl. LANGHORST 1984) und Messung (vgl. WELLENDORF 1977) auch gleichlautend in den Sozialwissenschaften gebraucht. Es gibt nicht die „Pädagogische Beoachtung", sondern nur „Beobachtung in der Pädagogik bzw. in pädagogischen Handlungsfeldern".

theorie in der Psychologie anlehnen müssen: psychologische Tests, die Eigenschaften, Fähigkeiten und Persönlichkeitsdimensionen erfassen wollen, werden dann einen großen Teil des verwendeten Instrumentariums ausmachen.

– Vertritt der Pädagoge die Curriculumtheorie, in der durch systematisch aufgebaute, sachstrukturell optimierte Lehrgänge Wissen vermittelt und erworben wird, dann steht Diagnostik immer auch im Dienste der Curriculum-Revision, und es treten lehrzielorientierte Tests ins Zentrum der pädagogisch-diagnostischen Bemühungen. Der Lehrgang und das von ihm hervorgerufene Verhalten beim Lerner sind in diesem Fall die Zielebenen der Diagnostik.

– Bei einer Lernumweltkonzeption, in der Lernen durch Selbsttätigkeit in einer vorbereiteten Umgebung erfolgen soll (am klarsten ausgearbeitet in der Montessori-Konzeption), wird ein Teil der Diagnostik durch die Dokumentation des Lernweges anhand des bereits bearbeiteten Materials abgedeckt. „Inventarisieren" (PAWLIK 1976, S. 32) steht hier vor Testen, und dieses wird ergänzt durch regelmäßige systematische Beobachtungen des selbständig arbeitenden Schülers.

– Folgt der Pädagoge einem ökologisch-phänomenologischen Lernmodell, dann tritt die erlebte Situation, die individuelle Erfahrung des Schülers, sehr viel stärker in den Vordergrund. Gespräche über die „Lernarbeit", also Interviewinformationen, werden gewichtiger als die Beobachtungsinformationen. Beurteilungen von Situationen und Arbeiten durch Schüler und Selbstbeurteilungen gewinnen an Bedeutung.

Je nach Standort des (oder der) Pädagogen werden die Fragestellungen unterschiedlich akzentuiert, verschiedenartige Informationen erhoben und vor allem die verdichtete Information unterschiedlich interpretiert. Dies beginnt bereits damit, daß unterschiedliche Bezugssysteme verwendet werden. Selbstverständlich haben die vorgenommenen Bewertungen dann letztlich auch unterschiedliche Konsequenzen. Zusätzlich zu den Vorstellungen und dem theoretischen Standort des Pädagogen wirken sich strukturelle, historisch gewachsene Bedingungen und diagnostische Trends auf den Bewertungsprozeß aus (vgl. Kap. 3). Aufgrund der vielfältigen hier zusammengetragenen Argumente scheint es nur möglich, Diagnostik nicht zu einer eigenen pädagogischen Teildisziplin zu machen und somit neue Diagnostiken zu konstruieren. Deshalb soll im folgenden nur von Diagnostik gesprochen werden, die in unterschiedlicher Ausprägung und Auswahl in pädagogischen Handlungsfeldern eingesetzt werden kann.

1.4 Vereinbarkeit von pädagogischem und diagnostischem Handeln

1.4.1 Pädagogisches Handeln und Diagnostik

Pädagogisches und diagnostisches Handeln sind auf sehr unterschiedliche Aspekte gerichtet. Idealtypisch betrachtet stehen sie sich diametral gegenüber. Die Grundlage des Handelns für DiagnostikerInnen ist die Distanz (die Nicht-Beziehung) zu den zu Beurteilenden. Die Grundlage des pädagogischen Handelns ist der pädagogische Bezug.[12] Ein zentrales Kriterium für die Haltung der PädagogInnen in der pädagogischen Situation ist Subjektivität. Ein zentrales Kriterium für die Haltung der DiagnostikerInnen ist Objektivität. In der Auseinandersetzung über Diagnostik in der Pädagogik wird deshalb häufig behauptet, daß pädagogisches und diagnostisches Handeln einander ausschließen.

LehrerInnen sind engagiert, teilhabend und agieren in der Fassung des „pädagogischen Bezugs" in der neuen Pädagogik als Partner des Schülers. „Gemäß der heutigen Situationsanalyse kann Erziehung nicht länger als Formung eines Ungeformten durch einen Formenden" verstanden werden. Sie wird vielmehr „zur gemeinsamen Ausschau von Erziehern und Zöglingen nach einer gemeinschaftlichen Sinnverständigung des von ihnen wirklich gelebten Lebens." (FINK 1970, S. 178) Der Erzieher ist deshalb bei Bewertungen und Beurteilungen nicht unbefangen. Es geht ja immer auch um die Bewertung gemeinsamer Interaktionen in pädagogischen Situationen.

Lernergebnisse sind im idealen Falle nicht einseitige Leistungen des Schülers, sondern Wechselwirkungsprodukte der komplexen Lehr-Lern-Situation, in der LehrerInnen und SchülerInnen die oft am stärksten interagierenden Momente darstellen. Unter einer solchen ökologischen Betrachtungsweise wird deutlich, daß LehrerInnen bei der Beurteilung von Lernprodukten nicht einfach Schülerleistungen, sondern auch immer Unterrichtsleistungen und damit also nicht nur SchülerInnen, sondern auch sich selbst beurteilen (vgl. Fairness, Kap. 6.3.1).

Pädagogisch kompetente, aufgeklärte LehrerInnen respektieren SchülerInnen als Subjekte. Sie versuchen, den Subjektcharakter der SchülerInnen in gemeinsamen offenen Handlungssituationen immer wieder neu herzustellen. Auf diese Weise wirken Lehrpersonen der Verobjektivierung, die in der Institution Schule etappenweise unvermeidlich ist, entgegen. Sie bringen sich selbst als Subjekte in die Lehr-Lern-Situation ein und pflegen im pädagogischen Handeln subjektives Engagement. Demnach sagen sie „Ja" zu der Subjektivität, die sie einbringen. Als PädagogInnen plädieren sie für eine kontrollierte Subjektivität als Grundhaltung, welche dann auch in Beurteilungssituationen wirksam bleibt; diese Subjektivität beinhaltet Vorstellungen von einem gerechten, Willkür möglichst ausschließenden Handeln. Objektivität wird damit zu einer Fiktion, die pädagogisch schädlich sein kann und in ihrer Verabsolutierung in der schulischen Beurteilung wenig hilfreich zu sein scheint.

---

12 „Pädagogischer Bezug": Ein Konzept, das von der Antike über ROUSSEAU bis zu NOHL in immer neuen Revisionen artikuliert wurde. Nach MENZE „läßt sich der pädagogische Bezug in letzter Abstraktion als das Verhältnis des Erziehers zum Zögling und umgekehrt, des Zöglings zum Erzieher, fassen, in dem der Erzieher eher der Gebende, der Zögling als der Nehmende erscheinen." (1980, S. 165 f) Ursprünglich waren auf seiten des Erziehers der „pädagogische Eros", auf seiten des Zöglings die Anerkennung und Bewunderung als die treibenden Kräfte für eine konstruktive pädagogische Arbeit und eine positive Entwicklungssituation angesehen worden. Der pädagogische Bezug erfüllt sich heutzutage in einer Situation „gemeinsamer Beratung" (FINK 1970, S. 147).

DiagnostikerInnen stehen auf einer diametral entgegengesetzten Position. Subjektivität ist für sie eine Störvariable, die nur, wenn es sich gar nicht vermeiden läßt, unter kontrollierenden Maßnahmen toleriert werden kann. Sie dürfen weder in die zu diagnostizierende Situation eingebunden noch Handlungspartner der zu Beurteilenden sein. Sie bleiben distanziert und nehmen die Zeugenposition ein; für DiagnostikerInnen bleiben zu Beurteilende Objekte. Von DiagnostikerInnen wird „emotionale Neutralität" (SPITZNAGEL 1964) verlangt. Zur Erreichung dieses Zieles sollen fast ausschließlich (Zs-)Informationen verwendet werden. Doch auch wenn Diagnose und Beratung bzw. Therapie zeitlich und personell getrennt werden, läßt sich dennoch keine psycho-sozial keimfreie Umgebung für Diagnostik herstellen (vgl. HARTMANN 1970, S. 10). Sowohl in der medizinischen als auch in der psychologischen Diagnostik bleibt ein klinischer Rest mit einem nicht unerheblichen Handlungsspielraum für die DiagnostikerInnen.

Dies hat zur Ausprägung von zwei Richtungen innerhalb der Diagnostik geführt. In der einen ist die statistische, in der anderen die klinische Urteilsbildung dominant (vgl. MEEHL 1954; JÄGER 1982). Auf der einen Seite stehen die Bemühungen zur Maximierung der Objektivität mit bindenden Interpretationsvorgaben für Tests und extremen Durchführungsvorschriften. Statt eines Lückendiktats zur Rechtschreibüberprüfung wurde z.B. ein Multiple-Choice-Test[13] entwickelt (vgl. JÄGER/JUNDT 1981) oder, um die Leistungen von Probanden von der Artikulation und dem Diktiertempo der LehrerInnen (TestleiterInnen) unabhängig zu machen, wird ein Kassettendiktat vorgeschrieben. Auf der anderen Seite wird die Subjektivität als klinische Erfahrung und Expertise akzeptiert. Die Bemühungen zielen dann darauf, Kontrollmöglichkeiten für diese Subjektivität zu entwickeln, indem z.B. Schätzskalen in der Anamneseerhebung verwendet werden.[14] Die psychische Dynamik der DiagnostikerInnen ist nicht auszuschließen, sondern nur zurückzudrängen und soweit wie möglich zu kontrollieren (vgl. JÄGER 1986, S. 27 f). Befinden sich die LehrerInnen deshalb in einem unauflösbaren Konflikt, in einem pädagogisch-diagnostischen Dilemma? – LehrerInnen sollten pädagogisches Handeln pflegen, ihre Subjektivität bejahen, SchülerInnen als Subjekte anerkennen. Sie können deshalb nicht „reine" DiagnostikerInnen sein wollen. Sie können sich jedoch bis zu einem gewissen Grade der Richtung der klinischen Urteilsbildung anschließen. Es geht dann vor allem darum, die Subjektivität zu kontrollieren, I-, P- und Z-Information zu trennen (vgl. ökologisch-phänomenologische Position Kap. 1.3.2) und weitere Maßnahmen zu ergreifen, um Zufälligkeiten und Willkür in ihrem Bewertungsverhalten und pädagogischen Handeln zurückzudrängen. Wenn diese Forderungen gesichert sind, können LehrerInnen allerdings spezifisch diagnostische Kompetenzen helfen, ihre

---

13 Ein Multiple-Choice-Test ist ein Test mit vorgegebenen Auswahlantworten; ein Beispiel aus einem Rechtschreibtest sieht etwa wie folgt aus: „Peter fehrt, färt, fährt, värt in Urlaub."

14 Anamnese: In der Medizin und teilweise auch in der Psychologie die Vorgeschichte einer Erkrankung bzw. die auf einen Erkrankungzustand bezogenen Informationen, die Aufschluß über die Entwicklung hin zu diesem Zustand geben sollen.

Bewertungen schülergerechter zu gestalten und zu einer kontrollierten Subjektivität zu gelangen.

1.4.2 Kompetenzen für diagnostisches Handeln

Nach KAMINSKI (vgl. 1970), WESTMEYER (vgl. 1976) und JÄGER (vgl. 1986) läßt sich die Kompetenz[15] eines Diagnostikers vor dem Hintergrund der Wissensgrundlagen zum Zeitpunkt der Diagnose auf fünf mehr oder weniger voneinander abhängige Kompetenzklassen zurückführen.

1. Kompetenzwissen

Kompetenzwissen ist notwendig, um zu entscheiden, ob eine gegebene Fragestellung vom Diagnostiker ausreichend umfänglich bearbeitet und inwieweit eine Antwort überhaupt gegeben werden kann oder der „Beurteilungsauftrag" eventuell aus Mangel an Möglichkeiten für eine angemessene Beantwortung zurückzugeben bzw. an einen anderen Experten zu überweisen ist (vgl. JÄGER/MATTENKLOTT 1981). Für den Lehrer gehört in diese Kategorie auch das Wissen um die notwendige Trennung von internen und externen Bewertungsinformationen. Weitere, von KAMINSKI (vgl. 1970, S. 480) aufgezeigte Möglichkeiten des Kompetenzwissens stellen die Teamarbeit und die Supervision[16] dar. Beide sollten in der Institution Schule, in der pädagogisches Handeln und Beurteilungsverhalten vielfältig miteinander verknüpft sind, nicht vernachlässigt werden (vgl. JÄGER 1986, S. 108).

2. Bedingungswissen

Das Bedingungswissen umfaßt die Kenntnisse über mögliche Bedingungshintergründe von Verhaltensweisen, so auch Lernen als Lernverhalten und Lehren als Lehrverhalten. Betrachtet man ein diagnostisches Argument in seinen drei Komponenten (Fragestellung, Diagnose und Verknüpfungsprinzipien), so ist in den Verknüpfungsprinzipien vor allem das Bedingungswissen aufzufinden (vgl. WESTMEYER 1976, S. 72). Nichtwissen führt zwar in diesem Zusammenhang nicht zwangsläufig zu einem falschen Resultat, aber es macht den Vorgang unkontrollierbar, da Verknüpfungsprinzipien nicht bekannt sind und auch kaum bekannt gemacht werden können (vgl. WESTMEYER 1976, S. 73). Je geringer das konkrete Bedingungswissen, desto breiter ist der Raum impliziter Persönlichkeitskonzepte als einer die Urteile systematisch beein-

---

15 Kompetenz (lat.) bedeutet: Zuständigkeit; gemeint sind damit das Wissen und die Fertigkeiten eines Fachmannes in seinem Fach (professionelle Befähigung), die ihn für einen in Frage stehenden Sachverhalt zuständig erscheinen lassen.

16 Supervision bezeichnet die berufsspezifische Fachaufsicht und die Verfahren einer berufsbezogenen Aus- und Fortbildung, die in der Sozialarbeit und Psychotherapie entwickelt worden sind. Diese Verfahren dienen der Feststellung, Unterstützung und Entwicklung von Verhaltenskompetenzen für die erfolgreiche Ausübung eines Berufes. Die Arbeit in der Supervision konzentriert sich weitgehend auf persönliche Anteile (Wünsche, Ängste, Abneigungen usw.), die sich auf die Berufspraxis auswirken (vgl. SCHWARZER 1977, S. 209-211).

flussenden Tendenz (vgl. die Ausführungen zum „logischen Fehler" in Kap. 5.3). Für eine statistisch kausale Analyse des diagnostischen Arguments hat WESTMEYER (vgl. 1976, S. 70) Algorithmen entwickelt.

3. Technologisch-kritisches Wissen

Welche Methoden für welche Fragestellungen zur Verfügung stehen, welche Möglichkeiten die einzelnen Methoden überhaupt bieten, wo ihre Grenzen liegen und welche Probleme der Benutzer auf sich nimmt, wenn er diese oder jene Methode verwendet, fällt in den Bereich des technologisch-kritischen Wissens. Technologisches Wissen beschränkt sich nicht auf die Kenntnis einiger Tests und deren Gütekriterien, es ist auch das Wissen um den Grad der Unzuverlässigkeit des eigenen Beurteilungsweges und der eigenen Aussagen. Es ist ein Wissen um die vermeidbaren und auch unvermeidbaren Fehler, die mehr oder weniger klein gehalten werden sollten. Unter dem Aspekt der Vielfalt von Randbedingungen wird dieser Wissensaspekt zur zentral wichtigen Kompetenz für diagnostisches Handeln. Nach JÄGER (vgl. 1986) können Kompetenzwissen und Bedingungswissen als Randbedingungen für das technologische Wissen aufgefaßt werden.

4. Änderungswissen

Das Änderungswissen verknüpft die diagnostische mit der therapeutischen Kompetenz. Es steuert von daher das diagnostische Handeln in Richtung auf praktische, in der Schule auf pädagogische Handlungsrelevanzen. Im Sinne von KAMINSKI (vgl. 1970, S. 45 f) müßte diese Art von Kompetenz vor allem ein Wissen darüber enthalten, wie ein bestimmter Sachverhalt (z.B. ungünstige individuelle Lernsituation) von einem bestehenden, beschreibbaren Zustand in einen neuen, gewünschten Zustand überführt werden kann. Es geht dabei sowohl um Bedingungs- als auch um Situations- und Personmodifikationen. Das Änderungswissen beinhaltet nach JÄGER „weit mehr als das Wissen um geeignete Strategien und Zielsetzungen; es beinhaltet darüber hinaus umfangreiche Informationen über die potentiellen zur Verfügung stehenden psychotherapeutischen Maßnahmen und deren Bedingungen sowie Voraussetzungen." (1986, S. 114 f) Auf die pädagogische Fragestellung übertragen, wird an dieser Stelle die diagnostische mit der pädagogischen Kompetenz verknüpft. Zusammen mit dem technologisch-kritischen Wissen bildet das Änderungswissen die Möglichkeit dafür, daß diagnostisches Handeln nicht zur bloßen Selektionsdiagnostik wird, sondern primär in den Kreis der pädagogischen Förderung einmündet.

5. Vergleichswissen

Das Vergleichswissen ist im Verhältnis zu den vier vorher genannten Kompetenzen in der Psychologie von höherem Interesse als in der Pädagogik. Es werden mindestens drei Aspekte unterschieden (vgl. JÄGER 1986):

— Vergleichswissen zur Unterscheidung von Personen, unabhängig von einem bestimmten situativen Bezug. Es beinhaltet ein Wissen der Normen in psychodiagnostisch orientierten Testverfahren und ein Wissen um Modelle der klinischen Diagnostik (vgl. BARKEY 1976, S. 39 f).

– Vergleichswissen zur Unterscheidung von Personen in einem bestimmten situativen Bezug. Dies ist ein Wissen, das insbesondere für die Plazierung von Personen in Ausbildung und Betrieb höchst bedeutsam ist.

– Vergleichswissen in bezug auf verschiedene Teildisziplinen, z.B. Entwicklungspsychologie und Persönlichkeitspsychologie oder auch Humanistische Psychologie und Schulpädagogik.

1.4.3 Zur Bedeutung diagnostischer Kompetenzen für pädagogisches Handeln

Die in der Psychologie für Diagnostik herausgearbeiteten Kompetenzen sind zum Teil auch für pädagogisches Handeln von großer Bedeutung:

Vor allem das Bedingungswissen und das Änderungswissen sind grundlegende Kompetenzen für ein professionelles pädagogisches Handeln. Bei beiden gibt es keine Unverträglichkeiten zwischen Pädagogik und Diagnostik.

Sobald Beurteilungsaufgaben vorliegen, ist das Kompetenzwissen für LehrerInnen von größter Bedeutung, denn sie sollten vor allem für sie unangemessene Beurteilungsaufträge und Konstrukte als Beurteilungsbegriffe (vgl. Kap. 5.2.7) zurückweisen.

Das technologisch-kritische Wissen gibt LehrerInnen über das geforderte Beurteilungshandeln hinaus die Möglichkeit, ihr Bewertungsverhalten als evaluative Bewertung auszubauen, eigenes Verhalten und eigene Meinungen kritisch zu hinterfragen, stereotypes Bewertungshandeln abzubauen und damit ihre pädagogische Kompetenz zu verbessern (vgl. „Von der Wahrnehmung zum Urteil" Kap. 5.1 und „Wege aus dem Dilemma" Kap. 5.4).

Allein das Vergleichswissen ist eine für pädagogisches Handeln problematische Kompetenz, die die pädagogische Situation negativ und destruktiv beeinträchtigen kann. Es ist in konkreten Situationen zu prüfen, inwieweit auf das von dieser Kompetenz hervorgerufene Handeln in pädagogischen Situationen verzichtet werden kann.

Insgesamt ist festzustellen, daß der überwiegende Teil der diagnostischen Kompetenzen, bezogen auf pädagogisches Handeln, nicht unverträglich, sondern sogar wünschenswert ist.

2. Zieldimensionen und Strategien für diagnostisches Handeln

Die in Kap. 1 vorgestellten Modelle sind denk- und handlungsleitend. Sie bedingen die Perspektive der Problemanalyse und -gliederung sowie die Artikulation der Fragestellung. Ist das medizinische Modell der Rahmen, dann wird gefragt: Was ist mit dem Schüler los, was fehlt ihm usw. Die Informationserhebung beschäftigt sich mehr mit dem Verhalten, der Leistung und der Person des Schülers als mit der Lehr-Lern-Situation, in der er sich befindet. Schülermerkmale werden zur Hauptvariablen, alles andere zum Kontext. Entsprechend werden die diagnostischen Strategien und die Richtung des Handelns gewählt.

Selbst wenn eine Grundeinstellung für ein interaktionistisches Modell vorliegt, kann über die Richtung diagnostischen Handelns oder die gewählte Strategie, aber auch durch die Zugänglichkeit von Information, das Vorhandensein bzw. Nicht-Vorhandensein von Informationserhebungsverfahren der Beurteilungsprozeß in Richtung auf das medizinische Modell hin verkürzt oder verändert werden. Der aus einer interaktionistischen Modellvorstellung geplante diagnostische Prozeß gleitet unter der Hand ab. Es werden überwiegend Schülermerkmale erfaßt, alles übrige wird zum Kontext und es entsteht ein diagnostisches Produkt (Diagnose), das vortrefflich zum medizinischen Modell paßt. Die Weiterverwertung der diagnostischen Information wird dann sehr wahrscheinlich (meist unreflektiert) im Sinne des medizinischen Modells erfolgen.

2.1 Zieldimensionen diagnostischen Handelns

Es gibt zwei grundsätzlich unterschiedliche Richtungen diagnostischen Handelns, die sich in verschiedenen Dimensionen konkretisieren (vgl. Tabelle 3). Es sind dies:
— die Handlungsrichtung auf das Erfassen der Persönlichkeit und
— die Handlungsrichtung auf das Erfassen des Interaktionsgefüges der Lebenssituation eines Individuums hin.

Die erste Richtung wurde von der tradierten klinischen Psychologie, die sich aus der Psychiatrie entwickelte, und der tradierten Psychodiagnostik bevorzugt; die zweite ist die bevorzugte Richtung der Verhaltenspsychologie. In einer jahrzehntelangen Diskussion, die in der Literatur als „die Kritik an der

Diagnostik" geführt wurde, entwickelte sich eine Polarisierung. Die „Kritik an der Diagnostik" erweist sich als ein Richtungskampf.

Eine Gruppe psychologischer Therapeuten weist die tradierte Psychodiagnostik ganz zurück (vgl. ROGERS 1951/1973; BANDURA 1969). Hier geht es um das „Einfühlen in Situationen" und das „Verstehen" des eigenen und fremden Verhaltens. Selbst- und Fremdbeobachtung sind dabei die verwendeten Methoden. Die Verhaltenstherapeuten engen die Beobachtung weiter ein. Sie verlangen in der frühen behavioristischen Verhaltenstherapie das Auszählen des offenen beobachtbaren Verhaltens und führen anstelle des Testens das Inventarisieren ein. Das Auszählen des offenen und das Einschätzen des sogenannten verdeckten Verhaltens (z.B. die Art der geistigen Prozesse bzw. der Wertschätzung u.ä.; vgl. TAUSCH/TAUSCH 1963/1977, S. 120 f) ersetzten im therapeutischen Bereich zunehmend die traditionelle Persönlichkeitsdiagnostik (vgl. KAMINSKI 1970; KRAIKER 1974; SCHULTE 1974). Innerhalb der Pädagogik zeigt sich dieser Richtungskampf besonders deutlich in der Sonderpädagogik. Die Kontroverse lautet dort: Selektions- versus Förderdiagnostik (vgl. KORNMANN/MEISTER/SCHLEE 1983; KLEBER 1983). In der Schulpädagogik spitzt sich die Diskussion auf die Frage Status- oder Prozeßdiagnostik zu (vgl. SCHWARZER/SCHWARZER 1977; PETERMANN 1978). PAWLIK (vgl. 1976) zeigt jedoch auf, daß zumindest auch in der Verhaltensmodifikation[1] als therapeutische Richtung die Psychodiagnostik einen Platz behalten sollte, sowohl was die Indikations- als auch die Behandlungskontrolle betrifft. Er systematisiert die jeweils zwei alternativen Richtungen in vier Dimensionen (vgl. Tab. 3).

Dimension: Zeitstruktur

Statusdiagnostik (vgl. a1 in Tabelle 3) bezeichnet einen Ist-Zustand. Sie stellt den Status zu einem gegebenen Zeitpunkt fest. In der Psychologie geht man bei Anwendung dieser Diagnostik in der Regel davon aus, daß der vorliegende Befund (meist als Persönlichkeitsmerkmal gedacht) eine hohe Stabilität besitzt und daraus auch auf eine weitergehende Entwicklung geschlossen werden kann (vgl. PAWLIK 1976, S. 24). Insofern kann dann Statusdiagnostik sowohl für Diagnose als auch für Prognose verwendet werden. Auf das schulische Feld bezogen, wird eine Klassenarbeit oder ein lehr-/lernzielorientierter Test z.B. am Ende einer Lehr-/Lerneinheit eingesetzt (Erhebung des Lernstandes). Obwohl Lerntests grundsätzlich prozeßdiagnostische Eigenschaften haben, wird in diesem Falle Statusdiagnostik betrieben. Es wird lediglich der Zustand zu einem bestimmten Zeitpunkt festgestellt. Handelt es sich um einen zusammengesetzten bzw. gestuften lernzielorientierten Test, lautet der diagnostische Befund z.B.: „Lernziel erreicht in den Punkten A, C, D und Lernlücken im Punkt B." Die Entscheidung kann dann lauten: „Übergang zur

---

1 Verhaltenstherapie ist eine psychologische Therapierichtung, die, aus dem Behaviorismus abgeleitet, mit einer Reihe von empirisch entwickelten Methoden ein unerwünschtes Verhalten verändern (anpassen) will, ohne auf die nicht bekannten Ursachen einzugehen. Sie wurde zur Verhaltensmodifikation weiterentwickelt, indem Erkenntnisse der Kognitionspsychologie aufgenommen wurden.

Tab. 3: Alternative Dimensionen der Richtung diagnostischen Handelns (vgl. PAW-LIK 1976, S. 23)

	Dimension	diagnostische Zielsetzung
a) Zeitstrukturen	1) Statusdiagnostik ↕ 2) Prozeßdiagnostik	Ist-Zustand (diagnostisch oder prognostisch) ↕ Veränderungsmessung
b) Informations-modus	1) Testen ↕ 2) Inventarisieren	Verhaltensstichprobe/ Eigenschaftswert ↕ Verhaltensrepertoire (-hierarchie)
c) Verfahren	1) Diagnostik als Messung ↕ 2) Diagnostik als Information für und über Behandlung	Schätzung eines Eigenschaftswertes ↕ Entscheidungs- und Behandlungs-optimierung
d) Referenz-rahmen	1) normorientierte Diagnostik ↕ 2) Kriterienorientierte Diagnostik	individuelle Unterschiede ↕ individuelle Position relativ zu einem Verhaltenskriterium

nächsten Lerneinheit." Die Prognose wird sein: „Größere Schwierigkeiten sind aufgrund der bestehenden Lücken zu erwarten, wenn diese nicht nachgearbeitet werden können." Alternative Entscheidung: „Den Abschnitt mit den Lernzielen B gründlich wiederholen, dann Fortschreiten zur nächsten Lerneinheit." Bei dieser Art von Statusdiagnostik bleibt ein Indikationsproblem, denn es kann nur global zu einer Wiederholung geraten werden. Sie ist damit jedoch keineswegs pädagogisch unbrauchbar. Durch eine stufenförmig verknüpfte Sequenz von lernziel-orientierten Tests geht diese Statusdiagnostik in eine Prozeßdiagnostik über.

Abb. 7: Statustest und Lerntest als Beispiele der Prozeßdiagnostik (KORMANN 1984, S. 199)

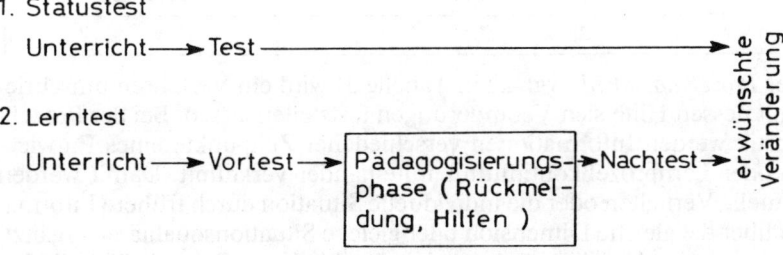

1. Statustest

Unterricht ⟶ Test ⟶ erwünschte Veränderung

2. Lerntest

Unterricht ⟶ Vortest ⟶ Pädagogisierungs-phase (Rückmel-dung, Hilfen) ⟶ Nachtest ⟶ erwünschte Veränderung

Darüber hinaus gibt es jedoch einen zweiten Nachteil der lernzielorientierten Statusdiagnostik in Verbindung mit Indikationsproblemen insbesondere dann, wenn es sich nicht um ein lernrelevant gestuftes Verfahren handelt. JÄ-

GER (vgl. 1986) sieht diesen darin, daß ausgearbeitete Schultests (z.B. zur Rechtschreibung) keinen differenzierten Einblick in die Lerngebiete geben. Es können dann Aussagen zur Rechtschreibung nur insoweit getroffen werden, wie sie im Testverfahren auch erfaßt worden sind. Der Befund kann dann nur lauten: „In Rechtschreibung gut bzw. schlecht." In diesem Falle können Mängel nicht spezifiziert werden, und die pädagogische Relevanz geht gegen Null (vgl. die Stufentest-„Rechtschreibung" von PORTMANN/STARK 1974). Dem Lehrer verbleiben zur Förderung des Schülers dann nur globale Maßnahmen (z.B. Text noch einmal abschreiben, Berichtigung noch einmal machen usw.), die zur Behebung der Probleme meist nicht ausreichen. Schließlich folgt die gravierendste Maßnahme des Klassenwechsels bzw. der Überweisung in eine Schule für Lernbehinderte. Gegen diese Art von Statusdiagnostik, mit deren Hilfe zu einem bestimmten Zeitpunkt eine defizitäre Persönlichkeits- und Leistungsstruktur erhoben wird und die zu einer Selektionsentscheidung mit eventuell lebenslangen Konsequenzen benutzt wird (Überweisung in die Schule für Lernbehinderte), richtet sich die Kritik in der Pädagogik. Der Statusdiagnostik ist das Modell einer Prozeßdiagnostik bei weitem vorzuziehen.

Abb. 8: Veranschaulichung der Status- versus Prozeßdiagnostik (vgl. JÄGER/NORD-RÜDIGER 1982, S. 64)

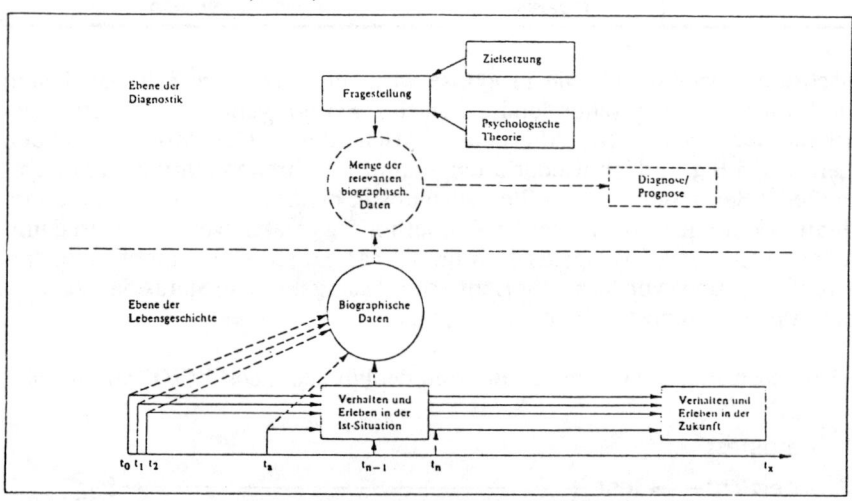

Mit der *Prozeßdiagnostik* (vgl. a2 in Tabelle 3) wird ein Verfahren umschrieben, mit dessen Hilfe sich Veränderungen feststellen lassen. Bei der Prozeßdiagnostik werden Informationen verschiedener Zeitpunkte eines Entwicklungs- oder Lernprozeßkontinuums miteinander verknüpft. Damit werden das aktuelle Verhalten oder die individuelle Situation durch frühere Informationen über die gleiche Dimension oder gleiche Situationsqualitäten ergänzt, relativiert oder auch erklärt. Anhand der verschiedenen Befunde über die Lebens- und Lerngeschichte kann eine angemessenere Extrapolation auf zukünftiges Verhalten hin erfolgen. Aufgrund der wiederholten Beschreibung möglichst vieler Situationsvariablen und deren Veränderung über die Zeit kann die weitere Gestaltung oder Umgestaltung zukünftiger Lernsituationen geplant werden. Prozeßdiagnostik wird damit zur Methode der Wahl für Ent- wicklungspsychologie und tradierte empirische Lernforschung, die eine andersartige Meß- oder Testtheorie verlangen. Die Statusdiagnostik kommt mit der „klassischen Testtheorie" (vgl. GULLIKSEN 1950; LIENERT 1967) aus. Für statusdiagnostische Aussagen reicht es aus, wenn man einen „wahren Merkmalswert" als zeit- und bedingungsinvarianten Kennwert einer Person abschätzen kann. Über die intra-oder interindividuelle Variabilität rund um diesen Kennwert läßt sich dann der Meßfehler bestimmen, was für die Betrachtung der diagnostischen Befunde wichtig ist.[2] Eine Veränderungsmessung (Prozeßdiagnostik) dagegen verlangt eine wesentlich kompliziertere meßtheoretische Grundlage (vgl. SPADA 1976), weil die Veränderungen im Verhalten — testtheoretisch gesehen — nun nicht mehr als Meßfehler betrachtet werden können. Mit Tests nach der klassischen Testtheorie läßt sich die zeitliche Veränderung also nicht direkt erfassen. In der Veränderungsmessung hingegen können verschiedene Modelle für die Erfassung der Veränderung benützt werden (vgl. ECHTERHOFF 1982, S. 162 f).

Abb. 9: Modelle zur Messung lehrzielorientierter Veränderungen

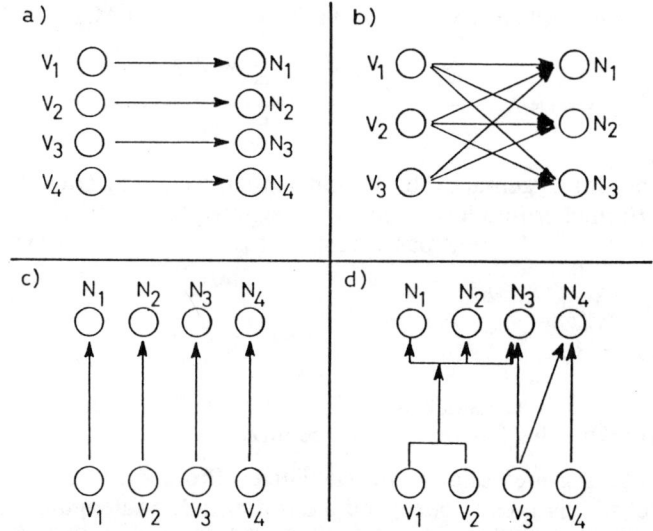

Bei allen Grundmodellen für lehr-/lernzielorientierte Veränderungsmessung werden jeweils mindestens zwei Messungen vorgenommen: Messung 1 (Vortest 1 bis Vortest 4) und Messung 2 (Nachtest 1 bis Nachtest 4); in den nachfolgenden Ausführungen werden die Vortest-Aufgaben stets durch ein V, die Nachtest-Aufgaben durch ein N gekennzeichnet. Die Beziehungen zwischen den Aufgaben können jedoch unterschiedlich sein.

---

2 Die gleiche Invarianzvoraussetzung gilt auch für die Formulierung der Testtheorie nach RASCH (1960). Hierauf soll im Kap. 6.3.2 im Zusammenhang mit Vertrauensbereichen noch näher eingegangen werden.

– Bei der Modellvariante a) wurden jeweils Aufgabenzwillinge konstruiert, die den Endstand messen. Im Idealfall werden die V-Aufgaben in der ersten Testung nicht gelöst. Bei der zweiten Testung werden alle N- und dann natürlich auch alle V-Aufgaben, soweit man sie vorlegt, gelöst.
– In der Modellvariante b) besteht eine weniger strenge Beziehung zwischen V- und N-Aufgaben. Der Punktwert (der N-Aufgaben) bei der zweiten Messung sollte erheblich höher sein als bei der ersten Messung.
– Die Modellvariante c) besteht aus zwei strukturell unterschiedlichen Niveaus. Zwischen N- und V-Aufgaben besteht eine hierarchische Abhängigkeit. Bei der ersten Messung können viele V-Aufgaben gelöst werden (aber im Prinzip keine N-Aufgaben). Bei der zweiten Messung werden im Idealfall alle N-Aufgaben gelöst, was impliziert, daß jetzt auch alle V-Aufgaben gelöst werden können.
– Die Modellvariante d) stellt ebenfalls ein hierarchisches System dar, ohne daß eine klare Zwillingsverknüpfung vorliegt.

In den schulpädagogischen Fragestellungen praktischer Prozeßdiagnostik steht die Vortest-Nachtest-Anordnung im Vordergrund des Interesses. Veränderungen werden häufig nur zu einigen wenigen Zeitpunkten erhoben; in der tradierten Form ist dies zu zwei bis drei Zeitpunkten während des Schuljahres der Fall.

Abb. 10: Grundmodell einer Vortest-Nachtest-Anordnung (KLAUER 1982a, S. 159)

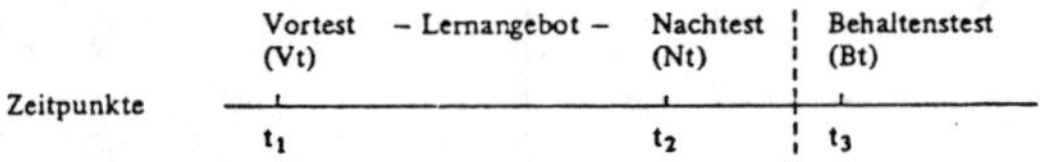

	Vortest (Vt)	– Lernangebot –	Nachtest (Nt)	Behaltenstest (Bt)
Zeitpunkte	t_1		t_2	t_3

Aus der Anordnung gemäß Abb. 10 kann dann der relative Lernzuwachs nach folgender Formel ermittelt werden (X = Testwert; Nt = Nachtest; Vt = Vortest; X_{max} = maximal erreichbarer Testwert; L_{rel} = relativer Lernzuwachs) :

$$L_{rel} = \frac{X_{Nt} - X_{Vt}}{X_{max} - X_{Vt}}$$

Bei diesem Veränderungsmaß wird die Schätzung der eingehenden Meßfehler zur Korrektur des Lernzuwachses benützt.

Die Veränderungsmessung ist mit vielfältigen Problemen behaftet, sowohl meßtheoretisch als auch in bezug auf die vorliegende Skalengüte und die Dimensionalität der vorliegenden inhaltlichen Information (vgl. ROLLETT 1976; PETERMANN 1978; ECHTERHOFF 1982). Die Probleme der Veränderungsmessung sind ein zentraler Gegenstand der empirischen Forschung in der pädagogischen Psychologie und Diagnostik. In der Schulpädagogik haben sie jedoch (noch) eine eher randständige Bedeutung. Dennoch sind auch hier folgende Aspekte in Rechnung zu stellen:

– Bei der Testaufgabenkonstruktion für informelle Tests sind die Beziehungsmodelle (vgl. Abb. 9) zu beachten.
– Die erwartete Verteilungsform der Prüfergebnisse ist zu berücksichtigen. So ist z.B. das Eintreten einer Gleich- oder Normalverteilung als ein Indikator für einen noch nicht abgeschlossenen Lern- bzw. Unterrichtsprozeß, für eine unfaire oder falsche

Prüfung, für eine Verschiebung der Fragestellung oder für eine mangelhafte Qualität des Unterrichts anzusehen. Denn in einem qualifizierten Unterricht sind zum Ende einer Unterrichtsepoche immer rechtsschiefe Verteilungen, niemals aber Normalverteilungen zu erwarten.

— Die Interpretation von Differenzwerten ist in Betracht zu ziehen. Da diese auch mit Meßfehlern behaftet sind, kann einerseits ein anscheinend auftretender Lernzuwachs sogar ein Artefakt der Messung sein; durch die Auswahl bestimmter Meßvorgänge (entsprechend der klassischen Testtheorie) kann andererseits ein Lernzuwachs auch verschleiert werden.

In der pädagogischen Praxis läßt sich Prozeßdiagnostik aufgrund der ständigen Testungen mit Vor-, Zwischen- und Nachtests in allen Lernbereichen nur dann realisieren, wenn die kontinuierliche pädagogische Entwicklungssituation aufgegeben wird (vgl. RÜDIGER 1979). Bevor ein Großteil der pädagogischen Situation in der Schulklasse zur Testsituation umgestaltet wird, sollen im folgenden die quasiprozeßdiagnostischen Verfahren und die differenzierte lernzielorientierte Statusdiagnostik empfohlen werden. Zur weiteren Auseinandersetzung mit einer solchen unvollständigen Prozeßdiagnostik siehe: „Fragen der Dokumentation als kontrollierte Beschreibung" (Kapitel 6.2.1).

Dimension: Informationsmodus

Zur Verdeutlichung der Fragestellung, die diesem Problemkomplex zugrundeliegt, sei zunächst eine definitorische Abgrenzung der beiden Begriffe vorangestellt:

— *Testen* ist „das Ziehen einer Verhaltensstichprobe aus dem als Grundgesamtheit verstandenen Verhaltensrepertoire einer Person" (PAWLIK 1976, S. 32) und beinhaltet den Schluß auf Merkmale oder zukünftiges Verhalten dieser Person (vgl. KLEBER 1978a, S. 29 f).

— *Inventarisieren* ist „eine diagnostische Untersuchung mit dem Ziel, möglichst sämtliche Elemente in dem durch die Fragestellung gekennzeichneten Ausschnitt des Verhaltensrepertoires einer Person zu erfassen. So will der Verhaltenstherapeut zum Beispiel nicht wissen, wie ängstlich ein Patient an sich . . . ist, sondern was bei ihm konkrete Angst auslöst" (PAWLIK 1976, S. 32).

In der Schulpädagogik geht es in der überwiegenden Mehrheit der Fragestellungen nicht darum, welche geschätzten Fähigkeiten (Personparameter) ein Schüler hat (dies ist eine im engeren Sinne psychologische Fragestellung), sondern was ein Schüler konkret kann, welche Kenntnisse und Fertigkeiten er hat, was er alles in der Epoche A gelernt hat. — Bereits die Präzisierung dieser Fragestellung zeigt auf, daß das Inventarisieren eine mögliche und häufige Strategie sein kann. Von seiten der Didaktik wird diese Tendenz unterstützt. Soweit klar gegliederte und ausgearbeitete didaktische Materialien vorliegen, kann der Schüler selbst entlang des „didaktischen Lernweges" Auskunft darüber geben, wo er steht und was er in der letzten Zeit gelernt hat. In pädagogischen Konzepten, wie z.B. bei MONTESSORI oder auch FREINET, lernt der Schüler von der ersten Klasse an, seinen Lernweg reflektierend zu beobachten und seine Lernarbeit zu „inventarisieren". Dieses kann dann wieder für ein

„Inventarisieren" im Sinne einer Diagnostik in der Pädagogik weiterverwendet werden.

Inventarisieren geht in pädagogischen Handlungsfeldern vor Testen.

Dimension: Verfahren

Diese Dimension trennt insbesondere psychologische von pädagogischen Zielsetzungen.

– Die Psychodiagnostik ist darauf angelegt, Kennwerte (Personparameter) von ausgewählten Merkmalen festzustellen. Auf der Grundlage einer jeweils spezifizierten Meßtheorie ist es ihr Ziel, solche Parameter abzuschätzen. Man spricht dann davon, daß Merkmale gemessen werden. Dieser diagnostische Ansatz ist für verschiedene psychologische Forschungsbereiche besonders wichtig. Um den Ansprüchen psychologischer und pädagogischer Praxis gerecht zu werden, wird diese Fassung der Diagnostik jedoch für zu eng (vgl. CRONBACH/GLESER 1965) oder sogar für völlig unzureichend (vgl. KAMINSKI 1970) gehalten.

– Diagnostik in der Pädagogik ist Teil eines Handlungsgesamts; sie hat vor allem und über das Messen von Persönlichkeitsmerkmalen hinaus eine handlungsbezogene Funktion im Rahmen verhaltensmodifikatorischer Interventionen und pädagogischer Lehr-Lern-Prozese (vgl. KAMINSKI 1976). Für einen solchen übergreifenden Ansatz von Diagnostik, in dem das Einbringen von handlungsrelevanten Informationen für Behandlung, Unterricht und Therapie (treatment) im Zentrum der Bemühungen steht, rückt neben den meßtheoretischen Gütekriterien (Validität, Reliabilität, Objektivität) das Kriterium des praktischen Nutzens („utility") in den Vordergrund.   '

Dimension: Referenzrahmen

Die Dimension *„normorientierte Diagnostik"* versus *„kriterienorientierte Diagnostik"* (vgl. d in Tabelle 3) ist die letzte der von PAWLIK herausgestellten Zielebenen. Sie wurde bisher im pädagogischen Feld Schule am ausführlichsten diskutiert. KLAUER (vgl. 1982, 1987) ersetzt geradezu „kriterienorientierte Diagnostik" durch das neue Etikett „Pädagogische Diagnostik".

– Pädagogen sprechen überwiegend von Normorientierung, wenn es sich um die sozialen Bezugsnormen handelt, das heißt wenn die Leistung von SchülerInnen mit den Leistungen anderer auf der Basis von Erwartungstabellen verglichen werden. Klassische psychologische Tests sind in diesem Sinne normorientiert (vgl. Kompetenz für diagnostisches Handeln: Änderungswissen, Kap. 1.4.2).

In der Pädagogik ist dies grundsätzlich auch eine legitime Betrachtungsweise, allerdings führt sie isoliert angewendet zu einer Reihe pädagogischer Probleme (vgl. Bezugsnorm, Bezugsrahmen oder Bezugssystem, Kapitel 6.1).

– Bei der kriterienorientierten Diagnostik liegt der Bezugsrahmen in den Kriterien innerhalb des pädagogischen Handlungsfeldes, z.B. in den Lehr-/Lernzielen. Die Leistungen von SchülerInnen werden dann auf die Zielebene abgebildet, das heißt es wird festgestellt, inwieweit SchülerInnen operationalisierte Lernziele (die Kriterien) erreicht haben.

Wenn die Kriterien ausreichend konkret (operationalisiert) und differenziert beschrieben sind, ergeben sich aus dem diagnostischen Befund bereits erste Hinweise darauf, welche Defizite im einzelnen vorhanden sind und welche pädagogischen Maßnahmen weiterhelfen. Damit ist „kriterienorientierte Diagnostik" auch eine „Diagnostik als Information für und über Behandlung". Sie ist kompatibel mit der „Prozeßdiagnostik", die ergänzend weitere Indikatoren für Maßnahmen liefern kann.

2.2 Strategien in der Diagnostik

2.2.1 Diagnostische Strategie und pädagogische Entscheidungen

Folgende diagnostische Strategien werden in der Literatur (vgl. CRONBACH/GLESER 1965; PAWLIK 1976; SCHWARZER/SCHWARZER 1977; KRAPP/MANDL 1977) genannt: Selektions-, Klassifikations-, Plazierungs- und Modifikations- bzw. Interventionsstrategie. JÄGER (vgl. 1982, S. 21) definiert diagnostische Strategie als die Konzeption, die der Diagnostiker benutzt, um mit Hilfe diagnostisch erhobener Daten sein antizipiertes Ziel zu erreichen. SCHWARZER/SCHWARZER (vgl. 1977) unterscheiden Selektion, Klassifikation und Plazierung. Diese drei Modalitäten der Auswahl sind nur in bezug auf die Konsequenzen unterscheidbar, sie entsprechen im übrigen dem gleichen Vorgehen.

Bei der Selektion erfolgt im schulischen Alltag eine unmittelbare lebenswegrelevante Entscheidung, z.B. Übergang zum Gymnasium oder Umschulung in eine Schule für Lernbehinderte und ähnliches.
Bei der Klassifikation werden Schüler in unterschiedliche Merkmalsgruppen eingeteilt, z.B. in Leistungsgruppen. Die Klassifikation dient damit unmittelbar der Differenzierung des Unterrichts. In einer Reihe von Bedingungskonstellationen kann eine solche Gruppierung bereits als eine Vorselektion angesehen werden.

Die Plazierung stellt einen bestimmten Anwendungsmodus der Klassifikation dar. Ein Schüler bleibt in der Gesamtgruppe und folgt im Unterricht dem allgemeinen Lehrplan. Aufgrund von Schwierigkeiten wird er in dem für ihn angemessenen Fördermaßnahmenprogramm plaziert. Durch diese Maßnahme erfolgt für den Schüler keine lebenswegrelevante Entscheidung, es sei denn, diese Plazierung wäre der erste Schritt zur Ausgliederung des Schülers aus dem allgemeinen Klassenunterricht. Im letzten Fall ist die Plazierung der Einstieg in die Selektion.

Diagnostische Strategien sind Vorgehensweisen, die nicht nur Entscheidungen vorbereiten, sondern bis zu einem gewissen Grade bereits Entscheidungen implizieren. Sie sind unmittelbar entscheidungsrelevant. PAWLIK (vgl. 1976) sieht von der Zuordnung über die Selektion bis zur Modifikation fließende Übergänge. Für unmittelbar handlungsleitende, therapeutische Entscheidungen führt er den Begriff Interventionsstrategie ein (vgl. auch TRÖGER/FRENZ 1977; ROLLETT 1978).

Tab. 4: Kategorisierung pädagogisch relevanter Entscheidungen (CRONBACH/GLESER 1965; KRAPP 1979; JÄGER 1986)

Beschreibungsgesichtspunkte (Dimensionen)	Entscheidungskontinuum	
	A ◄----------------------------► B Person　　　　　　　　　　　　Situation	
1. Objekte der Entscheidung	Personen (Schülerevaluation)	Bedingungen: Schule, Curriculum, Unterricht, (Unterrichtsevaluation)
2. Handlungsebene	Schulsystem, Unterrichtsorganisation (Laufbahnentscheidungen)	Interaktion in der Schule (didaktische oder therapeutische Entscheidung)
3. Orientierungsrichtung (Bezugsnormen)	Individuum/Schüler (individuelle Entscheidung: Kriterien nach den speziellen Bedürfnissen oder Bedingungen des Individuums)	Institution/Gesellschaft (institutionelle Entscheidung: institutionell bzw. sozial vorgegebene Kriterien)
4. Wertigkeit (im bezug auf die definierten Ziele)	zielungleich (z.B. äußere Differenzierung, Klassifikation, bis Plazierung)	zielgleich (z.B. innere Differenzierung, vgl. KLEBER 1977)
5. Handlungsstrategie	Selektion: Personselektion (Selektion im engeren Sinn: z.B. mehrgliedriges Schulsystem), Bedingungsselektion (z.B. adaptiver Unterricht)	Modifikation: Personmodifikation (Interventionsstrategie), Bedingungsmodifikation (Revisionsstrategie)

Diagnostische Informationen werden je nach handlungsleitendem Modell mehr zur Person oder zur Situation hin erhoben. Die vorliegenden Entscheidungen können dann jeweils nach der antizipierten Zielebene, die angestrebt wird, entweder als Schülerevaluation oder als Unterrichtsevaluation getroffen werden. Vor diesem Hintergrund unterscheidet PAWLIK dann auch konsequenterweise zwischen Person- und Bedingungsselektion. Alle Beschreibungsgesichtspunkte oder Dimensionen sind für diagnostisches Handeln in pädagogischen Handlungsfeldern relevant. Die zentralste Bedeutung erhält die Dimension 5, diejenige der Handlungsstrategie.

2.2.2 Die Selektionsstrategie

Das Ziel der Selektionsstrategie ist eine Entscheidungsoptimierung. Die Entscheidung besteht in der adäquaten Auswahl von Personen oder Bedingungen. Die Qualität der Selektionsstrategie richtet sich nach der Güte der vorhandenen Kriterien und in der Regel auch nach dem prognostischen Wert der diagnostischen Information.

Abb. 11: Modell der laufbahnorientierten Prognose (KRAPP 1979, S. 116)

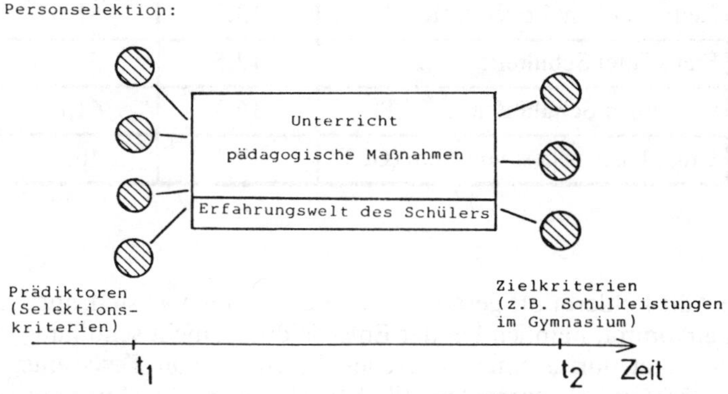

Personselektion:

Bei einer Selektion werden SchülerInnen ausgewählt und einer bestimmten Laufbahn (z.B. Gymnasium) zugeordnet. Aufgrund der vorliegenden diagnostischen Information, der Prädiktoren zu einem bestimmten Kriterium, wird eine Vorhersage (Prognose) auf ein anderes Kriterium (z.B. zukünftige Leistungen) gemacht. Anhand von z.B. vier diagnostischen Informationen (Prädiktoren) zum Zeitpunkt t1 selektiert der Lehrer SchülerInnen, empfiehlt sie zum Gymnasium und macht gleichzeitig die Vorhersage, daß zu einem späteren Zeitpunkt (t2) die Leistungen der SchülerInnen mindestens ausreichend sein werden. Diese Leistungen hängen aber zum erheblichen Teil vom Unterricht und der vorausliegenden Erfahrungswelt des Schülers ab und nur zum anderen Teil von den früheren Leistungen und dem früheren Verhalten.

In einer solchen Prognose wird immer von einem früheren Verhalten auf ein späteres geschlossen; dies ist das Grundmuster von psychologischen Tests. Dabei wird vorausgesetzt, daß die spätere Leistungsanforderung zur früheren analog bis gleich sei, daß die Erfahrungswelt des Schülers in ihrer Qualität gleich bleibe und daß der Unterricht in der folgenden Schule gut ist, also der individuellen Lernsituation dieses Schülers entgegenkommt. Mögliche Fehlerquellen von Prognosen werden hier deutlich.

Tatsächlich traten bei Selektionsentscheidungen bei der Einschulung, die auf der Basis von Tests gefällt wurden, Fehlentscheidungen auf, die in Tab. 5 aufgeführt sind.

Beim MST (Münchener Auslesetest für Schulneulinge) waren ca. 20 % der Entscheidungen falsch, eine hohe Fehlerquote der Prognose. Bedauerlicher-

Tab. 5: Fehlentscheidungen in der Schuleingangsdiagnostik (vgl. KRAPP/MANDL 1977, S. 80)

Testverfahren	Fehlerquoten in %	
	insgesamt	"nicht schulfähig"
Münchener Auslesetest für Schulneulinge (MST)	19,6	66,2
Kettwiger Schulreifetest (KST)	13,8	51,6
Frankfurter Schulreifetest (FST)	12,5	59,5
Göppinger Schulreifetest (GST)	16,3	61,8
Grundleistungstest von Kern (GLT)	9,3	46,7

weise liegt die Fehlerquote gerade in dem Bereich am höchsten, auf den es am meisten ankommt, nämlich bei der Entscheidung „nicht schulfähig" (66 %). Dieses Resultat dürfte einer generellen Eigenheit von Tests entsprechen, nämlich der Gültigkeitsproblematik bei niedrigem Leistungsniveau (vgl. KLEBER 1978). Immer dann, wenn Schulneulinge sehr niedrige Leistungswerte zeigen, beeinträchtigt dies die Zuverlässigkeit und darüber hinaus auch die Gültigkeit (Validität). Die geringen Leistungswerte können oft auf unterschiedliche, vom Test nicht erfaßte Variablen (wie fehlende Motivation, Aussteigen aus der Testsituation u.ä.) zurückgeführt werden.

Um eine gültige Prognose machen zu können, benötigt man geeignete Merkmale, die für das spätere Verhalten und die spätere Leistung relevant sind. Diese Merkmale sind dann in geeigneter (zuverlässiger und gültiger) Weise zu erfassen (gegebenenfalls durch einen Test). Den Zusammenhang zwischen der vorweg gemessenen Merkmalsausprägung (als Prädiktor) und dem späteren Kriterium kann man in einer Längsschnittuntersuchung empirisch erfassen. Auf diese Weise läßt sich ein empirisches Modell für Selektionsentscheidungen erstellen (vgl. Abb. 12):

Je höher die Übereinstimmung zwischen den Vorhersage- und den Kriterienwerten, desto enger liegen die selektierten Personen rund um die Vorhersagefunktion. Liegen solche Untersuchungen vor, dann kann der Grenzwert X auf der Prädiktorachse empirisch festgesetzt werden. Alle SchülerInnen, die mit ihren Leistungen links von X liegen, werden als ungeeignet, alle, die rechts von X fallen, als geeignet bezeichnet (z.B. für das Gymnasium empfohlen). Wenn später in einer Nachuntersuchung die Kriterien Erfolg/Versagen empirisch festgestellt werden, lassen sich alle selektierten Personen in das Koordinatenkreuz einordnen. Der gesamte Quadrant im Koordinatenkreuz zerfällt in vier Bereiche: Der Bereich A weist die zu recht Empfohlenen, der Bereich C die zu recht Nichtempfohlenen aus. Weiterhin werden aber auch zwei Berei-

Abb. 12: Empirisches Modell für Selektionsentscheidungen (nach KRAPP 1979, S. 118)

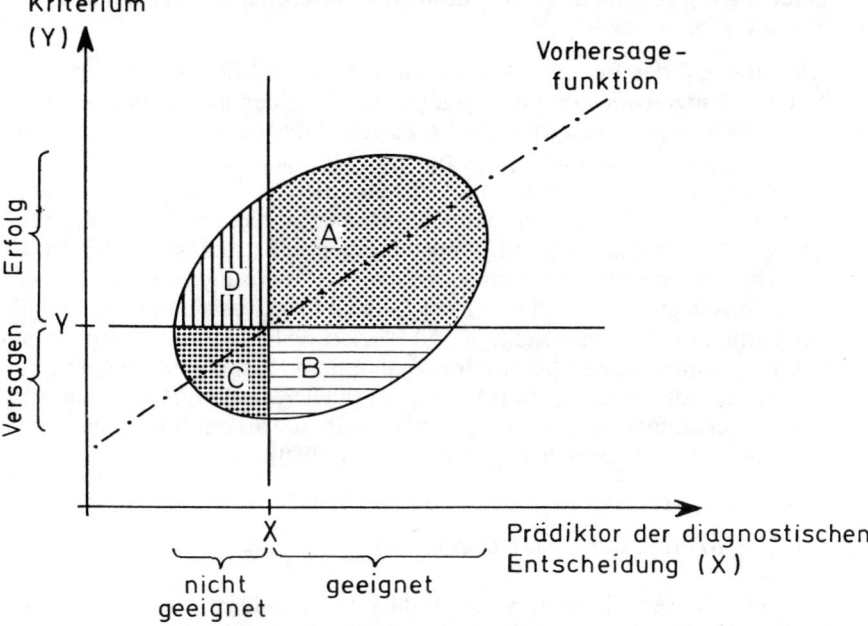

X: Grenzwert , Y: Kriteriumswert

che einer nicht-übereinstimmenden Zuordnung von Prognose und tatsächlichem Resultat deutlich.

Der Bereich D zeigt die Nichtempfohlenen, die aber im Gymnasium erfolgreich waren. Der Bereich B erfaßt diejenigen, die entgegen der Empfehlung im Gymnasium versagten. Bereits bei Abgabe seiner Entscheidung (Diagnose) weiß der Diagnostiker also stets, daß seine Aussage fehlerbehaftet ist und daß er die Möglichkeiten des Schülers unterschätzt (Fehler 1. Art) bzw. überschätzt haben kann (Fehler 2. Art).

Über statistische Verfahren können dann, wenn ausreichende Untersuchungen zu Prädiktor und Kriterium vorliegen, die Treffer- und die Fehlerquote im voraus abgeschätzt und in Zahlenwerten ausgedrückt werden. Hierzu gibt es verschiedene Modelle einer kriteriumsorientierten Klassifikation (vgl. KRAPP 1979, S. 120 f; KLAUER 1987, S. 60 f.). Die Fehlerquote, insbesondere die des Fehlers 2. Art, hängt von der Güte des Prüfverfahrens ab. Die Veränderung eines Fehlers 2. Art in Abhängigkeit von der Trefferwahrscheinlichkeit wird als Operationscharakteristik eines Meßinstruments bezeichnet (vgl. SIXTL 1982, S. 137 f). Zur weiteren Befassung mit der Prognoseproblematik wird auf KRAPP (vgl. 1979) verwiesen.

— Selektionsentscheidungen (im Sinne der Personselektion) widersprechen im Grunde pädagogischen Fragestellungen. Sie sind angemessen bei Personalentscheidungen, nicht aber im pädagogischen Prozeß. Sie sind vielfältig als gesellschaftliche Hypothek (vgl. Kapitel 3.4) in die Schule getragen

worden und scheinen in einem mehrgliedrigen Schulsystem eine Daseins-
berechtigung zu haben. Sie sind deshalb in unseren Schulen auch noch allgegenwärtig.

– Die Strategie der Bedingungsselektion (vgl. PAWLIK 1976) ist grundlegend gekennzeichnet als ein pädagogischer Weg, der aber nicht in gleicher
Weise diagnostisch ausgearbeitet ist. Es geht dabei darum, je nach den persönlichen Lerneigenheiten die geeigneten Methoden und Materialien auszuwählen. In einem eigentlich nicht diagnostischen Vorgang wählen SchülerInnen in einer Montessori-Schule die für sie zu diesem Zeitpunkt geeig-
netesten Materialien und Aufgabenstellungen selbst aus (sie betreiben dabei keine Diagnostik, aber sie machen damit Klassifikation und somit auch
Selektionsdiagnostik für diesen Fragebereich überflüssig). In anderen Fällen werden Bedingungsselektion und Plazierung bedeutungsgleich. In der
Sekundarstufe arbeiten SchülerInnen an einem Mathematikprogramm in
einem computerunterstützten Unterricht (CUU). In dem Programm werden dem einzelnen Schüler entsprechend seinen Vorkenntnissen passende
Programmteile zugespielt (vgl. HEINRICH 1980).

2.2.3 Die Modifikationsstrategie

Nach PAWLIK versteht man unter Modifikationsstrategie „eine Vorgehensweise, die eine Optimierung durch eine Veränderung des Verhaltens und/
oder von Bedingungen sucht ... Je nach Implementierungsrichtung wird man
auch hier sinngemäß zwischen Strategien der Verhaltensmodifikation (Aus-
bildungs- und Schulungsprogramme, Psychotherapie usw.) und Strategien
der Bedingungsmodifikation (Verbesserung der Lernmedien, des Arbeitsplat-
zes, der Therapiebedingungen usw.) unterscheiden" (1976, S. 16). Die klassischen Beispiele aus dem Bereich der Verhaltensmodifikation gehören hier in
die sonderpädagogische Kategorie der Verhaltensstörungen. Ein Schüler
bleibt nicht bei der Sache, scheint konzentrationsschwach, unmotiviert oder
nicht anstrengungsbereit. Über einen Testeinsatz, z.B. den Anstrengungsvermeidungstest von ROLLETT/BARTRAM (vgl. 1977) oder den Differentiellen Leistungstest DL-KG von KLEBER/KLEBER/HANS (vgl. 1975), und eine Verhaltensbeobachtung wird die Richtung des unerwünschten Verhaltens
bestimmt; sodann wird geprüft, auf welche Weise (Verstärkerhierarchie) eine
Verhaltensmodifikation durchgeführt werden kann, um das Leistungsverhalten des Schülers zu verbessern. Innerhalb einer Pädagogik, die auf „Freiarbeit" eingerichtet ist, wird das Lernverhalten der Schüler häufig durch ein ge-
nerelles Kontingenz-Management[3] gesteuert. Die SchülerInnen bestimmen
selbst die Erledigung der vorgegebenen Aufgaben und belohnen sich mit Tä-

---

3 Der Begriff Kontingenz-Management (vgl. HOMME u.a. 1969/1970) besagt, daß
   Abmachungen (Verträge) zwischen zwei Vertragspartnern (z.B. Lehrer – Schüler)
   getroffen werden. Ziel des Managements ist, daß, von einer anfänglichen Außen-
   steuerung (erzieherkontrollierter Vertrag) ausgehend, stufenweise eine Innensteue-
   rung (schülerkontrollierter Vertrag) erreicht wird.

tigkeiten, die sie besonders schätzen. Dies alles wird durch eine „vertragliche Verpflichtung", z.B. der Klasse oder der Lehrperson gegenüber, im Morgen-/ Wochenkreis festgesetzt und gilt für alle. Wesentliche Teile einer Diagnostik innerhalb einer solchen Verhaltensmodifikationsstrategie gehen an die SchülerInnen selbst über; die SchülerInnen treffen eine eigene Leistungsbewertung und eine Belohnungsauswahl, die die LehrerInnen übernehmen können oder gegebenenfalls nur leicht zu modifizieren brauchen.

Zu den Beispielen für Bedingungsselektion gehören als diagnostische Instrumente alle lehr- oder lernzielorientierten Tests. Beispiel: Eine Schülerin hat einen bestimmten Abschnitt eines Fremdsprachenlehrgangs bearbeitet. Sie nimmt sich eine Aufgabensammlung des dazugehörenden lernzielorientierten Tests vor, um festzustellen, ob sie weit genug fortgeschritten ist, um die folgenden Abschnitte bearbeiten zu können. Möglicherweise fühlt sie sich noch ein bißchen unsicher und entdeckt bei der Bearbeitung der Aufgaben dann auch, daß sie in einem Bereich noch große Lücken hat. Nun stellt sich die Frage, in welcher Weise diese Lücken zu schließen sind. Sie hat die Möglichkeit:
— den Stoff in der gleichen Weise zu wiederholen,
— einen bestimmten Abschnitt eines parallelen Klassenkurses durchzuarbeiten,
— im Sprachlabor mit Videounterstützung einen umfänglicheren Teil zu bearbeiten oder
— sich einer Fördergruppe, die sich nachmittags in der Schule trifft, anzuschließen.

Im idealen Falle würde sie aus dem lernzielorientierten Test einen konkreten Hinweis darauf, was in ihrem Fall am besten sein wird, erhalten.

Das zentrale Problem der Modifikationsstrategie ist das Indikatorenproblem. Die Indikation für eine Behandlung und für die geeigneten pädagogischen Maßnahmen ist in der vorliegenden Diagnostik meist völlig unzureichend herausgearbeitet (dies mag auch ein Grund dafür sein, daß Selektionsdiagnostik meist dominiert). Tests können in den seltensten Fällen eine klare Indikationsstellung leisten. In der Pädagogik behilft man sich deshalb bei Fördermaßnahmen oft mit nicht empirisch erforschten Entscheidungsregeln. Wenn SchülerInnen aufgrund von unzureichenden Lernleistungen gefördert werden sollen,
— dann müssen die im verwendeten Material vorliegenden Lernziele den übrigen Modalitäten der generellen Zielebenen entsprechen;
— sollten der methodische Weg bzw. der Einsatz didaktischer Medien von dem der ersten Lernarbeit klar unterschieden sein (Prinzip der unterschiedlichen methodischen Annäherung und der Aktivierung unterschiedlicher sensorischer Kanäle);
— ist die Bedingungsmodalität vorzuziehen, der der Schüler/die Schülerin aufgrund individueller Vorlieben (Interesse, affektiver Rapport) den Vorzug gibt.

Da nur solche globalen Entscheidungsregeln vorliegen und in der Regel nicht differenziert und präzise bestimmt werden kann, welches der richtige Weg ist, wird hier vom „offenen Indikationsproblem" gesprochen. Im Handlungsfeld Schule befinden wir uns bei der Indikationsstellung für Förderung durchaus noch im vordiagnostischen Feld. Eine Vielzahl von Anstrengungen, die aus der Sonderpädagogik heraus gemacht worden sind (vgl. MASENDORF/ TSCHERNER 1976; KLEITER/PETERMANN 1977; MÖCKEL 1977;

SCHEERER-NEUMANN 1979; KLEBER 1983), brachten nicht die erwarteten klaren Indikationen (zum Teil aufgrund des Bandbreite-Fidelitäts-Dilemmas).

Das oft aus einer Verlegenheit heraus formalistische Vorgehen zeigt JÄGER (vgl. 1986) eindringlich auf, wenn er eine sogenannte „Mischstrategie" als Weg im „differenzierten Unterricht" beschreibt. Eine Mischstrategie soll gleichzeitig Elemente einer Selektions- sowie einer Modifikationsstrategie enthalten. Sie ist bei einer ökologischen Sichtweise notwendig. Im Beispiel JÄGERs handelt es sich allerdings weniger um eine Mischstrategie als·vielmehr um eine Mischung aus dem diagnostisch strategischen Handeln (Selektion) und den pädagogischen Zielvorstellungen (Förderung).

„Lehrer K. hat die Aufgabe, am Ende des Schuljahres zu entscheiden, welcher Schüler aus seiner Klasse jeweils in die hinsichtlich seines Mathematik-Leistungsniveaus unterschiedlich orientierten Kurse A, B oder C aufgenommen werden soll. Die Leistungskurse werden eingeführt, um die Schüler — entsprechend ihren Fähigkeiten — bestmöglich zu fördern. Der Lehrer stellt auf der Basis der Schulnoten eine Rangreihe der Schüler auf und führt mit den Schülern, die den gleichen Rangplatz einnehmen, einen Mathematiktest durch, um Informationen über das Verständnis für mathematische Probleme zu gewinnen. Die noten- und testmäßig zehn besten Schüler werden Kurs A, die von den übrigen Schülern zehn besten werden Kurs B und die verbleibenden Kurs C zugeordnet" (JÄGER 1986, S. 76).

Die Schüler werden hier vorgegebenen Klassen von Lehrprogrammen zugeordnet. Es handelt sich also um eine „Klassifikation", die zur Selektionsstrategie zählt. Die Klassifikationsentscheidung folgt der pädagogischen Zielvorstellung, alle Schüler entsprechend ihren Fähigkeiten zu fördern. Die eingeschlagene Richtung strategischen Handelns bedingt aber — auf den gleichen Zeitpunkt bezogen — eine Zielungleichheit (die C-Ziele unterscheiden sich erheblich von den A-Zielen). Der Zeitpunkt ist von besonderer Bedeutung, da gesetzte feste Zeitpunkte in unserem Schulsystem schullaufbahnentscheidend sind und eine Zeitungleichheit zu einer impliziten Selektionsentscheidung führt. Die Förderung „jedem nach seiner Fähigkeit" ist formal gewährleistet, wird aber praktisch wegen der mangelnden Flexibilität des Verfahrens kaum eingelöst. Die „Mischstrategie" führt hier auch zu einer Mischzielerreichung.

2.3 Grenzwerte und Klassifikationsfehler

Ein zentrales Problem, das sowohl in der Selektion (einschließlich Klassifikation und Plazierung) als auch in der Indikationsstellung auftritt, liegt bei den Grenzwerten, das heißt bei der Bestimmung des Punktes „X" im empirischen Prognosemodell (vgl. Abb. 12), der zwischen der Aussage „geeignet" und „nicht geeignet" oder zwischen der Setzung „erfolgreich" und „nicht erfolgreich" (vgl. „Y", Abb. 12) oder „besondere Maßnahmen indiziert" bzw. „nicht indiziert" trennt. Bei der Klassifikation brauchen wir je nach Anzahl der Klassen entsprechend viele Trennwerte (vgl. Grenzwerte oder Zielmarken in der kriteriumsorientierten Klassifikation, KLAUER 1987, S. 60 f).

Im vorgenannten problematischen Beispiel von JÄGER (vgl. 1986) liegen die Trennwerte bei Rangplatz 10,5 und 20,5. Die Grenzwertstrategie ist eine formale: Alle Gruppen (A, B, C) sollen gleich groß sein. Statt der Gleichverteilung auf die Leistungsgruppen kann vom Lehrerkollegium aufgrund eines besonderen pädagogischen Konzeptes zur Förderung sowohl schwacher als auch besonders begabter SchülerInnen eine Ungleichverteilung auf die Gruppen (25 % Bestengruppe A, 50 % Durchschnittlichengruppe B, 25 % Schwächstengruppe C) erfolgen. Nach diesem Konzept werden die Besten im Sinne einer Hochbegabtengruppe selektiert, die Differenz zur Mittelgruppe soll dadurch vergrößert werden. Die Schwächsten kommen in eine kleine Gruppe, damit über intensive Förderung eine Annäherung an die Mittelgruppe herbeigeführt werden kann.

Im schulpädagogischen und sonderpädagogischen Handlungsfeld gibt es zahlreiche eingeführte oder eingebürgerte problematische Grenzwerte. Diese werden als ein bestimmter Prozentsatz der Bevölkerung (normorientiert) oder der Testaufgabenlösung (kriterienorientiert) festgesetzt.

Abb. 13: Verschiedene Grenzwerte zu unterschiedlichen diagnostischen Fragestellungen

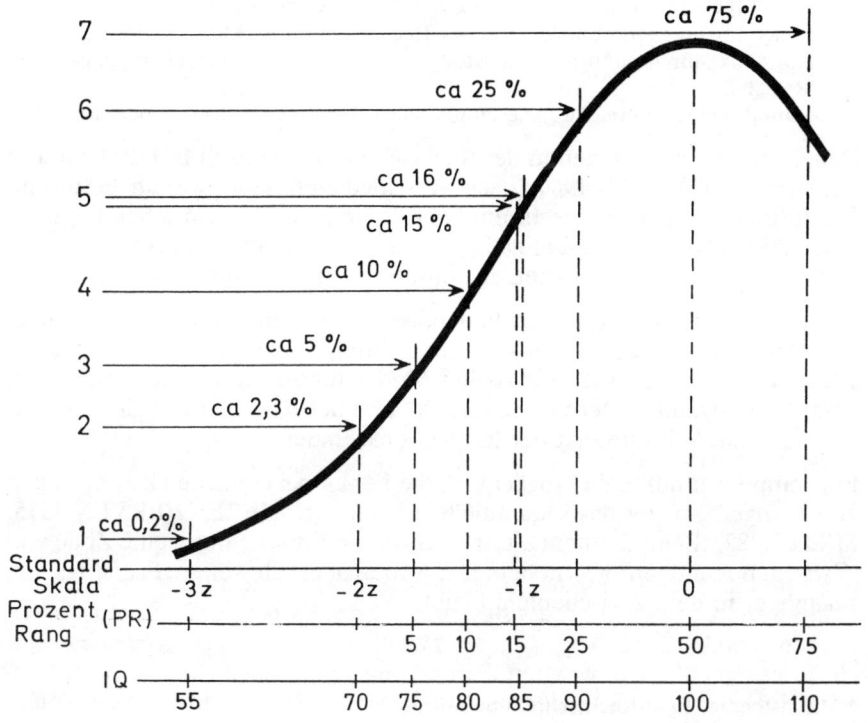

1   Für die Fragestellung nach „geistiger Behinderung", „Einstufung von SchülerInnen in die Schule für geistig behinderte Kinder" (Sonderschule) wird häufig die dreifache untere Standardabweichung (-3z) im Intelligenzbereich benutzt; man bestimmt damit, daß es nicht mehr als 0,2 % geistig behinderte Personen in einer Gesellschaft geben kann.

2   In gleicher Weise wurde der Grenzwert für die Fragestellung „Lernbehinderung" als die zweifache untere Standardabweichung (-2z) diskutiert. Eingebürgert hat sich dieser Grenzwert aber nur in der ehemaligen DDR und dem Bundesland Hamburg. Bei dieser Praxis begrenzt man die Gruppe der Lernbehinderten auf ca. 2 % der Gesamtbevölkerung.

3   Für die Fragestellung nach besonderer pädagogischer Förderung (sonderpädagogisch-psychologische Maßnahmen z.B. bei Lese-Rechtschreib-Schwäche) werden dann, wenn die zur Verfügung gestellten finanziellen Mittel knapp sind, die 5 % der in diesem Bereich schwächsten SchülerInnen ausgewählt (Grenzwert Prozentrang PR 5).

4   Bei einem höheren Mittelansatz kann auch der Trennwert PR 10 zur gleichen Fragestellung benutzt werden. Hier wird die Manipulationsmöglichkeit formaler Grenzwerte deutlich.

5   Der Grenzwert PR 15 wird oft als Indikatorgrenze für interne Förderung in einer Schulklasse herangezogen.

5/6/7 Die Werte PR 25 und PR 75 werden zur Bestimmung des Durchschnittsbereichs für schulische Leistungen verwendet (in der Intelligenzdiagnostik wird der Durchschnittsbereich breiter bestimmt: PR 16 − 84).

Die hier genannten formalen Grenzwerte sind meist nur ein Faktor für eine Indikationsstellung. So wurde z.B. bei der Fragestellung der Legasthenie-Förderung[4] folgende Kombination von Kriterien verwendet:
− Versagen beim Lesen und/oder in der Rechtschreibung (PR < 5 oder PR < 10),
− wenigstens durchschnittliche Leistungen in anderen Unterrichtsgegenständen (PR > 25),
− Leistungen in einem Intelligenztest mindestens durchschnittlich (> 1z oder PR > 16).

Dabei wurde das Versagen in der Rechtschreibung je nach Bundesland und Zeitpunkt (1950, 1970, 1980) nach verschiedenen Trennwerten bestimmt. Die formalen Grenzwertbestimmungen lösen zwar den Entscheidungsnotstand, sie sind jedoch nur sehr global richtig und darüber hinaus unkritisch gegenüber den Klassifikationsfehlern und den Falscheinstufungen.

Für die Bestimmung und gegebenenfalls die Verringerung der Klassifikationsfehler ist eine aus empirischer Forschung hervorgegangene prognostische Ergebnismatrix (vgl. empirisches Modell für Selektionsentscheidungen, Abb. 12) notwendig. Der Grenzwert „X" und der Kriterienwert „Y" ergeben sich aus dem Schnittpunkt der Regressionsgeraden.

Eine empirisch-rationale Möglichkeit, die Fehler bei einfachen Zuweisungen zu verringern, bietet das sequentielle Testen (vgl. HERBIG/ERVEN 1975; SIXTL 1982). Beim Sequentialtest wird vor die Entscheidung eine Zone von „Zwischenqualitäten" geschoben. Der Kandidat erhält weitere Prüfaufgaben, solange er in dem Zwischenfeld bleibt.

---

4   Legasthenie: Lese-Rechtschreib-Schwäche

Abb. 14: Schema zur Durchführung eines gestaffelten sequentiellen Tests für Selektionsentscheidungen, das so angelegt ist, daß der Fehler 1. Art wesentlich verkleinert, für den Fehler 2. Art aber ein höheres Risiko in Kauf genommen wird

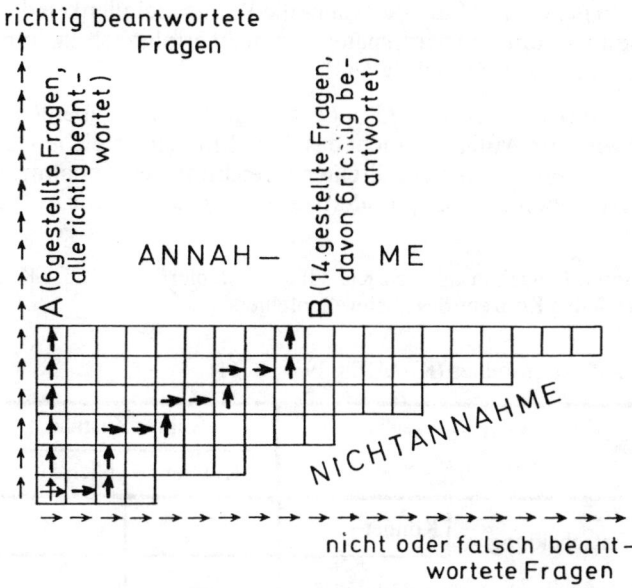

Abb. 15: Schema zur Durchführung eines probabilistischen sequentiellen Tests, bei dem sowohl der Fehler 1. Art als auch der Fehler 2. Art reduziert werden (vgl. SIXTL, 1982, S. 143)

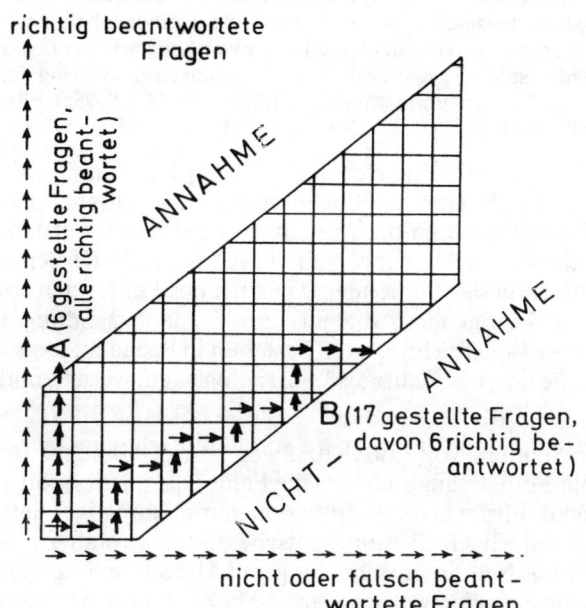

Nach Abb. 14 müssen zur Annahme als „geeignet" sechs Aufgaben gelöst sein. Schüler A schafft diese mit der geringsten Aufgabenzahl (6). Schülerin B benötigt 14 Aufgaben und wird trotzdem angenommen. Die Wahrscheinlichkeit, daß sie abgelehnt wird und später doch erfolgreich sein kann, wird damit sehr klein. In gleichem Maße steigt aber die Wahrscheinlichkeit des Fehlers 2. Art, daß sie angenommen wird, später aber nicht erfolgreich ist, immer vorausgesetzt, daß die Kriterien gültig sind.

Die Schülerin B kann in Abb. 15 mit etwa gleichem Aufgabenlösungsmuster und sechs gelösten Aufgaben nicht das Annahmefeld erreichen. Sie wird abgelehnt. Jetzt werden bei nicht direkter Erreichung des Annahmezieles nicht nur mehr Aufgaben gegeben, sondern es müssen auch mehr Aufgaben gelöst werden.

Zum präziseren Umgehen mit den Klassifikationsfehlern verwendet KLAUER (vgl. 1987, S. 167 f) das Konzept des „Schwellenfehlers".

Tab. 6: Klassifikationsfehler (KLAUER 1987, S. 61)

		wahrer Zustand	
		Könner	Nichtkönner
Entscheidung	Könner		β
	Nichtkönner	α	

Über das Schwellenfehlerkonzept (vgl. HAMBLETON/NOVICK 1973; NOVICK/ LINDLEY 1978) kann beispielsweise der Fehler 1. Art kleiner gehalten werden als der Fehler 2. Art und umgekehrt, das heißt die Fehler werden gewichtet (a x α und b x ß). Der Schwellenfehler ist $K = a \times \alpha + b \times \beta$. Wenn ich einen Fehler verringere, vergrößere ich den anderen (vgl. Nutzen-Verlustfunktion; KLAUER 1987, S. 75 f). Für die Anwendung des Schwellenfehlerkonzeptes wird auf KLAUER (1987) verwiesen.

Seit EMERICK (vgl. 1971) unterscheidet man bei Fehlklassifikationen sogenannte Folgekosten direkter, psychologischer und gesellschaftlicher Art. Zu den direkten Kosten gehören die Ausgaben, die dadurch entstehen, daß jemand zu Unrecht durchfällt oder besteht. Psychologische Kosten weisen sich z.B. in der Motivation des Lernenden wie auch des Lehrenden sowie in den Persönlichkeitsschwierigkeiten, die aus der Fehlentscheidung resultieren können, aus. Gesellschaftliche Kosten bestehen in Schäden, die z.B. dadurch entstehen, daß die falschen Leute als Lehrer eingestellt werden und die richtigen nicht.

In einer langen Sequenz von Einschätzungen ist eine Gleichgewichtung von Alpha- und Beta-Fehlern angezeigt, da die Fehlerkumulation sonst zu schweren Verzerrungen führen kann. In Situationen mit einmaliger Selektionsentscheidung sind jedoch Gewichtungsentscheidungen vorab zu diskutieren. Soll z.B. eine Einschulungsentscheidung mit Hilfe gesammelter diagnostischer Information getroffen werden, dann ist bekannt (vgl. Abbildung 12), daß der Fehler 1. Art sehr hoch ist. Gibt es für die Ablehnung (Nichteinschulung) keine adäquaten Maßnahmen (Zurückstellung), was ungünstige Konsequenzen für die Abgelehnten bedeutet, dann verschiebt der verantwortungsvolle Diagnostiker den Grenzwert auf der X-Achse soweit nach links, wie es der Auftraggeber zuläßt. Damit werden möglichst viele Schüler als geeignet erklärt. Es wird bewußt ein Risiko, den Fehler 2. Art zu vergrößern, in Kauf genommen. Der Fehler 1. Art, derjenige mit schwerwiegenden Konsequenzen, wird stark reduziert.

2.4 Die Zielfrage

Die Zielfrage ist keine diagnostische, auch wenn PAWLIK die Richtung diagnostischen Handelns unter der Bezeichnung „Dimensionen diagnostischer Zielsetzung" (1976, S. 23) systematisiert. Ziele sind von der Diagnostik jeweils aus den Handlungsfeldern, in denen sie eingesetzt wird, zu übernehmen bzw. zu antizipieren. Die diagnostisches Handeln leitenden Modellvorstellungen sollten den nicht-diagnostischen Zielsetzungen möglichst angemessen gewählt werden. Im Verlauf des diagnostischen Prozesses ist immer wieder zu überprüfen, ob das diagnostische Handeln und die verwendete diagnostische Strategie noch eine direkte Verfolgung der nicht-diagnostischen Ziele unterstützen, ob sie gegebenenfalls dazu nur noch wenig beitragen oder ihr gar entgegenlaufen oder ob die Zielvorstellungen aufgrund des diagnostischen Handelns und der verwendeten diagnostischen Strategie gar verändert worden sind.

Zielprobleme können über das diagnostische Handeln auf zwei Ebenen entstehen:

— die diagnostische Modellvorstellung der Eingangssituation kann im handelnden Fortgang verschoben oder aufgegeben werden. Ohne Absicht kann auch die Strategieebene gewechselt werden; dieses kann insbesondere durch eine Vermischung der Richtungsdimensionen erfolgen;

— die nicht-diagnostischen Zielvorstellungen können verlorengehen oder bis ins Gegenteil verkehrt werden, das heißt die Konsequenzen aus der diagnostisch vorbereiteten Entscheidung laufen der intendierten pädagogischen Zielvorstellung diametral entgegen. Intendiert war angleichende Förderung, das Ergebnis ist Selektion.

Die pädagogischen Zielvorstellungen sind aber nicht nur durch Verschiebungen in den diagnostisch-handlungsleitenden Modellvorstellungen gefährdet. Sie werden nicht selten auch durch historisch gewordene institutionalisierte vordiagnostische und diagnostische Formen in Frage gestellt. Diese im pädagogischen Handlungsfeld Schule institutionalisierte Problemlage soll im folgenden Kapitel entwickelt und im Kapitel 4 „Zur Notwendigkeit von Bewertung, Beurteilung, Diagnose und Evaluation in pädagogischen Handlungsfeldern" weiter systematisiert werden.

3. Historische Herleitung von Diagnostik und der Weg der Diagnostik in pädagogische Handlungsfelder

Beurteilung in der Schule und Diagnostik in der Pädagogik sind in einer langen und wechselvollen geschichtlichen Entwicklung entstanden. Als „historisch gewordene" institutionalisierte Arbeitsweisen transportieren sie ältere Denkmuster und pädagogikfremde Funktionen. Dies ist bei einer Auseinandersetzung mit Beurteilung und Diagnostik in der Pädagogik immer wieder zu berücksichtigen. So wurde im Laufe der Geschichte Diagnostik nicht nur, wie es die wissenschaftlich-ethische Forderung vorsieht, für, sondern auch gegen eine diagnostizierte Person verwendet.

Diagnostik bezeichnet Informationssammlung und Informationsauswahl bzw. -aufbereitung im Hinblick auf eine anstehende Entscheidung. Diagnostik kann also sowohl die Art (die Qualität) der Entscheidung wesentlich begründen als auch zur Legitimation bestimmter Entscheidungen verwendet werden. Beide Anwendungsmöglichkeiten sind geschichtlich belegt. Im zweiten Falle dient Diagnostik der Durchsetzung von Meinungen und Machtansprüchen und wird dabei im Sinne einer „Ethik in der Diagnostik" mißbraucht. Die Frage, wann Diagnostik tatsächlich zur Entscheidungsfindung und wann zur Legitimation für erfolgte Entscheidungen dient, läßt sich jedoch von außen oft nicht eindeutig bestimmen. Eine Umschulung in die Sonderschule für Lernbehinderte kann durch eine breite diagnostische Untersuchung begründet oder auch verhindert werden. Sonderpädagogische Diagnostik kann aber auch nach der Entscheidung, die außerhalb der diagnostischen Argumentation erfolgte, zur Durchsetzung des Umschulungsverfahrens verwendet werden.

3.1 Frühgeschichtliche Vorläufer und der Weg der Diagnostik in die Pädagogik

Bereits in frühgeschichtlicher Zeit wurden Selektionsentscheidungen und Vorhersagen (Prognosen) mit Hilfe von Proben (Vorformen von Tests) begründet. Hierher gehören Mutproben und „Prüfungen", die als personbezogene Verfahren häufig im Zusammenhang mit Initiations- oder Aufnahmeriten[1] stehen. Darüber hinaus wurden zufallsbestimmte, mit einer Person nur mittelbar oder gar nicht zusammenhängende Ereignisse wie z.B. der Vogelflug oder das Werfen von Stäbchen für Vorhersagen verwendet.

In der Literatur ist eine diagnostische Entscheidungsstrategie aus alttestamentarischer Zeit berühmt geworden: die sogenannte Gideon-Probe (vgl. Buch der Richter, AT, Kapitel 7, Verse 3-8). Die Einzelheiten dieser Geschichte sind wie folgt: Gideon zog mit seinem Kriegsvolk gegen die Midianiter. Ihn begleiteten 32 000 Mann. Dieses Heer war jedoch viel zu groß, so daß ein Sieg über die Midianiter ungeheuer viel Blut gekostet hätte. Gideon wollte dies vermeiden; er folgte einer Eingebung, derzufolge die Festung der Midianiter in einem ganz besonderen Handstreich, „der dem Herrn die Ehre gibt", mit einer kleinen Spezialeinheit eingenommen werden sollte. Eine Selektionsentscheidung stand an. Die Frage lautete: Wer von den 32 000 ist für eine solche Aufgabe geeignet? Gideon verwendete zwei Verfahren, um diese Entscheidung durchführen und legitimieren zu können. In einem direkten Verfahren ließ er die Soldaten wählen: „Wer Angst hat und verzagt ist, der darf umkehren und nach Hause gehen. Da zogen 22 000 Mann des Kriegsvolkes heim" (Buch der Richter 7,3). In einem zweiten, indirekten Verfahren führte er alle Leute in durstigem Zustand zu einem Wasser. Dann stellte er alle Leute, die sich hinwarfen und das Wasser mit der Zunge leckten, auf die eine Seite und alle, die niederknieten und Wasser schöpften, auf die andere. Die Zahl derer, die das Wasser mit der Zunge aufleckten, war etwa 300 Mann; Gideon entließ alle übrigen, nur die 300 behielt er bei sich. Mit ihnen schlug Gideon die Midianiter, die in der Ebene lagerten.[2]

Die Gideon-Probe enthält bereits alle wesentlichen Charakteristika eines psychologischen Tests. Aufgrund einer Verhaltensstichprobe, die in einer quasi-standardisierten Situation gezogen wurde, wird auf ein späteres Verhalten geschlossen.

Die psychologische Diagnostik hat ihre frühen Wurzeln in den Typologiekonzepten des alten Babylon und des antiken Griechenland (vgl. THEOPHRAST 372-287 v. Chr.: „Charaktere"). Mit Hilfe von Typologisierungen wurden die Vielfalt menschlicher Erscheinungen geordnet sowie anfallende Informationen systematisch gesammelt und schließlich reduziert (vgl. THEOPHRAST 1974). Im 19. Jahrhundert schließlich entwickelte sich unter dem naturwissenschaftlichen Postulat: „Zu messen, was meßbar ist, und meßbar machen, was noch nicht meßbar ist" die Psychometrie/Psychotechnik als Vorläufer der psychologischen Diagnostik. Grundlegende Veröffentlichungen der ersten Entwicklungszeit waren:

---

1 Solche Riten sind in Männerbünden, Jugendbanden und archaischen Kulturen üblich.
2 Zweieinhalbtausend Jahre später wurden in den USA für militärisch-personale Selektionsentscheidungen Tests entwickelt, die heute noch als Intelligenztests verwendet werden.

- „Inquires to Human Faculty and its Development" (zu dt.: Untersuchungen über menschliche Fähigkeiten und deren Entwicklung, GALTON 1883),
- „Mental Tests and Measurements" (zu dt.: Geistige Tests und Messungen, CATTELL 1890).

CATTELL führte gleichzeitig Universitätszulassungstests in den USA ein, die in veränderter Form bis heute Bestand haben. Schließlich erscheint 1920 der erste Buchtitel: „Psychodiagnostik: Methodik und Ergebnisse eines wahrnehmungsdiagnostischen Experiments" (RORSCHACH 1937).

Diagnostik unter der Fragestellung von Ausbildung und Schule ist nicht minder alt, aber enger mit gesellschaftspolitischen Forderungen verbunden. Etwa 3000 v. Chr. entwickelten die Chinesen ein Prüfsystem, mit dessen Hilfe sie Staatsdiener auswählten. Sie selektierten eine Gruppe gut angepaßter „Aufsteiger" durch gestaffelte Examina. Mit dieser Form von Diagnostik wurde soziale Mobilität eingeleitet, denn nicht mehr nach Geburt, sondern aufgrund bestandener Examina wurden hohe Ämter im Staat besetzt. Diagnostische Verfahren wurden somit Werkzeuge, welche der herrschenden Zentralgewalt einen Machtzuwachs einbrachten. Sowohl die entsprechenden diagnostischen Verfahren als auch die damit verbundene Vorbereitung (Beschulung) wurden ein Mittel des politischen Kalküls. Weitblickende Fürsten in Deutschland erkannten ebenfalls, daß sie durch das Einsetzen bürgerlicher Beamten die Machteinflüsse des Adels zurückdrängen konnten. Sie gründeten deshalb Schulen für das Volk, um solche nicht-adeligen Beamten rekrutieren zu können. Somit begann die Förderung der Schulbildung als eine Strategie der Machtpolitik, und Schule sowie jegliche mit Schule verbundene „Diagnostik" geriet in das Spannungsverhältnis von Unterdrückung und Emanzipation. Schulische Mittel werden bis in die heutige Zeit hinein immer wieder in beide Richtungen eingesetzt.

Bis ins 19. Jahrhundert wußten die oberen Stände durch ihren Einfluß auf die Schullaufbahnen und eine soziale Diskriminierung in der Vorauswahl, ihr Machtinteresse zu behaupten. Beispiele dafür geben die Preußische Schulordnung von 1765 und eine bayerische aus dem Jahre 1848:

- „... daß forthin kein Bauer, Kretschmer, Gärtner und geringere Leute Kinder weiter zum Studieren admittiert werden sollen, sondern es genug sey, wenn dieselben nebst dem Christentum lesen, schreiben und rechnen lernen" (HERRLITZ 1971, S. 238).
- „Gemeiner und unvermögender Eltern Kinder, wenn sie gleich gute Talente verspüren lassen, zu den Lateinischen Schulen nicht zu admittieren, sondern zu anderen freyen Künsten und Handwerken zu applizieren, anerwogen dem Publico hieran weit mehr als an der großen Anzahl der Studenten gelegen ist ..." (GESELLSCHAFT FÜR DEUTSCHE ERZIEHUNGS- UND SCHULGESCHICHTE 1908, Bd. 42, S. 15).

Das Erreichen eines hohen, erlernten Informationsniveaus ist bis heute für soziale Aufsteiger eine wichtige Voraussetzung. Persönlichkeitseigenschaften wie Mitarbeit (Loyalität), Ordnung, Pünktlichkeit, Fleiß waren von jeher für Selektionsentscheidungen besonders gewichtete Kriterien. Inwieweit Entscheidungen, die zur Besetzung gehobener Positionen gefällt werden, letztlich durch funktionale Kriterien oder durch extrafunktionale Kriterien (z.B. Parteizugehörigkeit o.ä.) zustande kommen, ist Gegenstand andauernder Diskussion. Sollen die Entscheidungen der Sache angemessen ohne Willkür erfolgen und will man Ungerechtigkeiten vermeiden, dann ist eine wissenschaftlich begründete Selektionsdiagnostik notwendig (vgl. Diskussion über Hochschul- oder Studieneingangstests, JÄGER 1979).

3.2 Der Einzug der Diagnostik in das pädagogische Handlungsfeld „Hilfsschule"

Das intensivste Bemühen um Diagnostik in der Pädagogik setzte sich zunächst im Bereich der Sonderpädagogik durch. Die Entwicklung der Diagnostik innerhalb dieser Fachrichtung wurde mit der Entlastung der allgemeinbildenden Schulen begründet. Zudem sollte eine frühe Erkennung von Behinderungen eine optimale Förderung des betroffenen Schülers garantieren. Die gestellte diagnostische Aufgabe lag aufgrund der sonderpädagogischen Orientierung zunächst bei der Psychologie des 19. Jahrhunderts. Traugott WEISE veröffentlichte 1820 seine „Betrachtung über geistesschwache Kinder . . . und der Mittel, ihnen auf leichte Art durch Unterricht beizukommen":

„§ 1 Auch der gemeinste Beobachter bemerkt den unverkennbaren Unterschied der Kinder in Hinsicht ihrer Erkenntniskräfte . . . Ob nun schon zuweilen der Grund der geringen Wirksamkeit des Unterrichtes in der fehlerhaften Methode des Lehrers oder in der Trägheit des Kindes zu suchen ist, so lehrt doch die Erfahrung unwiderstehlich, daß es wirklich geistesarme oder schwache Kinder gibt" (WEISE 1820, zitiert nach KLINK 1966, S. 46).

Im Jahre 1859 wurde die erste „Nachhilfeklasse" als Vorläufer der Hilfsschule[3] in Halle an der Saale gegründet. Von zwei Positionen her entwickelte sich ein Bedürfnis für eine sonderpädagogische Diagnostik. Der eine Argumentationsstrang kommt beispielhaft in folgender Aussage zum Ausdruck: „Die Volksschule hat andere Aufgaben zu lösen, als sich mit geistig Schwachen und Stumpfsinnigen herumzubemühen. Diese hindern und hemmen nur. Wieviel Höheres würde sie erreichen können, wenn sie von der Sorge um diese befreit würde? Man nehme die Schwächsten aus der Volksschule heraus, und man wird letztlichere instand setzen, umso eher den Forderungen der Gegenwart nachzukommen" (STÖTZNER 1864, S. 7). Der andere Argumentationsstrang lautet: Es erscheint sehr bedenklich, wenn Schwachsinnige und Blödsinnige in Anstalten fortwährend miteinander verkehren, denn der Umgang, das stete Zusammenleben mit Blödsinnigen, muß notwendigerweise auf das schwachsinnige Kind einen höchst niederdrückenden Einfluß ausüben. „Das schwachsinnige Kind wird durch solchen Umgang geistig herabgezogen werden und in Gefahr kommen, auf die tiefere Stufe herabzusinken" (STÖTZ-

---

3 Heute: Schule für Lernbehinderte.

NER 1868, S. 120). Beide müssen also voneinander möglichst getrennt werden. Dieser Ansatz führte in seiner Argumentation zur Gründung der Hilfsschule. Gleichzeitig stellte sich aber damit das Problem der Zuweisung zu dieser Instanz, die Frage also, welcher Schüler denn als Hilfsschüler zu gelten habe. Verlangt wird eine Grenzregulierung zwischen Idiotenanstalt, Volksschule und der Hilfsschule. Hierzu stellt BARTHOLD (1868) eine umfängliche „diagnostische" Kriterienliste zusammen; sie schließt wie folgt:

„13. Die Auswahl der schwach befähigten Kinder aus der Zahl der Volksschüler sollte durch einen auf diesem Gebiet erfahrenen Arzt und einen ebenso erfahrenen Pädagogen gemeinsam geschehen" (BARTHOLD 1868, zitiert nach FRENZEL 1925, S. 41).

Damit wurde eine medizinisch-pädagogisch-diagnostische Instanz begründet. Die Objektivität der Beurteilung war in Frage gestellt. Von seiten der Lehrer wurde Willkür befürchtet. Sie konnten ihre zu großen Klassen verkleinern, wenn sie Schüler, die ihnen Mühe machten, abschoben.[4] „Von Stimmungen und Vorurteilen des Klassenlehrers darf aber das Los der Schüler nicht abhängig sein! . . . Es muß eben alles versucht werden, um zu verhindern, daß ein Kind aus der Volksschule als unbildsam entlassen wird, welches in derselben noch einigermaßen genügend gefördert werden kann" (MAENNEL 1905, S. 26).

Vor dem Hintergrund der „Schwachsinnstheorie" wurden in dieser Zeit unter Mithilfe der Psychopathologie differentialdiagnostische Kriterien aufgestellt (vgl. HINTZ 1893). Die eingesetzte medizinisch-pädagogische Instanz war anfangs jedoch nicht sehr erfolgreich. So „wurde die Schwachsinnigenklasse . . . zunächst mit 13 Kindern (8 Knaben und 5 Mädchen) eröffnet, zu denen in den nächsten Wochen noch vier Knaben traten . . . Im übrigen ergab sich, daß sechs andere Kinder, fünf Knaben und ein Mädchen, gar nicht als schwachsinnig, sondern als schwachbefähigt bezeichnet werden konnten, da sie hauptsächlich wegen ihrer geringen Fortschritte im Rechnen mit ihren Altersgenossen in der Volksschule nicht gleichen Schritt zu halten vermocht hatten . . ." (RICHTER 1893, zitiert nach KLINK 1966, S. 70/71).

---

4 Wie im Jahre 1890 stand dieses Problem in den 60er Jahren dieses Jahrhunderts erneut im Vordergrund. Es tritt derzeit in den Hintergrund, weil in einer Zeit geburtenschwacher Jahrgänge viele Schulen bemüht sind, jedes einzelne Kind, auch wenn es schwierig sein sollte, in ihren Klassen zu halten, um auf diese Weise zur Sicherung des Bestandes der Schule beizutragen; daneben zeigen die Bemühungen um eine Integration von Behinderten erste Konsequenzen (vgl. EBERWEIN 1988).

3.3 Intelligenztests und Persönlichkeitsdiagnostik für pädagogische Fragestellungen

Dieser Umstand und die allgemeine Kritik an den Hilfsschulen[5] (sie entspricht weitgehend der heutigen Kritik an der Schule für Lernbehinderte) wurden zum ständigen Ansporn, die sonderpädagogische Diagnostik auszubauen. Die Entwicklung eigener europäischer Intelligenztests ist in ihrer frühen Phase eng mit der sonderpädagogischen Fragestellung verknüpft. 1905 vergab das französische Erziehungsministerium auf Anregung des Psychologen Alfred BINET den Forschungsauftrag, ein zeitsparendes und möglichst objektives Verfahren zur Auslese Schwachbegabter zu entwickeln. Nach einer ersten Meßskala, die speziell für Schwachbegabte ausgelegt war, legten BINET und SIMON 1908 einen neuen erweiterten Test für allgemeine Intelligenzmessung vor, den zweiten bis in unsere Zeit erfolgreichen europäischen Intelligenztest. Der Binet-Simon-Test wurde in Deutschland begeistert aufgenommen. „Die Hilfsschullehrer erfahren in einer Untersuchung von 30 bis 40 Minuten über die interessierenden Dinge hier mehr als sonst in wochenlanger Beobachtung. In wenigen Stunden sind sie imstande, sich über alle neu aufgenommenen Kinder eine vertiefte Kenntnis und ein zutreffendes Urteil zu verschaffen" (CHOTZEN 1921, S. 612). Dies war der Beginn der Testdiagnostik in der Schule.

Unabhängig vom Lehrer und ökonomisch — das waren gute diagnostische Erfolgsmeldungen; die „vertiefte Kenntnis" und das „zutreffende Urteil" (Relevanzkriterium) wurden allerdings — wie sich später zeigte — zu optimistisch gesehen. Formal ließ sich mit diesem Test ein Intelligenzalter bestimmen. Für jede Altersstufe wird zu diesem Zweck eine bestimmte Anzahl von Aufgaben empirisch erprobt. Werden z.B. von einem 9jährigen Kind 75 % der Aufgaben für alle früheren Altersstufen einschließlich derjenigen für 9jährige gelöst, dann beträgt das Intelligenzalter neun Jahre (mit einigen spezifischen Änderungen ist dieses das Intelligenzalter-Prinzip).

Im folgenden sollen einige Beispiele von Testaufgaben zeigen, mit welcher Art von Materialien zunächst gearbeitet wurde:

---

5 „1. Die Hilfsschulen entziehen die geistig schwachen Schüler dem wohltuenden Einflusse und dem anspornenden Wetteifer der Begabteren.

2. Es sei unmöglich, eine Klasse von lauter Schwachsinnigen zu unterrichten und zu fördern; man mische vielmehr einen Ungehorsamen unter Gehorsame, ein Drittel Schwache unter zwei Drittel Begabte usw.

3. Der Besuch der Hilfsschulen sei für die betreffenden Kinder beschämend und deprimierend. Diese würden von den normalen Schülern verhöhnt und verspottet.

4. Die Eltern sträubten sich gegen die Einschulung ihrer Kinder in die Hilfsschulen" (WITTE 1901, zitiert nach FRENZEL 1925, S. 71).

1. Bilder-Erkennen (für unterschiedliche Altersstufen):

Aufgabe für 3jährige: Dinge und Personen auf dem Bild erkennen
Aufgabe für 6jährige: Bild beschreiben, z.B.: „Da ist ein Junge hingefallen."
Aufgabe für 9jährige: Was ist da passiert? — Erklärung der Zusammenhänge

Abb. 16: Bilder-Erkennen, Bild III (PROBST 1955, S. 33)

2. Sinnwidrigkeiten in Bildern finden (für 8jährige):

„Schau einmal dieses Bild an. Ist es richtig gezeichnet oder stimmt etwas nicht?"

Abb. 17: Sinnwidrigkeiten I, Karte VIII/4 (KRAMER 1965, S. 171)

3. Sinnwidrigkeiten in Aussagen erkennen:

„Hans geht ins Bett und schläft ein. Nach einer Stunde kommt die Mutter ins Zimmer und fragt: ‚Schläfst du schon?' — Hans antwortet laut: ‚Ja, ich schlafe!' — Was meinst Du dazu?" (KRAMER 1965, S. 171)

73

4. Bildung von Oberbegriffen (für 9jährige):
„Einführung: Amseln und Spatzen sind Vögel, das weißt Du schon lange. – Aufgabe: Weißt Du auch, was Rosen und Veilchen sind?" (PROBST 1955, S. 9)

Die Hilfsschüler zeigten sich in der Entwicklung des Denkens zwei bis drei Jahre zurück. Nun galt es – so glaubte man – „nur" einen ihrem Intelligenzalter angemessenen Unterricht zu entwickeln, um pädagogisch erfolgreich zu sein. Inhaltlich gab der Test Auskunft über verschiedene, pädagogisch nicht uninteressante Bereiche: Bilder erkennen und erklären, Sprachentwicklung und Begriffsbildung (Denken), Bildung von Oberbegriffen, Rechenfertigkeit, Gedächtnisleistung, Umgang mit Gegenständen wie Kalender, Geld u.ä. Trotzdem erwiesen sich in den folgenden Jahrzehnten die über diese Art von Testaufgaben gewonnenen „Kenntnisse" des Diagnostikers als nicht ausreichend, um einen optimalen Unterricht zu begründen. Es wurden weitere Verfahren zur Erhebung von Persönlichkeitsmerkmalen in die sonderpädagogische Diagnostik aufgenommen (z.B. das psychologische Profil; vgl. BARTSCH 1922, S. 34). Erfaßt werden damit Aufmerksamkeit, Wille, Merkfähigkeit u.ä.

Auf der deutschen Schulkonferenz von 1920 kritisierte W. STERN das Prüfwesen und die Beurteilungsverfahren in der Schule (speziell in Gymnasien). Er fordert in dezidierter Form die Erarbeitung eines diagnostischen Systems, das sich auf der Grundlage einer psychologischen Diagnostik begründet. Bis zur Nachkriegszeit wurde diese geforderte Entwicklung in Deutschland jedoch nicht angegangen. Die ersten Veröffentlichungen zur „pädagogischen Diagnostik" (INGENKAMP 1975) wurden dann erst wieder mit dem zweiten Boom einer Diagnostik in der Pädagogik, diesmal in der Schulpädagogik, ausgelöst. Eine Testwelle überrollte die bundesdeutsche Schullandschaft. Testgläubigkeit führte zu unkritischem Testgebrauch und überzogene Erwartungen zu Frustrationen. Eine folgende Testkritikwelle, die ebenfalls aus den USA herüberschwappte, verbreitete Testfeindlichkeit, die bis zu einer Verteufelung der Diagnostik in der Pädagogik reichte und reicht. Die PädagogInnen in Deutschland konnten bis heute kein gesundes, konstruktiv kritisches Verhältnis zur Diagnostik gewinnen.

3.4 Die diagnostische Hypothek in der Schulpädagogik

Die historischen Vorformen der Diagnostik in pädagogischen Handlungsfeldern belasten die Schulpädagogik mit einer drückenden Hypothek. Aufgrund der historischen Rahmenbedingungen ist die Schule ständig in der Gefahr, primär ein Selektionsort zu sein und, nur soweit diese gesellschaftspolitische Funktion es darüber hinaus noch zuläßt, auch ein Ort pädagogischen Handelns. Sowohl die absolutistischen Herrscher im alten China als auch diejenigen in Europa haben die Schulen als Mittel der Machtpolitik eingesetzt; das interne Instrument waren die Examina, die Selektion mit Hilfe durchgängiger Beurteilung (Schülerselektion). Dieses Erbe wirkt heute in den meisten Industrieländern und auch in den Entwicklungsländern weiter. Gesellschaftspolitische Probleme sollen auch weiterhin mit schulischen Mitteln gelöst werden – durch Erhöhung der Leistungsforderungen, Verkürzung der Lernzeit und möglichst breiter normalverteilter diagnostischer Punktwerte, wie sie sich für Selektion besonders eignen. Diagnostik wird so entweder direkt für Selektionszwecke verwendet oder sie steht, sobald sie in der Schule auftritt, immer in dem Verdacht, für Selektion eingesetzt zu werden, auch wenn dies verdeckt oder geleugnet wird. Diagnostik im engeren Sinne, wie sie als Intelligenz und Persönlichkeitsdiagnostik auf der Grundlage der medizinischen Schwachsinnstheorie und der Psychopathologie über die Heilpädagogik in die Schule eingeführt worden ist, hat weitreichenden Einfluß bis in die heutige Zeit. Sie konzentrierte alle Probleme auf den Schüler als das defizitäre Glied im pädagogischen Prozeß; damit wird das pädagogische Feld extrem verkürzt, das „medizinische Modell" wird zum Denkmuster für Diagnostik und sogar für Pädagogik.

Aufgrund dessen, daß es sehr viel einfacher ist, die Probleme auf ein relativ schwaches Moment eines komplexen Handlungsgeflechts zu übertragen als die Gesamtsituation zu berücksichtigen, führt Diagnostik schneller zu klareren Entscheidungen; sie ist zumindest im Sinne der Selektion erfolgreicher. Gleichzeitig werden alle anderen beteiligten Personen (Eltern, LehrerInnen) entlastet. Alles kann bleiben wie es ist, nur einzelne SchülerInnen müssen behandelt werden. Außerdem ist aufgrund der historischen Entwicklung für diese Art des Vorgehens eine relativ einfach handhabbare Diagnostik, überwiegend Testdiagnostik, vorhanden. So gibt es neben der macht- und gesellschaftspolitischen auch eine diagnostische Hypothek in der Schulpädagogik. Die Einfachheit der Anwendbarkeit und vielfältige außerpädagogische Nützlichkeit eines solchen Vorgehens wirken in der Schulpraxis fort und machen Diagnostik für überzeugte PädagogInnen zu einem mit Pädagogik unvereinbaren gegenpädagogischen Unterfangen.

Der Durchbruch zur ökologisch-phänomenologischen Sicht ist im Diagnostischen bisher nicht gelungen, die Entwicklung einer angemessenen Diagnostik steht erst am Anfang. Sie ist noch nicht durchgängig diagnostische Praxis im schulischen Handlungsfeld. Deshalb soll die Diskussion zu dieser Frage in den folgenden Kapiteln in ganzer Breite wiedergegeben werden. Für den in pädagogischen Handlungsfeldern Diagnostizierenden scheint es mir unerläßlich, die tatsächlichen und zugeschriebenen Funktionen von Beurteilung und Diagnose im schulischen Feld zu reflektieren (integrierter Bestandteil seiner diagnostischen Kompetenz).

4. Zur Notwendigkeit von Bewertung, Beurteilung, Diagnose und Evaluation in pädagogischen Handlungsfeldern

4.1 Begriffliche Konnotationen

Die Begriffe Bewertung, Beurteilung, Diagnose und Evaluation werden umgangssprachlich häufig synonym verwendet. Dies gilt in gleicher Weise für vorwissenschaftliche und wissenschaftlich-diagnostische Prozesse. Es gibt keine klare Sprachregelung, aber die vier genannten Begriffe haben doch unterscheidbare Konnotationen.[1]

— Bewertung bezeichnet das Zumessen eines Wertes oder einer Bedeutung, die Konnotation ist überwiegend positiv. Durch das Zuweisen der Bedeutung handelt es sich einerseits um einen vorgeordneten Begriff: Das Einschätzen einer Sachlage oder Situation dient dem Sich-Zurechtfinden. Als vorgeordnetem Begriff haftet ihm die Konnotation des noch nicht Endgültigen an. Andererseits handelt es sich aber auch um einen übergeordneten Begriff: So können z.B. eine Beurteilung oder auch ein diagnostischer Prozeß wiederum bewertet werden (vgl. Kap. 5.1: „Von der Wahrnehmung zum Urteil").

— Beurteilung bezeichnet die Abgabe eines Urteils. Der Begriff wird in enger Weise mit speziellen Prüfungen verknüpft. Es handelt sich hier um die offizielle, dienstliche Bezeichnung für Notengebung und Zeugniserteilung in der Schule. Beurteilung wird insbesondere in pädagogischen Zusammenhängen unmittelbar auf Personen bezogen. So wird in der Enzyklopädie Erziehungswissenschaft auch 1985 — trotz jahrzehntelanger Diskussion über die unterrichtsevaluierende Funktion — Beurteilung noch direkt und ausschließlich auf den Schüler bezogen (vgl. RAUER 1985, S. 452 ff).
Die Problematik der Schülerbeurteilung wird meistens unter dem Stichwort Lehrerurteil abgehandelt: „Es geht in beiden Fällen um die Wahrnehmung, Erfassung und Bewertung des Schülerverhaltens" (RAUER 1985,

---

1 Von J.S. MILL eingeführter Fachbegriff für das bei einem Namen bzw. Begriff Mit-Bezeichnete.

S. 452). Die Abgabe eines Urteils erinnert auch an die juristische Praxis. Konnotativ bildet sich eine Verbindung zum Verurteilen. Dem Begriff haftet die Konnotation eines endgültigen Urteils an, also eines Mangels an Offenheit für die Möglichkeiten einer Person und der Wille zur Revision.

— Diagnose wird häufig synonym mit Bewertung und Beurteilung gebraucht; dies ist nicht nur in der Umgangssprache der Fall, wie der Begriff „Lehrerdiagnosen" (WEINERT/SCHRADER 1986, S. 18 f) zeigt.
Im engeren Sinne handelt es sich bei einer Diagnose um eine Bewertung auf der Grundlage präziser, begründeter Fragestellungen und kontrollierter, theoriegeleiteter Datenerhebungsprozesse.

— Evaluation: Der Begriff stammt aus der empirischen Sozialforschung und bezeichnet dort die abschließende Phase eines Forschungsplans, in der eine Dokumentation des Projekts in Form einer Beschreibung der kontrollierenden Meßdaten erstellt wird. Man unterscheidet im allgemeinen zwischen einer qualitativen und einer quantitativen Evaluation. Über die Curriculumforschung (vgl. FREY 1975)[2] wurde dieser Begriff in die Schulpädagogik eingeführt. In diesem Zusammenhang unterscheiden BLOOM/ HASTINGS/MADAUS (vgl. 1971) Unterrichts- und Schülerevaluation. Im letzten Falle handelt es sich um eine Schülerbeurteilung in Form einer qualitativen und quantitativen Evaluation mit einer umfänglichen Dokumentation (vgl. dazu die Ausführungen über das pädagogische Tagebuch in Kap. 6.2.2 und die Lernweg-Leitkartei in Kap. 6.2.3) einschließlich Testdaten. Ferner unterscheiden sie zwischen formativer und summativer Evaluation. Formative Evaluation bezeichnet die prozeßbegleitende Bewertung, die unmittelbar zur Prozeßsteuerung im Unterricht (Förderung des einzelnen Schülers und Verbesserung des Unterrichts) verwendet wird. Summative Evaluation ist die nach längeren Zeiträumen abschließende Bewertung, die entweder nur ein Urteil abgibt (z.B. Schulzeugnis in tradierter Form) oder auch Empfehlungen ausspricht (Gutachten).

4.2 Bewertung als allgemeiner und alltäglicher Vorgang — eine anthropologische Grundlegung

Die grundlegenden kognitiven Fähigkeiten des Menschen zur Informationssammlung und -reduktion haben einen vor-diagnostischen Charakter. Beide Prozesse sind notwendig, um sich in komplexen Umweltsituationen (speziell

---

2 FREY (vgl. 1975, S. 64) unterscheidet darüber hinaus noch zwischen Inspektions- und intrinsischer Evaluation. Beim Schulzeugnis neuer Form, z.B. in den Grundschulklassen 1 und 2, handelt es sich nach meiner Auffassung um eine Zwischenform dieser beiden Evaluationsarten.

in sozialen Interaktionssituationen) zurechtzufinden und handlungsfähig zu sein. Um gesetzte Ziele zu erreichen und in gegebenen und sich ständig wandelnden Situationen angemessen agieren bzw. auch reagieren zu können, bedarf es in kurzen Abständen einer Einschätzung der jeweiligen Lage. Dies ist zur Vorbereitung von Entscheidungen, wie weiterhin zu handeln sei, notwendig. Komplexe soziale Situationen (wie z.B. eine Schulklassensituation) erzeugen einen vielfältigen Handlungsdruck, Entscheidungen müssen rasch gefällt und Reaktionen schnell vorgenommen werden. Die vielfältig einstürmenden Informationen können nicht vollständig verarbeitet, sondern müssen auf einfache kognitive Einheiten reduziert werden. Auch dies kann nicht ständig neu geleistet werden; hier helfen Stereotype bzw. vorgefertigte Schemata.

In sozialen Situationen bzw. Handlungssystemen müssen LehrerInnen aufgrund der Handlungen und verbalen Äußerungen der Handlungspartner (hier: SchülerInnen) deren individuelle Erwartungen abschätzen, deren Ziele einschätzen, um selbst in angemessener Weise reagieren zu können; sie müssen die jeweilige Handlungssituation „bewerten". Zur Erleichterung dieses komplexen Vorgangs machen sich Personen ein Bild von ihrem Gegenüber; so machen sich auch LehrerInnen ein Bild von jedem Schüler. Dieses „Bild des Schülers" entspricht einer globalen vor-diagnostischen Einschätzung der Person. Es stellt ein Schema dar, mit dessen Hilfe Lehrpersonen schneller auf Aktionen reagieren können; dabei wird zunächst noch nicht danach gefragt, ob diese stereotypen Einschätzungen richtig, verzerrt oder falsch sind. Bewertungen dieser Art sind notwendig und laufen ständig ab. Sie erfolgen aufgrund unhinterfragter Anschauungen und naiver Verhaltenstheorien. Sie bedürfen keiner systematischen oder explizit theoriegeleiteten Informationssammlung. Sie sind grundlegend undiagnostisch, wirken sich aber, wenn sie nicht kontrolliert werden, im Sinne von Erkenntnisgrundmustern auf jede nachfolgend zu treffende Beurteilung (auch Diagnostik) aus; da solche Bewertungen zugleich handlungsleitend sind, besitzen sie sowohl direkte als auch indirekte Konsequenzen für die Person des Schülers/der Schülerin; sie beeinflussen vor allem deren weitere Entwicklungsmöglichkeiten. Ein solches auf alltäglichen Eindrücken beruhendes „Bild vom Schüler" sollte nicht unreflektiert wirksam sein und bleiben. Zur Kontrolle und Revision ist eine diagnostische Kompetenz des Lehrers notwendig.

4.3 Gesellschaftliche Implikationen für schulische Beurteilungen

4.3.1 Beurteilungen als Auswahlinstrument für soziale Mobilität

Die historische Entwicklung der Diagnostik zum Zwecke einer Personenselektion war von jeher direkt oder indirekt gesellschaftspolitisch initiiert. Seit der Auflösung der Ständegesellschaft ist soziale Mobilität für alle möglich geworden. Sozialer Aufstieg erfolgt über Befähigung und Leistung und nicht zuletzt über einen schulischen Leistungsnachweis, der eine informelle Empfehlung für eine Reihe von Auslesesystemen darstellt, oder direkt durch schulische Selektion.

Im abendländischen, christlich geprägten Kulturkreis entstand in den Priesterschulen früh eine Beschulungsmöglichkeit für den unteren Stand. Für lange Zeit ging der soziale Aufstieg über diese Kloster- und Domschulen (vgl. BLÄTTNER 1958). Zunächst wurde eine positive Selektion praktiziert: Ein als besonders lernbegierig auffallender Knabe wurde an eine Priesterschule empfohlen (positive Auslese) und durchlief diese in der Regel. So war ihm der Zugang zum Klerikerstand gewiß. Im übrigen hatten Begabung und Schulbildung für den sozialen Status, den jemand einnahm, überhaupt keine Bedeutung. In der Zeit des Absolutismus kam der Beamtenstand für fähige und besonders angepaßte Aufsteiger hinzu. In der frühen Zeit waren Lehrer als unterste Aufsteigergruppe selbst noch mehr die Beurteilten als die Beurteilenden.

Dies alles änderte sich mit der Auflösung der Ständegesellschaft, dem Entstehen sozialer Mobilität und der Einführung der allgemeinen Schulpflicht. Aufgrund der historischen Entwicklung von Schule als einem Mittel der Machtpolitik absolutistischer Fürsten schien es natürlich, daß die Schule eine generelle Auslesefunktion übernahm und vielfältige Berechtigungsscheine vergab (Berechtigungswesen). Die Schule wurde zur „Zuteilungsapparatur für Lebenschancen" (SCHELSKY 1962). Als Einstieg in den sozialen Aufstieg diente bald das Gymnasium („Monopol der Gymnasialbildung", PAULSEN 1896). Der Drang zum Gymnasium wurde zu Beginn dieses Jahrhunderts immer stärker, und das Schreckgespenst eines „Gelehrtenproletariats" (BÄUMER 1930) tauchte auf. Da eine Regulation von Angebot und Nachfrage nicht mehr nach standespolitischen Kriterien erfolgen konnte, wurden die Leistungskriterien in der Schule angehoben. Der Anteil, den man später nicht in entsprechenden gehobenen Positionen einstellen konnte oder wollte, sollte „herausgeprüft" werden. Damit hielt eine gesellschaftspolitisch relevante Selektion verstärkt Einzug in die Gymnasien und setzte sich immer weiter nach unten durch.

Noch heute gilt: Wer nicht in der linear vorgesehenen Weise zu einem bestimmten Zeitpunkt bestimmte Lehrziele erreicht und demgemäß in die nächst höhere Lehrgangsgruppe versetzt werden kann, ist in bezug auf seine weitere Schullaufbahn und damit in der Regel auch in bezug auf seine Berufsmöglichkeiten „markiert", also als Sitzenbleiber gestempelt. Seine Chancen auf eine qualifizierte Tätigkeit und damit auf eine hohe soziale Position sind zwar noch nicht unwiederbringlich verloren, aber wesentlich geringer geworden. Wer einmal aufgrund der Beurteilung durch seine(n) LehrerIn in der Grundschule sitzengeblieben ist, hat wesentlich geringere Chancen, eine weiterführende Schule besuchen zu können. Wer zweimal aufgrund der Beurteilung seines Lehrers nicht zu dem dafür vorgesehenen Zeitpunkt in die nächst höhere Lehrgangsgruppe versetzt wurde, kann nur noch selten die Regelschule, sprich Grund- und Hauptschule, durchlaufen; er wird einer speziellen

Überprüfung auf Lernbehinderung unterzogen und wurde bis Ende der sechziger Jahre in der Regel auf eine Sonderschule überwiesen. Bei dem Verfahren zur Überführung eines Schülers in eine separierte Schulart ist eine über die Leistungsprüfung hinausgehende Beurteilung des Schülers durch seinen Lehrer vorgesehen. Dabei dient die Beurteilung außerdem als Maßnahme der Schulverwaltung zur Absicherung der Überführung. Im bürokratisch zentralverwalteten Staat tritt somit der verwaltungsmäßige Zugriff auf jede einzelne Person noch zu der Ausleseerwartung hinzu.

Grundsätzlich ist die Auslesefunktion durch PädagogInnen gesellschaftspolitisch auch positiv zu sehen, denn anscheinend macht sie eine offene, pluralistische und hochindustrialisierte Gesellschaft erst möglich. Dabei könnte eine Annäherung an Kriterien wie demokratisches Verhalten, Chancengleichheit u.ä. in pädagogischen Handlungsfeldern am ehesten gelingen. Doch die Lösung dieses Ausleseproblems mißlingt in unseren Schulen in mehrfacher Weise und produziert zudem einen bedenklichen Leistungsdruck bis hinunter in die Grundschule. 1970 wurde auch noch die Schule für Lernbehinderte zur Leistungsschule erklärt, und folglich begann sie ebenfalls 25 % drop outs zu produzieren. Das zentrale diagnostische Kriterium „Schulleistung" wurde zusammen mit der Schulleistungsbeurteilung zunehmend problematischer. Ob hier mehr systematische Diagnostik, die ohne Zweifel gefordert werden muß, hilft, ist wegen der Problematik des verwendeten Leistungskriteriums jedoch ungewiß.

4.3.2 Leistung als gesellschaftliches Selektionskriterium

Schulleistung dient als Kriterium für gesellschaftliche Selektion in der Schule. Sie steht stellvertretend für Leistung im allgemeinen, denn die Zuweisung sozialer Positionen erfolgt offiziell über das Leistungsprinzip. Da in der Diagnostik eine präzise Fragestellung und operationalisierte Kriterien eine zentrale Rolle spielen, scheint es notwendig, sich hier mit Leistung als dem durchgehend wichtigen Kriterium detaillierter auseinanderzusetzen. Leistung ist ein multivalenter Begriff. Er wird hier und heute zur Legitimation von gesellschaftlichen Positionen mit Arbeit verknüpft.

Arbeit war im Altertum (z.B. im antiken Griechenland) eine möglichst zu vermeidende Beschäftigung; sie wurde von Sklaven verrichtet und war eines Freien unwürdig. Der Begriff war negativ akzentuiert. Über den calvinistischen Protestantismus und die bürgerliche Emanzipationsbewegung setzte sich jedoch langsam eine positive Akzentuierung durch. Nach CALVIN liegt in der Arbeit ein hoher ethischer Wert; er ist von Gott begründet. An dem Erfolg der Arbeit zeigt sich der Lohn Gottes. (Das führt bis zu der impliziten Annahme, daß der, der reich ist, gut arbeitet und auch gut ist!) Heute versucht jeder, seinen Besitz und seine Verfügungsgewalt mit persönlicher Leistung zu legitimieren. Auch der Nichtarbeitende legt Wert darauf, daß er möglichst allein vom Ergebnis seiner früheren Arbeit und der einmal erbrachten Leistung zehrt. In der Anthropologie von MARX behielt die Arbeit einen entsprechend hohen Stellenwert. Sie ist das zentrale Medium der Selbstverwirklichung des

Menschen. Hier taucht mit der geleisteten Arbeit auch erstmals ein Charakteristikum für Leistung auf, das für die Entwicklung des Menschen und damit auch für Schule bedeutsam sein sollte: das Produkt der Arbeit. Seit MARX ist aber auch der Begriff der entfremdenden Arbeit (Selbstentfremdung) eingeführt; dadurch gerät der Reiche in den Verdacht, von der entfremdenden Arbeit der anderen, deren Selbstentäußerung, zu leben.

In unserer „Leistungsgesellschaft" wird der Leistungsbegriff innerhalb der frühen Lebensjahre (bis zum Gelingen einer Berufskarriere und in bezug auf das Scheitern derselben) immer stärker mit negativen Erlebnisweisen assoziiert – negative Attribuierungen wachsen an. Beispielsweise im Bereich der Ausbildung (so auch in der Schule) hat sich eine Überempfindlichkeit gegen Leistungsforderungen und Leistungsbelege entwickelt. Diese ist als hohe Sensibilität wünschenswert, soweit sie eine kritische Auseinandersetzung mit einem Distributionsmodell (Statuszuweisung aufgrund persönlicher Leistung), das den gestellten Anforderungen nicht gerecht werden kann, anzeigt. Sie bringt jedoch auch viele individuelle Probleme hervor oder verstärkt vorhandene, die als negatives Produkt einer unzulänglichen Auseinandersetzung mit der Leistungsproblematik gesehen werden müssen. In diesem Zusammenhang stellt sich die Frage nach dem Wesen der Leistung, die Frage also, ob Leistung notgedrungen das Produkt von Arbeit ist.

Leistung ist ein bewußt hervorgerufener Handlungsvorgang, der ein allgemein als bedeutsam anerkanntes Produkt hervorbringt. Leistung ist aber auch ein Zuschreibungsattribut. In einem Bewertungsprozeß von Handlungserlebnissen durch eine Gruppe, die Gesellschaft oder ein Individuum wird bestimmt, was als Leistung angesehen wird und was nicht. Gleichzeitig wird damit nachfolgenden Handlungsvorgängen bereits vorweg das Attribut Leistung zuerkannt bzw. abgesprochen.

Aus psychologischer Perspektive ergeben sich zwei für die Bestimmung von Leistung im Bereich menschlichen Handelns bedeutsame Konstrukte: Fähigkeit und Anstrengung. Fähigkeit wird als ein relativ stabiler, individuell unterschiedlich ausgeprägter Ursachenfaktor, Anstrengung als ein variabler, individuell generell gleicher Ursachenfaktor angesehen. Vom Ursachenfaktor Anstrengung her scheint soziale Gleichheit und vom Ursachenfaktor Fähigkeit her soziale Ungleichheit begründet. In beiderlei Richtung kann demnach das Leistungsprinzip als Zuteilungsinstrument zur Legitimation verwendbar gemacht werden.

Wesentliches inhaltliches Moment von menschlicher Leistung ist die Verhaltenswirksamkeit. HECKHAUSEN (vgl. 1974) nennt folgende Bedingungen für Leistung:

— Ein Handlungsergebnis muß erzielbar oder erzielt sein. Es muß objektivierbar sein und Aufgabencharakter haben. Tätigkeiten ohne eigentlichen Anfang und Abschluß, wie manche Arbeiten und Beschäftigungen in Beruf, Haushalt oder Freizeit, fallen somit nicht unter diesen Leistungsbegriff.
— Die Handlungen und ihr Ergebnis müssen auf einen Maßstab der Schwierigkeit und/oder der Kraftaufwendung beziehbar und danach beurteilbar sein. Die Maßstäbe können in unterschiedlichen Bezugsnormen verankert sein. Die Bezugsnormen

können in der Sache selbst liegen, fremdgesetzt oder individuell sein. Eine Kombination der Bezugsnormen ist ebenfalls möglich. Soziale Bezugsnormen beruhen auf dem Vergleich mit den Handlungsergebnissen anderer, individuelle Bezugsnormen dagegen auf dem Vergleich mit eigenen früheren Handlungsergebnissen.

— Handlungen müssen in ihren Ergebnissen überhaupt gelingen oder mißlingen können. Die Aufgabenanforderungen müssen zwischen den Randbereichen des Zu-Leichten und des Zu-Schweren hinsichtlich der zu überwindenden Schwierigkeiten und/oder des aufzubringenden Kraftaufwandes liegen. So werden Aufgabentätigkeiten (etwa im Beruf), die weder das erreichte Fähigkeitsniveau herausfordern noch einen merklichen Aufwand an Kraft und Ausdauer erforderlich machen, für den Tätigen nicht leistungsthematisch.

— Ein Maßstab der Schwierigkeit und/oder des Kraftaufwandes für eine gegebene Aufgabentätigkeit muß vom Handelnden als ein für ihn verbindlicher Tüchtigkeitsmaßstab übernommen, das heißt als Indikator für seine persönliche Tüchtigkeit anerkannt sein.

— Das Handlungsergebnis muß vom Handelnden selbst verursacht, das heißt sowohl von ihm beabsichtigt als auch zustande gebracht worden sein. Handlungsergebnisse, die sich unbeabsichtigt ergeben, die unter Zwang oder durch Zufall oder mit Hilfestellung bzw. Behinderung von außen zustande kommen, rechnet man sich leistungsthematisch nicht zu. Man hält sich selbst für nicht verantwortlich.

Diese fünf psychologischen Komponenten stellen die für die individuelle Leistungsbewertung und Leistungsmotivation wesentlichen Bedingungen dar. Leistung hat demnach vor allem einen individuellen Erlebniswert, einen gesellschaftlichen Nutzwert und die Eigenschaft eines möglichen Zuteilungskriteriums. Für alle pädagogischen Belange ist die Unterscheidung von zwei Dimensionen des Leistungsbegriffs besonders relevant:

— Dimension I: offener Leistungsbegriff (Prototyp: Künstlerische Arbeiten)
Jeder Handlungsverlauf kann hier grundsätzlich zu „Leistungen" führen. Eine attributive Zuschreibung kann oft erst mit großer zeitlicher Verzögerung ausgesprochen werden. Sie wird möglicherweise zunächst oder auf Dauer nur vom Individuum selbst oder einer speziellen Gruppe vergeben.

— Dimension II: geschlossener (affirmativer) Leistungsbegriff (Prototyp: Fabrikarbeit)
Dieser Leistungsbegriff wird bei aktuellen bedeutsamen Zielstandards der Gesellschaft verwendet. Der Handlungsspielraum wird von Anfang an auf die Zielstandards eingeengt, um speziell die damit verbundene allgemein anerkannte Leistungszuschreibung zu erhalten. Sie ist öffentlich und meist finanziell dotiert. Da nicht alle Zielstandards im Möglichkeitsfeld jedes Individuums liegen, muß sich der einzelne oft auf wenige Zielstandards beschränken, so daß von Anfang an eine sehr enge Festlegung erfolgen kann. Ein auf solche Art von Leistung fixiertes Individuum kann die Vielfalt seiner Anlagen nur in begrenztem Maße entfalten.

Ein enger affirmativer Leistungsbegriff vermag zwar die Erwartungen der prospektiven Verteilungs-, jedoch nicht diejenigen der Qualifikationsfunktion zu erfüllen. Wird er Kindern in frühen Jahren als ausschließliche Form der Leistungserbringung angetragen, so engt er deren Entwicklungsmöglichkeiten zu sehr ein. Im bildungspolitischen Bereich führt dies dann zur Verschleuderung von Bildungspotentialen statt zur Ausschöpfung von Bildungsreserven. Für die Pädagogik sind deshalb Übergänge zwischen affirmativem und offenem Leistungsbegriff von großer Bedeutung.

In diagnostischer Hinsicht mögen zwar affirmative Leistungen einfacher zu beurteilen sein, da sie meist eng gefaßt und deshalb leichter (valide) zu erfassen sind. Diagnostik sollte jedoch keinesfalls in unzulässiger Weise auf eng gefaßte affirmative Leistungen eingeengt werden. Dies führt zu einem pädagogischen Dilemma, denn im Zentrum pädagogischer Bemühungen um die optimale Persönlichkeitsentwicklung eines Individuums stehen Situationen, in denen der offene sowie alle Übergänge zum affirmativen Leistungsbegriff relevant werden.

4.3.3 Leistung als Zuteilungskriterium — Möglichkeiten und Probleme

Jede Gesellschaft ist, um ihren Bestand zu sichern, auf Leistungen der einzelnen Individuen angewiesen. Keinem Individuum kann es besser gehen, als ihm aufgrund der Verteilung der Summe aller Leistungen in der Gesellschaft, zu der es gehört, zugewiesen werden kann. Damit ist jedoch über den Verteilungsmodus bei der Zuteilung noch nichts ausgesagt. Diese Feststellungen gelten nicht nur für eine spezielle Leistungsgesellschaft, wie z.B. unsere hochindustrialisierte Gesellschaft, sondern generell.

Seit die feudale Gesellschaftsordnung den Emanzipationsbemühungen des Bürgertums weichen und damit der Forderung nach einer „Neuverteilung" der Summe aller Leistungen in einer Gesellschaft Raum geben mußte, reißt die Diskussion über die zwei Distributionsformeln: „Jedem nach seiner Leistung" oder „Jedem nach seinen Bedürfnissen" nicht ab. Die kollektive Leistung aller Mitglieder einer Gesellschaft schafft die Verfügungsmasse, die gemäß der mit gesellschaftlichen Maßstäben zugeschriebenen individuellen Leistung verteilt werden soll.

Ideal in einer Gesellschaft scheint unter ökonomischen (nicht unter ökologischen) Gesichtspunkten die Erzeugung einer möglichst hohen kollektiven Leistung bei einer Minimierung der individuellen Leistungskontrolle (Abbau von Leistungsdruck beim Individuum). Die Formel „Jedem nach seinen Bedürfnissen" hatte bisher die geringsten Realisierungschancen. LEMPERT (vgl. 1971) hat dazu wichtige Differenzierungen des Bedürfnis-Begriffes vorgenommen. Dort aber, wo dieses Distributionsmodell am konsequentesten gefordert wurde, nämlich in der kommunistischen Gesellschaftsordnung, nahmen Verfügungsmasse und Bedürfnisprinzip ständig ab; nach und nach wird auch in diesen Gesellschaftssystemen der Verteilungsmodus in zunehmendem Maße an das Leistungsprinzip geknüpft.

Der Realisierung des Bedürfnisprinzips stehen nach wie vor einige ungelöste Probleme entgegen. Ein wesentliches ist, daß durch jahrhundertelange soziale Unterdrückung und Maskierung die Individuen sich ihrer wahren Bedürfnisse gar nicht mehr bewußt sind. Sie haben Scheinbedürfnisse entwickelt. Diese sind von den jeweils bestehenden, gesellschaftlichen Produktionsweisen abhängig. Es ist nicht zu erwarten, daß sich die Bedürfnisse ohne Pressionen auf ein Maß reduzieren lassen, das eine Zuteilung tatsächlich auch ermöglicht.

Überall dort, wo diese Überlegung ernsthaft diskutiert wird, wird auf die Notwendigkeit einer Bewußtseinsänderung hingewiesen. Leider sind für eine solche Bewußtseinsänderung und letztlich Uniformierung bisher nur Beispiele bekannt, die extrem repressiv sind. Diese Repressionen übersteigen in der Regel bei weitem das, was bei Gültigkeit des Leistungsprinzips dem Individuum als Leistungspression durch Leistungsmessung und -kontrolle zugemutet wird. Außerdem geht die balancierende Verknüpfung zwischen Bedürfnis und Leistung verloren, wenn jeder auf mehr Zuteilung drängt, selbst aber — möglicherweise wegen der fehlenden Kontrolle — eher weniger leistet und deshalb aufgrund der geringeren Summe der insgesamt erbrachten Leistungen immer weniger erhalten kann. Schließlich ist „Bedürfnis" als Zuteilungskriterium noch weit weniger valide und präzise zu erfassen als „Leistung". Deshalb ist zu befürchten, daß bei Zugrundelegung des Bedürfnis-Prinzips die Willkür der Zuteilung zunimmt. Das kann nicht als Fortschritt bezeichnet werden.

Neben der Leistung lassen sich noch weitere Kriterien als Verteilungsregulative finden, die entweder einzeln oder in Kombination verwendet werden: Geburt (soziale Herkunft), Besitz, Geschlecht, Alter, Gruppenzugehörigkeit (z.B. Partei oder Konfession) und Lebenschancen (Garantien, die jedem einzelnen in einer Gesellschaft zugebilligt werden). Von allen möglichen Zuteilungskriterien scheint dasjenige der Leistung bisher das gerechteste zu sein. Dies gilt insbesondere, wenn es mit ausreichend hohen generellen Lebenschancen verknüpft ist.

Das Leistungsprinzip ist zudem eine direkte Folge des „Rationalismus der Lebensgestaltung". Der Prozeß der Rationalisierung des sozialen Lebens bedeutet eine Abkehr vom Traditionalismus und verlangt demgegenüber eine neue Legitimation der bestehenden Ungleichheit zwischen den Mitgliedern einer Gesellschaft. Rationale Begründung und die aus diesem Zusammenhang sich ergebende Folgerung von mehr Gleichheit in Verbindung mit der Säkularisierung religiöser Vorbestimmtheit sollen jedem Individuum unabhängig von bestimmten zugeschriebenen Eigenschaften die materiale Chance geben, sich aus ungefragten Bindungen zu lösen (vgl. DAHRENDORF 1962). Gegenüber dem Traditionalismus sollen jetzt die Möglichkeiten in der Leistungsfähigkeit und Leistungsbereitschaft des Individuums liegen (vgl. STEINKAMP 1974). Hier jedoch muß heute eine neue und weiterreichende Kritik angemeldet werden. Das verwendete Leistungsprinzip spornt jeden einzelnen und jede Wirtschaft gewaltig an, Leistung und Produktion zu steigern, wobei die Grenze bereits erreicht ist (vgl. Ökologische Krise unseres Planeten und Zukunft des Menschen, RIESEBERG 1988).

Es sieht so aus, als ob das Leistungsprinzip in allen gesellschaftlichen Lebensbereichen für die Chancenzuweisung benutzt würde. Dabei wird der Einfluß des Leistungsprinzips in der Regel überschätzt. Häufig dient es nur noch als formale Legitimation, die Zuweisung erfolgt aber tatsächlich nach anderen Kriterien. In solchen Fällen wird das Leistungsprinzip ideologisch mißbraucht, um nach außen hin Leistung als Begründungskriterium für soziale Ungleichheit aufrecht zu erhalten; tatsächlich jedoch werden unverdiente, statuszuschreibende Kriterien auf diese Weise gesellschaftlich legitimiert (vgl.

CARL FRIEDRICH VON SIEMENS STIFTUNG 1974). Historisch ältere Zuweisungskriterien, überkommene Privilegien in bezug auf Prestige, Besitz und Macht, die mit Hilfe des Leistungsprinzips bisher zwar zurückgedrängt werden konnten, die damit aber keineswegs überwunden sind, werden so verdeckt. So gesehen wäre also nicht eine Verringerung des Leistungsprinzips, sondern seine Ausweitung zu fordern. Aber die damit einhergehenden Probleme der Bewertung von Leistung scheinen eine durchgängige Anwendung des Leistungsprinzips nicht zu ermöglichen. In einer extrem arbeitsteiligen Produktion kann vom Endprodukt aus nur noch schwer bestimmt werden, welcher individuelle Leistungsanteil bei einer Endleistung zu veranschlagen ist. In der Teamarbeit ist eine exakte Leistungszuschreibung ebenso erschwert. Initiative oder präventive Tätigkeiten lassen sich beispielsweise nicht mit dem notwendigen Maß an Gültigkeit (Validität) auf einer Leistungsskala bewerten (vgl. OFFE 1972). Leistungsthematische und extrafunktionale Zuteilungskriterien sind vermischt. Die Komplexität der Produkterzeugung erschwert eine gültige Leistungszuweisung an Individuen. So war es nicht möglich, eine einheitliche Leistungsskala zu entwickeln. „Der funktionale Gesichtspunkt, unter dem der gesellschaftliche Wert einer Berufsarbeit ermittelt und ihr ein Rang zugesprochen werden könnte, geht . . . (letztlich) aus einer willkürlichen Entscheidung hervor und liefert deshalb nur eine zirkuläre Scheinbegründung des Zusammenhangs von Leistung und Status" (OFFE 1972, S. 53).

Deshalb ist die Forderung zu erheben, daß neben einer möglichst weitreichenden leistungsthematischen Zuweisung die einzelnen tatsächlichen Zuweisungskriterien aufzudecken sind. Es scheinen vor allem extrafunktionale Kriterien wie „unkritische Anpassungsbereitschaft" und „Loyalität gegenüber zuweisenden Instanzen" (HECKHAUSEN 1975, S. 193) im Vordergrund zu stehen. Die Lösung aller Zuteilungsprobleme im Sinne sozialer Gleichheit bzw. eine vollständig befriedigende Legitimation von sozialer Ungleichheit vermag die Einführung des Leistungsprinzips nicht herbeizuführen.

Frühere Leistungsentlohnung wie Akkord- und Prämienlohn verlieren in computergestützten Produktionsprozessen immer mehr an Bedeutung. Der Zeitlohn tritt in den Hintergrund. Damit ist in Arbeitsverhältnissen bereits ein Ende der quantitativen Leistungsbewertung abzusehen. In den Vordergrund treten qualitative Leistungsbewertungen wie Weiterentwicklungstendenzen, Verbesserungsvorschläge, Einsatz für die Geschäftspolitik und Gesamtproduktionserfolgsprämien. Neben den Schwierigkeiten, die sich aus den immer komplexer werdenden Arbeitsprozessen und deren Teilung ergeben, leidet die Wirksamkeit des Leistungsprinzips aber auch an seiner Verwaltung. Seit seiner Einführung als Programm für die bürgerliche Emanzipation wird es zunehmend durch Bürokratisierung unterwandert, was schließlich zur Destruktion des Leistungsprinzips führt (vgl. EIGLER 1975).[3]

---

3 Für eine weitere Beschäftigung mit dieser Problematik wird auf folgende Autoren verwiesen: OFFE (1972), LEMPERT (1971) und DEUTSCHER BILDUNGSRAT (1975).

In dem Maße, wie das Leistungsprinzip in Produktionsbereichen impraktikabel wird, scheint die Schule einen immer höheren Beitrag zur Aufrechterhaltung des Leistungsprinzips zu leisten (vgl. EIGLER 1975), was sich auch an der wachsenden Bedeutung von externen Leistungssymbolen wie Examina zeigt (vgl. OFFE 1972). Erklärung: Ein Aspekt von Leistung ist Sachkompetenz; Sachkompetenz beruht in der Regel auf früher erbrachten individuellen Leistungen und wird üblicherweise durch Ausbildung erworben. Ausbildung wird damit direkt und indirekt für die Zuteilung von qualifizierten beruflichen Tätigkeiten und für die Besetzung sozialer Positionen zu einem zentralen Zusatzkriterium.

Lernen stellt je nach gesellschaftlicher Wertung ebenfalls „Leistung" dar, es ist jedoch auch ohne einen Rückgriff auf das Leistungsprinzip denkbar. Zur Entwicklung einer optimalen Leistungsfähigkeit scheinen offene Situationen, in denen Leistungen nicht zu jedem Zeitpunkt abgeprüft werden, sogar eine notwendige Vorbedingung zu sein. Praktisch jedoch läßt sich bereits in der Grundschule eine ideologische Einschränkung des Leistungsprinzips in Richtung auf Verstärkung von Ungleichheit nachweisen. Es erfolgt eine Vorklassifizierung der Schüler u.a. aufgrund impliziter Persönlichkeitskonzepte von LehrerInnen, wobei Schichtzugehörigkeit und die damit assoziierten Beurteilungskriterien eine große Rolle spielen (vgl. STEINKAMP 1974).

Ein pädagogisch begründbares Leistungsprinzip muß offene Leistungssituationen einbeziehen und fördern; es muß das Selbstverursachungsprinzip voranstellen, Maßstäbe und Standards für Leistung im Individuum entwickeln und auf dieser Basis ständig zur Ermutigung beitragen. Es darf nicht zu einem konkurrierenden, ausschließenden Leistungsbewußtsein führen, sondern soll Kooperation und Solidarität im gemeinsamen Leisten unterstützen. Damit — und das sei möglichen Kritikern von vornherein entgegnet — ist nicht ein undifferenziertes Kollektivmodell gemeint, sondern die Ermöglichung von individuell differenzierten Leistungserlebnissen in gemeinsamen Arbeiten. Individuell unterschiedliches Leistungsvermögen wird mit Bezug auf den Gesamtbeitrag honoriert, ein Herausprüfen einzelner Höchstleistungen sollte vermieden werden.

Die Leitziele Mündigkeit und Partizipation dürfen über das Leistungsprinzip nicht zurückgedrängt werden, sondern Schule soll „in dem Sinne Leistungsschule sein, daß sie die Bewältigung von Aufgaben und Lernprozessen ermöglicht und herausfordert, die zur Mündigkeit, Selbst- und Mitbestimmungsfähigkeit führen können" (KLAFKI 1975, S. 528). Leistungsbeurteilung muß dann vor allem im Sinne einer „Leistungsdiagnose" zum Zwecke der Leistungsförderung analog der „Lerndiagnose" (SCHREINER 1972) im Sinne der formativen, nicht der summativen Evaluation verstanden werden. Deshalb sei zum Abschluß der Ausführungen an dieser Stelle der Auszug aus einer Schulordnung zum Aspekt „Leistungsbewertung" angeführt:

„1. Leitende Gesichtspunkte für die Leistungsbewertung
1.1 Ermutigende Erziehung als pädagogisches Leitkonzept
     Jedes Kind hat ein Recht auf erfolgreiches Lernen. Dieser pädagogische Grundsatz gilt in besonderer Weise für die Grundschule. Denn hier machen die Kinder

erste Erfahrungen mit angeleitetem, langfristig angelegtem Lernen. Hier werden grundlegende Lern- und Leistungsmotivationen aufgebaut und stabilisiert. Hier fallen Entscheidungen
— für das künftige Lern- und Leistungsverhalten,
— für Selbsteinschätzung und Initiative,
— für die Entwicklung sozialer Verhaltensweisen in einer kindgemäßen Balance zwischen Einordnung, Anpassung und Selbständigkeit,
— für die Entwicklung von Kooperations- und Kommunikationsfähigkeit und
— für eine erste Anbahnung von Zielorientierungen für Selbstbestimmung und verantwortliches Handeln" (LICHTENSTEIN-ROTHER 1973).
(KULTUSMINISTERIUM DES LANDES NW, Rd.Erl. vom 16.1.80, S. 7)

4.3.4 Funktionen schulischer Beurteilungen aus gesellschaftlicher Sicht

Aus gesellschaftlicher Perspektive werden der Notengebung und der Zeugniserstellung unterschiedliche Funktionen zugeschrieben. Zu unterscheiden sind:
1) die prospektive Verteilungsfunktion,
2) die Qualifizierungsfunktion,
3) die Ökonomisierungsfunktion,
4) die verwaltungsbürokratische Kontrollfunktion,
5) die allgemeine Berichtsfunktion und
6) die Entwicklungsförderungsfunktion.

Zu 1) Prospektive Verteilungsfunktion
Die Funktion wurde im vorangegangenen Kapitel schon beschrieben (Selektionsinstanz Schule).

Zu 2) Qualifizierungsfunktion
Die Schule als gesellschaftliche Institution wird für die Erfüllung bestimmter Aufgaben finanziert: Sie soll sicherstellen, daß in einer sehr komplexen, hochentwickelten und extrem arbeitsteiligen Gesellschaft in der Verwaltung (Bürokratie), der Produktion (Wirtschaft) sowie der Weiterentwicklung und Sicherung (Wissenschaft und Schutzbereich) notwendige Positionen qualifiziert besetzt werden können. Beurteilung wird zur Qualifikationssteuerung eingesetzt. Mit ihrer Hilfe sollen besondere Eignungen bei SchülerInnen erkannt bzw. systematisch aufgespürt werden. Schule übernimmt demnach eine gewisse Vorsorgefunktion für den Staat, das macht sie zu einer affirmativen Institution. Soweit jeweils die Reproduktion des Staates intendiert ist, macht Schule die tradierte Selektionsdiagnostik zum affirmativen Bezugspunkt pädagogischen Handelns. Für die Weiterentwicklung eines Staates sollte Schule aber auch ein Ort progressiven Denkens und offener Situationen für Handeln und Lernen sein, eine Kontradiktion zur tradierten Diagnostik.

Zu 3) Ökonomisierungsfunktion
Schule ist ein relativ kapitalintensives, primär unproduktives Unternehmen. Der Aufwand in bezug auf Unterricht ist unter ökonomischen Gesichtspunkten so gering wie möglich zu halten. Bisher galt allgemein die Auffassung, daß

dies am leichtesten durch die Homogenisierung der Lerngruppen erfolgen könne. Um leistungshomogene Gruppen bilden zu können, ist Leistungsbeurteilung erforderlich. Schüler müssen hierzu vergleichend beurteilt werden. Aufgrund vielfältiger empirischer Untersuchungen (vgl. YATES 1966/ 1972) und der Diskussion einer Reihe anerkannter pädagogischer Leitziele (vgl. KLEBER u.a. 1977, S. 155 f) kann das Homogenisierungskonzept jedoch inzwischen nicht mehr als das ökonomischste angesehen werden. Trotzdem ist es noch vielfältige Praxis in unserem Schulsystem.

Zu 4) Verwaltungsbürokratische Kontrollfunktion
Über das Anlegen von Beurteilungsbögen ist eine verwaltungsbürokratische Zugriffsmöglichkeit gegeben. Die Beurteilungsbögen stellen ein System von speziellen Informationszusammenstellungen über eine Person dar. Von LehrerInnen wird erwartet, daß sie ihre SchülerInnen planmäßig beobachten, ihre Leistungen regelmäßig beurteilen und den Verlauf ihrer Lernprozesse bewerten. Wie dabei von Erziehungsberechtigten und/oder LehrerInnen zu verfahren ist, wird in der Schulordnung (z.B. Nordrhein-Westfalen: ASchO § 5, Abs. 4 und VVzASchO zu vorgenanntem §) geregelt; dafür gibt es verschiedene Dokumentationsformen: Schülerstammblatt, Schülerbegleitmappe, Klassenbuch und/oder Kursmappe.

Die Schülerdaten, die selbstverständlich den aktuellen Datenschutzbestimmungen unterliegen, werden, soweit sie abschlußrelevant sind, 45 Jahre, allgemeine Stammblätter zehn Jahre und allgemeine andere Informationen fünf Jahre archiviert. Sie können unter bestimmten Einschränkungen an öffentliche Stellen derselben Verwaltungseinheit, an das Melde-, Gesundheits-, Jugendamt, an die Ausländerbehörden und nach Vorlage eines Amtshilfeersuchens an Staatsanwaltschaften und Gerichte in Abschrift oder in Auszügen weitergegeben werden (vgl. KULTUSMINISTER DES LANDES NW, Rd.Erl. vom 29.10.83, geändert durch Rd.Erl. vom 29.7.86).

Überspitzt könnte man in diesem Zusammenhang behaupten, daß hier verwaltungsrechtliche Unterlagen, die oft unter einer mehr oder weniger eingestandenen Hilflosigkeit von LehrerInnen zustande kommen, später dazu herangezogen werden, die impliziten Persönlichkeitskonzepte von Amtspersonen zu bestätigen und ihnen „Aha-Erlebnisse" zu vermitteln. Ein Beispiel dafür liefert die folgende richterliche Äußerung: „Aha, in der Schule hat er nichts getaugt, war unordentlich und faul, was konnte da anderes aus ihm werden als ein arbeitsscheuer Einbrecher", die vom Autor so bei einer öffentlichen Gerichtsverhandlung vernommen wurde.

Zu 5) Allgemeine Berichtsfunktion
Die für die Schule Verantwortlichen sind verpflichtet, über ihre Tätigkeit und ihre Erfolge zu berichten. Hierzu wird die Beurteilung ebenfalls mitverwendet. Dabei werden bisher jedoch nicht diejenigen LehrerInnen, aus deren „Bericht" hervorgeht, daß möglichst alle SchülerInnen die gesteckten Ziele erreicht haben, vom Dienstherrn belobigt, sondern genau die Lehrkräfte, die sich über ihre Schülerbögen selbst bescheinigen, daß sich die Leistungen ihrer SchülerInnen annähernd „normal" verteilen!

Zu 6) Entwicklungsförderungsfunktion
Diese Funktion gründet in der Forderung des Grundgesetzes, die Entwicklung der einzelnen Individuen je nach deren Fähigkeiten zu fördern und dafür zu sorgen, daß jeder sich optimal zu einer Persönlichkeit entwickeln kann. Sie findet ihren direkten Ausdruck in Erlassen und Schulordnungen zur Förderung der Schüler.

4.4 Schulische Beurteilung unter didaktischen Gesichtspunkten

LehrerInnen sind nicht beliebige Individuen, die im Sinne der ausgeführten Notwendigkeiten einer Bewertung nur insoweit angemessen reagieren müssen, um ihre „Haut zu retten". Sie sind Experten für Lehr-Lern-Situationen, die zielgerichtet für die Optimierung des Lernens ihrer SchülerInnen agieren und reagieren sollen. Für PädagogInnen stellt sich in den Situationen unterrichtlichen Handelns eine Vielzahl didaktischer Fragen:

Wieviel Unterrichtsstoff können sich SchülerInnen in einer begrenzten Zeit aneignen?
Wieviel können LehrerInnen ihnen in einer bestimmten Zeit vermitteln?
Wie schnell darf das Lerntempo sein?
Wie kann man einzelne SchülerInnen gezielt erreichen?
Wie variabel muß der Unterricht sein?
Wie muß das didaktische Material gestaltet sein?
Wie schwierig sollen Aufgabenstellungen sein?
Was sind die Stärken und Schwächen der SchülerInnen?
Welcher Schüler hat wann welche Hilfe nötig?
Wie kommt der Unterricht bei den einzelnen SchülerInnen an?
Was ist am Unterricht zu verbessern? – etc.

Diese Fragen sind nicht alle und ausschließlich im Sinne der Diagnostik zu beantworten. Bestimmte Unterrichtsorganisationsformen, Formen der SchülerInnenmitbestimmung im Lehr-Lern-Prozeß, Wahlmöglichkeiten für SchülerInnen können dazu führen, daß einzelne dieser Fragen sich von selbst beantworten oder von SchülerInnen beantwortet werden können. „Beurteilung" in der Schule ist immer auch und pädagogisch zuallererst Unterrichtsevaluation, das heißt evaluative Bewertung. Sie dient der Vorbereitung, Durchführung und Nachbereitung des Unterrichts und beinhaltet deshalb eine:

— Beurteilung der Angemessenheit der intendierten Unterrichtsziele entsprechend dem Alter, der Herkunft, den Fähigkeiten, den Vorkenntnissen usw. der SchülerInnen im Rahmen des Gesamtcurriculums;
— Beurteilung der auszuwählenden Lernstoffe, Organisationsformen des Unterrichts, der Methoden, Medien usw. in der Planungsphase;
— Beurteilung der aktuellen Bedingungen des Unterrichts während der Durchführung, gegebenenfalls im Hinblick auf die notwendige Veränderung von zuvor aufgestellten Plänen;

- Beurteilung des eigenen Unterrichtsverhaltens, z.B. hinsichtlich angemessener Zeitplanung, Stoffvermittlung, Schüleraktivierung usw.;
- Beurteilung der Mitarbeit, des Leistungszuwachses, des Sozialverhaltens, der Lernschwierigkeiten usw. einzelner SchülerInnen und der ganzen Lerngruppe zwecks Korrektur des eigenen Lehrverhaltens;
- Beurteilung der Ergebnisse der Unterrichtsstunde im Hinblick auf die Planung weiterer Lerneinheiten (vgl. MARTIN 1980, S. 11).

Die Fragen richten sich auf Unterrichtsevaluation, auf Förderung des Lernens der SchülerInnen und Beurteilung des Lern- bzw. Kenntnisstandes. Die zentralen Fragen, die aus der Unterrichtsevaluation zur Individualisierung und zur Förderung des Lernens bei einzelnen SchülerInnen überleiten, lauten:

- Wie kommt Unterricht bei einzelnen SchülerInnen an?
- Bei wem kommt er an?
- Bei wem kommt er wann nicht an und warum nicht?

Solange das „Hauslehrerprinzip" praktiziert wurde, war eine solche Evaluation im Regelfall überflüssig. Der Lehrer, der nur sehr wenige, oft nur einen Schüler hatte, erhielt unmittelbare Informationen über die Fortschritte und den Kenntnisstand seines Schülers aus der permanenten Beobachtungs-, Gesprächs- und Diskussionssituation. Die Methode des Unterrichtens folgte meist ausschließlich einer sachlogischen Strukturierung, und die psychologische Situation des Schülers wurde höchstens in bezug auf das Tempo des Lehrgangs, das heißt in bezug auf die Geschwindigkeit im Fortschreiten der Stoffdarbietung berücksichtigt. Deshalb konnte sich die Methode unschwer ohne Diagnostik an der jeweiligen Lernsituation des einzelnen Schülers orientieren. Spezielle Überprüfungen unter pädagogischen Gesichtspunkten waren nicht notwendig.

Mit der Einführung einer allgemeinen Schulpflicht mußten von relativ wenigen LehrerInnen sehr viele SchülerInnen gleichzeitig unterrichtet werden. Der jeweilige Lehrgang wurde in sachlogische Abschnitte unterteilt. Diese sind zunächst in der frühesten Zeit allgemeiner Beschulung nach ihrer Schwierigkeit, später nach unterschiedlichen psychologischen (meist entwicklungspsychologischen) Aspekten, bestimmten Lebensaltern bzw. bestimmten Jahrgängen zugeordnet worden. Seither haben LehrerInnen keinen unmittelbaren Überblick mehr über den jeweiligen Standort einzelner SchülerInnen in der Bewältigung des Lernstoffs. Da die SchülerInnen z.B. aufgrund ihrer verschiedenen, je persönlichen Lernsituation unterschiedlich schnell im Lehrgang fortschreiten, wird unter motivationalen und methodischen Gesichtspunkten eine Überprüfung des Lernfortschritts der einzelnen SchülerInnen notwendig, um festzustellen, wann ein ausreichendes Informationsniveau erreicht ist, von dem aus der/die betreffende SchülerIn in den nächstfolgenden höheren Abschnitt übergehen kann. Grundsätzlich betrachtet ist von diesem Zeitpunkt an die Notwendigkeit der Anwendung lehrzielorientierter Tests gegeben. In einem System mit geringer direkter Schüler-Lehrer-Kommunikation (im Fachlehrersystem kommen ca. 300 Schüler auf einen Lehrer) benötigen LehrerInnen zur optimalen Förderung einzelner SchülerInnen durch differentielle pädagogische Maßnahmen ständig Informationen über das jeweilige Lernniveau und den Lernfortschritt. Tatsächlich jedoch reichen

Klassenarbeiten und auch deren verbesserte Version in Form von lehrziel-orientierten Tests zur individuellen Förderung nicht aus. Sie geben nur einen objektivierten Lernleistungsstand wieder, der bezüglich des Unterrichts und der individuellen Lern- und Lebenssituation grundsätzlich interpretationsbe-dürftig ist. Diese Leistungsstandsinformation wird nur allzuoft im Sinne einer Fähigkeitsmessung interpretiert und für Auslesezwecke weiterverwendet, an-statt zur Förderung (für die sie meist nicht ausreichend differenziert ist) heran-gezogen zu werden.

Welche Erwartungen werden aus der didaktischen Perspektive an eine Beur-teilung in der Schule gestellt? — Hier sind zusammenfassend vier Funktions-felder zu nennen:
1) Referenzrahmenfunktion,
2) Kontrollfunktion der Lehr-Lern-Prozesse,
3) Steuerungsfunktion der Lehr-Lern-Prozesse und
4) Lernberatungsfunktion (Förderfunktion).

Zu 1) Referenzrahmenfunktion
LehrerInnen sind nicht nur Unterrichtende und Beurteilende, sondern ständig und vor allem Interaktionspartner in einer sehr komplexen Interaktionssituation. Damit unterliegen sie zunächst einmal der Notwendigkeit der Situationsbewer-tung zur Wahrung der eigenen Handlungsfähigkeit. In diesem vordiagnostischen Bewertungsprozeß entsteht die sogenannte „Lehrerbrille", das heißt LehrerIn-nen machen sich im Schnellverfahren ein „Bild der einzelnen SchülerInnen".

Dieser Prozeß stereotypen Bewertens sollte von Anfang an und immer wieder einer Reflexion unterzogen werden. Im Prozeß evaluativer Bewertung (vgl. Kap. 4.1) ist dieses stereotype fixe „Bild vom Schüler" in flexible differenzierte Meinungen über den Schüler zu überführen. Mit Hilfe diagnostischer Kom-petenzen (vgl. Kap. 1.4.2/1.4.3) kann so ein systematisch kontrollierter Refe-renzrahmen für die einzelnen Personen im unterrichtlichen Interaktionspro-zeß erstellt werden.

Zu 2) Kontrollfunktion der Lehr-Lern-Prozesse
Eine Beurteilung der Lehr-Lern-Prozesse soll Auskunft über die Ergebnisse des Unterrichts und die Produkte des Lernens bzw. die Konsequenzen des Unterrichts für Lehrkräfte geben.

Zu 3) Steuerungsfunktion des Lehr-Lern-Prozesses
Alle Beurteilungen, die in Lehr-Lern-Situationen erfolgen, können und soll-ten zunächst einmal zur Verbesserung der Lehr-Lern-Prozesse benutzt wer-den. Sie liefern die Informationen (sie sollten es jedenfalls), um immer wieder regulierend in die Lehr-Lern-Prozesse eingreifen zu können. Hierzu sind die diagnostischen Fragestellungen mit Bezug auf die Lehr-Lern-Ziele zu formu-lieren und die diagnostischen Prozesse entsprechend zu strukturieren.[4]

---

4 Proklamationen dafür, daß eine Unterrichtsevaluation an erster Stelle zu stehen ha-be, gibt es zahlreich auch in Richtlinien, Schulordnungen und Runderlassen der Kultusminister. Allerdings erfolgen die Präzisierung von Fragestellungen und die

Zu 4) Lernberatungsfunktion (Förderfunktion)
Die Lernberatungsfunktion kann ebenfalls nicht durch eine summative, sondern nur durch eine formative und schwerpunktmäßig qualitative Schülerevaluation zur Wirkung gebracht werden. Dies bedeutet, daß eine Beurteilung
der SchülerInnen (im Sinne summativer Schülerevaluation) innerhalb der
Gesamtheit der zur Beurteilung anstehenden Aspekte hinter die Evaluation
einzelner Lernprozesse zurückzutreten hat. Beurteilungen in der Schule ganz
abzuschaffen scheint hierbei eine Sackgasse zu sein; eine Evaluation der individuellen Lernsituationen und der Lernprozesse scheint dagegen unabding-
bar notwendig.

4.5 Beurteilungen aus der Perspektive der Betroffenen

Bei der Diskussion über die Funktionen schulischer Beurteilung werden in
der Literatur bisher fast ausschließlich die didaktische und gesellschaftspolitische Rechtfertigung in Betracht gezogen. Die Abnehmer, die Beurteilten und
deren Eltern, werden dabei kaum, und wenn, dann nur als Objekte berücksichtigt. Was aber erwarten SchülerInnen von einer schulischen Beurteilung?
Entsprechend den Erwartungen der Betroffenen kommen Beurteilungen vor
allem vier Funktionen zu:
1)   personale und soziale Anerkennungsfunktion,
2)   konkret sachliche Rückmeldefunktion,
3)   Berichtsfunktion zur Mitverantwortlichkeit,
4)   Personbewertungsfunktion.

Zu 1) Personale und soziale Anerkennungsfunktion
Beurteilungen sind Rückmeldungen an die SchülerInnen, sie sollten legitime
Erwartungen erfüllen. An erster Stelle sind hier die personale und soziale Anerkennungsfunktion zu nennen: Häufige Rückmeldungen zeigen den SchülerInnen die Akzeptanz oder Ablehnung ihres Verhaltens und letztlich auch ihrer Person durch die Bezugspartner. Im Sinne der anthropologischen Perspektive (vgl. Kap. 4.2) wird alles, was für einen Menschen nicht indifferent ist,
auch in verschiedenster Weise seinen Bewertungen unterworfen. Hier liegt
wiederum eine implizite Notwendigkeit für Bewertung in der Schule begründet: SchülerInnen dürfen von ihren LehrerInnen nicht als indifferent empfunden werden, wenn eine pädagogisch konstruktive Situation gestaltet und ein
„pädagogischer Bezug" hergestellt werden sollen. Das haben viele pädagogisch-
psychologische Untersuchungen ergeben (vgl. zur Wirkung von Lob und Tadel: HURLOCK 1925; O'LEARY/O'LEARY 1977; HOFER 1985 sowie zum
Förderunterricht: MASENDORF/TSCHERNER 1976; ROEDER/MASEN-

Strukturierung des diagnostischen Prozesses dann fast ausschließlich zum Zwecke
einer Schülerbeurteilung.

DORF 1980). Sie sollten konstruktiv und die Person akzeptierend, wenn auch manchmal kritisch, so oft wie möglich erfolgen.

Eine besondere diagnostische Aufgabe stellt sich LehrerInnen dann, wenn sie einem Schüler/einer Schülerin nicht besonders zugeneigt sind und ihnen nicht gewisse Vorzüge ins Auge springen. In diesem Fall sollten systematisch positive Aspekte aufgesucht werden; Schwächen hingegen sollten nicht als Charaktereigenschaft der Person, sondern als besondere pädagogisch-psychologische Aufgabe der LehrerInnen angesehen werden. Neben einer allgemeinen Akzeptanz der Person als einer eigenständigen Persönlichkeit kann hier eine gezielte Bewertung in Form einer positiven Rückmeldung in zweifacher Hinsicht hilfreich sein: Zunächst stützt sie die Identität des Bewerteten; darüber hinaus aber dient sie dem Lehrer auch als Korrektiv dafür, daß er nicht doch in ein abwertendes oder indifferentes Verhalten abgleitet. Formen der Routinerückmeldung (wie: „schön – schön", „fein" o.ä.) werden von SchülerInnen sehr schnell als Entlastungsstrategie des Lehrers und Verdeckung von Indifferenz erkannt.

Zu 2) Konkret sachliche Rückmeldefunktion
SchülerInnen erwarten – verknüpft mit der zuvor beschriebenen sozialen Rückmeldung – konkrete sachliche Rückmeldungen über ihre Arbeit, ihr Lernen, ihr Werk; eine solche Rückmeldung wird meist gleichzeitig als Beurteilung erlebt. Sie sollte detaillierte Hinweise auf Lernweg und Lernprozeß enthalten (über das bisher Geleistete und nachfolgend zu Leistende). Sie sollte sachlich kritisch, würdigend und konstruktiv sein. Auf diese Weise bestätigt, modifiziert oder verwirft die Rückmeldung die bisherige inhaltliche Auseinandersetzung mit Lerngegenständen. Sie ermutigt und hilft weiter. Besonders bei GrundschülerInnen werden personale und sachliche Erwartungen meist nicht genügend voneinander getrennt. Auf diese Weise kann eine Beurteilung inhaltlicher Art mit kritischem Gehalt leicht in Richtung einer Entwertung der Person, zumindest in Richtung einer Trübung der Anerkennung, mißlingen. LehrerInnen sollten darauf achten, immer beide Arten der Rückmeldung so zu trennen, daß die inhaltliche Kritik ohne eine Verletzung der Person möglich bleibt. Sie sollten niemals Globalbeurteilungen geben und deshalb bereits bei der Informationssammlung lernen, auf Besonderheiten zu achten.

Zu 3) Berichtsfunktion zur Mitverantwortlichkeit
Die Eltern schließlich erwarten vom Lehrer einen Bericht über die Mitverantwortung, die er für die Entwicklung ihres Kindes übernommen hat. LehrerInnen berichten via „Schülerbeurteilung" den Eltern über diesen Aspekt ihrer Tätigkeit. Dies erscheint notwendig, da die Eltern einen Teil ihrer Verantwortung an den Lehrer abgegeben haben. Aus diesem wechselseitigen Mit-Verantwortungsverhältnis entstehen oft Mißverständnisse: Manche Eltern verkennen die Situation derart, daß sie ihre gesamte Verantwortung an die Schule delegieren; manche Lehrer verkennen die Situation insofern, als sie die gesamte Verantwortung zurückweisen. Manche Eltern erwarten zusätzliche Hilfe für ihren eigenen Umgang mit dem Kind, und auch diejenigen, die diese nicht bewußt erwarten, werden von den Beurteilungen des Lehrers mitbeeinflußt.

Zu 4) Personbewertungsfunktion

LehrerInnen beurteilen nicht nur die Arbeit von SchülerInnen, sie bewerten über ihre Berichte an die Eltern gleichzeitig deren Kind (Personbewertungsfaktor). Eltern haben (oder nehmen sich) manchmal zu wenig Zeit, um zu einer differenzierten Einschätzung ihres Kindes zu gelangen. Da sie im Sinne der Referenzrahmenbildung eine Bewertung für ihr Handeln brauchen, wirken sich Fremdbewertungen, insbesondere dann, wenn sie von einem durch staatliche Legitimation ausgewiesenen Experten kommen, in bedeutsamer Weise auf ihren Referenzrahmen (das Bild, das sie von ihrem Kinde haben) aus. Im ungünstigsten Fall reduzieren sich der Bericht und die „Bewertung" auf die Zeugnisnote, im günstigeren Fall interpretieren LehrerInnen diese den Eltern. Dies kann auf mindestens zwei prinzipiell unterschiedliche Vorgehensweisen erfolgen (vgl. Abb. 18).

Abb. 18: Interpretationsmodell für Schulleistungen und Zeugnisnoten (KLEBER 1979, S. 25)

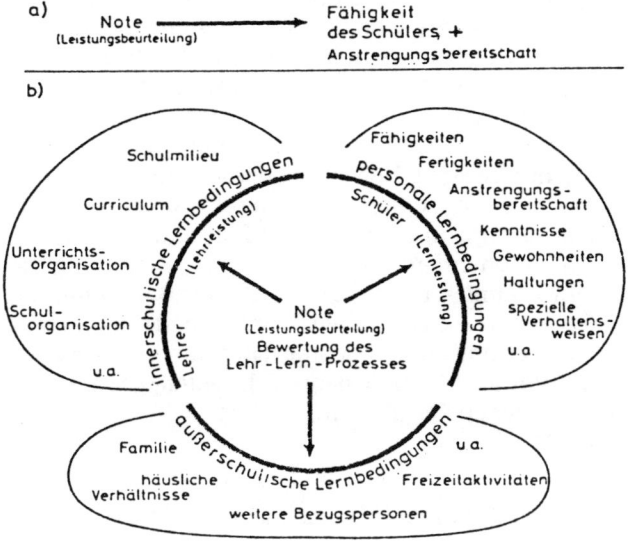

Die typische Form der Lehrererläuterung bei Verwendung von Modellvariante a) könnte etwa lauten: „Ihr Kind kann es nicht, es ist unfähig und/oder will nicht." — Als fordernde Elternfrage kommt dann: „Kann es sich nicht mehr anstrengen oder sollte es die Klasse verlassen?"

Eine mögliche Lehrerantwort bei Verwendung von Modellvariante b) ist folgende: „Der Schüler kann es unter den gegebenen Bedingungen nicht." An dieser Stelle wird ein Zusatz notwendig, der erläutert, was in den drei Bedingungsbereichen — innerschulischer, außerschulischer und personaler Bereich — für das Nichtkönnen verantwortlich sein könnte.

Die innerschulischen Bedingungen sollten Priorität haben. Eine herausragende Frage ist dabei: „Was kann ich tun, um seine Lernbedingungen zu verbes-

95

sern?" In seinem Zuständigkeitsbereich schafft er die erforderlichen Bedingungen, hier kann er sie verbessern.

Erst danach fragt sich der Lehrer, inwieweit er eventuell ungünstige Lernbedingungen im außerschulischen Bereich kompensieren kann. Dabei setzt er sich mit der Frage auseinander, was er dabei mit Hilfe der Eltern verbessern könnte. Jedoch ist dies ein sensibles Geschäft, da LehrerInnen oftmals die Situation der Eltern nicht kennen oder verstehen und die Eltern nicht überfordern dürfen. Darüber hinaus haben sie keinerlei Weisungsbefugnis den Eltern gegenüber.

Erst als dritter Komplex sollte für die Lehrkraft die Frage nach der unmittelbaren Verbesserung der personalen Bedingungen der Schüler auftreten, da es ja nicht um punktuelle Anpassung des Schülers, sondern um eine weiterreichende Verbesserung seiner Lernbedingungen geht.

Die Bewertung eines Kindes durch LehrerInnen legt einen erheblichen Teil „des Bildes vom Kind" bei den Eltern fest. Die Eltern kennen die Bedeutsamkeit des antizipierten Schulabschlusses für die Zukunft ihres Kindes und für ihr eigenes Sozialprestige. Sie sehen stets den Zusammenhang zwischen einer einzelnen Bewertung und dem Schulabschluß. Deshalb fühlen sie sich im Falle einer ungünstigen Bewertung genötigt, „etwas zu tun". Entweder sie verwenden die gesamte Zeit der Interaktion mit ihrem Kind für Ansporn und Übung zur Verbesserung der Schulleistung (dabei erleben sie leicht selbst Mißerfolge, und ihre gesamte Bewertung der Kindperson färbt sich negativ), oder sie weichen dieser Auseinandersetzung aus, weichen damit gleichzeitig ihrem Kind aus, verbringen noch weniger Zeit miteinander, die „Bindung" wird brüchig, sie übernehmen immer stärker die „Bewertung" der Lehrkraft für die Person ihres Kindes. Die sicherheitstiftende Beziehung zum Kind wird in beiden Fällen gestört – das Kind wird zunehmend stärker verunsichert. Eine ungünstige Bewertung aus der Schule fällt somit über die Eltern noch einmal auf das Kind zurück. Es erlebt dann nicht selten eine existentielle Bedrohung durch einen generellen Bindungsverlust.

4.6 Die Verpflichtung des Lehrers zum Beurteilen

Der Lehrer wird bei seiner Einstellung durch den Dienstherrn zu Beurteilungen verpflichtet. Im einzelnen sind diese Verpflichtungen durch die Schulordnungen und Runderlasse der Kultusministerien in Verbindung mit den Richtlinien und Lehrplänen spezifiziert (vgl. zur Vereinheitlichung des Schulwesens in der Bundesrepublik Deutschland: KULTUSMINISTERKONFERENZ (1964); zur Definition der Notenskala: KULTUSMINISTER DES LANDES NW (Rd.Erl. vom 20.1.69); zur Leistungsbewertung und Versetzung: KULTUSMINISTER DES LANDES NW (Rd.Erl. vom 8.11.78)). Die Verpflichtung bezieht sich auf die gesellschaftlichen Erwartungen und die didaktischen Funktionen. Beurteilungen sind oft mit Beratungsaufgaben gekoppelt. MARTIN (vgl. 1980) führt folgende Beurteilungs- und Beratungsaufgaben der LehrerInnen an:

- die Benotung mündlicher und schriftlicher Schülerleistungen,
- die Erstellung von Zeugnissen, die oft auch Urteile über das Verhalten des Schülers in der Klasse, seinen Fleiß, seine Mitarbeit u.ä. enthalten,
- die Zuordnung von SchülerInnen aufgrund ihrer Fähigkeiten, Leistungen, Interessen u.ä. zu bestimmten Lerngruppen,
- die Versetzung bzw. Nicht-Versetzung durch Konferenzbeschluß in die nächst höhere Klasse,
- die Abgabe von Eignungsurteilen und Prognosen über den zukünftigen Erfolg in bestimmten Schulformen und Ausbildungsstätten in Gutachten,
- die Beratung von Schülern und/oder Eltern bei Schullaufbahn-Entscheidungen, bei der Wahl von Fächern und Kursen bzw. von Bildungs- und Ausbildungsgängen sowie Bildungsabschlüssen,
- die Beratung von Eltern hinsichtlich ihrer Mithilfe bei Hausaufgaben, ihres Erziehungsverhaltens,
- die Beratung von SchülerInnen im Unterricht bei der Lösung von Aufgaben, zur Optimierung der Lernprozesse usw.,
- die Beratung von SchülerInnen bei schulischen und außerschulischen Problemen, Konflikten, Lernschwierigkeiten.

Die Beurteilungsaufgaben der Lehrpersonen sind nicht nur sehr vielfältig, sondern auch allgegenwärtig. Zur Konkretisierung der Allgegenwärtigkeit von Beurteilungshandlungen soll eine Sequenz von didaktisch-diagnostischen Überlegungen im Zusammenhang mit einer Unterrichtssituation gegeben werden. Solche Überlegungen führen zu Fragen und Hypothesen, die die Wahrnehmung und Beobachtung der Lehrpersonen leiten, meist ohne daß es ihnen überhaupt bewußt wird. Zur Verdeutlichung sollen einige Bereiche herausgegriffen werden:

- *Aufgabenkontrolle:*
Bei der Aufgabenkontrolle werden Vollständigkeit, Richtigkeit, Übersichtlichkeit, Sauberkeit, Schönheit der Schrift u.ä. beurteilt, darüber hinaus stellt sich die Lehrperson analyseleitende Fragen: Hat der Schüler den Lernstoff verstanden? — Kann er ihn auf vorgegebene Beispiele anwenden? — Kann er das Gelernte für neuartige Problemstellungen nutzen? — usw. Diese Fragen versucht er durch rational-analytische Betrachtung gelöster, insbesondere aber nicht gelöster Aufgaben zu beantworten (diese Bewertungsüberlegungen sind allerdings nur dann sinnvoll, wenn sie auch schon die Konstruktion der Aufgaben leiteten). Werden von den meisten SchülerInnen fast alle Aufgaben gelöst, so kann er dies als Lehrerfolg bewerten. Gleichzeitig beobachtet er das Verhalten des Schülers und versucht, hieraus weitere relevante Beurteilungsinformation zu ziehen. Leitende Fragen sind z.B.: Zeigt der Schüler Unruhe oder wirkt er verängstigt, wenn er unvollständig gemachte Aufgaben vorzeigt? — Wie verhält er sich, wenn die Arbeit des Nachbarn durchgesehen wird? u.ä.

Wie bei der Aufgabenkontrolle läßt sich auch bei anderen Unterrichtstätigkeiten eine Vielzahl von beurteilungsrelevanten Überlegungen aufzeigen.

Bei der Neudurchnahme eines Stoffes sind drei Komplexe analytischer Überlegungen zu berücksichtigen: Zwischenüberlegungen, Überlegungen zur Neudurchnahme, Bearbeitungsüberlegungen (Beispiel: Textbesprechung).

— *Zwischenüberlegung zwischen zwei stofflichen Einheiten:*
LehrerInnen müssen aufgrund der Ausführung der Aufgaben ein Urteil über den Leistungsstand der SchülerInnen fällen, bevor sie mit der Neudurchnahme beginnen können: Müssen Teile des Gelernten oder gar das Ganze einzelnen oder allen Schülern noch einmal erklärt werden? — Bedürfen einzelne oder alle noch einiger zusätzlicher Übungen des alten Lernstoffes? — usw.
Diese didaktischen Überlegungen sind immer zugleich auch mit Urteilen über SchülerInnen verbunden, wenngleich LehrerInnen hierbei erhebliche Unterschiede zeigen. Eine nochmalige Erklärung zu erbitten oder gar eine Neuplanung der ganzen Unterrichtsstunde zu verursachen, kann unterschiedliche Grade und Formen von Sanktionen zur Folge haben: eine schlechte Note, Tadel, Vorwürfe, Zusatzaufgaben oder Strafarbeiten. LehrerInnen können aber in solchen Fällen auch Einsicht in Mängel ihres eigenen methodischen Vorgehens oder des Lehrbuches bekommen und gegebenenfalls ein Lob aussprechen.

— *Überlegungen zur Neudurchnahme:*
Viele LehrerInnen meinen, daß dieser Teil von Unterrichtsstunden weitgehend von Beurteilungsprozessen befreit sei, denn hier soll ja erst gelernt werden, was später beurteilt wird. Diese Annahme trifft aber nicht zu. Schon das Vorlesen eines Textes (z.B. im Deutschunterricht) ist begleitet von Bewertungsprozessen. Beobachtungsleitende Fragen sind: Hören die Schüler aufmerksam zu? — Sind sie beeindruckt? — Wer ist abgelenkt? — Wer gelangweilt? — Wer stört? — Wer tut etwas anderes? — usw.

— *Überlegungen bei der Bearbeitung (Textbesprechung):*
Auch dieser Teil des Unterrichts ist Lehre und „Prüfung" zugleich. Beurteilt werden bei der ganzen Klasse wie auch bei EinzelschülerInnen: die Vollständigkeit der Informationsaufnahme, der Grad des Verständnisses, die Geschwindigkeit und Selbständigkeit des analytischen und synthetischen Denkens, die Brauchbarkeit, Originalität, Abwegigkeit, Trivialität usw. der Beiträge, die Fähigkeit zur Anwendung des Gelernten, die Urteilsfähigkeit u.a.m. (vgl. BLOOM u.a. 1972). Neben kognitiven Variablen achtet der Lehrer zugleich auf solche des sogenannten affektiven Bereichs: Konzentration, Motivation, gefühlsmäßige Stellungnahmen, Werthaltungen usw. (vgl. KRATHWOHL u.a. 1975).

Eine Bewertung der hier genannten Bereiche innerhalb des Unterrichts ist aufgrund der didaktischen Aufgaben des Lehrers kaum vermeidbar; wünschenswert wäre eine angemessene begleitende Diagnostik.

LehrerInnen werden auch über den reinen Unterrichtsgegenstand hinaus zu weiterreichenden Beurteilungen verpflichtet. So sollen sie nach dem Willen des Arbeitgebers z.B. auch verschiedene Bereiche der Schülersituation in einen Bericht aufnehmen.

Die in Tab. 7 dargestellten Ausschnitte aus den Schülerakten zeigen über die Zeit eine erfreuliche Tendenz. 1972 werden von LehrerInnen Beurteilungen verlangt, die über ihre Kompetenz hinausgehen. Sie sollen eine charakterliche Beurteilung abgeben und eine Reihe von Konstrukten beurteilen (wie Vorstellung, Begriff, Urteil) —, sie sollen sogar den Gesundheitszustand beurteilen, obwohl in dem Berichtsbogen eine ganze Seite für den Arzt vorgesehen ist. Die für die LehrerInnen nur auf einem recht unbestimmten Laienniveau zu beurteilenden „komplexen Begriffe", gekoppelt mit Fragen nach Erziehungsschwierigkeiten und kulturellem Niveau des Elternhauses, überfordern die

Tab. 7: Synoptische Gegenüberstellung von externen Beurteilungsanfragen an Grundschullehrerinnen 1972 und 1989

(1972)	(1989)
1. Körperliche, seelische und charakterliche Entwicklung (allgemeine Körperbeschaffenheit, Gesundheits-, Pflegezustand, Sinnesfehler, Sprachstörungen usw. Arbeitstempo, Erziehungsschwierigkeiten, Einstellung zur Gemeinschaft usw.)	1.1 Körperlich-motorischer Entwicklungsstand (z.B. Aussagen zur Fein-, Grobmotorik, Koordinationsfähigkeit)
	1.2 Allgemeines Lern- und Arbeitsverhalten (z.B. Arbeitsweise, Arbeitstempo, Aufmerksamkeit, Belastbarkeit)
	1.3 Weitere Beobachtungen/Hinweise (z.B. besondere Fähigkeiten und Fertigkeiten, bekannte Sinnesbeeinträchtigungen, sprachliche Auffälligkeiten, Schulversäumnisse)
	1.4 Verhalten in der Klasse (z.B. Umgang mit Klassenkameraden, Lehrern)
2. Die geistige Entwicklung des Schülers a) die Erfassung der Umwelt (Wahrnehmung, Vorstellung, Begriff, Urteil, räumliche und zeitliche Orientierung) b) entwicklungs- und milieubedingte Lernschwierigkeiten (Entwicklungsverzögerung, Antriebsschwäche, Konzentrationsschwäche, Überforderung, Leistungswille, Schulangst u.a.) c) das Schulwissen (Lesen, Schreiben, Rechnen etc.)	2.1 Allgemeiner intellektueller Entwicklungsstand (z.B. Umweltorientierung, räumliche und zeitliche Orientierung, konkretes und abstraktes Denken, mündliche Darstellung) 2.2 Schulischer Leistungsstand
3. Häusliche Erziehung, persönliche und wirtschaftliche Verhältnisse der Eltern (Wohnung, Besonderheiten des elterlichen Lebenslaufes, Eheverhältnisse, Einkommensverhältnisse, kulturelles Niveau, Zahl und Alter der Geschwister, Einstellung zur Sonderschule)	3. Häuslich-familiäre Verhältnisse (auch Einstellung zur Schule, häusliche Hilfsangebote)

LehrerInnen; dies alles bildet einen sehr günstigen Rahmen für das Kultivieren von Vorurteilen. – Die LehrerInnen brauchen in diesem Falle ohne jeden Zweifel Beurteilungshilfen (die dann auch reichlich zur Verfügung gestellt werden, vgl. HUTH 1955; ENGELMAYER 1960; FEIGEL/KEITEL 1964), anderenfalls sollten sie sich einer Beurteilung enthalten.

Bei dieser Überfrachtung mit Anfragen, die die Kompetenz der Lehrkräfte überschreiten, bleiben für den eigentlichen Aufgabenbereich im Berichtsbogen nur wenige Zeilen.

Bis zum Jahre 1989 hat sich viel geändert. Die LehrerInnen erhalten für ihren Kompetenzbereich eine ganze Seite, die breit differenziert abgefragt wird („Schulischer Leistungsstand"). Die weiteren Beurteilungen sind stärker aufgegliedert und die geforderten Merkmale sind weniger komplex und näher an möglichen Beobachtungen. So sind „mündliche Darstellung" und „konkretes Denken" sowie Koordinationsfähigkeit und Aufmerksamkeitshaltung eher zu beobachten als Vorstellung, Begriff, Urteil, Antriebs- und Konzentrationsschwäche (vgl. Kap. 5.2.6: Kodierung und Reduktion der Wahrnehmungsinformation).

Die Einteilung in „körperlich-motorische Entwicklung", „allgemein intellektueller Entwicklungsstand" und „allgemeines Lern- und Arbeitsverhalten" (1989) ist näher an der Beobachtungswelt des Lehrers und leichter zu präzisieren als „körperliche, seelische und charakterliche Entwicklung" (1972) (vgl. Tab. 7).

Trotzdem muß die Lehrperson sich fragen, wie intensiv sie sich denn bisher mit dem Erfassen von Denken und intellektueller Entwicklung auseinandergesetzt hat, wie umfänglich ihr Wissen zu der Problematik einer solchen Beurteilung ist und ob sie sich, wenn sie verantwortungsbewußt ist, hier nicht doch für inkompetent erklären muß (vgl. diagnostische Kompetenz, Kap. 1.4.3).

4.7 Schulische Bewertung und Beurteilung im Hinblick auf interne und externe Anfragen

Es gibt vielfältige Notwendigkeiten und Wünsche für Bewertung und Beurteilung im pädagogischen Feld Schule. Diese reichen von unabwendbaren Notwendigkeiten als Handlungsgrundlage bis hin zu Erwartungen von Auftraggebern und Abnehmern.

Diagnostik im engeren Sinne kann immer als Reaktion auf eine „Anfrage" verstanden werden. Dies gilt auch für schulische Beurteilungen. Um die Überlagerung der verschiedenen Funktionen und die selten klar abzuschätzende Reichweite der Konsequenzen verantwortlich zu berücksichtigen, ist eine Trennung nach internen und externen Anfragen nützlich. Zu unterscheiden sind implizite und explizite, interne und externe Beurteilungen der LehrerInnen.

Abb. 19: Deskriptive Systematisierung des Lehrerurteils (KLEBER 1982a, S. 532)

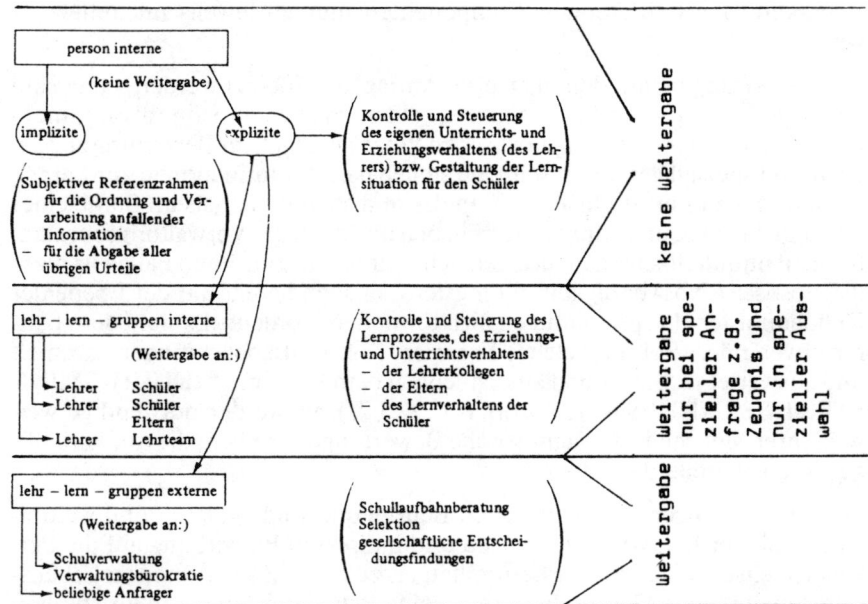

Unter impliziten Urteilen werden diejenigen zusammengefaßt, die zum „Bild vom Schüler" führen, also gar nicht ausgesprochen werden oder noch nicht reflektiert sind. Diese sollten vom Lehrer für seinen eigenen Gebrauch explizit gemacht werden, damit sie nicht als unreflektierte Anteile eine vielleicht nicht gewünschte Wirkung entfalten können oder wie Vorurteile weitergegeben werden. Explizite Urteile sind diejenigen, die in ihrem Zustandekommen mehr oder weniger reflektiert sind, aber immer in Sprache gefaßt vorliegen (z.B. Eintragung im pädagogischen Tagebuch) und damit weiteren Überprüfungen zugänglich werden.[5]

Den drei verschiedenen Ebenen der Lehrerurteile in Abb. 19 kommen unterschiedliche Reichweiten in bezug auf ihre Konsequenzen zu. Insbesondere beim Lehrer selbst sind alle Formen von Urteilen, sowohl die implizit als auch die explizit personinternen Urteile in jeder unterrichtlichen Situation all-

---

5 Unter „impliziter Diagnostik" versteht KAMINSKI (vgl. 1976) die praxis-vorbereitende Verhaltensdiagnostik (quasi-diagnostische Prozesse), wie sie beim pädagogischen Tagebuch bedeutsam wird (informelle Tests und anamnestisch explorative Informationssammlung).
Unter expliziter Diagnostik verstehen wir in bezug auf das Lehrerurteil alle explizit externen Urteile, insbesondere auch diejenigen zur Persönlichkeitsbeurteilung im Zusammenhang mit der Zeugniserteilung und dem Lehrergutachten (vgl. INGENKAMP 1975, S. 135 f; KLEBER u.a. 1976, S. 34 f, S. 55 f).

gegenwärtig und begründen bzw. modifizieren jede Interaktion. Sie können deshalb nicht nur als Problem der Beurteilung und der pädagogischen Diagnostik gesehen und abgehandelt werden, sondern ihre Unterricht und soziale Interaktion konstituierenden Komponenten müssen jeweils mit reflektiert werden.

Alle Bewertungen, mit denen externe Anfragen befriedigt werden – dies sind vor allem Zeugnisse und Gutachten –, sollten im engeren Sinne als argumentative Urteile über einen diagnostischen Prozeß evaluativer Bewertung abgesichert und speziell geschützt sein. Sie stellen damit Informationen zur Lernsituation und zu Lern-Lehr-Prozessen dar und sollten niemals im Sinne einer Persönlichkeitsbeurteilung weitergegeben und auch der Verwaltungsbürokratie nicht unmittelbar zugänglich gemacht werden. In einzelnen Fällen ist diese diagnostische Notwendigkeit in jüngster Zeit auch bereits auf der Ebene der Kultusminister akzeptiert und explizit formuliert worden: „Es steht dem Lehrer unverändert frei, in welcher Form er ... seine Beobachtungen sammelt und auswertet ... Sie dienen ausschließlich dem Lehrer ...“ (KULTUSMINISTER DES LANDES NW, Rd.Erl. vom 22.3.77). Sie werden notwendigerweise in ihrer Mehrheit vordiagnostische Bewertungen bleiben, die nur vorläufige Voraus-Urteile darstellen.

Die Konsequenzen der schulischen Beurteilung sind vielfältig und weitreichend. Sie reichen von der direkten und indirekten Einwirkung auf die Persönlichkeitsentwicklung der Beurteilten bis zu deren Zuweisung von Lebenschancen durch die Gesellschaft; selbst eine Beteiligung an deren juristischen Verurteilung kann im Sinne des verwaltungsbürokratischen Zugriffs nicht ausgeschlossen werden. Alle diagnostischen und quasi-diagnostischen Informationen sollten aufgrund der weitreichenden Konsequenzen, die sie insbesondere für die SchülerInnen haben, von LehrerInnen in solche für den internen Gebrauch und solche für externe Anfragen getrennt werden. Das zuletzt genannte ist bisher keineswegs gängige Praxis und wird auch von der Verwaltungsbürokratie oft nicht anerkannt. So sollen in manchen Fällen (z.B. bei einem Überweisungsverfahren in die Sonderschule) alle gesammelten Informationen lückenlos weitergegeben werden. Damit wird der Lehrer (im obigen Beispiel der Sonderschullehrer) zum Experten bestellt (Gutachtertätigkeit), dann aber nicht als Gutachter voll akzeptiert, sondern nur als Datensammler gebraucht. Der größte Teil der Bewertungsinformation aus pädagogischen Situationen sollte als interne diagnostische Information nicht weitergegeben werden (vgl. pädagogisches Tagebuch, Kap. 6.2.2).

5. Der Beurteilungsprozeß

5.1 Von der Wahrnehmung (Beobachtung) zum Urteil (Beurteilung)

Wahrnehmung und Urteilsbildung sind kognitive Grundaktivitäten des Menschen in seiner Auseinandersetzung mit der Umwelt, insbesondere mit der sozialen Umwelt. Sie bilden eine Grundlage für Handeln im sozialen Kontext und damit auch für diagnostisches Handeln.

Dabei treten diese beiden, in akademischen Diskussionen getrennten kognitiven Fähigkeiten Wahrnehmen und Urteilen[1] im Alltag keineswegs getrennt auf. Jede Wahrnehmung enthält bereits ein Urteil. Das, was wir ohne analysierende Reflexion für eine bloße Wahrnehmung halten, stellt sich bei näherem Hinsehen bereits als ein Wahrnehmungsurteil dar. Wir haben es in der kognitiven Befähigung zum Beurteilen mit einer Sequenz von Urteilen zu tun.

Der Urteilsbildungsprozeß verläuft vom Wahrnehmungsurteil zur Beurteilung in vier Stufen. Zwischen den Stufen finden Bewertungen statt. Dabei sind zwei qualitativ unterschiedliche Bewertungsarten zu unterscheiden:
– die implizite oder stereotypgesteuerte und
– die evaluative Bewertung.

Das Wahrnehmungsurteil (vgl. Abb. 20) entsteht durch die Auswahl und Akzentuierung des Wahrgenommenen durch implizite Bewertung.

Auf das Wahrnehmungsurteil folgt in der nächsten Stufe das Vorausurteil (vgl. Abb. 20). Entsteht das Vorausurteil durch eine stereotypgesteuerte Be-

---

1 Urteile werden durch Aussage- oder Behauptungssätze ausgedrückt, die jeweils mindestens aus Subjekt (Begriff, über den etwas ausgesagt wird), Prädikat (Begriff, der über das Subjekt etwas aussagt) und Kopula (Verbindungswort, das die Beziehungen zwischen beiden herstellt) bestehen. Formal werden Urteile in der Logik untersucht. In der Philosophie wurde seit der Scholastik eine Systematisierung der Urteilsformen ausgearbeitet, die im Werk KANTs ihren Höhepunkt erreichte (vgl. BÄUMLER 1923a/1967). Die Urteilsbildung wird vor allem von der Denk- und von der Wahrnehmungspsychologie bzw. wegen der Bedeutsamkeit des sozialen Kontextes auch von der Sozialpsychologie untersucht. Sie hat besondere Bedeutung in der Diagnostik und für Handlungsfelder mit sozialer Interaktionsstruktur, wie sie z.B. in einer Schulklasse vorliegen.

Abb. 20: Urteilsbildungsprozeß bei unreflektierter und reflektierter Prozeßsteuerung

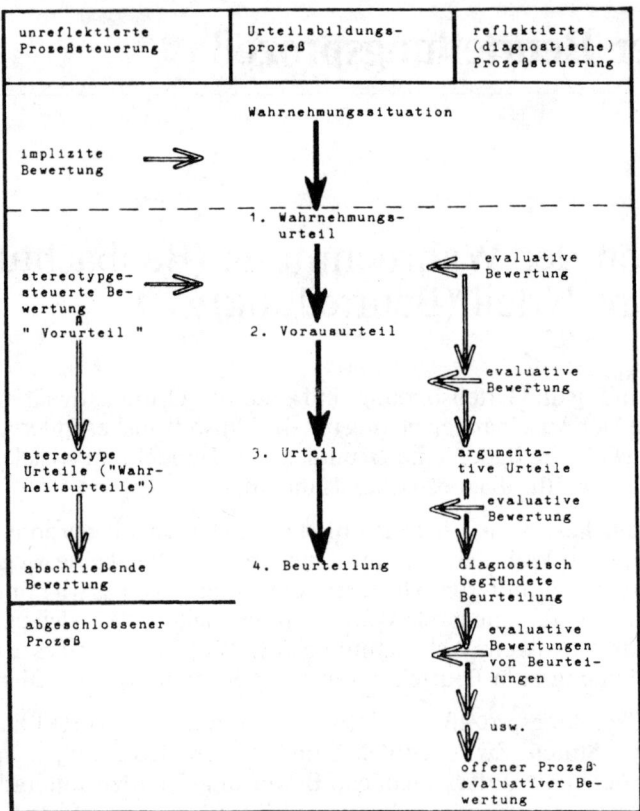

wertung, so wird die Vorläufigkeit des Urteils nicht erkannt. Das Vorausurteil erhält die Qualität eines Vorurteils. Damit wird der Urteilsprozeß selbst stereotyp.

Auf der folgenden Prozeßstufe wird aus dem Vorausurteil durch Bewertung das Urteil gebildet (vgl. Abb. 20). Werden unter stereotypgesteuerter Bewertung Vorausurteile zusammengezogen, dann entstehen stereotype Urteile, die wie Wahrheitsurteile behandelt und zu einer „abschließenden Beurteilung" zusammengezogen werden (vgl. Abb. 20). Der Beurteilungsprozeß ist abgeschlossen, die Beurteilung wird klar und sicher vorgetragen. Sie hat allerdings, wenn der Prozeß auf der unreflektierten Seite weiterläuft, auch dann noch Vorurteilscharakter. Vorurteile sind ungeprüfte Vorausurteile, die anscheinend keiner systematischen Überprüfung bedürfen. Sie legitimieren sich im Sinne von „Selbstverständlichkeiten" (vgl. HOFSTÄTTER 1963). Damit entziehen sie sich einer möglichen Revision.

Läuft der Urteilsbildungsprozeß durch evaluative Bewertungen gesteuert ab, dann werden Wahrnehmungsurteile überprüft und hinterfragt; es entsteht ein

104

echtes Vorausurteil, das nur Hypothesen für weitere evaluative Bewertung liefert. Dies führt schließlich zu einem argumentativen Urteil (vgl. Abb. 20).

Argumentative Urteile sind zwar durch geprüfte Argumente gestützt, haben jedoch nicht die Qualität von Wahrheitsurteilen. Durch weitere evaluative Bewertungen werden argumentative Urteile zu einer diagnostisch begründeten Beurteilung zusammengezogen, die ihre offene Qualität behalten (vgl. Abb. 20). Der evaluative Bewertungsprozeß ist ein offener Prozeß, der nicht zu einer endgültigen Beurteilung gelangt, dessen Ergebnis also immer vorläufig und überprüfbar bleibt.

Alltagsbeurteilungen haben häufig den Charakter von Vergleichsurteilen oder sie werden − soweit sie als absolute Urteile erscheinen − auf Nachfrage im Sinne von Vergleichsurteilen erklärt. Z.B.: „Peter ist geschickt" (absolutes Urteil). Gemeint ist: „Peter ist geschickter als Hans und viel geschickter als Paul" (Vergleichsurteil). Sie sind in ihrem Zustandekommen lediglich teilweise erklärbar und kontrollierbar und haben aufgrund dessen oft eine große Nähe zu Vorurteilen.

„Unter diagnostischem Urteil verstehen wir die zu einem Datum verdichteten, diagnostisch relevanten Einzelinformationen, wobei die Verdichtung unter Zuhilfenahme von Entscheidungsregeln oder auch unter Hinzuziehen von Intuition und Erfahrung etc. erfolgt ist." (JÄGER 1986, S. 32) Wenn z.B. ein Lehrer die relevanten Einzelinformationen über einen Schüler im Fach Mathematik zu einer Ziffer (z.B. „5") verdichtet, folgt er einigen Entscheidungsregeln und zieht wahrscheinlich auch Intuition und Erfahrung hinzu. Es besteht die Meinung, daß in den Fächern Deutsch und Geschichte, überhaupt in geisteswissenschaftlichen und künstlerischen Fächern, der Anteil an Intuition und Erfahrung größer sei als in Mathematik und naturwissenschaftlichen Fächern; formal fällen Lehrer bei der Benotung immer ein diagnostisches Urteil. Ob sie zu einer argumentativen für Revisionen offenen Beurteilung gelangen, ist eine Frage des vorangegangenen Urteilsbildungsprozesses. Ob die Beurteilung ausreichend gültig ist, hängt von den verwendeten Kriterien ab, über die sie Informationen zum Urteil verknüpfen. In der folgenden Tabelle sind inhaltliche Kriterien für die Erstellung einer solchen Beurteilung zusammengestellt. STELTMANN (vgl. 1977) befragte 477 Gymnasiallehrer verschiedener Fächer, welche Kriterien sie bei der Festlegung der Fachnote im Zeugnis berücksichtigen. In Tabelle 8 werden die 13 wichtigsten Kriterien genannt, und Tab. 9 zeigt, in welchem Maße sich solche Kriterien im Laufe der Berufstätigkeit ändern.

Diese Untersuchungsergebnisse geben Anlaß zum Nachdenken. Das Heranziehen von recht komplexen, nicht unmittelbar beobachtbaren Kriterien (Intelligenz, kritisches Mitdenken) zur Bewertungsgrundlage ist mit einer Reihe von Beurteilungsproblemen behaftet. Die vorgestellten Tabellen weisen aus, daß eine Reihe mehr oder weniger unmittelbar lernleistungsrelevanter Kriterien (wie z.B. selbständiges Problemlösen, Interesse am Fach) von vielen Lehrern, aber keineswegs von allen, zur Bewertungsgrundlage herangezogen wird und daß sich das Gewicht solcher Kriterien mit der Tätigkeitsdauer systematisch zu verschieben scheint. Um die Charakteristika des Lehrerurteils ver-

Tab. 8: Berücksichtigung ausgewählter Bewertungsgesichtspunkte
(Untersuchung an 477 Gymnasiallehrern; nach STELTMANN 1977, S. 75)

Bewertungsgesichtspunkt	sehr wichtig	überhaupt wichtig	Rang
Kritisches Mitdenken	81 %	98 %	1
selbständiges Problemlösen	81 %	97 %	2
Beteiligung	68 %	95 %	3
Aufmerksamkeit	52 %	93 %	4
Fleiß	44 %	94 %	5
Interesse am Fach	43 %	88 %	6
Sprachliche Ausdrucksfähigkeit	42 %	84 %	7
Intelligenz	37 %	77 %	8
Fähigkeit zur Zusammenarbeit	35 %	81 %	9
persönliche und häusliche Probleme	15 %	78 %	10
Arbeitstempo	12 %	72 %	11
Ordnung	8 %	47 %	12
Betragen	7 %	35 %	13

Tab. 9: Veränderung der Beurteilungskriterien mit der Schulerfahrung

Kriterien / Schulerfahrung	≤ 2 Jahre A	≤ 2 Jahre B	> 2 Jahre A	> 2 Jahre B
Individuallage des Schülers	28 %	80 %	12 %	50 %
Interesse		60 %		25 %
Fähigkeit zur Zusammenarbeit	53 %	75 %	23 %	13 %
Rahmenbedingungen der Schule		75 %		0 %
Ordnung	36 %		58 %	

A = STELTMANN (vgl. 1977, S. 76)
B = eigene Untersuchung (1987)

ständlich bzw. erfahrbar zu machen, scheint es deshalb unumgänglich, sich detailliert mit

– der Selektivität der Wahrnehmung und dem Wahrnehmungskompromiß (vgl. 5.2.1),
– der Wahrnehmung und Kausalattribuierung (vgl. 5.2.2),

- der „Erwartung" und ihrem Einfluß auf die pädagogische Situation sowie den Urteilsprozeß (vgl. 5.2.3),
- den in der Schulklasse erlernten Urteilsreaktionen (vgl. 5.2.4),
- der naiven Verhaltenstheorie, das heißt den Vorstellungen in den Hinterköpfen (vgl. 5.2.5), und
- der Reduktion der Wahrnehmungsinformation sowie den dabei auftretenden Verlusten und Verschiebungen (vgl. 5.2.6),

also mit all den Tendenzen, die das Lehrerurteil beeinflussen, auseinanderzusetzen.

5.2 Systematische Beeinflussungstendenzen im Lehrerurteil

Abb. 21: Das Stereotyp des „schlechten Schülers" (vgl. HÖHN 1967, S. 47 f)

Lehrerurteile sind Behauptungsurteile über Personen, über Schüler und Schülerinnen. Sie beruhen, wie alle Urteile, auf Beobachtung und Interpretation. Sie sind aus früheren Beobachtungen, Berichten, systematisch erworbenem Wissen über den Beobachtungsgegenstand sowie Bedürfnissen und Meinungen, die sich zu Vorausurteilen verdichtet haben, zusammengesetzt. Vorausurteile haben, solange sie nicht mit Hilfe von systematischen diagnostischen Handlungen überprüft wurden, Vorurteilscharakter. Sie basieren auf zu großen Vereinfachungen sowie überzogenen Verallgemeinerungen und bilden handlungsleitende Stereotype (vgl. Abb. 21). Deshalb sind sie in allen pädagogischen Handlungsfeldern allgegenwärtig. Sie bergen die Gefahr systematisch falschen Urteilens in sich. Um die dadurch entstehenden Gefahren zu verringern, ist neben einem systematischen Aufbau des Wissens über die Beobachtungsgegenstände und Handlungsprozesse vor allem eine elaborierte Diagnostik in der Pädagogik notwendig. Die Persönlichkeit des Lehrers und der soziale Kontext machen alle Lehrerurteile tendenziell. Zur Auseinandersetzung mit diesem Faktum wenden wir uns zunächst der Wahrnehmung und dort speziell der Beobachtung zu.

Wir sind gewohnt, im Alltag unseren sinnlichen Wahrnehmungen mehr zu trauen als berichteten Ereignissen. „Das habe ich doch schließlich selbst gesehen!" Man kann sich wohl leicht einmal verhören, aber dem Gesehenen sprechen wir allgemein eine große Objektivität zu. Zahlreiche Untersuchungen der Wahrnehmungs- und Sozialpsychologie belehren uns jedoch eines Besseren. Auch aus der Forensischen Psychologie ist z.B. die Problematik von Zeugenaussagen bekannt. Wenn eine Anzahl von Zeugen denselben Autounfall gesehen hat, stimmen die Aussagen doch nie in allen Einzelheiten überein. Dies hat seinen Grund darin, daß wir nicht alles, was uns als Umweltinformation entgegenkommt, bewußt wahrnehmen oder registrieren können. Bewußt wahrnehmen können wir jeweils nur bestimmte Ausschnitte eines komplexen Geschehensablaufs, unsere Wahrnehmung ist selektiv. Damit besteht die Notwendigkeit auszuwählen, und es stellt sich die Frage, wie und nach welchen Regeln oder Kriterien wir das tun.

5.2.1 Der Wahrnehmungskompromiß

Die in einem Wahrnehmungsakt verwendeten Kriterien sind teilweise gruppenspezifisch und teilweise ganz individuell, häufig im Einzelfall aber völlig unbekannt, denn sonst könnten wir ja nicht zu Recht glauben, daß wir das, was vorliegt, auch objektiv sehen. Die Selektivität der Wahrnehmung wird durch
— Sozialisationseffekte (gruppenspezifisch),
— individuelle Erfahrungen, also die Biographie des Beobachters,
— von Handlungspartnern übernommene Einstellungen,
— langfristige Interessen sowie
— Wünsche und aktuelle, starke Bedürfnisse bedingt.

Zur Frage der Bedürfnisabhängigkeit der Wahrnehmung liegt eine Reihe von Experimenten aus Deprivationssituationen im primären Bedürfnisbereich vor. In kontrollierten Hungerzuständen (vgl. ATKINSON/McCLELLAND 1948, TAYLOR 1956) nahmen Versuchspersonen bei unterschiedlichem, nicht voll strukturiertem Reizmaterial erheblich mehr Nahrungsmittel wahr als Personen einer Kontrollgruppe. Alle Mangelzustände oder hochgradiges Interesse wirken nach GRAUMANN (vgl. 1966) in gleicher Weise.

Wahrnehmung hängt zudem von der jeweiligen Person und ihrem sozialen Umfeld ab. Bestimmte Persönlichkeitsvariablen verstärken die selektiven Tendenzen im Wahrnehmungsvorgang:
- Suggestibilität[2],
- Ängstlichkeit,
- Selbstunsicherheit,
- Dominanz,
- Rigidität[3],
- Perseveration[4].

Durch Untersuchung dieser Persönlichkeitsmerkmale wird u.a. versucht, den Grad der Zeugenglaubwürdigkeit zu bestimmen, das heißt die Aussagen zu relativieren oder als nicht glaubwürdig zu erklären. Der Beurteiler befindet sich in einer vergleichbaren Situation; die Gültigkeit seiner Wahrnehmung für die Beurteilung entspricht der Zeugenglaubwürdigkeit.

Außerdem hängen beide aber auch von
- dem Umfeld des beobachteten Gegenstandes,
- dem Gegenstand selbst und
- dem Hintergrund des Gegenstandes,
kurz, vom figuralen, inhaltlichen und sozialen Kontext des Gegenstandes ab. Die Gültigkeit der Wahrnehmung für eine Beurteilung hängt des weiteren von der Gesamtsituation, und hier von der Komplexität (der Fülle und Verflechtung des Wahrzunehmenden), der Klarheit/Strukturiertheit und den zusätzlichen Informationen über die Situation ab.

Hierzu liefern die psychologischen Experimente, die bei gleicher Reizkonstellation unterschiedliche zusätzliche Informationen oder Instruktionen verwenden, eindrucksvolle Beispiele. Diesbezüglich sind vor allem – und dies ist im Hinblick auf schulische Beurteilungen von großer Bedeutung – bestimmte Serieneffekte zu nennen: Bei sich wandelnden Strichzeichnungen treten immer „Fehlleistungen" der Wahrnehmung in Richtung auf das vorher gebotene Objekt auf, das heißt die Auffassung des jeweils Vorhergehenden dominiert (vgl. LUCHINS 1945).

LehrerInnen werden folglich eine im komplexen Handlungsverlauf einer Klasse auftretende Aktivität eines Schülers, von dem zuvor eine Unart regi-

---

2 Suggestibilität bezeichnet die individuelle Beeinflußbarkeit, insbesondere von Gefühlsregungen, Wahrnehmungen, Urteilen und Denkprozessen durch die Übertragung eines Bewußtseinsinhalts von einer auf eine andere Person (Suggestion). Suggestibilität ist Ausdruck einer zeitweiligen und situationsgebundenen fehlenden Selbständigkeit vor allem im Urteilen.
3 Rigidität ist eine psychische Eigenschaft, auf die geschlossen wird, wenn Verhaltenstendenzen sich durch Starrheit ausweisen. In der Einstellung, der Zielsetzung und Meinung sind dann eine gewisse Unbeweglichkeit und geringe Umstellungsbereitschaft nachzuweisen (Rigiditätsskalen in psychologischen Tests).
4 Perseveration meint das stete Wiederauftauchen von Erlebnis- und Gedächtnisinhalten sowie das starre Festhalten an Handlungsvollzügen und Verhaltensweisen. Perseveration tritt als typisches Symptom bei einigen Geisteskrankheiten auf.

striert wurde, leichter als erneute Unart wahrnehmen oder interpretieren, als dies in einer weniger komplexen, noch nicht voreingestellten Situation der Fall wäre.

Effekte durch die Veränderung des simultanen Kontextes zeigt GRAU-MANN (vgl. 1960) auf. Er bot mit einem Tachistoskop (Diaprojektor, bei dem für jedes Dia die Darbietungszeit auf Zehntelsekunden genau eingestellt werden kann) jeweils gleiche, jedoch nicht ganz deutliche Gesichtszeichnungen an und gab dazu unterschiedliche Instruktionen.

Instruktion I: Sagen Sie, was Sie sehen.
Instruktion II: Sie werden jetzt gleich ein Tier sehen. Sagen Sie, was Sie se-
                  hen!
Instruktion III: Stellen Sie sich ein schematisch gezeichnetes Häschen vor!
Instruktion IV: Vorweg wurden Tierbilder gezeigt, dann folgte Instruktion I.

Der Prozentsatz der Versuchspersonen, die ein menschliches Gesicht sahen, variierte wie folgt:

I	II	III	IV
100 %	75 %	25 %	20 %

Daß solche durch Instruktion induzierte Einstellungen und durch Vorreizung provozierte Erwartungen sich unmittelbar auf die Wahrnehmung auswirken, wird durch viele weitere Versuche belegt.

Einen besonderen Wechselwirkungsfaktor zwischen Person und Umwelt stellen Streß und psychische Belastungen dar (vgl. SMOCK 1955). Neben der Auswahl (Selektion) treten Assimilation und Akzentuierung als Wahrnehmungsmodifikation auf. Mit Assimilation wird ein Angleichungsvorgang, eine Verähnlichung oder gar Verschmelzung von früher wahrgenommenen Elementen mit einem neu dazu tretenden benannt. Das Wahrnehmungsprodukt wird dem Bekannten oder dem Erwarteten angeglichen. Akzentuierung bezeichnet die Überbetonung des Einstellungsrelevanten. Diese Hervorhebung des vermeintlich Wichtigen bei gleichzeitiger Unterbetonung des vermeintlich Unwichtigen führt bis zur Ausgliederung mancher Elemente. Bei einer selektiven Sensitivierung wird die Wahrnehmungsschwelle für bestimmte Vorgänge, für die jemand sensitiviert wurde, herabgesetzt, das Weitere ergibt sich im Sinne der Akzentuierung. Die Modifikation in der Wahrnehmung wird um so größer, je komplexer und unübersichtlicher oder je weniger strukturiert die Gesamtwahrnehmungssituation und je höher die psychische Belastung der wahrnehmenden Person sind. Des weiteren gehen länger anhaltende Erwartungs- und Reaktionsbereitschaften als unbewußte Elemente in den Kontext ein (vgl. THOMAE 1958).

Die wahrgenommene Bedeutung hängt darüber hinaus vom theoretischen Hintergrund ab, den der Wahrnehmende an sie heranträgt. Die Wahrnehmung paßt sich nicht nur einem expliziten theoretischen Hintergrund an, sondern ebenso impliziten Persönlichkeitskonzepten des Wahrnehmenden. Jede Wahrnehmung, die das Produkt einer Beobachtung darstellt, ist nach BRUNER (vgl. 1951) als ein Kompromiß zwischen einer Erwartung und einem fak-

Abb. 22: Schema des Wahrnehmungsvorgangs (modifiziert nach HINST 1970)

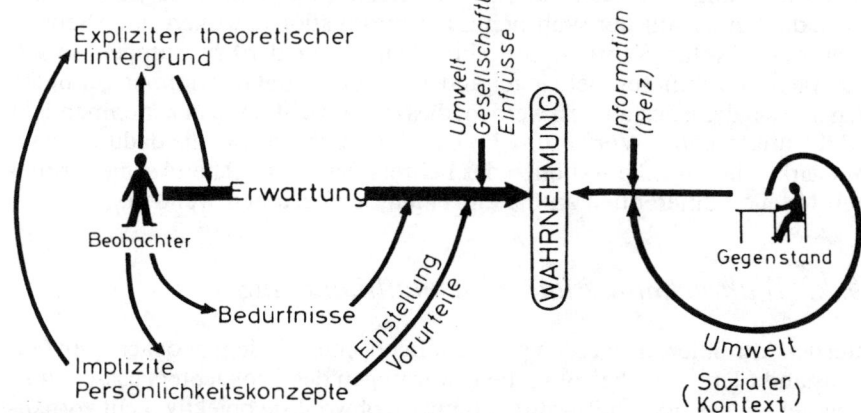

tisch Vorgefundenen zu verstehen. Dieser Kompromiß kommt zustande, indem zunächst bei dem Beobachter bestimmte Erwartungen (Hypothesen) vorliegen. Wie uns die Sozialpsychologie lehrt, bildet der Beobachter aus seinem Erwartungspaket mehr oder weniger konkrete Hypothesen, wobei man starke und schwache Hypothesen unterscheiden kann. Bei der Verarbeitung der Wahrnehmungsinformation werden diese Hypothesen getestet. Oftmals besteht eine Diskrepanz zwischen Wahrnehmungsprodukt und Hypothese. In diesem Fall versucht das wahrnehmende Subjekt, ein kognitives Gleichgewicht herzustellen (vgl. FESTINGER 1957; HEIDER 1958; HOLZKAMP 1973). Die Stärke der Hypothese hat Einfluß auf den Wahrnehmungskompromiß. Bei einer sehr starken Hypothese werden schon geringfügige Hinweise ausgewählt, die am Wahrnehmungsgegenstand bevorzugt wahrgenommen werden, um die Hypothese zu bestätigen und den Wahrnehmungsgegenstand den Erwartungen anzugleichen. Bei schwachen Hypothesen bedarf es einer entsprechend großen Zahl massiver Hinweisreize aus dem Gegenstandsfeld, bevor sie bestätigt werden können. Hier ist also die Wahrscheinlichkeit, daß die Erwartungen eher dem Wahrnehmungsgegenstand angeglichen werden, größer als bei den starken Hypothesen. Eine Hypothese ist um so stärker, je vielfältiger sie in dem Erwartungspaket verankert ist und je öfter sie in der Vergangenheit als bestätigt erlebt wurde. Insbesondere in sozialen Situationen bzw. bei der Personwahrnehmung in der Interaktion kann über die Hypothesen-Theorie ein großer Teil der Selektivität der Wahrnehmung erklärt werden (vgl. IRLE 1973, S. 84).

Wenn z.B. LehrerInnen die „starke Hypothese" gebildet haben: „Schüler A ist fleißig" — etwa weil der Schüler pünktlich und sauber in der Schule erscheint, der Vater in einer höheren Stellung und der Schüler bereits positiv aufgefallen ist und darüber hinaus der/die LehrerIn auch das Bedürfnis hat, über fleißige Schüler den persönlichen Erfolg nachzuweisen —, dann genügt die Erledigung einiger gestellter Aufgaben durch den Schüler, um diesen als fleißig und gegebenenfalls auch als begabt wahrzunehmen. Bei einer schwachen oder sogar entgegengesetzten Hypothese muß der Schüler sich erheblich mehr anstrengen, wenn der/die LehrerIn das gleiche wahrnehmen soll.

111

An diesem Beispiel zeigt sich darüber hinaus die enge Verknüpfung von Wahrnehmung und Lehrerurteil. Die selektive Wahrnehmung und damit auch die Verzerrung der Wahrnehmungsinformation bewirken einen Sensitivierungseffekt für Wahrnehmungsinhalte im Sinne der Erwartungen, so daß schwache Hypothesen bei länger andauernder Interaktion immer geringere Chancen haben, bestätigt zu werden; dies „verursacht" eine in zunehmendem Maße ungerechtere Verzerrung im Urteil der Lehrperson, die dadurch noch verstärkt wird, daß die Aktionen des Lehrers sich entsprechend seinen früheren Urteilen differentiell an die einzelnen SchülerInnen wenden.

5.2.2 Wahrnehmung und Kausalattribuierung

Bei der Attribuierung werden von dem Beobachter zu dem beobachteten Gegenstand Elemente, die gut in die Erwartungen des Beobachters passen, hinzugesehen, das heißt mit-wahrgenommen, obwohl sie objektiv nicht vorhanden sind. Unter Kausalitätswahrnehmung versteht MICHOTTE den Umstand, dem allgemein menschlichen Bedürfnis folgend, sich Vorliegendes erklären zu können, Wahrnehmungsgegenstände, wenn immer möglich, so aufzufassen, daß sie ursächliche Erklärungen erleichtern. Hierzu gehört auch der Vorgang der sogenannten Kausalattribuierung. Bei der Kausalattribuierung werden Ursachen hinzugedeutet. In der Motivationspsychologie unterscheidet man zwischen:
a) Kausalattribuierung in der Objektwahrnehmung,
b) Kausalattribuierung in der Personwahrnehmung und
c) Kausalattribuierung in der Selbstwahrnehmung.

Zu a) Kausalattribuierung in der Objektwahrnehmung

Abb. 23: A: Darstellung der Scheibe aus dem Experiment von MICHOTTE (vgl. 1954) und
B: Folge von 5 Ausschnitten a) – e)

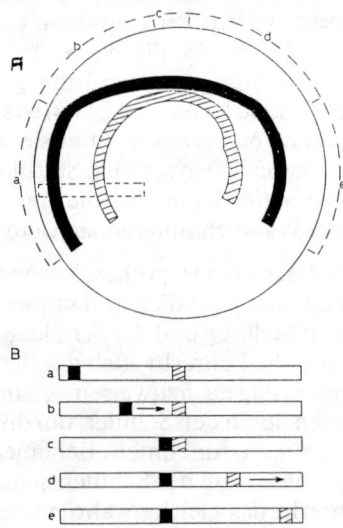

Die in Abb. 23 dargestellte Scheibe war im Experiment durch eine zweite Scheibe, in der sich nur ein Schlitz (gestrichelt eingezeichnet) befand, abgedeckt. Die Versuchspersonen konnten deshalb stets nur ein schwarzes und ein graues Quadrat sehen (vgl. dazu das gestrichelte Kästchen in Teil A von Abb. 23). Wurde die abdeckende Scheibe mit dem Schlitz gedreht, entstand der Eindruck, daß die beiden Quadrate sich aufeinander zu- und voneinander weg bewegten (vgl. dazu die Bildfolge in Teil B von Abb. 23). Aufgefordert, eine Erklärung für das Gesehene abzugeben, sagten die Versuchspersonen: „A verdrängt B von seinem Platz" − „B hat Furcht vor A und flieht" − „Zwei Gefährten treffen sich, trennen sich später im Streit" u.ä.

Zu b) Kausalattribuierung in der Personwahrnehmung

In der Personwahrnehmung wird die Vielzahl von tatsächlich stattfindendem Verhalten auf einige wenige Ursachendimensionen zurückgeführt. „Der Sohn erklärt sich die Ablehnung seiner Bitte auf Erhöhung des Taschengeldes mit dem ,Geiz' des Vaters. Man führt die fehlende Bereitschaft eines jungen Mannes, ein Mädchen zum Tanz aufzufordern, auf dessen ,Schüchternheit' zurück" (MIETZEL 1982, S. 25). Ein wahrgenommener Verhaltensausschnitt wird von einer verunsicherten, ängstlichen Person oft als feindselig, als gegen ihre Interessen gerichtet interpretiert; dadurch erhalten ganze Verhaltenssequenzen eine veränderte Bedeutung. − Die zugeschriebenen Ursachen lassen sich nicht beobachten, sie entstehen in einem schöpferischen Akt durch den Wahrnehmenden selbst.

Zu c) Kausalattribuierung in der Selbstwahrnehmung

Wie das fremde so wird auch das eigene Verhalten interpretiert. Viele innere Zustände werden nicht unmittelbar kausal erlebt, sondern ebenfalls durch Zuschreibungen erklärt (vgl. BEM 1972). Diese Form der Kausalattribuierung trägt hauptsächlich zur Bildung starker Hypothesen bei und wirkt sich über diese dann erst auf die Wahrnehmung aus. Menschen neigen dazu, sich alle Ereignisse, die ihnen bewußt werden, erklären zu wollen. Sind die Ereignisse mit einer Ursache oder einem Grund versehen, dann entsprechen sie einer „geschlossenen Gestalt", einer „erledigten Aufgabe", einer „geordneten Welt", und man kann zur Tagesordnung übergehen. Mit ihrer Ursachenzuschreibung kann man sie vergessen, zumindest so lange, bis ähnliche Ereignisse diese frühere Zuschreibung reaktivieren oder widerlegen.

Die Suche nach Erklärungen tritt bei unerwarteten aber subjektiv bedeutsamen Ereignissen gehäuft auf (vgl. KELLEY 1972; PYSZCZYNSKI/GREENBERG 1981). Eine Kausalattribuierung dient dabei anscheinend in erster Linie dem Zweck, eine Kontrolle über die Situation behalten zu wollen. Keine Kontrolle zu haben, bedeutet, keinen Einfluß auf das Zustandekommen zu haben, es vermittelt ein Gefühl der Ohnmacht, des Ausgeliefertseins und ist nur schwer zu ertragen. Glücksspieler schreiben Gewinnen meistens Ursachen jenseits des Glücks zu (vgl. HENSLIN 1967). Krebskranke erklären ihre Krankheit häufig mit früheren Missetaten, und Eltern erscheinen erleichtert, wenn sie bei sich eine Schuld an der tödlichen Erkrankung ihres Kindes gefunden haben (vgl. ABRAMS/FINESINGER 1953; CHODOFF/FRIED-

MANN/HAMBURG 1964). LERNER spricht in diesem Zusammenhang von Abwehr-Attribuierungen. Wenn allein der Zufall die Opfer von Unfällen oder schweren Krankheiten auswählt, dann muß man befürchten, daß es einen selbst genauso treffen kann. Wenn die Katastrophe von irgend jemandem verschuldet ist, dann hat man selbst eine größere Chance davonzukommen (vgl. dazu die Reaktionen gegenüber AIDS). Je verhängnisvoller ein Ereignis erscheint, desto stärker wird auch dessen Bedrohlichkeit für die eigene Person wahrgenommen, der ein Attribuierender dadurch entgegenzuwirken versucht, daß er dem unglücklichen Opfer eine entsprechend erhöhte Verantwortlichkeit zuschreibt (vgl. LERNER 1970). Können SchülerInnen dem Unterricht nicht folgen, weil der Unterricht bei ihnen nicht ankommt (das heißt für sie zu schlecht ist), gefährden sie dadurch den Erfolg der LehrerInnen. Dann ist eine Situation entstanden, in der die Opfer leicht für schuldig erklärt werden (Sensitivierung der Wahrnehmung bei LehrerInnen mit nachfolgender Verzerrung des eigenen Urteils).

Ein ästhetisch-moralisches Problem gleicher Art ergibt sich im Sinne der „Just World Hypothesis" (LERNER 1970). Ein Schüler, der nicht besonders arbeitsam erscheint und den ein/e LehrerIn nicht für besonders intelligent hält, wird bei einer guten Arbeit, die er vorlegt, besondere Kontrollen und bestimmte Kausalzuschreibungen auslösen, denn seine gute Note steht nicht mit der „Hypothese einer gerechten Welt" in Übereinstimmung. Kausalattribuierungen sind immer der eigenen Erklärung dienende Behauptungsurteile über Situationen und Personen. Sie gehören damit zum Kreis der vordiagnostischen Beurteilung. In ihrer Kontrolle, das heißt zur Aufhebung ihrer beliebigen und willkürlichen Verwendung, ist Diagnostik notwendig.

Einen herausragenden Stellenwert innerhalb der Diskussion um eine Kausalattribuierung in der Selbstwahrnehmung nehmen darüber hinaus leistungsthematische Situationen ein. Sie sind deshalb von besonderer Bedeutung, weil sie häufig in empirischen Studien zum Tragen kommen. Es zeigt sich, daß einer Handlung in einer leistungsthematischen Situation folgende kognitive Prozesse vorweggehen können:

— Wahrnehmung von Aufgabencharakteristika und
— Klassifikation von Leistungsursachen.

Zum 1. Aspekt: Wahrnehmung von Aufgabencharakteristika
Eine Aufgabe stellt unter bestimmten Bedingungen einen motivationalen Anreiz dar. Wird die Aufgabe subjektiv wichtig genommen, sei es direkt oder indirekt (im letzten Falle wird zugestanden, daß es sozial bedeutsam ist und Anerkennung bringt, wenn man solche Aufgaben löst), dann besitzt sie für jemanden Relevanz. Nun lohnt es, sie auf ihre Schwierigkeit hin zu betrachten. Bisherige aufgabenspezifische Erfahrungen und das subjektive Fähigkeitskonzept werden bei der Einschätzung der Aufgabenschwierigkeit herangezogen. Der Anreiz einer Aufgabe steigt mit ihrer Schwierigkeit aufgrund der höheren Anerkennung bei der Lösung (vgl. Risikowahl-Modell ATKINSON 1957; LITWIN 1966).

114

Daraus leitet sich generell ab, daß zur Optimierung der Erfolgsaussichten Aufgaben mittlerer Schwierigkeit[5] einen besonderen Anreiz besitzen (vgl. HECKHAUSEN 1968 und zur Kritik: SCHNEIDER 1976). Aufgrund seiner individuellen Lerngeschichte hat jeder Mensch ein eigenes „Anspruchsniveau" entwickelt. Er stellt in einigen Bereichen höhere, in anderen niedrigere Forderungen an sich. Vor dem Hintergrund des eigenen Anspruchsniveaus wird nun – so die Modellvorstellung – die Erfolgswahrscheinlichkeit kalkuliert. Nach dieser wiederum erfolgt nach MEYER (vgl. 1973, 1976) eine Anstrengungskalkulation (dabei wird stillschweigend vorausgesetzt, daß eine Vorstellung über den Zusammenhang von Begabung und Anstrengung besteht). In bezug auf die Anstrengungskalkulation ergeben sich nun recht komplizierte Sachlagen. Ist die Aufgabenschwierigkeit hoch, strenge ich mich sehr an und erleide einen Mißerfolg, dann besteht die Gefahr einer „Selbstwertverletzung". FRANKEL/SNYDER (vgl. 1978) beobachteten, daß in einem solchen Fall – vorsichtshalber – weniger Anstrengung aufgebracht wurde, um im Falle eines Mißerfolges eben dies als eine nicht die eigene Person entwertende Ursache anführen zu können (vgl. zum Aspekt der Vorauswirkung von Kausalattribuierung: SNYDER/WICKLUND 1981).

Wir können bereits hier die hohe Bedeutsamkeit von Kausalattribuierung für eine Person erkennen. Sie ist besonders groß in Situationen, in die man für lange Zeit sozial fest eingebunden ist, und zwar insbesondere dann, wenn man sich in einer besonders wichtigen und sensiblen Entwicklungsphase des Lebens befindet; beides trifft für die Schule zu.

Zum 2. Aspekt: Klassifikation von Leistungsursachen
Aufgrund einer Vielzahl von Untersuchungen ergibt sich ein zwei- oder ein dreifaktorielles Ursachenschema, mit dem Leistungen erklärt werden (vgl. ROSENBAUM 1972; WEINER 1979; BIERBRAUER 1979; REJESKI/LOWE 1980). Diese drei Klassifikationsfaktoren sind:
– internal versus external (Lokalitätsdimension),
– variabel versus konstant (Stabilitätsdimension),
– kontrollierbar versus unkontrollierbar (Kontrolldimension).

Es ist eine Reihe direkter Konsequenzen aus Kausalattribuierungen untersucht worden. Kognitive Konsequenzen beziehen sich überwiegend auf die Veränderung der Zielerwartung (Verschiebung des Anspruchsniveaus). Überschreiten die Diskrepanzen in Richtung auf Mißerfolg eine bestimmte Spannweite, so kann es zu einem „Aus-dem-Felde-gehen" (CARVER 1979) oder aber zum „geistigen Zerfall" und zur „gelernten Hilflosigkeit" (SELIG-

---

5 Der mittlere Schwierigkeitsgrad kann subjektiv und objektiv definiert werden. Bei der subjektiven Einschätzung handelt es sich um gestellte Aufgaben, die SchülerInnen nicht zu leicht finden, bei denen sie aber auch keine Bedenken haben, sie lösen zu können. Objektiv wird der mittlere Schwierigkeitsgrad von Aufgaben nach einer Klassenarbeit oder einem informellen Test bestimmt. Es sind die Aufgaben, die mindestens von 30 % und höchstens von 70 % aller SchülerInnen gelöst werden können.

Tab. 10: Das zwei- und das dreifaktorielle Interpretationsmuster für Kausalattribuierung

1. Zweifaktorielles Modell

Stabilitäts-dimension \ Lokalitäts-dimension	Internal	External
konstant	Fähigkeit	Aufgabenschwierigkeit
variabel	Anstrengung	Glück/Pech

2. Dreifaktorielles Modell

Kontrolldimension \ Stabilitätsdimension	Lokalitätsdimension			
	Internal		External	
	konstant	variabel	konstant	variabel
unkontrollierbar	Fähigkeit		Aufgabenschwierigkeit	Zufall/Glück
			Lehrervoreingenommenheit	
		Stimmung	Unterrichtsqualität	ungewöhnliche Hilfe
kontrollierbar	konstante Anstrengungsbereitschaft	aktuelle Anstrengung		häusliche Unterstützung
		subjektiv geschätzte Aufgabenschwierigkeit		

MAN 1975; HECKHAUSEN 1980) kommen.[6] Für den schulischen Bereich gibt WEINER (vgl. 1980, S. 108) Beispiele solcher affektiven Konsequenzen:

---

6 Zum Zusammenhang von Streß, Angst und erlernter Hilflosigkeit siehe SCHWARZER (1981).

1.) „Ich habe gerade eine ‚4' in einer Prüfung erhalten. Das ist eine sehr schwache Zensur." (Daraufhin entstehen intensive, aber ziemlich schnell sich wieder abschwächende Gefühle der Frustration und Verwirrung.) „Ich erhielt diese Note, weil ich mich nicht genügend angestrengt habe." (Hat Schuldgefühle im Gefolge.) Nach weiteren Mißerfolgen: „Bei mir fehlt es tatsächlich an etwas." (Daraus ergibt sich eine geringe Selbstachtung.) „Woran es mir mangelt, ist nicht zu ändern." (Daraus entsteht Hoffnungslosigkeit.)

2.) „Ich habe gerade eine ‚1' in einer Prüfung erhalten. Das ist eine sehr gute Zensur." (Darauf wird mit Freude reagiert.) „Ich habe die Note erhalten, weil ich das ganze Schuljahr hindurch sehr hart gearbeitet habe." (Dies ruft Zufriedenheit und Erleichterung hervor.) „Ich habe wirklich einige positive Qualitäten, die mir auch in der Zukunft erhalten bleiben." (Daraus ergeben sich ein hohes Selbstwertgefühl, eine ausgeprägte Selbstachtung und Optimismus.)

In einer Untersuchung von DIENER/DWECK (vgl. 1978) in Klasse 5 wurde nachgewiesen, daß bei Eintritt eines Mißerfolges die nicht-erfolgsorientierten Kinder (hilflose Kinder) sofort ihre Arbeit abbrachen und mit Kausalattribuierungen reagierten, und zwar auf konstante, nicht kontrollierbare und internale Faktoren (Fähigkeiten), während die erfolgsorientierten statt dessen nach einem Ausweg suchten. Kinder lernen sehr früh, Ursachen mit Hilfe ihrer Eltern und vor allem ihrer LehrerInnen (vgl. BAR-TAL/GUTTMANN 1981) zuzuschreiben.[7] Die Attribuierung fungiert als ein wichtiger, begründender Teil der Bewertung und ist oftmals bedeutsamer und weitreichender als die erhaltene Note. Insbesondere sind ihre indirekten Wirkungen im Bewertungsprozeß nicht zu unterschätzen. Sie sind wesentlich an der Bildung und Stabilisierung von „starken Hypothesen" und an der Erzeugung von sehr potenten Erwartungshaltungen beteiligt (vgl. Kap. 5.2.3). Sie bestärken den Lehrer aber leider auch darin, die Beobachtungsebene sehr schnell zu verlassen und auf der Konstruktebene zu agieren, wie uns die Kausalattribuierung in der Personwahrnehmung lehrt.

5.2.3 Erwartungsbedingte Urteilsreaktionen

In der Wahrnehmungspsychologie arbeitete vor allem BRUNER/TAGIURI (vgl. 1954) heraus, daß Erwartungen einen Selektionsfilter bilden. In der Motivationspsychologie fand WEINER (vgl. 1982), daß insbesondere in leistungsthematischen Situationen ständig mit Ursachenzuschreibungen reagiert wird (Kausalattribuierung). Solche Ursachenzuschreibungen verfestigen sich unter bestimmten Bedingungen zu Erwartungen für zukünftige Leistungen. Aus dieser Erkenntnis wurde eine weithin bekannte Forschungsrichtung über

---

7 Für eine intensivere Beschäftigung mit der Interpretation von Verhaltensweisen in der Lehrer-Schüler-Interaktion siehe HECKHAUSEN (1980), MIETZEL (1982) sowie SCHWARZER (1981); HECKHAUSEN (vgl. 1980) gibt zudem einen Überblick über Motivationsänderungsprogramme, bei denen Anspruchsniveau, Kausalattribuierung, Selbstbewertung und Fremdbewertung eine zentrale Rolle spielen.

Erwartungseffekte im Klassenzimmer begründet: die Pygmalion-Untersuchungen.[8]

Die Untersuchungen zu diesem Themenbereich begannen, als ROSENTHAL Ergebnisse aus Lernexperimenten mit Ratten auf die Unterrichtssituation übertrug. ROSENTHAL ließ von seinen Studenten Lernexperimente mit Ratten durchführen. Dabei manipulierte er die Erwartungshaltungen der Versuchsleiter. Einer Gruppe (A) teilte er mit, daß sie besonders dumme Tiere, einer anderen (B), daß sie besonders kluge Tiere erhalten hätte, obwohl sich die Tiere in keinem Merkmal unterschieden. – In der Beurteilung der Versuchsleiter tauchten diese Erwartungen genau in der gleichen Weise wieder auf. Die Studenten der Gruppe B teilten in ihren Ergebnissen mit, daß die Ratten ein Verhalten zeigten, das auf überdurchschnittliche Lernleistungen schließen lasse. Die Versuchsleiter der Gruppe A hingegen beurteilten die Lernleistung ihrer Ratten als schwach. ROSENTHAL/JACOBSEN (vgl. 1971) begannen daraufhin ein Forschungsprojekt in einer Schule (das sogenannte OAK-School-Project). Sie kamen dabei zu dem Ergebnis, daß die Lehrer ihre Schüler nach dem „Bild, das sie von ihnen haben," erschaffen: Pygmalion im Klassenzimmer. Insbesondere konnte der „Mechanismus", über den sich dieser Effekt einstellt, in ihrer Studie herausgearbeitet werden. ROSENTHAL/JACOBSEN konnten zeigen, daß hohe Erwartungen der Lehrer an ihre Schüler deren Leistungen steigerten und umgekehrt. Teile der Untersuchung sind jedoch methodisch insofern problematisch (vgl. ELASHOFF/SNOW 1972), als ROSENTHAL/JACOBSEN teilweise unbeabsichtigt nachwiesen, wie ihre eigenen Erwartungen die Beurteilung ihrer Ergebnisse beeinflußten. Die Untersuchung machte jedenfalls Epoche: 1974 (nach nur sechs Jahren) können BROPHY/GOOD (vgl. 1976, S. 180) bereits 72 Untersuchungen mit Manipulationen der Lehrererwartungen zusammenstellen, bei denen Erwartungseffekte aufgetreten waren.

Beschreibungen von Schülern der ersten Klasse durch ihre Lehrer nach drei Schultagen (vgl. BROPHY/GOOD 1976, S. 41-43):
— „*Nancy:* Sie kommt aus einer Familie, in der alle anderen Kinder in der Schule sehr viele Probleme während der ganzen Schulzeit hatten. Nancy scheint jedoch besser als alle die anderen zu sein; sie ist schon imstande, Unterschiede in Bildern und auch in Wortformen herauszufinden. Sie wird eine der besten aus dieser Familie sein, aber sie wird nur langsam lernen. Ich glaube, daß sie unterhalb des Durchschnitts liegen wird."
— „*John:* John ist so ein hübscher Junge mit großen, altklugen, braunen Augen, er lacht die ganze Zeit, sogar seine Augen lachen. Er möchte gefallen, gutes Betragen. Er beteiligt sich wirklich an allem, was gerade abläuft, und er arbeitet brav. Ich erwarte, daß er einer der besseren Jungen sein wird."
— „*Mary:* Sehr, sehr kindisch. Sie sitzt da und träumt vor sich hin, beobachtet andere Kinder und unternimmt alles, was sie kann, um sich selbst zu unterhalten. Nur nicht sich hinsetzen und ihre Arbeit tun. Sie spielt mit ihren Zeichenstiften, spielt mit ihrer kleinen Ledermappe auf dem Tisch. Sie möchte sich mit anderen Kindern unter-

---

8 Pygmalion, nach der griechischen Mythologie ein König von Zypern, stellte als Bildhauer eine weibliche Statue aus Marmor her, die so sehr seinem „Bild einer Jungfrau" entsprach, daß er sich sterblich in sie verliebte. Aphrodite belebte diese Statue auf sein Bitten hin, und daraufhin nahm er sein Geschöpf zu seiner Gemahlin.

halten. Ich glaube, daß dieses Kind das ganze Jahr über ein Problem sein wird. Ich habe große Zweifel, daß sie sich einfügen wird. Sie ist in allen ihren Handlungen sehr unreif. Sie scheint an nichts Interesse zu haben."

— *„Michele:* Sie ist ein kleines, schwarzes Mädchen ... Sie stammt aus einer großen Familie. Ihr Vater ist arbeitsunfähig, aber sie ist dennoch sehr hübsch angezogen ... Michele reagiert wirklich überhaupt nicht. Ich versuche, Michele beizubringen, daß sie ihren Bleistift richtig hält. Ich weiß nicht, ob sie früher die Gelegenheit hatte, Farbstifte oder einen Bleistift zu benutzen. Ich hoffe, sie wird auf die Arbeit im Klassenzimmer besser ansprechen. Auf dem Spielplatz scheinen die Kinder sie zu mögen. Sie kann schnell laufen. Sieht so aus, als ob sie ein beliebtes Mädchen wird."

Die zwei zitierten Lehrerinnen hatten sich sehr schnell ein „Bild von ihren Schülern und Schülerinnen" gemacht, mit weitreichenden Erwartungen und einem fertigen Rahmen für Kausalattribuierungen. Als Ankerreize für die frühen Persönlichkeitsbeurteilungen traten hier in Erscheinung: Informationen über Familienangehörige (Nancy), Angepaßtheit/Betragen (John, Mary) und die sozioökonomische Situation (Michele) (vgl. SCHWARZER 1976, S. 148).

Am Anfang eines solchen Prozesses stehen in der Regel undifferenzierte Affekte, die als Ausgangsinformationen für das Schnüren eines Erwartungspakets dienen:

— Sympathie/Antipathie (vgl. ZAJONC 1980), — die äußerliche Erscheinung (vgl. WEINERT/KNOPF/STORCH 1981), — das Sozial- bzw. Arbeitsverhalten (vgl. HOFER 1969), — Ausdrucksweise und Wortschatz (vgl. SCHWARZER 1976), — der sozioökonomische Status (vgl. SCHWARZER 1976, BADAD/INBAR 1981), — Rassenzugehörigkeit (vgl. WILEY/ESKLISON 1978).

Zum Zwecke der schnellen Ordnung der Informationen in der Schulklassensituation nehmen LehrerInnen eine implizite Gruppierung der SchülerInnen vor. Dabei spielen vier Einstellungen eine zentrale Rolle: Zuneigung — Gleichgültigkeit — Sorge — Ablehnung (vgl. SILBERMAN 1969, 1971; JENKINS 1972; GOOD/BROPHY 1972b; McDONALD 1972; EVERTSON/BROPHY/GOOD 1973; BROPHY/GOOD 1976). LehrerInnen gruppieren demgemäß ihre Klassen im Sinne einer impliziten Diagnostik in vier Gruppen. Diese vordiagnostische Gruppierung hat direkte Auswirkungen auf die Interaktion mit den SchülerInnen, auf die Kausalattribuierung der LehrerInnen, die schulische Beurteilung und, was dann auch zu erwarten ist, auf das Schülerverhalten selbst (im Sinne einer sich selbst erfüllenden Vorhersage).

Die hohe Bedeutsamkeit dieser Zusammenhänge wird in einer Untersuchung von EVERTSON/BROPHY/GOOD (vgl. 1973) in ersten und zweiten Klassen deutlich, und zwar an der Sorge- und der Ablehnungsgruppe. Von 18 Mitgliedern der Ablehnungsgruppe blieben zehn in der ersten Klasse sitzen, vier gingen in die zweite Klasse über zu einem neuen Lehrer und gehörten dort wieder zur Ablehnungsgruppe. Von 19 Kindern der Sorgegruppe gingen zehn in die zweite Klasse über, sie blieben auch hier in der Sorgegruppe. Neun SchülerInnen der Sorgegruppe verließen die Schule und wurden nicht mehr in der Untersuchung erfaßt. Zum Problem dieser implizit diagnostischen Gruppierung, der tatsächlichen Leistungsstärke der SchülerInnen sowie deren Leistungsbeurteilung fehlen noch aufklärende Untersuchungen.

Insgesamt bleibt die Forschungslage uneinheitlich. Erwartungseffekte, sowohl auf die Urteilsreaktionen der LehrerInnen als auch auf die Leistungen der SchülerInnen bezogen, sind unzweifelhaft, allein sie fallen je nach Lehrerpersönlichkeit, Schülerpersönlichkeit und Situation unterschiedlich aus, und bei den Experimenten ist bereits in Frage zu stellen, in welchem Ausmaß die Manipulation von Erwartungen überhaupt gelingt. Unter anderem ist eine derartige Unterschiedlichkeit auch deshalb zu erwarten, weil die Untersuchungen insgesamt einem statischen Interaktions-Grundmodell folgen (vgl. dazu das dynamische Interaktionsmodell bei MARSHALL/WEINSTEIN 1984). In bezug auf die Lehrerpersönlichkeit, die uns in diesem Zusammenhang am meisten interessiert, unterscheiden BROPHY/GOOD drei Reaktionstypen von Lehrpersonen: proaktive, passive oder reaktive und überreaktive LehrerInnen (vgl. 1976, S. 160-161).

– Proaktive Lehrkräfte übernehmen immer wieder die Initiative, um die Interaktionen in ihren Klassen neu zu strukturieren. Sie gehen sowohl auf Gruppen als auch auf die einzelnen Individuen ein. Sie nehmen die Schüler und deren Verhalten sehr differenziert wahr, sind sehr auf deren Situation und nicht allein auf deren Person ausgerichtet, was dazu führt, daß sie zu einem sehr individualisierten Unterricht kommen. Sie sind jederzeit bereit, ihre Erwartungen zu verändern und ständig auf der Suche, Fortschritte bei ihren Schülern zu entdecken. Dadurch empfinden sie Probleme bei SchülerInnen als pädagogische Herausforderung.
– Passive oder reaktive LehrerInnen haben im allgemeinen zutreffende Erwartungen. Sie sind insoweit flexibel, als sie ihre Reaktionen an das Verhalten der SchülerInnen anpassen. Ihre Beurteilungen sind direkt auf Initiativen der SchülerInnen bezogen und weisen deshalb größere Unterschiede zwischen den einzelnen Erwartungsgruppen auf. Insofern sind sie auch nicht allein auf Initiativen der Lehrkraft und/oder der Lehr-Lern-Bedingungen zurückbezogen. Bei LehrerInnen zeigen sich wenig Hinweise auf einen Versuch, die Unterschiede im SchülerInnenverhalten auszugleichen bzw. sie weniger stark zu interpretieren. Sie passen ihr Verhalten der Merkmalsvariation schicksalhaft an.
– Überreaktive LehrerInnen produzieren weniger zutreffende Einschätzungen. Sie attribuieren frühzeitig und übertreiben ihre Erwartungen. Aus geringen Unterschieden vermögen sie große Differenzen zu machen. Sie neigen zu Vereinfachung und Dichotomie: fleißig – faul; begabt – unbegabt; paßt in die Schule/Klasse – paßt nicht usw. Sie verhalten sich SchülerInnen gegenüber, zwischen denen eigentlich gar keine Verhaltens- bzw. sozialen Unterschiede bestehen, so, als ob es große Unterschiede gäbe. Damit produzieren sie erst die Diskrepanzen und erzeugen das, was als „Sich-selbst-erfüllende-Vorhersage" beschrieben wird.

Im allgemeinen führen die Erwartungen von Lehrpersonen überwiegend dazu, Leistungsunterschiede bei Schülern zu stabilisieren (vgl. COOPER 1979). Das spricht dafür, daß der Reaktionstyp des „passiven Lehrers" in unserem Schulsystem wohl überwiegt.

Die Sich-selbst-erfüllende-Vorhersage

Sobald LehrerInnen einmal (auf welcher Grundlage auch immer) ein Vorausurteil über die Fähigkeit o.ä. eines Schülers gebildet haben, setzt eine starke Tendenz ein, dieses beizubehalten, selbst dann, wenn Leistungsveränderungen des Schülers eine Revision des Lehrerurteils nahelegen (vgl. THERRIEN 1976). Lehrer bilden bevorzugt „starke Hypothesen" (vgl. IRLE 1973; SNY-

DER/GANGESTAD 1981). In einer Interaktionssituation werden unmittelbar Hypothesen über die Interaktionspartner gebildet. Nach Untersuchungen von SNYDER/SWANN (vgl. 1978) werden dann im Verlauf der Überprüfungsprozesse gezielt solche Informationen eingeholt, die die Ausgangshypothesen stützen. Dieses Vorgehen stellt das Basisfaktum für die Sich-selbst-erfüllende-Vorhersage dar. MIETZEL (vgl. 1982, S. 166 f) beschreibt die einzelnen Stadien dieses Prozesses wie folgt:

(1) LehrerInnen machen sich früh ein „Bild vom Schüler". Gemäß diesem Bild nehmen sie Kausalattribuierungen vor und bilden „starke Hypothesen" als Erwartungshaltung.
(2) LehrerInnen behandeln ihre SchülerInnen in Übereinstimmung mit ihren Erwartungen unterschiedlich; so schaffen z.B. „überreaktive LehrerInnen" zwischen den vermeintlich guten und schlechten SchülerInnen erst Unterschiede (vgl. COOPER 1979). Wichtige Variablen in diesem Zusammenhang sind das sozial emotionale Klima (vgl. MEYER 1981; WEINER 1982), die Art und Häufigkeit der Kontakte (vgl. COOPER 1979, 1980) sowie die Rückmeldung (vgl. GOOD/COOPER/BLAKEY 1980).
(3) Über die individuelle Behandlung erfahren SchülerInnen, was von ihnen erwartet wird (vor allem über Bewertung und Beurteilung). Dies beeinflußt sowohl die Leistungsmotivation als auch das Selbstkonzept.
(4) Wenn SchülerInnen bisher ein Selbstbild hatten, das im Widerspruch zum Fremdbild des Lehrers steht, werden sie sich vielleicht zunächst dagegen auflehnen, was häufig aber aufgrund der Wahrnehmungssensitivierung des Lehrers dessen Meinung nur noch stützt.
(5) Als weitere Reaktion wird das Selbstbild der SchülerInnen instabil, und es entsteht die Tendenz, dieses dem Fremdbild anzupassen und sich so zu verhalten, daß man die Erwartungen des Lehrers jetzt erst recht bekräftigt.
(6) Gemäß den ursprünglichen Erwartungen der Lehrpersonen erfolgen ein Ansteigen, Absinken oder eine Stabilisierung der Leistungen. Die zunächst vermeintlich schlechteren SchülerInnen entwickeln z.B. das Gefühl, daß sie keinerlei Kontrolle mehr über das eigene Leistungsergebnis haben. Damit entsteht ein Zustand „gelernter Hilflosigkeit" (HIROTO/SELIGMAN 1975), und der Kreis hat sich geschlossen.

Als Konsequenz ergibt sich die Forderung nach mehr proaktiven und reflektierenden LehrerInnen. Nur durch ständige Revision von Vorausurteilen, Urteilen sowie reaktiven und überreaktiven Erwartungshaltungen vermag man diesem Teufelskreis zu entgehen.

Neben der Erzeugung einer proaktiven Haltung beim Lehrer und der Bevorzugung von motivationserhaltenden Attributionsmustern (vgl. HECKHAUSEN 1980, S. 699 f) spielt eine häufige Verwendung der individuellen Bezugsnorm in der Fremd- und Selbstbewertung zur Auflösung des Teufelskreises die größte Rolle.

5.2.4 Erlernte Urteilsreaktionen

Lehrpersonen werden im Unterricht konditioniert. Dies geschieht aufgrund eines bestimmten wiederkehrenden Schülerverhaltens und der Veränderung dieses Verhaltens auf ein bestimmtes Lehrerverhalten hin, das heißt die Schüler verstärken ein spezielles Lehrerverhalten, das dann fortan häufiger auftritt.

Junge LehrerInnen treten z.B. unter den Idealen schülerzentrierten Unterrichtens und partnerschaftlichen Verkehrens mit den SchülerInnen ihren Dienst an. Die Klasse ist groß, die SchülerInnen und deren informelle Gruppierungen sind ihnen unbekannt. Sie testen „den Neuen" („die Neue"). LehrerInnen können ihre Vorstellungen nicht realisieren, in der Klasse geht alles drunter und drüber. Die neue Lehrkraft wird zunehmend unsicherer, die Dynamik in der Klasse immer heftiger und undurchsichtiger. Nach einigen Tagen, als die Lehrperson sich nicht mehr zu helfen weiß, schlägt sie auf den Tisch und brüllt laut. Die SchülerInnen sind erstaunt, es kehrt Ruhe ein, zum ersten Mal kann im Unterricht das Geplante auch realisiert werden. Wiederholt sich der Vorgang, so werden dem ursprünglich nicht autoritären Lehrer allmählich autoritäre Verhaltensweisen ankonditioniert. Die SchülerInnen bekräftigen diese durch Erfolgsgefühle beim Lehrer, und die KollegInnen verstärken sie verbal durch Bemerkungen wie: „Na, jetzt läuft's aber gut in Ihrer Klasse."

SchülerInnen spielen also ebenfalls Pygmalion. Sie haben bestimmte vorgefaßte Erwartungen gegenüber der Lehrperson und erzeugen wie diese Erwartungseffekte (vgl. FELDMANN/PROHASKA 1979).

Die Unterrichtssituation ist in besonderem Maße zur Kultivierung gelernter Urteilsreaktionen geeignet. Bei der Personwahrnehmung sind die Erwartungen des Beurteilers und Beobachters noch zusätzlich durch Erfahrungen und Einstellungen gegenüber den Gruppen, zu der die betreffende Person gehört, bedingt. Die Urteilsreaktionen werden dadurch nicht nur zustands-, sondern auch rollen- bzw. schichtspezifisch. In Handlungs- und Interaktionssituationen wird eine beobachtete Person als ein selbständiges Handlungszentrum empfunden, dessen Handlungen als direkt auf den Beobachter als möglichen Interaktionspartner bezogen aufgefaßt werden können. Eine ängstliche, unsichere Lehrperson, die nicht den vollen Überblick über alle Geschehnisse in einer Klasse hat, wird jegliche Handlungen eines Schülers besonders leicht auf sich selbst beziehen und sogar als feindlich einschätzen. Dies geschieht um so eher, wenn sie unter Zeitdruck agiert. So modifizieren affektive Reaktionen und Gefühle die Wahrnehmung.

Die unterrichtliche Situation mißlingt oft infolge zu großer Klassenstärke[9] und/oder nicht ausreichender Vorbereitung der Lehrkraft; dies bewirkt eine starke psychische Belastung (Streßsituation). Solche Konstellationen wirken sich im oben beschriebenen Sinne verändernd auf die Wahrnehmung aus (vgl. POSTMAN/BRUNER 1948; HÖRMANN 1960). Häufig treten Fehldeutungen von Verhaltensweisen und Handlungsabläufen und eine rationale Zuschreibung von „Schuld" und „Absicht" aufgrund fehlgedeuteter Wahrnehmungen auf. Es sind ähnliche Effekte zu erwarten, wie sie ZILLIG (vgl. 1928) bei Schulkindern nachgewiesen hat.

---

9 Die „Klassenstärke" ist hier eine subjektive Variable, das heißt je nach Erfahrung und Geschick des Lehrers können auch relativ kleine Klassen schon eine zu große Klassenstärke haben.

Fehler in Leistungsdemonstrationen wurden bei ZILLIG jeweils unbeliebten Klassenkameraden zugewiesen, obwohl diese keine Fehler gemacht hatten. Unterrichtliche Probleme können in gleicher Weise auch von Lehrpersonen auf nicht beliebte SchülerInnen verschoben werden.

Bei der Personbewertung treten nach WARR/KNAPPER (vgl. 1968, S. 20) folgende drei Urteilsreaktionen auf:

Erwartungsreaktionen:	Künftiges Verhalten wird in dem Urteil über die Person antizipiert.
Attributive Reaktionen:	Aufgrund von Schlußfolgerungen, die impliziten Persönlichkeitskonzepten entsprechen, werden der Person bestimmte Dispositionen zugesprochen.
Affektive Reaktionen:	Emotionale, wertende Stellungnahmen fließen ins Urteil ein.

Unter bestimmten Interaktionsbedingungen in einer Schulklasse neigen unsichere Lehrpersonen mit sehr sensibler Persönlichkeitsstruktur dazu, alle möglichen Handlungsansätze auf seiten der SchülerInnen als in bestimmter Weise gegen sich gerichtet wahrzunehmen. Einzelne SchülerInnen können aufgrund bestimmter Verhaltenstendenzen überwiegend positiv oder überwiegend negativ bekräftigend auf LehrerInnen einwirken. Sie nehmen somit eine positive oder negative sekundäre Verstärkerfunktion an.

Beschäftigen sich SchülerInnen – wie vorgesehen – mit dem Lerngegenstand, übernehmen sie bereitwillig Aufgabenstellungen, die die Lehrperson an sie heranträgt; entwickeln sie dabei keine von den Denkwegen der Lehrperson allzuweit abweichenden Gedankengänge, so bekräftigen sie den Lehrer bzw. die Lehrerin positiv. Unterstützen die SchülerInnen auch die übrigen Absichten des Lehrers, wie z.B. eine ordentliche, fleißige Klasse zu haben, mit Lernfortschritten, die man vorzeigen kann, sind sie also ordentlich, fleißig und lernbegierig und dazu noch wenigstens so begabt, daß regelmäßig Lernfortschritte beobachtet werden können, so verhelfen sie der Lehrperson zum Erfolg. Sie werden zu angenehmen Personen, denen man nur noch Gutes zutraut.

Sind SchülerInnen dagegen selten bereit, die Aufgabenstellungen, die LehrerInnen an sie herantragen, willig zu übernehmen, vielleicht weil sie nicht gelernt haben, die eigenen Bedürfnisse aufzuschieben, und entwickeln sie zudem aufgrund dieser Bedingungen von den jeweiligen Denkwegen der LehrerInnen weit differenzierende Gedanken und verleihen diesen auch Ausdruck, so bekräftigen sie die LehrerInnen negativ. Finden die SchülerInnen den Lerngegenstand für sich völlig irrelevant, ja unsinnig und können sie deshalb kein Interesse dafür aufbringen, unterlassen sie deshalb sogar die Auseinandersetzung mit dem Lerngegenstand und entwickeln sie statt dessen andere, mit dem Lerngegenstand in keinem Zusammenhang stehende Aktivitäten, so stören sie das Vorhaben der LehrerInnen erheblich. Sie verhindern womöglich, daß LehrerInnen das sich selbst oder vom Arbeitgeber gesetzte Ziel erreichen. SchülerInnen bekräftigen somit LehrerInnen erheblich negativ, sie verhindern den Erfolg der Lehrpersonen. Unterstützen SchülerInnen auch die übrigen Absichten der LehrerInnen nach deren Meinung nicht, vielleicht weil ihnen aufgrund einer völlig andersartigen Sozialisation, die sie erfahren haben, die Werte, die für die LehrerInnen gelten, nicht viel oder gar nichts bedeuten, so bekräftigen sie die Lehrpersonen erneut negativ. Kommen schließlich bei SchülerInnen alle diese Verhaltensweisen zusammen, so werden sie gewissermaßen zum personifizierten Mißerfolg ihrer LehrerInnen. Sie werden zum sekundären negativen Verstärker und können in allen Beurteilungsbereichen eine ungünstige Beurteilung erwarten.

Eine positive Verstärkerwirkung erlangen aufgrund bestehender Sozialisationsbedingungen in unserer Gesellschaft vor allem Mädchen, die denn auch generell besser beurteilt werden als Jungen (vgl. HADLEY 1971). Eine negative Verstärkerwirkung erlangen vor allem Jungen aus der Unterschicht. Bei LehrerInnen, die überwiegend mit dem System konform gehen, jedoch auch solche, deren Eltern in aktiver Gegenposition zum gesellschaftlichen System stehen. Untersuchungen von MARKOWSKA (vgl. 1968) und KLEITER (vgl. 1976, S. 49) legen die Vermutung nahe, daß LehrerInnen in ihrem Urteilsverhalten von ,Fleiß bei der Schularbeit' auf ,akzeptiert die Lehrperson' und ,ist nicht aggressiv' schließen. Solche Vorgänge werden sich am ehesten dort ereignen, wo bei der Lehrperson Streß, Unsicherheit und unzureichende Kompetenz vorliegen, wo es sich um Problempersönlichkeiten, zumindest aber um gewisse Neurotisierungen handelt; in Schulen sind dies insgesamt nicht selten anzutreffende Sachlagen.

Bestimmte, früh gelernte Urteilsreaktionen und Einstellungen sollen im folgenden unter den Begriffen „naive Verhaltenstheorie" und „implizite Persönlichkeitskonzepte" dargestellt werden.

5.2.5 Implizite Persönlichkeitskonzepte und Urteilsreaktionen

Jede Person verfügt über eine Reihe von Vorstellungen, wie menschliche Eigenschaften miteinander in Beziehung stehen: „Wer lügt, der stiehlt auch." Dies ist ihre naiv-psychologische Eigenschaftstheorie. Sie hat darüber hinaus auch nicht reflektierte Vorstellungen davon, wie bestimmte Verhaltensweisen entstehen: „Eine häusliche Umgebung von Ordnung, Sauberkeit und Pünktlichkeit bringt gute verläßliche Charaktere hervor, die in einem Gymnasium am rechten Ort sind." Dies ist ihre naiv-psychologische Prozeßtheorie. BRUNER/TAGIURI (vgl. 1954) und HOFER (vgl. 1969) sprechen in solchen Fällen von impliziten Persönlichkeitstheorien, LAUKEN (vgl. 1974) von der naiven Verhaltenstheorie.

Eine generelle Bedeutung kommt den biographischen Konzeptbildungen zu, die schichtspezifisch sind. In der Regel gehören LehrerInnen der Mittelschicht an oder rekrutieren sich aus den „sozialen Aufsteigern". „Ihr eigener Aufstieg macht für sie eine tatsächliche Aufstiegsmöglichkeit wahrscheinlich . . . Die Lehrer dürften sich von ihrem eigenen Aufstiegsweg her häufig mit den Normen einer elitären Leistungsgesellschaft identifizieren, in der sich eine Elite aufgrund einer sich wesentlich am persönlichen Leistungswillen orientierenden Auslese herausbilden soll. So werden Vorstellungen entwickelt, daß der Platz, den der einzelne in der sozialen Hierarchie einnimmt, in er-

Abb. 24: Implizite Persönlichkeitskonzepte, naiv-psychologische Verhaltenstheorien und Beurteilungen (KLEBER u.a. 1976)

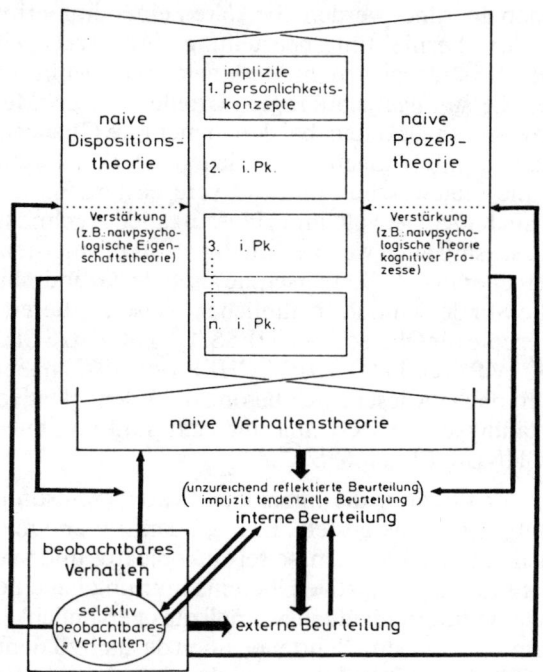

ster Linie das Resultat eigener Anstrengung, Leistung und Fähigkeit sei, eine sozial niedrige Stellung erscheint dagegen als individuelles Versagen und moralische Schuld." (COMBE 1971, S. 43) Nur wer sich so verhält, wie es bisher im eigenen Werdegang zum Erfolg führte – also hohe Anstrengungsbereitschaft, sauberes, gepflegtes Äußeres, gute Umgangsformen, Disziplin usw. zeigt –, wird überhaupt als aufstiegswürdig akzeptiert und oft von LehrerInnen entsprechend beurteilt (vgl. PREUSS 1970; ULICH/MERTENS 1973). Hier wirken gesellschaftlich tradierte Einstellungen mit biographischen Daten des Beurteilers zusammen. LehrerInnen sind in ihrer überwiegenden Gesamtheit durch eine gemeinsame, schichtenspezifisch geprägte berufliche Aufgabe und eine, soweit es sich nicht um besonders angepaßte „Aufsteiger" handelt, schichtenspezifisch geprägte Herkunft gekennzeichnet. Mittelschichtkinder werden aufgrund ihrer der Institution Schule angemesseneren Sozialisation und ihrer, den Lehrpersonen vertrauteren Wertvorstellungen bevorteilt.

Tab. 11: Arbeiter- und Beamtenkinder an Gymnasien 1970 (vgl. KLEBER u.a. 1976, S. 24)

	Erwerbstätigkeit	Eingangsklasse	10. Klasse	13. Klasse
	in %	in %	in %	in %
Arbeiter	37	16,8	12,5	11,2
Beamte	6	20,7	25,8	27,7

Die impliziten Persönlichkeitskonzepte von LehrerInnen bilden Raster der sozialen Wahrnehmung, innerhalb derer die Persönlichkeitseigenschaften von SchülerInnen geordnet werden. Sie klären einen immerhin erheblichen Varianzanteil der Lernleistungsbeurteilung auf (vgl. HOFER 1969; SCHWARZER 1975). Dabei werden Merkmale im ursächlichen Zusammenhang betrachtet, die zu ungerechtfertigten Urteilen führen. Meistens handelt es sich um ganze Merkmalsketten, bei denen mehrere Glieder oft gemeinsam vorkommen. Schlußfolgerungen aus solchen Merkmalsketten sind z.B.: SchülerInnen, die ungewaschen und mit verdreckter Kleidung zur Schule kommen, sind auch nicht gewillt, ihre Hausaufgaben regelmäßig und ordentlich zu machen, sie sind auch weniger intelligent als die meisten anderen Kinder und gehören eher in eine Sonderschule als in die Grundschule. Eigentlich sind sie typische Sonderschüler. In ähnlicher Weise existieren implizite Persönlichkeitskonzepte für Oberschüler. HESS/LATSCHA/SCHNEIDER (vgl. 1966), STEINKAMP (vgl. 1974), HIELSCHER (vgl. 1972) haben dies in ihren Untersuchungen nachgewiesen. „Ich betone die Wichtigkeit von Sauberkeit, Sorgfalt, Selbständigkeit fürs Gymnasium, das sind Gradmesser." (HESS/LATSCHA/SCHNEIDER 1966, S. 228)

Häufig wird in der Literatur die intersubjektive Übereinstimmung als eine Prüfgröße für Objektivität dargestellt. Es heißt dann: Wenn mehrere Beurteiler zu dem gleichen Urteil kommen, so sei dies objektiv, und man meint damit häufig „wahr". Eine intersubjektive Übereinstimmung bei einer Beurteilung kann aber durch ein interindividuelles, implizites Persönlichkeitskonzept bedingt sein. Wenn verschiedene BeurteilerInnen deshalb zu dem gleichen, faktisch jedoch unrichtigen Urteil kommen, also den gleichen Fehler machen, wird das Urteil dadurch keineswegs richtig. Auszuschließen sind mit diesem Vorgehen lediglich subjektive Fehler. Intersubjektive Übereinstimmung erhöht demnach zwar die Objektivität der Aussage in einem Aspekt, sie braucht deshalb aber nicht richtig zu werden. Da interindividuelle, implizite Persönlichkeitskonzepte meist gruppen- oder schichtspezifisch sind, müßte zu einer weiteren Verbesserung der Objektivität eine Übereinstimmung von mehreren Beurteilern, die unterschiedlichen Gruppen oder Schichten angehören, gesucht werden. Darüber hinaus gibt es bestimmte kulturell und sprachlich geprägte implizite Persönlichkeitskonzepte, die auch dann noch als verfälschende Tendenz wirksam bleiben. Die Ergebnisse einer Untersuchung von COHEN (vgl. 1969) und diejenigen von MULAIK (vgl. 1964), HÖHN (vgl. 1967) und HOFER (vgl. 1969, 1970) zeigen, daß ein erheblicher Varianzteil aller Persönlichkeitsbeurteilungen nicht auf die Eigenarten der zu beurteilenden Personen, sondern wesentlich durch die in unserer Sprache geprägten Denkgewohnheiten und auf implizite Persönlichkeitskonzepte zurückzuführen sind.

Die Dimensionalität gruppenspezifischer impliziter Persönlichkeitskonzepte ist nach verschiedenen Untersuchungen von HOFER (vgl. 1969), MASENDORF/TSCHERNER/TÜCKE (vgl. 1974) und SCHWARZER (vgl. 1975) auf fünf Faktoren abbildbar. Bezüglich der Gruppe der LehrerInnen werden diese von HOFER (vgl. 1969, S. 95) wie folgt beschrieben:

— Arbeitsverhalten (konzentriert, pflichtbewußt, ordentlich . . .),
— Schwierigkeit (schüchtern, sensibel, kompliziert . . .),

- Begabung (intelligent, begabt, einfallsreich . . .),
- Dominanz (geltungsbedürftig, ehrgeizig . . .),
- soziale Zurückgezogenheit (verschlossen, ungesellig . . .).

In den Beurteilungen von SchülerInnen (vgl. HOFER 1969, S. 60 f) findet er fünf ähnliche Faktoren, die er wie folgt interpretiert:

- Diszipliniertheit — Undiszipliniertheit:
  Hierzu gehören die Eigenschaftsbezeichnungen: fleißig — faul, zuverlässig — unzuverlässig, pflichtbewußt — pflichtvergessen, ordentlich — unordentlich, konzentriert — unkonzentriert, aufmerksam — unaufmerksam, ehrgeizig — gleichgültig.
- geistige Regsamkeit — geistige Trägheit:
  Hierzu gehören die Eigenschaftsbezeichnungen: klug — dumm, begabt — unbegabt, einfallsreich — einfallslos, aufgeweckt — träge, interessiert — uninteressiert, sympathisch — unsympathisch.
- bescheidene Zurückhaltung — Geltungsstreben:
  Hierzu gehören die Eigenschaftsbezeichnungen: bescheiden — geltungsbedürftig, schüchtern — dreist, führend — zurückhaltend, höflich — frech, folgsam — unfolgsam, ruhig — unruhig, selbstsicher — unsicher.
- soziale Aufgeschlossenheit — Verschlossenheit:
  Hierzu gehören die Eigenschaftsbezeichnungen: offen — verschlossen, gesellig — ungesellig.
- Empfindsamkeit — Robustheit:
  Hierzu gehören die Eigenschaftsbezeichnungen: sensibel — robust, kompliziert — unkompliziert, ausgeglichen — launisch.

HÖHN (vgl. 1967, S. 61) ermittelte dies bereits mit einer ganz anderen Methode. Sie ließ 35 LehrerInnen die Eigenschaften ihrer schlechteren und besseren SchülerInnen charakterisieren. Die Beschreibungen des „schlechten Schülers" waren: faul, dumm, frech, geltungsbedürftig, unaufmerksam, unordentlich, schlecht sozial eingepaßt, moralisch fehlerhaft und milieubelastet. Die Beschreibungen des „guten Schülers" waren: fleißig, ehrlich, ordentlich, gut sozial eingepaßt, milieubegünstigt.

Eine ähnliche Zuschreibung ist bei der Charakterisierung der SchülerInnen nach Schichten zu finden. Unterschichtkinder werden häufig als uninteressiert, unbegabt, einfallslos, dumm, gleichgültig, träge und unsympathisch bezeichnet (vgl. SCHWARZER 1975).

Zu den Faktorenuntersuchungen über die impliziten Persönlichkeitskonzepte der Lehrer läßt sich mit SCHWARZER zusammenfassend sagen: „Der Zusammenhang zwischen der Faktorenstruktur der impliziten Persönlichkeitstheorie und der der aktuell beurteilten Schüler ist (oft) so hoch, daß man interpretieren kann, die Schülerbeurteilung werde weniger durch die Schüler-Persönlichkeit als vielmehr durch die Lehrer-Persönlichkeit bestimmt. Die implizite Persönlichkeitstheorie von Lehrern wird als ein subjektives Organisationsschema bezeichnet, mit dessen Hilfe der Lehrer in ökonomischer Weise — also schnell und einfach — die Schüler-Persönlichkeit ‚erfassen' und damit eigene Unsicherheit reduzieren kann" (1976, S. 69).

Urteilsreaktionen, die den impliziten Persönlichkeitskonzepten folgen, sind um so häufiger, je weniger explizite psychologische Theorien bekannt und je geringer die „kognitive Komplexität" (CROCKETT 1965) des Beurteilers ist.

Unter kognitiver Komplexität versteht CROCKETT ein reich strukturiertes Begriffssystem sowie einen umfangreichen Vorrat an Konstrukten und Kategorien zur Beschreibung und damit zur Abgabe von differenzierten Urteilen.

Eine „unsichere Persönlichkeit" neigt zu autoritärer Haltung. Autoritäre Haltung in Verbindung mit jeder Art von Vorurteilen führt wiederum zu stereotypen Urteilen. Sie genügen dem höheren Sicherheitsstreben und schaffen eine scheinbar klare, in jedem Fall aber eine beruhigende Ordnung (vgl. HASTORF/SCHNEIDER/POLEFKA 1970). Im Ruf des Bürgers nach Ordnung, sobald er verunsichert wird, und in der Forderung nach dem starken Mann, das heißt einer autoritären Staatsführung, sobald ein gewisses Maß an Unsicherheit in einem gesellschaftlichen System erreicht ist, sind durchaus gleichartige Tendenzen erkennbar. Je unsicherer ein Lehrer wird — und neben unzureichender Vorbereitung auf den Beruf[10] und den Unterricht führt auch das Anwachsen der Schülergruppengröße zumindest indirekt zu einer größeren Unsicherheit —, desto autoritärer wird sein Stil, desto stereotyper und weniger objektiv fallen seine Beurteilungen aus.

5.2.6 Kodierung und Reduktion der Wahrnehmungsinformation

Kodierung und Reduktion der systematisch und theoriegeleitet gesammelten Information sind Gegenstand der Diagnostik. Eine reduzierende Auswahl tritt bereits im Zusammenhang mit der Wahrnehmung in allen natürlichen Situationen auf. So wird z.B. unter Zeitdruck die Beschreibung einer Situation oder einer Person auf wenige interpretierende Worte reduziert. Bei den Charakteristika des Lehrerurteils begegneten wir der Reduktion zum zweiten Mal, und zwar gleichzeitig mit einem Prozeß der Kodierung: Die LehrerInnen reduzieren zunächst das SchülerInnenverhalten auf komplexe Begriffe wie Fleiß, Intelligenz, Diszipliniertheit, kritisches Denken u.ä., verdichten diese reduzierte Information weiter zu Benotungen wie „sehr gut" bzw. „mangelhaft" und kodieren diese zu einer „1" bzw. einer „5".

Kodierungen sind jeweils extreme Reduktionen, die in der Regel für umfängliche inhaltliche Zusammenhänge eingesetzt werden, etwa Quantifizierungen über eine bestimmte numerische Skala (z.B. Noten- oder Rating-Skala). Dabei erfolgt die Kodierung durch Ziffern oder Kürzel (z.B. Buchstabenkombinationen wie „S-S-I++" für eine hohe Interaktionsrate zwischen zwei Schülern).

Aus der Personwahrnehmung kennen wir bereits den Umstand, daß eine Vielzahl menschlicher Verhaltensäußerungen auf einen Interpretationsbe-

---

10 Die Vorbereitung auf den Beruf und die Entwicklung einer proaktiven Lehrerpersönlichkeit können nicht von einer Hochschule geleistet werden. Dort können nur Sensibilisierungen erfolgen, Türen aufgestoßen und Wege gezeigt werden. Hierbei handelt es sich um einen permanenten Bildungsauftrag, der über viele Jahre berufsbegleitend fortgesetzt werden muß.

griff, z.B. Schüchternheit, zurückgeführt wird. Die Reduktion von Informationen beinhaltet mehrere Probleme:

— Die Probleme der Reduktion bestehen allgemein und quantitativ in einem Informationsverlust, wobei sich qualitativ fragen läßt, ob nicht vielleicht eine relevante Information verloren geht und eine weniger relevante weitertransportiert wird.
— Das größte Problem ergibt sich immer dann, wenn eine gleiche, reduzierte Information für eine veränderte Fragestellung weiterhin verwendet wird. Mit der Fragestellung verschiebt sich die Relevanz (Problem der Generalisierung der Testanwendung).
— Weiterreichende Schwierigkeiten der Reduktion bestehen in dem Anheben des Komplexitätsniveaus der Aussagen. Eine direkte Beschreibung ist kaum noch möglich. Bei der Reduktion von Beobachtungs- und Beschreibungsinformationen wird unmittelbar auf ein hohes Interpretationsniveau übergegangen. Statt: „Peter kaut an seinem Bleistift, er schaut zum Fenster hinaus, dreht sich um und sucht anscheinend nach etwas (nach der Ursache eines Geräusches), blättert in seinem Rechenbuch usw. . . . " stellen wir fest: „Peter ist in dieser Rechenstunde nicht bei der Sache, er vermeidet, die gestellten Aufgaben zu lösen!" Oder wir sagen: „Peter ist unfähig, dem Mathematikunterricht zu folgen — Peter ist unbegabt."

In dieser Beurteilung sind mehrere Fehlerquellen aufzuzeigen. Statt einer Beschreibung wird eine Interpretation quasi als Faktum weiterverwendet. Interpretationen sagen aber generell mindestens ebensoviel über den Beurteiler wie über den Beurteilten aus. Sie können im Einzelfall einfach falsch sein. In einem Bewertungsprozeß können sie dann mit ihren Konsequenzen (siehe „Sich-selbst-erfüllende-Vorhersage") eine neue Wirklichkeit konstruieren. Diese Interpretation von beobachteten einzelnen Verhaltensweisen auf Eigenschaften einer Person stellt eine unzulässige, viel zu weitreichende Verallgemeinerung dar und ergibt dadurch verzerrte, wenn nicht gar falsche Beurteilungen (vgl. Kap. 5.2.7: Konstrukte als Beurteilungsbegriffe).

Bei der Reduktion und Verdichtung von Informationen treffen wir zudem auf das Inferenzproblem (vgl. ROSENSHINE 1973). Unter Inferenz wird der Vorgang des unmittelbaren Faktizitäts- bzw. Realitätsverlusts über den Akt der Kodierung verstanden. Je mehr die vorliegende Information reduziert und verdichtet wird, desto höher wird der Inferenzgrad der Informationserhebungsinstrumente (Rating oder Testinformation) und der Aussagen. Je höher der Inferenzgrad, desto anfälliger wird die Information für systematische Verzerrungen (s. Abb. 25).

5.2.7 Konstrukte als Beurteilungsbegriffe

Bei der Reduktion von Informationen über SchülerInnenverhalten gelangen BeobachterInnen oft zu psychologischen Konstrukten. Unter Konstrukten versteht man Begriffe, die ein theoretisches Erklärungsprinzip für ein meist komplexes Verhaltens-Handlungs-Schema darstellen. Solche Konstrukte sind: Intelligenz (Begabung), Konzentration, Angst, Motivation u.a. Besonders bei internen Beurteilungen verwendet der Lehrer Eigenschaften wie: Klaus ist intelligent, er ist intelligenter als Hans. Hans ist minderbegabt. Franz ist besonders ängstlich, Uwe ist konzentrationsschwach, Elke läßt sich nicht motivieren usw.

Abb. 25: Grad der Inferenz bei verschiedenen Modi der Beschreibung und Beurteilung (modifiziert nach KLEBER 1982, S. 612)

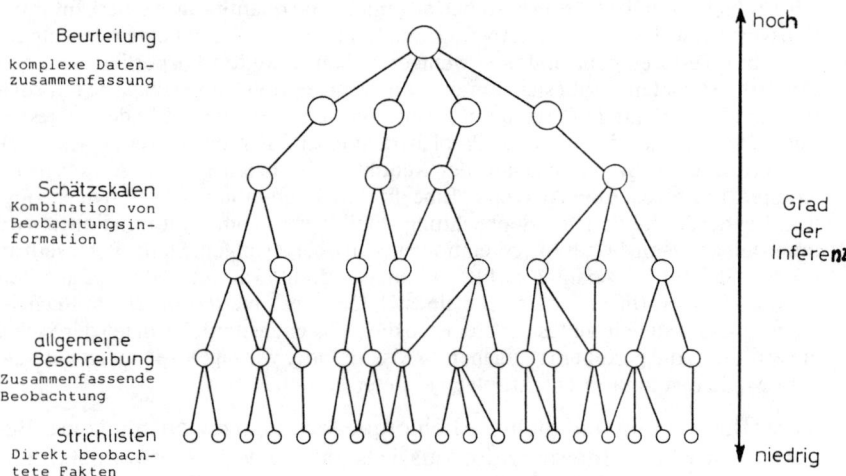

Wie kommen Urteile über solche Merkmale zustande? Zur Erklärung kann auf das sogenannte „Linsenmodell" von BRUNSWIK/HAMMOND (vgl. BRUNSWIK 1956; HAMMOND/HURSCH/TODD 1964; HAMMOND/WILINS/TODD 1966) zurückgegriffen werden. BRUNSWIK sieht den Vorgang im Bild einer doppelt konvexen Linse modellartig dargestellt, neben deren Scheitel auf der einen Seite das distale Merkmal (Konstrukt) und auf der anderen Seite die Beobachter-Beurteiler-Instanz zu denken sind.

Dabei ist die Beobachtung des distalen Merkmals nur über die proximalen Merkmale möglich. Die Güte der proximalen Merkmale, die einer Lehrperson zur Verfügung stehen, um ein distales Merkmal zu beobachten, entscheidet über die Gültigkeit und Richtigkeit eines aufgrund solcher Beobachtungen abgegebenen Urteils. Als Beispiel sei hier der Vorgang an dem Merkmal Intelligenz veranschaulicht. LehrerInnen verwenden eine Reihe proximaler Merkmale, wie sie in Abb. 26 zusammengestellt sind. Je höher die kognitive Strukturierung der psychologischen Kompetenz eines Lehrers ist, desto eher wird er die proximalen Merkmale, die seiner Beobachtung zugänglich sind und die er zur Beurteilung eines Konstrukt-Merkmales verwendet, nennen können. Je geringer seine kognitive Strukturierung dieser psychologischen Kompetenz ist, desto häufiger wird er nicht angeben können, auf welchen Faktoren sein Urteil beruht und desto häufiger wird er unreflektiert impliziten Persönlichkeitsmerkmalen folgen.

Hinsichtlich dieser kognitiven Strukturiertheit der psychologischen Kompetenz sind auf seiten der Beobachter-Beurteiler-Instanz drei Stufen mit beliebig vielen Übergängen zu unterscheiden:

— Der Beurteiler verwendet psychologisch durch empirische Forschungsergebnisse begründbare proximale Merkmale. Er gibt sich vor seinen Beurteilungen darüber

130

Abb. 26: Linsen-Modell zur Erklärung des Beurteilungsvorganges bei Konstrukten als Merkmale (psychologisch fundierte proximale Merkmals-Linse) (vgl. KLE-BER u.a. 1976)

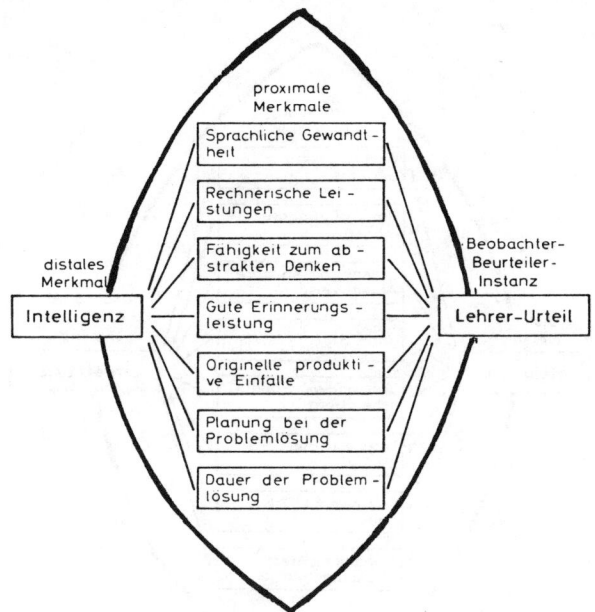

Rechenschaft und bezieht seine proximale Merkmals-Linse in den Beurteilungsvorgang als vorhanden mit ein. Er kann seine proximale Merkmals-Linse auf Befragung sofort mit Kommentaren angeben. Er kennt eine Vielzahl proximaler Merkmale, die er durch Studium der Fachliteratur weiter kritisch hinterfragt und verbessert.

— Der Beurteiler verwendet weniger fundierte proximale Merkmale. Seine proximale Merkmals-Linse besteht aus validen und nicht-validen Merkmalen. Er verwendet seine proximalen Merkmale ohne Reflexion. Auf Befragung kann er zunächst keine näheren Angaben über seine proximale Merkmals-Linse machen. Nach einigem Nachdenken nennt er einige Glieder seiner proximalen Merkmals-Linse.

— Der Beurteiler verwendet unreflektiert implizite Persönlichkeitskonzepte, er urteilt intuitiv. Auf Befragen kann er zunächst keine Glieder seiner proximalen Merkmals-Linse angeben. Er beruft sich auf die Erfahrung und auf die Unterschiedlichkeit einer beobachtbaren Population.

Je weniger gültig jedoch die einzelnen Glieder einer proximalen Merkmals-Linse sind, desto weniger richtig ist ein Urteil über das betreffende Konstrukt.

In Abb. 27 ist eine ungünstige, wenig gültige proximale Merkmals-Linse wiedergegeben. Die dort aufgeführten proximalen Merkmale stehen zwar manchmal in einer gewissen Häufigkeitsbeziehung zu dem distalen Merkmal, jedoch führen sie in dem Beobachtungs-Beurteilungsvorgang in der Regel zu verzerrenden Urteilen.

Bei Interpretationen schulischen Verhaltens wird sehr oft eine Transformation der Aussage von der Verhaltensebene auf die Eigenschaftsebene vorge-

131

Abb. 27: Beispiel einer psychologisch nicht fundierten, impliziten Persönlichkeitskonzepten und naiv-psychologischen Theorien entsprechenden proximalen Merkmals-Linse von LehrerInnen zu dem Beispiel Intelligenz (vgl. KLEBER u.a. 1976)

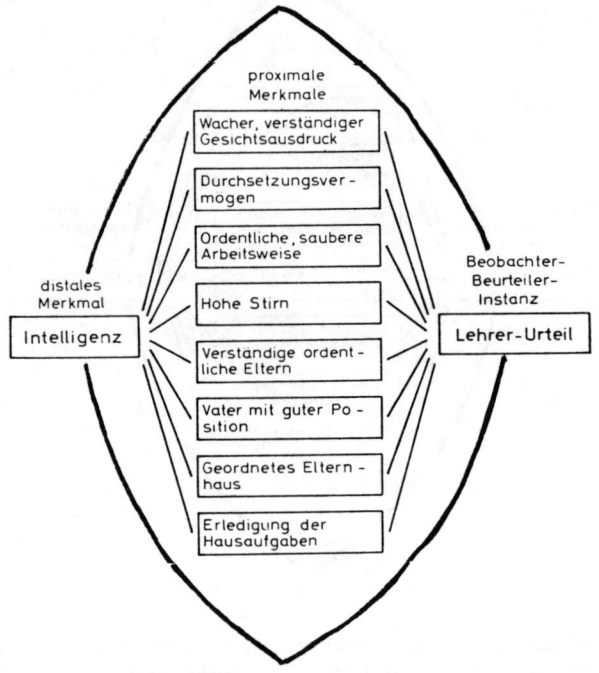

nommen. Dadurch schreibt die beurteilende Person der beurteilten Person Eigenschaften zu. Dieser Wechsel von der Verhaltens- und Lernleistungsebene zur Persönlichkeitsbeurteilung ist aufgrund seiner Allgegenwärtigkeit höchst problematisch. Diagnostisch ausgebildete PädagogInnen sollten diesen Fehler nicht länger begehen. Sie sollten dieses schwierige Geschäft psychologischer Beurteilung den Psychologen (als Experten) überlassen, insbesondere, da das Beeigenschaften selbst für den Persönlichkeitspsychologen eine ganze Reihe ungelöster Probleme beinhaltet (vgl. PAWLIK 1976, S. 18 f) und sie pädagogisch außer Problemen gar nichts bringt (vgl. indirekte Diagnostik, Kap. 1.2.2.1).

5.3 Systematik der Tendenzen, die den Beurteilungsprozeß beeinträchtigen

Wie bisher in Kapitel 5 detailliert dargestellt wurde, sind das Urteil und die Beurteilung von LehrerInnen in erheblichem Maße durch verschiedene verfälschende Tendenzen gefährdet. Solche Tendenzen erfahren in der diagnostischen Literatur unterschiedliche Systematisierungen. Als Beobachtungs- und Beurteilungsfehler wurden sie unter anderem von STOCKFORD/BISSEL (vgl. 1949), GUILFORD (vgl. 1954) und GRAUMANN (vgl. 1966) systematisiert. BECK (vgl. 1987, S. 184) gliedert sie in systematische Fehler des Input – der Verarbeitung/Entscheidung – und des Output.

Im folgenden werden sie nach ihrer hauptsächlichen Wirkung im Stadium des Bewertungsprozesses aufgelistet, beginnend mit impliziter Bewertung über die stereotypgesteuerte zur evaluativen Bewertung.

1) *Hintergrundeffekte:* nicht ausschaltbare Einflüsse aus dem Person-Umfeld (vgl. FASSNACHT 1979).

2) *Vorwissensfehler:* bereits Beeinflussung der Wahrnehmung durch Kenntnisse über die zu beurteilende Person (z.B. über deren soziale Position/Rolle; FASSNACHT 1979).

3) *Interaktionsfehler I:* Der beurteilenden Person wird eine unfreundliche oder besonders freundliche Haltung von seiten des zu Beurteilenden entgegengebracht. Auf dieser emotionalen und unreflektierten Grundlage wird ein Urteil gebildet. Im Falle des positiven Interaktionsgefühls (bei besonders günstiger Beurteilung) nannte CRONBACH (vgl. 1970) diese Tendenz „error of leniency" (Fehler durch übergroße Nachsichtigkeit), im Falle besonders ungünstiger Beurteilung (negative Interaktionsgefühle) „negative error of leniency". In seiner Konsequenz gleicht dieser Interaktionsfehler I dem Milde-Strenge-Effekt (vgl. 9.), aber er kann für die beurteilte Person wesentlich ungerechter sein.

4) *Beobachtungsabfolgeeffekt (primary-recency-effect):* Je nach Abfolge von Ereignissen werden diese unterschiedlich eingeschätzt (vgl. CRANACH/FRENZ 1969).

5) *Nachbarschaftsfehler (proximity error):* Aufgrund der Beeinflussung durch räumliche/zeitliche Nähe von nicht unter den Beobachtungsaspekt fallenden, aber ebenfalls zu beobachtenden Ereignissen erfolgt eine entsprechend vermischte Beurteilung (vgl. GUILFORD 1954).
Bei der Auswertung von Beurteilungsbögen traten Beeinflussungen durch zeitlich aufeinander folgende Ereignisse zutage (vgl. STOCKFORD/BISSEL 1949).

6) *Weitere Reihungs- und Schwankungseffekte:* Bei mündlichen Prüfungen konnten rhythmische Schwingungseffekte aufgezeigt werden. BETZ (vgl. 1974) fand periodisches Absinken und Ansteigen der Benotung.
Eine allgemeine Tendenz bei der Beurteilung schriftlicher Arbeiten besteht darin, daß die ersten Arbeiten strenger beurteilt werden als die letzten (vgl. BAURMANN 1973).

7) *Wertungseffekt:* Einfluß der subjektiven Wertschätzung des Beurteilers auf die Fragestellung (z.B.: Kann sich die Wahl eines Aufsatzthemas bereits auf die Beurteilung auswirken?) (vgl. FASSNACHT 1979). Wertschätzung des Beurteilers für bestimmte Ergebnisse (eventuell auch im Sinne sozialer Erwünschtheit) (vgl. WALTER 1977).

8) *Kontrastfehler und Fehler der gleichen Art:* Bei bestimmten Fehleinstellungen der beurteilenden Person zu sich selbst tritt der sogenannte Kontrastfehler „contrast error" (vgl. MURRAY 1933) auf. Hierbei ist der Beurteiler bestrebt zu zeigen, daß er in jedem Falle viel besser ist als der zu Beurteilende (eventuell eine Art Abwehrmechanismus bei Minderwertigkeitskomplexen im Sinne einer Überkompensation). Beim „Fehler der gleichen Art" (vgl. WILDE 1949/50; GUILFORD 1954) reagiert

der Beurteiler in der Regel so, daß er sich selbst und seine Fähigkeiten positiv sieht und annimmt, alle zu beurteilenden Personen seien so geartet wie er.

9) *Milde-Effekt (generosity error)/Strenge-Effekt:* Der Milde-Effekt bezeichnet die Tendenz eines Beurteilers, im allgemeinen zu gute Beurteilungen abzugeben. Als Erklärung wird z.B. darauf verwiesen,
   - daß eine „schlechte Beurteilung" ein ungünstiges Licht auf die Fähigkeit des Beurteilers werfen könnte,
   - daß die Lehrperson sich für „schlechte Beurteilungen" rechtfertigen müsse, was sie vermeiden will,
   - daß ihre Bequemlichkeit sie daran hindert, sich gründlich mit der Bewertungsaufgabe zu befassen.

Die beiden erstgenannten Deutungsmuster können auch zur Erklärung des Strenge-Effekts herangezogen werden. So werden z.B. Schülerleistungen von LehrerInnen besonders dann streng bewertet, wenn:

   - eine hohe Fachkompetenz herausgestellt werden soll,
   - den SchülerInnen gezeigt werden soll, daß sich im eigenen Unterricht eine intensive Auseinandersetzung mit den Gegenständen lohnt. Diese LehrerInnen versuchen, sich für das Fach (die Sache) pädagogisch besonders einzusetzen.

Solche Tendenzen können auch im Sinne des „Fehlers gleicher Art" (vgl. 8.) aufgrund der Biographie der BeurteilerInnen zustande kommen, z.B. wenn sie immer pädagogisch wohlwollend behandelt und beurteilt (Milde-Effekt folgt) oder immer hart behandelt und streng beurteilt (Strenge-Effekt folgt) worden sind.

10) *Der „logische Fehler"/theoretische Fehler/Korrelationsfehler/Verknüpfungseffekt:* Der logische Fehler (logical error; vgl. NEWCOMB 1931; GUILFORD 1954) entsteht als Auswirkung der impliziten Persönlichkeitskonzepte in Verschränkung mit Persönlichkeitstheorien. BeurteilerInnen lassen nämlich den Merkmalen, die sie für logisch zusammengehörig ansehen, auch ähnliche Wertungen zuteil werden. Auf diese Weise werden implizite Persönlichkeits- und Unterrichtstheorien wirksam, die weitgehend interindividuellen Charakter haben, das heißt gruppenspezifisch sind. FASSNACHT (vgl. 1979) spricht hierbei vom „theoretischen Fehler".

Im Falle der in Abb. 28 dargestellten Verlaufsskizze für die Entstehung eines logischen Fehlers besteht eine Kommunikationsbarriere zwischen SchülerIn und LehrerIn. Die Lehrperson beobachtet, daß ein Schüler sich oft von ihr abwendet und selten ihren Blick erwidert (nimmt selten Blickkontakt auf). — Der Schüler äußert sich im Beisein der Lehrperson nie spontan und antwortet nur sehr kurz auf direkte Aufforderungen (spricht nur wenige Worte bei Aufforderung). — Auch zu anderen Schülern findet er nur schwer Kontakt, ist also relativ isoliert in der Klasse. (Der Lehrer/die Lehrerin beobachtet, daß er auf dem Schulhof meistens allein herumsteht.) Bei der Lehrperson bildet sich das Urteil: X ist verschlossen!

Ein anderer Lehrer beobachtet nun den „verschlossenen" Schüler. Von fünf beobachtbaren Verhaltensweisen, die relevant wären, nimmt er nur wahr, daß X sich nicht meldet. Das interne Urteil „verschlossen" wird ergänzt durch „uninteressiert". Es bildet sich eine Urteilskette: verschlossen — uninteressiert — unkonzentriert — lernschwach — unintelligent — paßt nicht in die dritte Klasse!

Aufgrund dieser internen Bewertung bildet sich der Lehrer ein implizites Personenbild des Schülers, das als Erwartungshintergrund selektierend in den Wahrnehmungsprozeß des Beobachters eingreift und sich akzentuierend und assimilierend auf alle weiteren Beobachtungen und Urteile auswirkt. Solche Verknüpfungstendenzen werden von CRONBACH/MEEHL (vgl. 1955) auch als Korrelationsten-

Abb. 28: Darstellung der Wahrnehmungsselektion und der Urteilsbildung im Falle des logischen Fehlers (vgl. KLEBER u.a. 1976)

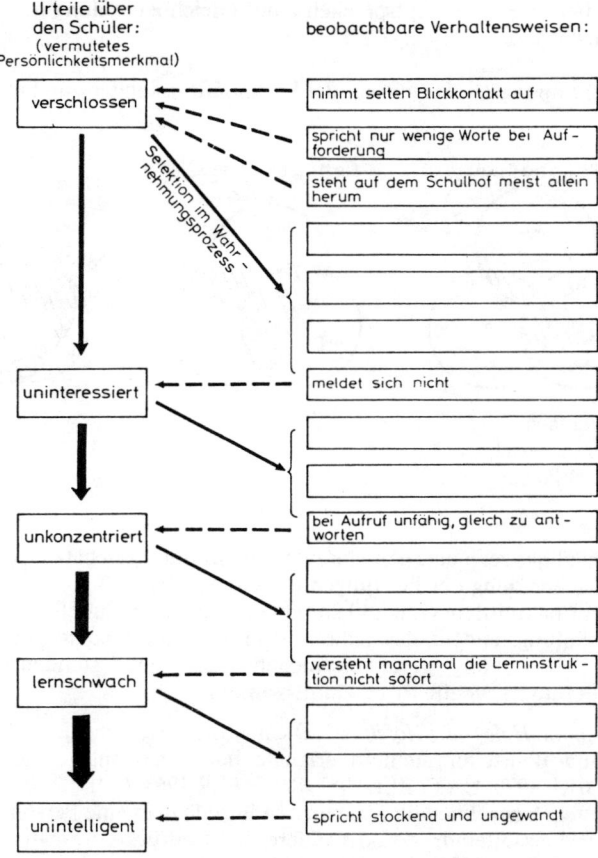

denz und von KLEITER (vgl. 1973) auch als Korrelationsfehler beschrieben. Korrelationsfehler müssen nicht unbedingt das Ergebnis von impliziten Persönlichkeitskonzepten sein. Sie treten ebenfalls auf, wenn Ergebnisse der psychologischen Forschung inkompetent angewendet werden. In einem solchen Fall wird übersehen, daß Korrelationen immer nur Parallelitäten und Häufigkeitsbeziehungen, jedoch keine kausalen Zusammenhänge beschreiben — sie werden also, wenn sie zur Erklärung von Ursachen herangezogen werden, falsch interpretiert.

Berühmte Beispiele für den Unsinn einer Ursachenerklärung aus Korrelationen stellen hohe Korrelationen zwischen dem Rückgang der Storchenpopulation und der Geburtenrate in Südschweden oder zwischen der Schuhgröße und dem Monatseinkommen dar. In der Regel gibt es eine ursächliche Erklärung über „dritte Variablen", die Moderatorvariablen genannt werden.

Auch Synonymität in der Alltagssprache, teil-synonym gebrauchte Wörter oder bestimmte lexikalisch ähnliche Wortbedeutungen führen leicht zu Verknüpfungeffekten (vgl. ULICH/MERTENS 1973). Mit diesen Verknüpfungstendenzen gehen

135

Generalisierungseffekte einher. Einzelne Indikatoren werden übergeneralisiert (vgl. HENZE/NAUCK 1985). Vor diesem Hintergrund läßt sich auch der sogenannte „Verklumpungseffekt" (KLEITER 1976) verstehen. Die in Abb. 29 gezeigten schraffierten Flächen entsprechen einer Gleichbeurteilung in verschiedenen Unterrichtsfächern.

Abb. 29: Verklumpungseffekte, die aus der Verknüpfungstendenz im Lehrerurteil entstehen

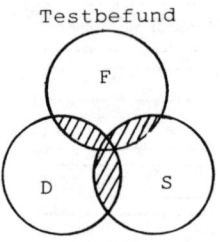
Testbefund

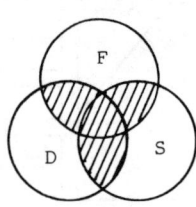
Lehrerurteil

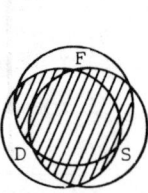
Haloeffekt+
log.Fehler

D: Deutsch
F: Französisch
S: Sachfächer

Die Graphik links zeigt eine gemeinsame Varianz einer geschätzten oder tatsächlichen Überschneidung der Leistungen in den drei Fächern.

Im Lehrerurteil (mittlere Graphik) kommt ein Verklumpungseffekt hinzu, der aus der Verknüpfungstendenz des Lehrers resultiert. Die Graphik rechts zeigt den Grad der Verklumpung, wenn verschiedene Verknüpfungstendenzen (z.B. logischer Fehler und Haloeffekt) zusammenwirken.

11) *Der sogenannte „Halo- oder Hofeffekt":* Die höchste Beachtung unter den Wahrnehmungs- und Beurteilungsfehlern erlangte der sogenannte „halo effect" (vgl. THORNDIKE 1920; CATTELL 1957; RICHTER 1963; COHEN 1969). Der Halo- oder Hofeffekt bezeichnet die Tendenz, Teilurteile über eine Person aufgrund des allgemeinen Gesamteindrucks oder anderer Teileindrücke, die man von ihr hat, abzugeben. Nach SYMONDS (vgl. 1925) ist dieser Effekt besonders dann zu beobachten, wenn Merkmale beurteilt werden sollen, die nur schwer zu beobachten sind, die nicht präzise definiert bzw. nicht operationalisiert sind, die eine hohe moralische Bewertung haben. Dies alles gilt für die meisten der über die Lernleistungsbeurteilung hinausgehenden Beurteilungskategorien.

Dieser Beurteilungsfehler ist wiederum von den interaktionsbedingten Wirkmechanismen abhängig. Sympathie- und Antipathieaspekte sind für die Beurteilungen, die bisher von LehrerInnen im Sinne einer Beurteilung der Gesamtpersönlichkeit von SchülerInnen verlangt werden, maßgebend. Geht die Beurteilung über die Lernleistungsbeurteilung hinaus, so treten alle Merkmalskomponenten, die SYMONDS für einen Haloeffekt als konstituierend bezeichnet, auf.

LehrerInnen können die Persönlichkeitsmerkmale, auf die sie ihre Information reduzieren, nicht direkt beobachten (sie sind zeitlich zu stark belastet, ihre Beobachtungstechniken reichen nicht aus, eine Operationalisierung der Begriffe fehlt). Meist sind diese Merkmale zudem aufgrund einer unzureichenden psychologischen Ausbildung nicht präzise zu definieren. Darüber hinaus kommt diesen Merkmalen in der Regel eine hohe soziale und moralische Bedeutung zu (z.B. finden

sich folgende Kategorien in einem Beurteilungsbogen für LehrerInnen: Antriebs-
bereich – Gefühlsleben – Stimmungen – Werthaltungen – Intelligenz und Denken). Hier bieten sich geradezu ideale Möglichkeiten, den Haloeffekt zu kultivieren.

COHEN (vgl. 1969) fand, daß unter den Bedingungen, die er verwendete (interak-
tionsbedingte Tendenzen schieden aus), Haloeffekte nicht nachgewiesen werden
konnten bzw. daß sich auftretende Effekte inhaltlich nicht von dem sogenannten
logischen Fehler unterscheiden ließen.

Wenn in der unter Verknüpfungseffekten beschriebenen Situation eine unkontrol-
lierte Zuordnung von der Verhaltensbeobachtungsebene zu Urteilsdimensionen
erfolgt (zu abstrakten/theoretischen Begriffen z.B. im Sinne der Beeigenschaftung
der zu beurteilenden Person), wird auch von dem „Fehler der reduktiven Kodierung" gesprochen (vgl. FRIEDRICHS/LÜDTKE 1971; FASSNACHT 1979).

12) *Zentrale Tendenz (central tendency):* Im Bewertungsprozeß reagieren BeurteilerInnen mit einer Tendenz zum Zentrum. Sie meiden extreme Aussagen und verwenden nur den mittleren Teil einer zur Verfügung stehenden Abbildungsskala. Dies
wurde insbesondere bei der Anwendung wenigstufiger Skalen beobachtet (vgl.
CRONBACH 1970); die Neigung zur Abgabe durchschnittlicher Urteile beschreibt
auch SUMASKI (vgl. 1977).

13) *Dichotomisierungstendenz:* Diese Tendenz stellt formal die Gegenrichtung zur zentralen Tendenz dar. LehrerInnen unterscheiden vor allem gute und schlechte Leistungen, sie verwenden dann überwiegend die Noten 2 und 4, oder sie sind sich der
wenig exakten inhaltlichen Differenzierungsmöglichkeit bewußt (vgl. lernzielorientierte Tests und Probleme einer breit differenzierenden Notenskala) und beurteilen die Könner mit Note 1, die Nichtkönner mit Note 5. GUILFORD (vgl.
1954) spricht in diesem Zusammenhang von einer Extremisierungstendenz.

14) *Laienfehler:* Die Situation besteht darin, daß von BeurteilerInnen die Abgabe von
Urteilen verlangt wird, die sie aufgrund ihrer fehlenden Sachkompetenz eigentlich
nicht abgeben können. Sie können weder die geforderten Kriterien klar identifizieren noch differenziert betrachten (vgl. FRIEDRICHS/LÜDTKE 1971). LehrerInnen geraten nicht selten in eine solche Situation. Sie sollten sich ihrer Kompetenz-
grenzen bewußt werden (vgl. Kompetenzen diagnostischen Handelns).

15) *Generalisierungsfehler:* Ein die beurteilende Person besonders beeindruckendes Ereignis wird hinsichtlich seiner Häufigkeit und Bedeutsamkeit übergeneralisiert, gewissermaßen falsch „hochgerechnet" (vgl. FASSNACHT 1979).

16) *Interaktionsfehler II:* LehrerInnen beurteilen SchülerInnen in bezug auf ihre gemeinsamen Interaktionen oder das Engagement der SchülerInnen am Lehr-Lern-
Prozeß. Sie urteilen dann im Sinne einer solchen Tendenz nach schulischer Erwünschtheit (Anpassung an die Schülerrolle).
Die Lehrperson fragt sich vor der Abgabe einer Beurteilung z.B.: Nähert sich der
Schüler den von mir aufgestellten Lehrzielen selbständig an? – Führt die Schülerin
wenigstens meine Anweisungen gewissenhaft aus? – Bleibt er/sie bei der Sache,
oder stört er/sie den Lehr-Prozeß? – Opponiert er/sie? – Während die Tendenz des
Interaktionsfehlers I implizit wirksam wird, haben wir es hier mit einer mindestens
halbbewußten Tendenz zu tun, die den evaluativen Bewertungsprozeß schwer beeinträchtigen kann.

17) *Referenzfehler:* LehrerInnen klassifizieren einzelne SchülerInnen, indem sie sich
sehr früh ein „Bild von ihnen" machen. Diesem Bild entsprechen auch die Kausalattribuierungen und das Lehrerverhalten. Damit wird der Schüler in eine Refe-

renzpopulation (z.B. Problemschüler, langsamer Lerner, schlechter Schüler) eingegliedert. Hier besteht ein deutlicher Zusammenhang zu den Interaktionsfehlern I und II. – Im Sinne des Referenzfehlers richtet sich jedes Urteil bis zu einem gewissen Grad nach den Charakteristika der Referenzpopulation. Referenzfehler entstehen immer dann, wenn eine zu beurteilende Person einer falschen Gruppierung zugeordnet wurde.

Ein solcher Fehler auf mehr formalem Niveau entsteht bei der Benotung nach einem klasseninternen Bezugssystem. Die Beurteilung der Leistung eines Schülers wird je nach dem Leistungsniveau der Klasse, in der er sich zufällig befindet, mit „gut", „durchschnittlich" oder „mangelhaft" beurteilt (vgl. Abb. 31).

18) *Skalenniveaufehler:* Hier handelt es sich um einen Abbildungsfehler. Beobachtete Ereignisse werden auf eine falsche Skala, z.B. eine Intervallskala, abgebildet, während es sich nur um eine ordinale Information handelt (vgl. Abbildungsmöglichkeiten in der Diagnostik). Dies ist ein in der schulischen Beurteilung häufig vorkommender Fehler.

5.4 Wege aus dem Dilemma – die kontrollierte Subjektivität

LehrerInnen können keine distanzierten BeobachterInnen in ihren Klassen sein. Soll Unterricht die SchülerInnen interessieren und wollen LehrerInnen erfolgreich sein, sind sie auf engagiertes Handeln und auf eine schnelle Beurteilung von Interaktionssituationen angewiesen. Ihre Beurteilungen werden notwendigerweise in hohem Grade subjektiv bleiben. Ziel kann hier auch nicht Objektivität, sondern lediglich kontrollierte Subjektivität sein.

Der Urteilsbildungsprozeß (vgl. Abb. 20) muß systematisch als evaluativer Bewertungsprozeß betrieben werden. Hierzu sind notwendig:

– die Einsicht in die Subjektivität des Wahrnehmungsurteils und
– der Beginn des Hinterfragens sowie die Bemühung, verzerrende Tendenzen im eigenen Beurteilungs- und Bewertungsverhalten zu entdecken.

LehrerInnen müssen ständig auf der Hut sein, nicht in stereotypen Beurteilungen stecken zu bleiben oder in diese zurückzufallen. Sie müssen abschließende Beurteilungen vermeiden. Ihr Beurteilungshandeln sollte als permanenter evaluativer Bewertungsprozeß ausgebaut werden, der zu einem argumentativen Urteil und zu einer offenen Beurteilung führt. Zur Verbesserung ihrer schwierigen Lage sind zumindest teilweise für evaluative Bewertung günstigere Unterrichtsformen einzuführen. So ergibt sich in einem schülerzentrierten Unterricht mehr Spielraum für die systematische Beobachtung, und es wird Schülerbeteiligung bei den Beurteilungen gefordert. Schülerzentrierter Unterricht ist deshalb ein Teil des Weges, das „Beurteilungsdilemma" der LehrerInnen zu verringern.

LehrerInnen können nicht eigentlich DiagnostikerInnen sein. Die Möglichkeit, nicht richtig zu erkennen, was tatsächlich passiert, die Situation von

SchülerInnen falsch zu verstehen, Dinge falsch zu interpretieren, zu einem schiefen, verzerrten oder gar falschen Urteil zu kommen, ist groß.

Objektivität ist ein fernes Ziel oder eine Fiktion, die selbst zur Verzerrung im Bewertungsprozeß beitragen kann. Bleibt Objektivität ein fernes Ziel, dem durch systematische Beobachtungen, kritisches Überprüfen von Schulleistungsbeurteilungen, verbesserte lehr-lernziel-orientierte Tests, Prüfsituationen mit und durch proaktives Verhalten in der Lehrer-Schüler-Interaktion Rechnung getragen wird, dann stellt sie ein nützliches Kriterium dar. Wird sie zu einem Nahziel, das die Bewertungsprobleme des Lehrers lösen soll, dann wird sie zu einer Fiktion, die sich in Richtung auf überreaktive Verhaltensweisen in der Lehrer-Schüler-Interaktion auswirken kann. – Vorsicht Falle!

LehrerInnen müssen sich zunächst einmal darum bemühen, die vielfältigen Möglichkeiten, die zu einem verzerrten Urteil über SchülerInnen führen können, kennenzulernen. Sie sollten ihre Bewertungen stets als bedingte Vorausurteile verstehen und sich bewußt um das notwendige Maß an weiterer Offenheit sowie um deren Revision im Hinblick auf argumentative Urteile bemühen. Spätestens dann, wenn ihre Meinung und ihre Bewertung für einzelne Schüler oder eine Sache ungünstig ausfallen, sollten sie sich immer aktiv um Revision und eine breitere Analyse der individuellen Lernsituation des Schülers/der Schülerin bemühen, und zwar unter Hinzuziehung von I-, P-, Z- sowie Zs-Informationen (vgl. ökologisch-phänomenologische Position). Zur Möglichkeit der eigenen Kontrolle sollten sie die persönliche Form der Auseinandersetzung mit der individuellen Schülersituation und dem Lernprozeß des Schülers für sich dokumentieren (interne Nachfrage).

Unter Hinzuziehung aller Möglichkeiten, die ihnen diagnostische Kompetenz zur Verfügung stellt, können sie auf diese Weise zu einer „kontrollierten Subjektivität" gelangen. Es geht dabei darum, Willkür zu vermeiden und Gerechtigkeit im Verhalten anderer gegenüber zu optimieren. Sie sollten auf einem niedrigen Interferenzniveau bleiben und eine Beurteilung in Konstrukten unterlassen. Gegenüber Ratschlägen, wie sie z.B. von DONAT gegeben werden: „Der Lehrer soll in der Regel nichts weniger als das ‚Wesen' des Schülers erkennen, er soll den Weg vom Erscheinungsbild zum ‚Wesensbild' gehen . . ." (1965, S. 167), bleibt Skepsis angebracht. FEIGEL/KEITEL (vgl. 1964) betonen, daß psychologisches Wissen, Sachlichkeit, Taktgefühl und ‚unbestechliche Gerechtigkeit' Vorbedingungen richtiger Beurteilungen sind. Ein Weg dorthin besteht u.a. in der Bemühung um „kontrollierte Subjektivität".

Psychologisches Wissen ist wichtig und hilfreich – aber: Vorsicht Falle! Der Lehrer sollte sich nicht aufgrund eines psychologischen Halbwissens bereits als Psychologe fühlen und seine Bewertungen zu einer psychologischen Persönlichkeitsbeurteilung hochstilisieren. Negativbeispiele hierzu sind in den Darstellungen und Aufgliederungen der Beurteilungskategorien, wie sie von ENGELMAYER (vgl. 1949), HUTH (vgl. 1955), FEIGEL/KEITEL (vgl. 1964) und THOMAE (vgl. 1968) vorgelegt wurden, zahlreich enthalten. Einige Beispiele für solche Beurteilungshilfen aus ENGELMAYERs „Beobachtung und Beurteilung des Schulkindes" (1949) und aus HUTHs Beobachtungsheft „Meine Schüler" (1955) verdeutlichen dies:

Assoziationstätigkeit:	spärlich, gerichtet, prägnant, perseverativ, vitalschwer, innengewandt;
Begriffsklarheit:	rechthaberisch, klar, praktisch, unscharf;
Urteilsrichtigkeit:	nörgelnd, zutreffend, intuitiv, kritiklos;
Willensziele:	zersplittert, reich, zäh, unentschlossen;
Ehrgefühle:	ehrgeizig, ehrliebend, gutmütig, gleichmütig.

Zunächst ist festzustellen, daß die in Form einer Skala zusammengestellten Eigenschaftsbezeichnungen weder unipolare noch bipolare Skalen darstellen und daß es sich um eine heterogene Aneinanderreihung von Begriffen handelt, die aufgrund dieser Heterogenität der Beschreibung des jeweils vorangestellten Konstrukts nicht gerecht werden kann. Wenn solche „Beurteilungshilfen" hauptsächlich Ansammlungen von populären Stereotypen sind und darin auch noch negative Bezeichnungen überwiegen, dann helfen sie geradezu, bestimmte Fehlbeurteilungen zu erzeugen.

So knüpft ENGELMAYER auch 1960 in seinem Buch „Psychologie für den schulischen Alltag" noch direkt an gängige Stereotype an, stellt als Merkmalsammlung geradezu eine Schimpfwortliste zusammen und nennt dieses dann Beurteilungshilfe:

„Verspielt, läppisch, tändelnd, Tagträumer, Heulsuse, Starrkopf, Rechthaber, Zappelphilipp, Nägelbeißer, Daumenlutscher, frech, dreist, Störenfried, Heimtücker, Egoist, Früchtchen, Lügenbeutel" u.a. (ENGELMAYER 1960, S. 243)

LehrerInnen sollten Persönlichkeitsbeurteilungen den Psychologen überlassen. Sie sollten alle Aussagen, die eine Beeigenschaftung der SchülerInnen darstellen, kritisch und als höchstens für interne Beurteilungen akzeptabel, weil revidierbar, auffassen. Sie sollten sich insbesondere bei externer Nachfrage auf Lernleistungsbeurteilungen sowie Beurteilungen des Lernprozesses und der individuellen Lernsituation auf der Grundlage von Beobachtungsinformationen und pädagogischer Interpretation (nicht Persönlichkeitsinterpretation) beschränken. Die Beschreibung der individuellen Lernsituation samt möglichen Maßnahmen zu deren Verbesserung, falls sie als ungünstig erkannt wurde – ohne Persönlichkeitsbeurteilung –, sollten ihr Geschäft sein.

Sollten für irgendwelche Zwecke weiterreichende Beurteilungen einzelner SchülerInnen notwendig sein, dann mögen sie von Experten (z.B. Psychologen) durchgeführt werden, in der Hoffnung, daß diese sich mit den auch in der Psychologie nicht gelösten Problemen des Diagnostizierens von Eigenschaften werden angemessener auseinandersetzen können als man selbst.

Zusammenfassend ist festzustellen: Die allgemeinen Bewertungsprobleme sind in der Schulklasse allgegenwärtig, sie entstehen nicht erst durch die Verpflichtung der LehrerInnen zur amtlichen Beurteilung. LehrerInnen geraten immer wieder in die Gefahr, SchülerInnen unrecht zu tun, und ihr eigenes Verhalten wird unreflektiert durch diese Vorgänge erheblich beeinflußt. Die Situation stellt sich bei näherer Betrachtung oft als ein Dilemma dar. Wege aus diesem Dilemma scheinen möglich bei Kenntnis der Gefahren, Reflexion der eigenen Position in dieser Situation und Bemühungen um bewertungskritische Informationserhebung. Konkret bedeutet dies:

1. Kenntnis der Auswirkungen impliziter Persönlichkeitskonzepte, der Wahrnehmungskompromisse, der Erwartungshaltungen und Kausalattribuierungen, der Reduktion von Information und der damit möglicherweise einhergehenden Beeigenschaftung der zu Beurteilenden sowie der eigenen Probleme in der schulischen Interaktion und der daraus möglicherweise gelernten Urteilsreaktionen (der konditionierte Lehrer),
2. Reflexion dieser Möglichkeiten im eigenen Bewertungs- und Interaktionsverhalten,
3. Bemühungen um bewertungskritische Informationserhebung, Trennung von objektiver Beschreibungs- und interpretativer Information unter Berücksichtigung unterschiedlicher Perspektiven (kontrollierte Subjektivität) und
4. Hinwendung zu pädagogischen Prinzipien: weg von überreaktivem hin zu proaktivem Interaktions- und Bewertungsverhalten.

Dieses Maßnahmenbündel bildet einen Weg aus dem schulischen „Bewertungsdilemma".

Abb. 30: Vorsicht Falle!

„Vorsicht Falle!" ist ein wichtiges Schild, das sich LehrerInnen auf den Tisch stellen sollten, an dem sie Nachbereitungen von Unterricht und Lernprozeßdokumentation bzw. Schülertagebuchaufzeichnungen vornehmen. Ohne Lernprozeßdokumentation (pädagogisches Tagebuch o.ä.) als Grundlage für kritische Hinterfragung von eigenem Bewertungs- und Interaktionsverhalten gibt es keinen Weg aus diesem Problemkreis. Tests (vgl. Kap. 6.3) können nur innerhalb eines permanenten evaluativen Bewertungsprozesses unter Schülereinbeziehung und bei geeigneter kritischer Dokumentation helfen, sie bieten keine einfachen Lösungen für die Problematik.

6. Abbildungsmöglichkeiten in der Diagnostik

Diagnostische Informationen enthalten stets eine Fülle von verschiedenartigen Teilaspekten, die es in ihrer Gesamtheit zu berücksichtigen gilt, wenn Beurteilungsaussagen in einem kritischen Sinne getroffen werden sollen. Diese Teilaspekte werden in diesem Kapitel jeweils gesondert herausgearbeitet.

Als erstes ist die Frage zu klären, auf welche Bezugssysteme sich die diagnostischen Informationen beziehen. Diese Bezugssysteme geben der Information erst eine bestimmte Wertigkeit. Sodann ist zu prüfen, in welcher Weise die diagnostischen Informationen „verobjektiviert" worden sind. Diese Problematik hängt eng mit einer weiteren Frage, nämlich derjenigen nach der Güte der diagnostischen Information, zusammen. Zur Erhöhung der Güte, insbesondere der Verläßlichkeit bzw. Zuverlässigkeit einer diagnostischen Aussage oder einer Beurteilung, wurde das Kriterium Objektivierung des Meßvorgangs immer weiter ausdifferenziert und verfeinert. Erst eine meßtheoretische Auseinandersetzung mit den Abbildungsmöglichkeiten vermittelt DiagnostikerInnen und BeurteilerInnen in der Praxis eine konkrete Erfahrung der Unzulänglichkeit und der stets verbleibenden Fehlerbehaftetheit ihrer Aussagen. Diese grundlegende Einsicht ist Voraussetzung für den Aufbau diagnostischer Kompetenzen, denn es reicht nicht, das Testen zu kritisieren, wenn nicht auch alle sonstigen Beurteilungsaussagen demselben kritischen Maßstab unterworfen werden.

6.1 Bezugsnormen und Bezugssysteme

6.1.1 Lehrziele, Lernziele und Normen als Bezugssysteme

KLAUER (vgl. 1982a) beginnt die Normendiskussion zur Leistungsbewertung mit einer generellen Betrachtung der unterschiedlichen in der Erziehungswissenschaft existierenden Normvorstellungen. Er unterscheidet:
− Erziehungs- und Lehrziele,
− Verhaltenserwartungen bzw. soziokulturelle Normen,
− Real- und Idealnormen,
− Bezugsnormen bzw. Beurteilungsmäßstäbe.

143

Alle vier Normentypen spielen in Bewertungs- und Beurteilungsprozessen eine Rolle. Obwohl Erziehungsziele und Verhaltenserwartungen etwas anderes sind als Bezugsnormen, können sie dennoch in Form von Idealnormen zu diagnostischen Kriterien werden, und zwar dann, wenn gefragt wird, ob die gesetzten Lehr-, Lern- oder Erziehungsziele erreicht worden sind. In einem kriterienorientierten Bezugssystem wird eine solche Verknüpfung zwischen dem Zielkriterium und der Bezugsnorm vorgenommen.

— *Erziehungs-, Lehr- und Lernziele*
Erziehungs- und Lehrziele stellen normative Sätze oder Soll-Sätze (als Lernziele: Will-Sätze) dar. Sie kennzeichnen einen angestrebten Zustand und implizieren für den Pädagogen die Forderung, diesen Zustand herbeizuführen.

— *Soziokulturelle Normen*
Soziokulturelle Normen sind Verhaltenserwartungen. Eine soziale Rolle kann als ein Bündel solcher Erwartungen definiert werden. LehrerInnen, SchülerInnen sowie Väter, Töchter usw. definieren soziale Rollen, die im Sinne soziokultureller Normen den (Erwartungs-)Druck ausüben, rollenkonformes Verhalten zu zeigen. Diese soziokulturellen Normen sind oft unabhängig von den Lehr-/Lernzielen, können in Einzelfällen aber auch mit ihnen identisch bzw. konträr zu ihnen sein.

— *Real- und Idealnormen*
Real- und Idealnormen stellen ein Hintergrundbezugssystem dar. Realnormen werden aus tatsächlichen Gegebenheiten abgeleitet. Sie sind deshalb nur in empirisch untersuchten Bereichen zu definieren. Wenn ich z.B. einen Weitsprung als überdurchschnittlich bezeichne, wende ich eine Realnorm an. Dabei ist es notwendig, daß die genauen Normwerte (Durchschnitt und Streuung) für eine bestimmte Population bekannt sind. Nach KLAUER orientiert man sich z.B. in dem pädagogischen Fall: „Wenn man sich vornimmt, ein sprachbehindertes Kind wenigstens so weit zu fördern, daß es in einer Sprachgemeinschaft nicht mehr auffällig ist" (1982b, S. 28) an einer pädagogischen Realnorm. Die Idealnorm ist im Gegensatz dazu eine aufgrund einer Konvention oder einer theoretischen Überlegung aufgestellte Norm, die als Ziel (Lehr-, Lernziel) angestrebt wird. Lehrziel- bzw. kriterienorientierte Tests werden in der Regel anhand einer Idealnorm normiert (vgl. HERBIG 1972). Somit können Erziehungsnormen (Lehrziele) als Idealnorm fungieren.

— *Bezugsnormen*
Um ein eigenes oder fremdes Handlungsergebnis zu bewerten, bedarf es eines (Vergleichs-)Maßstabs. Solche Maßstäbe zur Bewertung sind inhärente Bestandteile eines Bezugssystems. Für Gütemaßstäbe von Leistungsergebnissen hat HECKHAUSEN (vgl. 1974) den Begriff „Bezugsnorm" eingeführt. Jedoch benötigen wir solche Gütemaßstäbe nicht nur im Leistungsbereich.
Bezugsnormen als Bewertungsmaßstäbe sind Hilfsmittel, um unsere Wahrnehmung zu kategorisieren. Wir wenden bei der Bewertung unserer sinnlichen Erfahrung vielfältige Bezugsnormen an, ohne uns dessen bewußt zu sein. Wollen wir z.B. Lautstärke beurteilen (einschätzen), so verwenden wir dafür einen bestimmten Bezugspunkt, bei dessen Überschreitung wir von laut sprechen, oder eine Bezugsskala, die nicht numerisch gedacht sein muß. Am unteren Ende der Skala siedeln wir dann die Wahrnehmungen mit geringem und am oberen Ende diejenigen mit hohem Ausprägungsgrad an. Eine Besonderheit einer solchen Skala liegt dann vor, wenn ein sogenannter Nullpunkt in der Mitte liegt (weder laut noch leise; weder alt noch jung; vgl. HELSON 1947 „Adaptationsniveau"). Das Bezugssystem „Adaptationsniveau" hat die Eigenschaft, wirksam zu sein, ohne daß es uns bekannt ist. Es hängt von den Erfahrungen und der unbewußten Skalierung jedes einzelnen ab und orien-

tiert sich also daran, was individuell als laut oder leise empfunden wird. Bezugssysteme haben gemeinsam, daß sie einem festgelegten (individuellen oder konventionellen) Maßstab entsprechen. HECKHAUSEN (vgl. 1980, S. 547) unterscheidet für den leistungsthematischen Bereich „fremd-" von „selbst"-gesetzten und innerhalb dieser wiederum „individuelle", „soziale" und „aufgabeninhärente" bzw. „sachliche" Bezugsnormen.

6.1.2 Bezugsnormen in der Pädagogik

Für die pädagogische Praxis lassen sich folgende Bezugssysteme unterscheiden:

— holistische Bezugsnormen (absolute Urteile),
— soziale (z.B. evaluationsbezogene, auch normorientierte) Bezugsnormen,
— individuelle Bezugsnormen,
— curriculare (oder kriterienorientierte) Bezugsnormen.

Diese Bezugsnormen sollen im weiteren näher ausgeführt werden.

— *Die holistische Bezugsnorm*
Sie bildet den Hintergrund der Urteile eines erfahrenen Experten und versetzt ihn in die Lage, intuitive Klassifikationsurteile über die Güte eines Werkes abzugeben. Eine holistische Bezugsnorm wird immer dann verwendet, wenn ein umfassendes ganzheitliches Urteil abgegeben werden soll. Ein Experte ist, nachdem er beispielsweise ein künstlerisches Werk angeschaut oder einen Aufsatz gelesen hat, aufgrund seiner hohen Kompetenz und Erfahrung oftmals in der Lage, ad hoc ein Gesamturteil abzugeben. Er „weiß", was eine gute und was eine schlechte Arbeit ist und kann vorliegende Arbeiten auf diese Weise qualitativ sortieren. Das Urteil wird um so richtiger ausfallen, je größer die Kompetenz und Erfahrung des Experten sind. Die verwendete Schätzskala liegt hierbei im Beurteiler; er selbst fungiert als Meßinstrument.

— *Die soziale Bezugsnorm*
Sie ergibt sich aus der Verteilung der Leistungen in einer Gruppe von Personen. Die Größe und Zusammensetzung der Vergleichsgruppe stellen eine entscheidende Randbedingung für die Urteilsbildung dar; in leistungsthematischen Situationen wird häufig ein klasseninterner oder ein überregional-gruppenbezogener Rahmen verwendet.

Welche Probleme bei der Verwendung eines lediglich klassenbezogenen Bezugsrahmens entstehen können, zeigt Abb. 31.

Bei der häufigen Wahl von klasseninternen Bezugsrahmen entsteht der Verdacht, daß oft keine klar operationalisierten Anforderungen der Kriterien vorliegen und man sich auch nicht um eine präzisere Definition bemüht. Dabei wird eine Einordnung der individuellen Leistung einer Person aufgrund der Leistungen, die von den Personen innerhalb der Vergleichsgruppe erbracht worden sind, vorgenommen (sozialer Vergleich). All diesen Leistungsvergleichen auf der Basis sozialer Bezugsnormen ist stets ein und derselbe Zweck inhärent: Sie wollen die individuellen Unterschiede zwischen den SchülerInnen möglichst klar herausarbeiten.

— *Die individuelle Bezugsnorm*
Sie hat ihren Bezugspunkt in der Person des Leistungsträgers selbst (intraindividuelles Bezugssystem). Eine erzielte Leistung wird mit einer vorherigen des Indivi-

145

Abb. 31: Zensierung von Rechenaufgaben nach dem klasseninternen Bezugssystem (vgl. INGENKAMP 1976, S. 197)

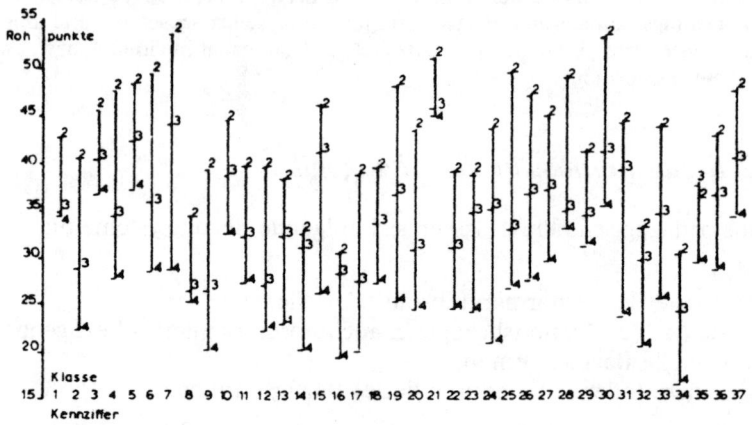

duums verglichen (vgl. Veränderungsmessung). Da im Laufe der Schulzeit ständig gewisse kleine Entwicklungs- und Lernfortschritte gemacht werden, ist dieser Bezugsrahmen überwiegend erfolgsrückmeldend und motivierend.

Jede Bezugsnorm hat unter gewissen Zweckaspekten ihre Berechtigung. Ob einem Schüler ein Lernergebnis durch seine gegenwärtige Position in der Ranghierarchie der Schulklasse mitgeteilt werden soll oder ob er eine Rückmeldung über seine während der letzten Monate erzielten Lernfortschritte bekommen soll, ist bereits eine jahrhundertealte Diskussions-Frage (vgl. HERBART 1831, S. 210). Zuletzt haben sich neben anderen RHEINBERG (vgl. 1980) und HECKHAUSEN (vgl. 1980) von seiten der Motivationspsychologie mit dieser Frage beschäftigt. Die individuelle Bezugsnorm genießt danach ein „motivationspsychologisches Primat". „Beurteilt nämlich der Handelnde Erfolg oder Mißerfolg seines Leistungsergebnisses danach, wieweit er seinen früheren Leistungsstand verbessert, nicht verbessert oder gar verschlechtert hat, so hat er sich für differenziertere Rückschlüsse auf den erreichten Fähigkeitsstand und die aufgewendeten Bemühungen sensibel gemacht; ... daraus kann in fünffacher Hinsicht eine stärkere motivationale Wirksamkeit erwachsen ..." (HECKHAUSEN 1980, S. 576):

— Gleiche oder ähnliche Leistungsergebnisse können variabler als Erfolg oder Mißerfolg erlebt werden (auch der unterdurchschnittliche Schüler kann Erfolg erleben);
— eine realistische Anspruchsniveausetzung wird gefördert;
— Erfolgs- und Mißerfolgserwartungen können im mittleren Bereich (vgl. Risiko-Wahlmodell, NYGARD 1977), also dem am stärksten motivierenden Bereich, liegen;
— im mittleren subjektiven Schwierigkeitsbereich ergeben sich die besten Bedingungen für eine Kausalattribution, in der Erfolg und Mißerfolg auf interne Ursachen zurückgeführt werden;
— schließlich wird die positive oder negative Selbstbewertung maximiert und damit auch die Motivationsstärke angehoben. Auch die Bewertungsrückmeldung aufgrund der individuellen Bezugsnorm wirkt in die gleiche Richtung.

146

Abb. 32: Wirkungsgefüge bei einer individuellen Bezugsnorm-Anwendung (vgl. HECKHAUSEN 1980, S. 705)

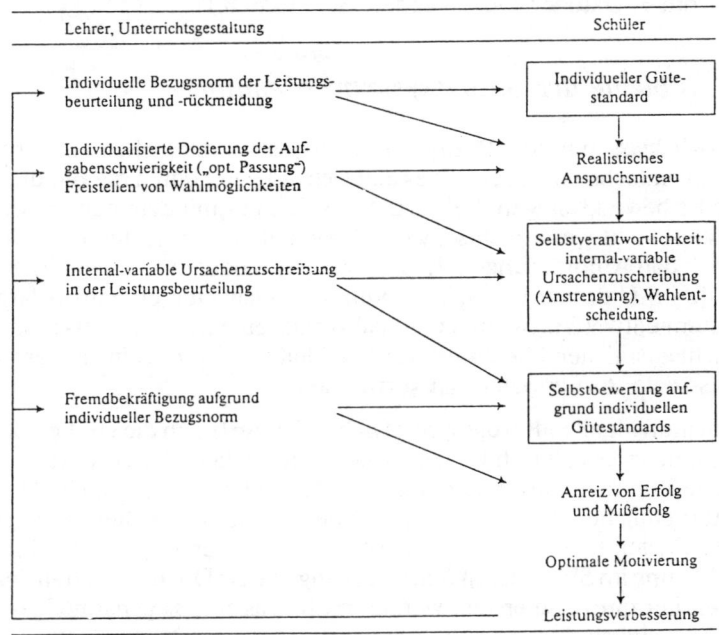

Die hohe Bedeutung der individuellen Bezugsnorm wurde in der Pädagogik seit altersher erkannt. So schreibt PESTALOZZI: „Ich war mit den langsamsten geduldig; aber wenn eines etwas schlechter machte als es dasselbe schon gemacht hatte, war ich streng" (1807, S. 420).

— *Die curriculare oder kriterienorientierte Bezugsnorm*
Diese Bezugsnorm folgt der Idealnorm. Man kann sie ohne jede Realitätskenntnis anwenden. Bei der Verwendung dieser Bezugsnorm vergleichen wir die individuelle Leistung mit den präzisierten Anforderungskatalogen der Ziele des Unterrichts bzw. des Lehrplans. HECKHAUSEN (1980) spricht in diesem Zusammenhang von der „sachlichen" oder „aufgabeninhärenten", SCHWARZER (1980) von der „kriterialen" Bezugsnorm. In den letzten Jahrzehnten wurden für diese Bezugsnorm die lehrzielorientierte Leistungsmessung und eine dieser Bezugsnorm adäquate Testtheorie entwickelt (vgl. hierzu: KLAUER u.a. 1972; KLAUER 1987).

Seit 1968 sind Lehrer laut Erlaß gehalten, diese Bezugsnorm bei der Zensurengebung anzuwenden. Findet die Notengebung auf der Basis sozialer Normen, angelehnt an die klassische Testtheorie (vgl. LIENERT 1967), statt, dann wird im voraus die Häufigkeitsverteilung der Noten festgelegt. Entsprechend der Normalverteilung tritt die mittlere Note am häufigsten auf. Es gibt somit bezugssystem- und meßtheoriebedingt eine festgelegte Anzahl schlechter Schüler. Für diese Gruppe entwickelt sich dann bei der überwiegenden Verwendung dieses Bezugssystems schnell eine ausweglose und demotivierende Lernsituation. Bis zum Jahre 1968 war die soziale Bezugsnorm durch den Beschluß der Kultusminister-Konferenz von 1953 festgeschrieben. Alle Noten wurden auf durchschnittliche Leistungen bezogen; dies wurde mit dem Beschluß vom 3. Oktober 1968 geändert (vgl. Kap. 8.1).

6.1.3 Probleme der Bezugssystemverwendung

Das soziale klasseninterne Bezugssystem zu verwenden, scheint in der Schulklasse am einfachsten zu sein. Dies läßt sich jederzeit durch die Bildung einer Rangreihe bewerkstelligen. LehrerInnen sollten es mit dem curricularen Bezugssystem nicht wesentlich schwerer haben, denn sie richten ja den Unterricht nach den Anforderungen des Lehrplans aus oder machen ihre Lehr- und Lernziele im Unterricht explizit, womit sie gleichzeitig ein curriculares Bezugssystem entwerfen. Wenn zu global verfahren wird und Lehr- bzw. Lernziele nicht ausreichend präzisiert werden, bleibt meistens keine andere Wahl, als das soziale Bezugssystem zu verwenden.

Mit dem individuellen Bezugssystem haben LehrerInnen die größten Schwierigkeiten, denn es läßt sich im Gegensatz zum sozialen Bezugssystem weder ohne jede Vorarbeit anwenden, noch werden seine Grundlagen in der direkten unterrichtlichen Arbeit entwickelt. Hierzu sind umfänglichere diagnostische Tätigkeiten erforderlich. Zunächst bedarf es einer fortgesetzten Informationserhebung im Sinne der Inventarisierung, die als Dokumentation der individuellen Lernprozesse erstellt werden muß. Das zuletzt genannte geschieht bis heute lediglich durch bestimmte sonderpädagogische Maßnahmen oder unter spezielleren pädagogischen Konzepten wie in MONTESSORI-, FREINET- oder PETERSEN-Klassen. Darüber hinaus wird diese Methode vereinzelt von besonders engagierten PädagogInnen angewendet.

Für die drei zuletzt aufgeführten Bezugssysteme sind drei unterschiedliche meßtheoretische Modelle angemessen:

— soziales Bezugssystem	klassische Testtheorie
— kriterienorientiertes Bezugssystem	Theorie lehrzielorientierter Tests/stochastische (probabilistische) Testtheorie (Binomialmodelle)
— individuelles Bezugssystem	Theorie der ipsativen Veränderungsmessung (vgl. KLAUER 1982a,b, 1987).

Eine detaillierte Aufarbeitung der meßtheoretischen Grundlagen erfolgt bei LIENERT (vgl. 1969) und KLAUER (vgl. 1987).

6.1.4 Auswirkungen verschiedener Bezugssysteme auf die SchülerInnen

Das holistische Bezugssystem kann dann pädagogisch fruchtbar sein, wenn der Beurteiler ein erfahrener Experte ist, die SchülerInnen die Kompetenz und Erfahrung des Experten hoch schätzen und eine vertrauensvolle Zusammenarbeit stattfindet. Andernfalls kann es auf einen Schüler als willkürliche

148

Aburteilung wirken, die, anstatt eine neue konstruktive Lernanstrengung zu erzeugen, zu dessen Hilflosigkeit führt.

Betrachten wir die Auswirkungen der drei anderen Bezugssysteme an einem einzelnen inhaltlichen Kriterium, das in sechs einander folgende Lehrzielabschnitte gegliedert ist und bei dem im Abstand von zwei Wochen zwei Bewertungen durchgeführt werden. Wir vergleichen in Abb. 33 und Abb. 34 die Schüler-Feedbacks (4 SFB) bei der Verwendung der drei verschiedenen Bezugsnormen bei neun Stufen des Lernweges (I – IX):

Abb. 33: Beurteilung nach der kriteriumsbezogenen und der individuellen Bezugsnorm

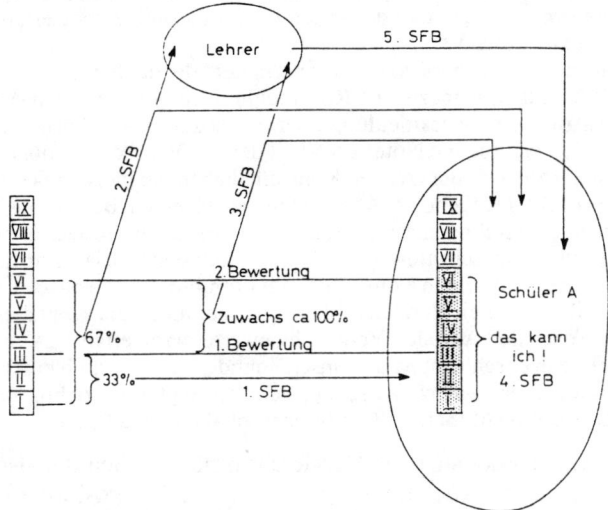

Abb. 34: Beurteilung über den sozialen Vergleich (vgl. KLEBER 1979, S. 38)

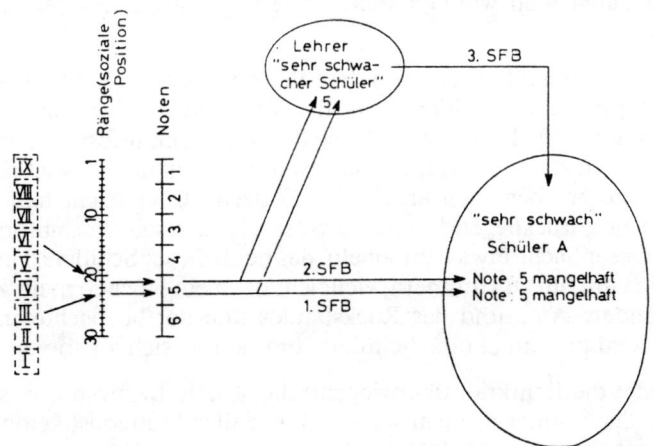

I – IX: Abschnitte des Kriteriums oder Stufen des Lernweges; – SFB: Schüler-Feedback; – LFB: Lehrer-Feedback; – PR: Prozentrang

149

Wird der kriterienorientierte Bezugsrahmen verwendet (siehe Abb. 33), dann wird das zu beachtende Kriterium häufig in quasihierarchische Abschnitte gegliedert. Die Abschnitte in ihrer Folge von I — IX bilden dann den Lernweg zum Ziel ab. Bei einer ersten Bewertung zeigt der Schüler eine Leistung, die dem dritten Abschnitt des Kriteriums oder der dritten Stufe des Lernweges entspricht. In einer zweiten, späteren Bewertung entspricht seine Position der Stufe VI.

Zu diesem Zeitpunkt erhält der Schüler im Sinne von Lernkontrolle und -steuerung folgende Rückmeldungen (Feedbacks):

— Bis jetzt sind sechs der insgesamt neun Abschnitte des Lernweges zurückgelegt, das entspricht einem Zielerreichungsanteil von ca. 67 %. Dem kann der Schüler entnehmen: Ich habe mich gegenüber der ersten Kontrolle stark verbessert, und zwar von der Stufe III zur Stufe VI.

— Hierzu kann er ein Feedback vom Lehrer erhalten, der das Schüler-Feedback bestätigt. Damit wird die sachbezogene Rückmeldung zu einer sozialen Anerkennung.

— Erfolgt zusätzlich eine Rückmeldung über den sozialen Vergleich (siehe Abb. 34: Ränge, soziale Position und Note), so erhält der Schüler „A" eine ungünstige Rückmeldung, denn zur Zeit der zweiten Kontrolle haben die meisten Schüler die Stufe IX bereits erreicht. Der Schüler „A" erreichte bei der ersten Bewertung den Rang 23, das entspricht einem Prozentrang von 10 (PR = 10). Da die übrigen Schüler mittlerweile alle weiter fortgeschritten sind, verändert sich seine soziale Position nicht, obwohl er zwischen den beiden Kontrollen sein Lerninformationsniveau etwa verdoppelte. Über den sozialen Vergleich bleibt „A" demnach unakzeptabel schlecht. Wenn allein nach dem sozialen Vergleich bewertet wird, erfährt „A" nur, daß er es nicht schafft, daß er schlecht ist und anscheinend auch schlecht bleiben muß, er hat jeweils die Note 5, ganz gleich wie sehr er sich anstrengt. Folgerichtig lohnt sich Lernen für ihn wohl nicht. Seine Bemühungen bleiben vergebens.

Bei einer Dominanz des sozialen Vergleichs erhält der Schüler also vom Lehrer eine entmutigende Rückmeldung. Seine schlechte Position in der Klasse wird noch einmal bestätigt (Tendenz zur sozialen Diskriminierung). „A" überlegt sich in dieser Situation vielleicht, ob er sich zukünftig nicht ausschließlich anderen Tätigkeiten widmen sollte (eine vernünftige Überlegung, wie mir scheint).

Analog entnehmen LehrerInnen dem Beurteilungsvorgang unterschiedliche Informationen über SchülerInnen. Bei Verwendung des intraindividuellen Bezugssystems für Lernleistungen stellt die Lehrkraft fest, daß der Schüler von der ersten zur zweiten Kontrolle zwar nicht mit der Klasse Schritt halten konnte, daß er aber doch erhebliche Fortschritte gemacht hat. Er konnte schon, weit zurückliegend, durch großen Einsatz sein Lerninformationsniveau in dieser Sache etwa verdoppeln, das heißt dieser Schüler ist lernfähig, es lohnt, sich um ihn zu kümmern, vielleicht noch ein bißchen mehr Zeit für ihn aufzuwenden. Aufgrund des Rückstandes und der beobachteten Lernfortschritte wird er zum „Sorge-Schüler", um den es sich zu sorgen lohnt.

Verwendet die Lehrkraft überwiegend die soziale Bezugsnorm, so stellt sie fest, daß der Schüler es nicht schafft: Trotz aller Mühen ist keine Verbesserung zu sehen, es lohnt sich nicht, Zeit zu investieren. Er wird so zum „Ablehnungsschüler", zu einem, der nur den Betrieb aufhält (vgl. BROPHY/GOOD 1976 und Kapitel 5.2.3: „Erwartungsbedingte Urteilsreaktionen").

Das Ergebnis ist, daß je nach verwendetem Bezugssystem das Lehrerverhalten motivierend oder zusätzlich demotivierend ausfallen wird, was dann noch einmal erheblich verstärkende Auswirkungen auf das Lernverhalten der SchülerInnen haben dürfte.

6.2 Abbildungsmöglichkeiten beim Inventarisieren und Testen

Wie schon in den Kapiteln 1 und 2 herausgestellt, geht es bei der Diagnostik in pädagogischen Handlungsfeldern neben der Situationsanalyse zuallererst um Inventarisierung. So ist z.B. in der Schule von besonderem Interesse, was SchülerInnen alles können (Inventarisierung der Fertigkeiten und des Wissens), wie sie lernen und wie sie beim Lernen fortschreiten (Beschreibung des Lernweges und Inventarisierung des Zuwachses). Aufgrund der in den vorangegangenen Kapiteln behandelten allgemeinen diagnostischen Unzulänglichkeiten geht es jedoch weniger um das Feststellen der tatsächlichen Fähigkeiten und der Schülereigenschaften (Ermittlung durch Tests). Durch die Bemühungen um die Verbesserung der Güte der Aussagen sind Inventarisierungsverfahren und inventarisierungsnahe Tests von besonderem Interesse.

Testen und damit die Entwicklung entsprechender Meßtheorien müssen als das Bemühen um eine hohe Güte der diagnostischen Information und als die Möglichkeit, die meßtechnischen Fehler in der Diagnostik (auch der Beurteilung) abschätzen zu können, betrachtet werden. Testen bildet die Grundlage zur Kontrolle und Verbesserung der Güteforderungen.

6.2.1 Dokumentation als kontrollierte Beschreibung

Die Methode der Objektivierung von diagnostischen Informationen beim Inventarisieren ist die Dokumentation als kontrollierte Beschreibung. Über das Auszählen und auch das Summieren erledigter Lernaufgaben oder didaktischer Einheiten erfolgt auch eine Quantifizierung. Als Dokumentation individueller Lernwege erfüllt sie die Forderungen nach der Verknüpfung von individuellem und curricularem bzw. lernzielorientiertem Bezugssystem. Das soziale Bezugssystem spielt bei ihr, wenn überhaupt, nur eine untergeordnete Rolle. Sie entspricht der Strategie einer unvollständigen Prozeßdiagnostik. Für eine systematische Analyse der Lehr-Lern-Situation ist eine solche Dokumentation grundlegend. Eine Dokumentation von Unterricht und individuellen Lernprozeßverläufen erfolgt in Form des pädagogischen Tagebuchs und der Schüler-Lernweg-Kartei (S-L-K). Als Verfahrenswege bieten sich die Fremd- und Selbstbeobachtung einschließlich der Fremd- und Selbsteinschätzung an, ferner Gespräche über den Lernprozeß sowie eine Beschreibung der Intentionen des Unterrichts und der behandelten bzw. erledigten Aufgaben bzw. Lernschritte.

Schülerselbstbeurteilung und Mitwirkung der SchülerInnen bei der (Fremd-) Beurteilung werden notwendige Teile dieses Vorgehens, denn der Lehrer ist nicht imstande, die jeweils individuellen Lernprozesse allein zu dokumentieren bzw. einzelnen SchülerInnen ausreichend konkrete und brauchbare Rückmeldungen im Sinne einer Beurteilung auf dem individuellen Bezugssystem zu geben. Um die einzelnen SchülerInnen beim Lernen eingehender beobachten zu können und Zeit für individuelle Gespräche zu haben, erscheint es notwendig, daß die LehrerInnen zur Realisierung einer unvollständigen Prozeßdiagnostik teilweise vom unmittelbaren Unterrichten befreit werden (sich selbst befreien), indem sie selbständiges Lernen und Arbeiten der SchülerInnen initiieren. Auf diese Weise treten konstruktive Implikationen von mehr Diagnostik pädagogisch in den Vordergrund. Dies ist deshalb besonders herauszustellen, weil bisher meist nur Unverträglichkeiten zwischen diagnostischen und pädagogischen Forderungen oder pädagogisch destruktive Implikationen von Diagnostik (insbesondere Testdiagnostik) in der einschlägigen Literatur beklagt werden.

SchülerInnen sollen nicht nur selbständig arbeiten, sondern auch ihren eigenen Lernweg reflektierend beobachten können. Selbständigkeit im Lernen, reflektierende Begleitung des eigenen Lernwegs und Mitwirkung bei der Beurteilung sind Forderungen, die allgemein erst ab einem gewissen Alter (formal-logisches distanzierendes Denken) schrittweise realisierbar erscheinen. Man findet derzeit jedoch eher positive Beispiele in der Grundschule als bei den „reifen Schülern" in den Sekundarstufen (vgl. MONTESSORI-, PETERSEN- und FREINET-Klassen), was uns in bezug auf dieses Problem nachdenklich machen sollte. Zur Dokumentation stehen verschiedene Techniken zur Verfügung, die auch in Kombination verwendet werden können:

– das pädagogische Tagebuch,
– Wochenlisten und Ringbuch,
– Lernweg-Leit-Kartei,
– Lernzustandsbericht.

6.2.2 Das pädagogische Tagebuch und die Wochenlisten

Das pädagogische Tagebuch begleitet engagierte LehrerInnen durch das gesamte Schuljahr. Es enthält die Skizzen ihrer Perspektivplanungen, die Nachbesinnungen und Gedanken zur Revision ihres Unterrichts sowie ihres Verhaltens. Es enthält Beobachtungen und Überlegungen in bezug auf die Klasse, die SchülerInnen als Gruppe(n) wie auch zu einzelnen SchülerInnen. Das pädagogische Tagebuch ist die private Dokumentation der Lehr- und Lernwege, der Entwicklung der Lehrerpersönlichkeit und der Verstehensprozesse der Schülerpersönlichkeiten. Ihm kommt damit höchster pädagogischer Wert zu und in Verbindung mit den Lernweg-Leit-Karteien auch hohe diagnostische Relevanz (vgl. KAMINSKI 1976, S. 67: „Aktuelle, subjektiv ausgeübte Adäquatheits-Überwachungs-Diagnostik").

Das pädagogische Tagebuch kann dem Lehrer eine Hilfe bieten, Zielvorstellungen, Lernprozesse, Interaktionsmuster und Lernumwelt in seiner Klasse detaillierter zu reflektieren. Auch wenn es sich bei dieser Methode nicht um ein standardisiertes Instrumentarium handelt, das den strengen Anforderungen objektivierter diagnostischer Verfahren gerecht wird, leitet sie doch gerade den Lehrer weg von seiner rein intuitiven Einschätzung hin zu einer strukturierten Beobachtung und Reflexion seines Unterrichts und eröffnet ihm damit den Weg zu einer konstruktiven Revision seiner pädagogischen Arbeit.

Aufgrund der großen Bedeutung des pädagogischen Tagebuchs für die alltägliche Schulpraxis soll diese Technik in Anlehnung an das Konzept von BUSCHBECK (vgl. 1985a, b) an dieser Stelle eingehender beschrieben werden.

Ein gut angelegtes pädagogisches Tagebuch sollte zunächst chronologisch gegliedert sein, also festgesetzte Zeitabschnitte enthalten, in denen der Lehrer auf der Grundlage seiner laufenden Dokumentation eine Auswertung und Überprüfung seines Programms vornimmt. Vor Beginn eines neuen Schuljahres kann dabei anhand der alten Aufzeichnungen eine Auswertung der vergangenen Zeit vorgenommen werden, des weiteren können für das kommende Schuljahr Konsequenzen abgeleitet sowie die Zielsetzungen für die weitere Zukunft fixiert werden.

Zur Schuljahresmitte können dann in einer zweiten Phase eine Überprüfung der gesetzten Ziele erfolgen, deren Übereinstimmung mit der tatsächlich realisierten Unterrichtspraxis geprüft, etwaige Abweichungen analysiert und gegebenenfalls Schlußfolgerungen hieraus für die restliche Zeit des Schuljahres gezogen werden. In der dritten Phase am Ende des Schuljahres schließlich kann der Lehrer anhand seiner Unterlagen (Tagebuchaufzeichnungen, Arbeitsprodukte der Schüler, Klassenarbeiten etc.) die abgelaufene Lernetappe bilanzieren und daraus eine kontextbezogene Beurteilung der Lernentwicklung beim einzelnen Schüler entwickeln und für sich selbst Erfolg oder Mißerfolg seiner geleisteten Arbeit reflektieren.

Über den zeitlichen Rahmen hinaus wird das pädagogische Tagebuch in reflektierende Leitfragenkomplexe gegliedert (vgl. Textkasten 1 − 4), die dem Lehrer helfen sollen, ein multiperspektivisches Verständnis für die Lern- und Lehr-Situation zu gewinnen.

Textkasten 1

---

1 Leitfragenkomplex: Inventarisieren und Überprüfen der Zielvorstellungen

1.1 Prospektive Zielvorstellungen für die perspektivische Planung
  − Welche Zielvorstellungen sind mir für den kommenden Zeitabschnitt in bezug auf diese Klasse besonders wichtig? − Warum?
  − Welche Zielvorstellungen mag es bei den Eltern, den SchülerInnen, den KollegInnen geben?
  − Welche Zielvorstellungen sind in den Richtlinien und Lehrplänen niedergelegt?
  − Welche Differenzen können sich aus den verschiedenen Zielvorstellungen ergeben? − Was bedeuten diese für meine pädagogische Arbeit?

1.2 Rückblickende Reflexion für die perspektivische Planung
- Was habe ich für mich und meine Arbeit im letzten Zeitabschnitt gelernt?
- Welche Vorkommnisse waren für mich von besonderer Bedeutung?
- Bin ich mit diesem Abschnitt zufrieden, wenn ich an meine Ziele, an die Klasse oder an einzelne Schüler denke?
- Bin ich vom letzten Zeitabschnitt erschöpft, ausgebrannt oder enttäuscht? – Warum?
- Muß ich für den folgenden Abschnitt etwas anders machen, um für mich und die Schüler wichtige Ziele zu erreichen?
- Was habe ich für meine eigene Fortbildung und für meine eigene Entwicklung getan?

Textkasten 2

2 Leitfragenkomplex: Inventarisieren und Überprüfen des pädagogischen Programms

2.1 Leitfragen zu inhaltlichen Angeboten und Aktivitäten (eventuell gegliedert nach Fächern und Klassen)
- Welche inhaltlichen Schwerpunkte habe ich für die Gruppe bisher gesetzt?
- An welchen Themen waren die Kinder besonders interessiert? – Welche stießen auf Desinteresse?
- Bei welchen Arbeitsvorhaben war ich selbst besonders zufrieden? – Wo gab es Schwierigkeiten? – Warum?
- Was sollte ich für die Zukunft für eine andere Klasse anders planen? – Welche Inhalte sollte ich vertiefen? – Welche sollte ich wegfallen lassen?

2.2 Leitfragen zur Raumgestaltung und Materialsammlung
- War ich mit der räumlichen Organisation zufrieden? – Haben die SchülerInnen genügend Bewegungsraum? – Ist die Raumstruktur kommunikationsfördernd?
- Sollte ich an den Räumlichkeiten etwas verändern, alleine oder mit den SchülerInnen oder in Elternbeteiligung?
- War das Materialangebot hinreichend? – Welches Material gilt es zu beschaffen für die Zukunft?
- Welches Material wurde von den SchülerInnen besonders genutzt, welches weniger?
- Unterstützt das gewählte Material meine pädagogischen Ziele (selbständiges und kooperatives Handeln etc.)?

2.3 Leitfragen zu Absprachen und Regeln
- Welche Regeln für unser Zusammenleben und Arbeiten haben wir bislang gegeben?
- Werden diese von den SchülerInnen und mir eingehalten?
- Mit welchen Regeln haben die SchülerInnen, habe ich Schwierigkeiten?
- Sind alle gesetzten Regeln noch erforderlich?
- Für welche Gelegenheiten brauchen wir neue Absprachen?

2.4 Leitfragen zur Erwartungshaltung der KollegInnen
- Wie gestaltet sich die Zusammenarbeit mit den KollegInnen?
- In welchen Bereichen ist sie gut, wo muß sie weiter ausgebaut werden?
- Mit wem würde ich gerne enger zusammenarbeiten?

154

- Wo gibt es inhaltliche oder zwischenmenschliche Konflikte und wie können diese beseitigt werden?

2.5 Leitfragen zur Erwartungshaltung der Eltern
- Welche Erwartungen haben die Eltern an mich und an meine Arbeit?
- In welchen Bereichen gibt es Diskrepanzen zu meinen eigenen Erwartungen und wie lassen sich diese beseitigen?
- Wie kann ich den Eltern meine pädagogischen Überzeugungen und Konzepte verstehbar machen?

Textkasten 3

---

3 *Leitfragenkomplex: Inventarisierung und Einschätzung der sozialen Welt sowie der Lernumwelt*

3.1 Leitfragen zum sozialen Feld
- Wie erlebe ich die Klasse (einzelne, Gruppe)?
- Kenne ich alle SchülerInnen mit Namen?
- Haben sich bestimmte Gruppierungen in der Klasse gebildet?
- Gibt es Einzelgänger oder Außenseiter in der Gruppe?
- Was weiß ich über das soziale Umfeld der SchülerInnen?
- Welche Erwartungen bringen die SchülerInnen aus ihrem sozialen Umfeld in die Schule mit?
- Was weiß ich über die Eltern der SchülerInnen?
- Habe ich alle Eltern schon einmal gesprochen? – Habe ich mit denen, die nicht zur Elternversammlung kommen, schon einen individuellen Gesprächstermin vereinbart?
- Wie kann ich die Eltern zu einer verstärkten Mitarbeit und einem größeren Interesse motivieren?

3.2 Leitfragen zur Lernumwelt
- Wie werden die von mir geplante Lernumwelt und die Lernmaterialien genutzt?
- Welches Material wird nicht akzeptiert? – Weiß ich warum?
- Wie läßt sich die Lernumwelt in der Klasse noch effektiver gestalten?
- Wie erleben die SchülerInnen die verschiedenen Organisationsformen und deren zeitlichen Ablauf (Kreisgespräche, gemeinsame Aktivitäten, Freiarbeit, Kursunterricht, Gruppenarbeit etc.)?
- Wann haben die SchülerInnen, wann habe ich Schwierigkeiten damit?
- Welche Organisationsform sollte verstärkt Einsatz finden, auf welche sollte verzichtet werden?

Textkasten 4

---

4 *Leitfragen zur Einschätzung individueller Lernprozesse*

- Was weiß ich über die Besonderheiten und Fähigkeiten jedes einzelnen Kindes?
- Was mag ich an diesem Kind? – Was macht mir Schwierigkeiten im Umgang mit ihm?

- Was erwartet das einzelne Kind von mir?
- Was weiß ich über die Familie dieses Kindes und ihre Erwartungen an mich?
- Wie schätze ich die physische und psychische Entwicklung des Kindes ein?
- Wie schätze ich die individuelle Lernentwicklung des Kindes ein?
- Wie verhalte ich mich dem Kind gegenüber? – Wie fördere ich es? – Wie arbeite ich mit ihm speziell?
- Welche Stellung hat das Kind innerhalb der Gruppe? – Mit wem spielt es? – Mit wem hat es Konflikte?
- Wie ordnet sich das Kind in den Lernprozeß ein? – Kommt es mit getroffenen Absprachen zurecht?
- Welche Lernmaterialien bevorzugt das Kind, bei welchen hat es Schwierigkeiten?

In Anbetracht des Umfangs der verschiedenen Leitfragenkomplexe hängt die Nützlichkeit des pädagogischen Tagebuchs entscheidend von der Übersichtlichkeit der Datenerfassung ab, soll doch das Material sowohl möglichst vollständig geordnet als auch unter geringem zeitlichem Aufwand jederzeit verfügbar sein. Es bieten sich hierzu verschiedene Möglichkeiten der Inventarisierung an, die es entsprechend den eigenen Vorlieben und den spezifischen Bedürfnissen abzuwägen gilt:

- Ringbuch: Namensmäßig geordnet enthält es Rubriken für Beobachtungen, Bemerkungen und Fragen zu einzelnen SchülerInnen. Es kann bei Bedarf durch Eingabe weiterer Blätter erweitert werden.
- Karteikarten: Namentlich gekennzeichnete Karteikarten enthalten die gesammelten Informationen über die SchülerInnen. Darüber hinaus können die Daten durch verschiedenfarbige Karten noch einmal nach den diversen Leitfragenkomplexen (Elternhaus, individuelle Lernentwicklung, Auffälligkeiten etc.) differenziert werden.
- Liste/Tagebuch: Die Eintragungen erfolgen in ein Tagebuch oder eine datierte Tagesliste und stehen so chronologisch geordnet zur Verfügung.

Textkasten 5

---

5 *Überprüfung des pädagogischen Programms*

In regelmäßigen Abständen sollte auf der Grundlage der Dokumentation im pädagogischen Tagebuch eine Überprüfung des pädagogischen Programms stattfinden. Dieses bildet dann den Anfang und die Basis für die nachfolgenden Leitfragen (die wie die voranstehenden Beispiele auszuformulieren sind):
- zu inhaltlichen Fragen des Arbeitsprogramms,
- zur Raum-, Material- und Zeitgestaltung,
- zur Kooperation mit den SchülerInnen und zwischen den SchülerInnen,
- zur Zusammenarbeit mit den Eltern,
- zu Interessen (Ziele), Kenntnissen, Fertigkeiten, Arbeitsstrategien und Haltungen der SchülerInnen,
- zu meinem Verhalten und meiner eigenen Befindlichkeit
- und dem sozialklimatischen Zustand in der Klasse.

Wochenlisten enthalten zunächst einen Wochenarbeitsplan für die Klasse, dann je nach Unterrichtsorganisationsbedürfnis spezifischere Pläne für Gruppen, soweit eine Differenzierung stattfindet, sowie auch individuelle Pläne bei Individualisierung (diese Pläne sollten jeweils auch in der Hand der SchülerInnen sein). Neben dem Arbeitsplan hat der Lehrer eine namentlich geführte Wochenliste, die dann, wenn differenziert gearbeitet wird, neben dem Arbeitsplan Spalten gemäß Tab. 12 enthalten sollte.

Tab. 12: Gliederung einer Wochenliste

Name	Arbeitsplan	Beobachtungen	Gesprächs-information	Interpretation
Klaus				
Petra				

Unter besonderen Individualisierungsbedingungen können für einzelne SchülerInnen auch entsprechende Tageslisten verwendet werden. Umfänglichere Eintragungen werden auch in den Wochenlisten meist nur zu den SchülerInnen gemacht, mit denen sich der Lehrer besonders beschäftigt. Dabei sollte der Lehrer anhand seiner Unterlagen darauf achten, daß er sich in gewissen Zeitabständen nicht nur mit seinen SorgenschülerInnen, sondern mit allen individuell befaßt.

6.2.3 Die Lernweg-Leit-Kartei (L-L-K) und der Lernzustandsbericht

Wie wir aus Untersuchungen von BLOOM u.a. (vgl. 1972) zur Taxonomie der Lernziele wissen, läßt sich oft keine klare Hierarchisierung von Lehrzielen und Aufgaben durchführen. Trotzdem ist es üblich, für schulisches Lernen und andere Trainingssituationen nach Schwierigkeit und Sachinhalt gestufte didaktische Materialsequenzen zu erstellen, die quasi wie hierarchisierte Systeme behandelt werden. Solche Systeme haben wir etwa im MONTESSORI-Material für Rechnen, sie sind aber auch in anderen Rechenbüchern der Grundschule (vgl. KUTZER 1980) zu finden. Ähnliches gilt für Sprachkurse und verschiedene didaktische Materialsammlungen für die Sekundarstufe.[1]

---

1 Wenn keinerlei vorgefertigte Materialsequenzen vorliegen, kann der Lehrer selbst eine Lernweg-Leit-Kartei erstellen. Diese Kartei enthält für eine bestimmte Zeit und einen bestimmten Inhaltsbereich (Epoche) eine Auflistung der Lernziele. Zwischen je zwei Zielen bleibt Platz für die Angabe von Inhalten/Materialien und Auf-

Anhand der vorliegenden Materialien und Aufgaben sind selbständiges und individuelles Lernen möglich. Die SchülerInnen verfolgen ihren Lernweg von Aufgabe zu Aufgabe und von Materialsequenz zu Materialsequenz. Bei den Übergängen ist immer dann, wenn man von einer sachimmanenten Hierarchie sprechen kann, die Bewältigung der Aufgaben in der neuen Sequenz ein Beweis dafür, daß die Lernaufgabe der vorhergehenden Sequenz konstruktiv bewältigt wurde. Treten Probleme auf, so muß ein Helfer, gegebenenfalls der Lehrer, konsultiert werden. Ist dies nicht notwendig, kann der Schüler selbst durch Markierung oder Notiz auf seiner Lernweg-Leit-Kartei jeweils angeben, wo er steht. Treten Probleme auf, so kann der Lehrer im Gespräch mit dem Schüler oder einer kleinen Gruppe von SchülerInnen feststellen, welcher Art diese Schwierigkeiten sind und diese Informationen in die L-L-K eintragen.

Auch unter den Bedingungen eines schülerzentrierten Unterrichts kann als erster Arbeitsschritt zu einer Unterrichtseinheit gemeinsam ein Lernweg-Leit-Plan erstellt werden. Hierbei wird allen verständlich, was gelernt werden kann oder soll, und es können Aufgabenstellungen überlegt werden, die ausweisen, was gelernt wurde. Anhand des Lernweg-Leit-Planes kann jeder Schüler seine L-L-K führen und mit Hilfe dieser ein Urteil abgeben, was er seiner Meinung nach gelernt hat.

Handelt es sich hierbei um einen diagnostisch besonders schwierigen Sachverhalt, z.B. bestimmte Arten der Textproduktion, kann zusätzlich in einer redaktionellen Sitzung einer SchülerInnengruppe (auch zusammen mit dem Lehrer) der erstellte Text diskutiert und dem Schüler klargemacht werden, was noch fehlt bzw. noch zu tun bleibt. Diese Notizen auf der L-L-K sind dann Grundlage für eine Überarbeitung. Nach der Überarbeitung reichen im allgemeinen die L-L-K-Notizen als Lernzustandsbericht in der Sache aus. Als zusätzliche Grundlage (diagnostische Information) steht auch der überarbeitete Text zur Verfügung, der jedoch längst nicht immer auch bewertet werden muß. Textproduktionen sind in allen Fächern zu gebrauchen (nicht nur in den Sprachen; vgl. auch Kurzaufsatz als Aufgabenform bei informellen Tests).

Dort, wo die schülergeführte bzw. die in Zusammenarbeit mit dem Lehrer geführte und durch Gespräche ergänzte L-L-K nicht mehr ausreicht, können zusätzlich „informelle Tests" oder für sogenannte „Lernzustandsberichte" vorgenommene Einschätzungen von FachlehrerInnen hinzugezogen werden. Lernzustandsberichte wurden im Zusammenhang mit der Kritik an den Ziffernzensuren in Modellversuchen (vgl. integrierte Gesamtschulen, BESSER/ WÖBCKE/ZIEGENSPECK 1977) und bei der Abschaffung der Ziffernzensuren in der ersten und zweiten Grundschulklasse eingeführt. Ein Beispiel dafür findet sich im Primarbereich der Integrierten Gesamtschule Hannover-Ro-

---

gaben. Auf der Vorderseite haken die Schüler die erledigten Aufgaben und Ziele ab, auf der Rückseite notieren sie Bemerkungen oder Probleme, die sie im Umgang mit einzelnen Aufgaben oder Zielen hatten. Die Lernweg-Leit-Karteien sind ein Abfallprodukt guter prospektiver Unterrichtsvorbereitung; nur die Vervielfältigung der Karten für die Hand der Schüler ist zusätzliche Arbeit.

derbruch. Für jedes Fach wurden die Lerninhalte aufgelistet und Ergebnisse von Beobachtungen (Einschätzungen der LehrerInnen) und aus Tests eingetragen. Die Berichte wurden durch verbale Zusätze zur individuellen Lernentwicklung ergänzt (vgl. Abb. 35).

Abb. 35: Lernzustandsbericht für das zweite Schuljahr (DRECHSLER-KUTSCH/ GÜRTLER-REDLICH/REINEMANN 1979, S. 191)

2. Jahrgang	2. Halbjahr 1974/75

LERNZUSTANDSBERICHT

Fachbereich/Fach   Visuelle Kommunikation

für _____

Stammgruppe _____

Die Schüler sollen

– folgende Fachbegriffe kennen:
  Farbfamilie, Hochformat, Querformat, deckendes Malen, Borstenpinsel, Deckfarben, Mischfarben, Strukturen, Zeichnen, Kontraste, Figur-Grund
– Farbwerte unterscheiden und benennen können
– Bilder betrachten, beschreiben und vergleichen können
– sich kritisch zu ihren eigenen Arbeiten und den Arbeiten der Mitschüler äußern können
– in Gruppen Bilder und Objekte herstellen können, dabei in bezug auf Herstellung, Arbeitsmittel, Aufgabenverteilung Absprachen treffen können
– wissen, daß Bilder unterschiedlich interpretiert werden können
– in Bildern Beziehungen zu ihrer eigenen Umwelt herstellen können

Der Schüler kann	erreicht	tlw. erreicht	n. erreicht
		Lernziele	
– ein Thema bildnerisch umsetzen	X		
– Bildteile zueinander in Beziehung setzen	X		
– Bildgegenstände in den Bildgrund einbeziehen	X		
– das Format ausnutzen	X		
– deckend malen	X		
– Farben mischen	X		
– Strukturmerkmale erkennen und bildnerisch umsetzen	X		
– Formen und Zeichen (z.B. für Menschen, Tiere...) finden und differenzieren	X		
– Formen und Zeichen in einem Bewegungs- oder Handlungszusammenhang darstellen	X		

Hannover, den 25.6.1975   (Unterschrift Fachlehrer)

Die oben angeführten Lernzustandsberichte, die gewissermaßen Halbjahreszusammenstellungen aus dem pädagogischen Tagebuch und den Lernweg-Leit-Karteien sein können (sollten), wurden in Roderbruch als Grundlage für eine Diskussion der StammgruppenlehrerInnen genutzt, aus der ein gemeinsamer Halbjahresbericht erarbeitet wurde. Später wurde dieser Bericht als Basis für ein Gespräch mit den einzelnen SchülerInnen und den Eltern herangezogen, was sich als fruchtbar erwies. Zur Erhöhung der Zuverlässigkeit der Daten können hier auch Testinformationen, insbesondere solche aus curriculumorientierten Tests, in die Dokumentation aufgenommen werden. Der nach dem Binomialmodell konstruierte lehrzielorientierte Test (vgl. KLAUER 1972, 1987) klassifiziert in „Ziel erreicht" und „Ziel nicht erreicht", gegebenenfalls noch in eine Zwischenzone: „Zielerreichung fraglich". Er ist in bezug auf seine Funktion eigentlich als Inventarisierungsinstrument zu bezeichnen.

6.2.4 Fragen des Messens und der Quantifizierung

Für die Berücksichtigung der Unzuverlässigkeit in allen Beurteilungsaussagen ist es notwendig, eine Möglichkeit zu finden, mit der sich solche Fehler abschätzen lassen. Zu diesem Zweck wurden spezielle Meßmethoden entwickkelt. Alle Beurteilungsaussagen sind, soweit sie nicht den Bedingungen eines Meßmodells entsprechen, als Quasimessungen zu behandeln, damit diese nicht als wahre Aussagen, sondern lediglich als Wahrscheinlichkeitsaussagen abgegeben und weiterverwertet werden können (vgl. Kap. 6.3.2 „Vertrauensbereiche").

Messen heißt vergleichen. Wenn wir eine Längenmessung durchführen, vergleichen wir die Länge eines Gegenstandes mit dem sogenannten „Urmeter" (eine zu einer bestimmten Zeit festgelegte Vergleichsstrecke, in Paris deponiert). Für viele naturwissenschaftlichen Phänomene liegen per Übereinkunft festgelegte Vergleichsmaßstäbe oder Maße vor. Für sozialwissenschaftliche Phänomene wurde insbesondere von der Psychologie, die sich in der zweiten Hälfte des vorigen Jahrhunderts die Losung der Neuzeit: „Messen, was meßbar ist, und meßbar machen, was noch nicht gemessen werden kann", zu eigen machte, eine den vorherrschenden psychologischen Theorien angepaßte Meßtheorie entwickelt.

In den letzten 50 Jahren wurden neue Meßmodelle erarbeitet und der sogenannten klassischen Testtheorie probabilistische[2] Meßtheorien zur Seite gestellt (vgl. KLAUER 1987; ROST/SPADA 1982).

Alles Messen beginnt mit einer Quantifizierung. Dabei wird einem Tatbestand (= empirisches Relativ) eine Zahl (= numerisches Relativ) zugeordnet. Ein solcher Tatbestand ist z.B. die Anzahl gelöster Aufgaben (vgl. U, E, P, M in Abb. 36, graphische Darstellung des empirischen Relativs).

In Abb. 36 wird das empirische Relativ auf sechs unterschiedliche Weisen numerisch abgebildet:

1)   U und E sind ungleich zu P und M, denn U und E haben alle Aufgaben, E und M nicht alle Aufgaben gelöst.

---

2   Probabilismus: Lehre von den Wahrscheinlichkeiten (im Gegensatz zur gesicherten Erkenntnis). Unter dem Begriff „probabilistische Testtheorie" wird im deutschsprachigen Bereich eine Reihe von Meßkonzepten zusammengefaßt. Weil nach diesen Konzepten nur Aussagen über die Auftretenswahrscheinlichkeit von manifestem (deutlich erkennbarem) Verhalten gemacht werden, spricht man von probabilistischen oder stochastischen Modellen.

2)　　　U und E sind gleich, aber ungleich zu P und M.
　　　　P ist ungleich zu U und E und auch zu M.
　　　　M ist ungleich zu U und E und auch ungleich zu P.
　　　　Die verwendeten Zahlen sind beliebig, ihre Relation (gleich/ungleich) muß
　　　　stimmen.
3)　　　P hat mehr Aufgaben gelöst als M, jedoch weniger als U und E (U, E > P > M).
4)　　　Auch hier stimmt die Relation größer — kleiner; hier wird im Vergleich mit 3)
　　　　wiederum sichtbar, daß die Zahlen und Abstände beliebig sind.
5)+6)　 Jetzt werden auch die Differenzen exakt mitabgebildet.
　　　　Die Abbildungsfunktion vom empirischen zum numerischen Relativ nennt
　　　　man eine Skala (vgl. die ausführliche Darstellung bei FRICKE 1972 bzw.
　　　　PFLANZAGL 1968).

Abb. 36: Empirisches und numerisches Relativ

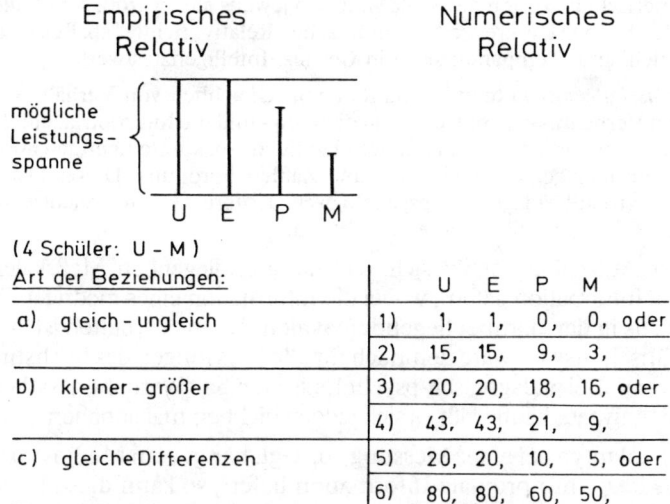

Empirisches Relativ　　　　Numerisches Relativ

mögliche Leistungsspanne

U　E　P　M

(4 Schüler: U - M)

Art der Beziehungen:			U	E	P	M	
a)	gleich - ungleich	1)	1,	1,	0,	0,	oder
		2)	15,	15,	9,	3,	
b)	kleiner - größer	3)	20,	20,	18,	16,	oder
		4)	43,	43,	21,	9,	
c)	gleiche Differenzen	5)	20,	20,	10,	5,	oder
		6)	80,	80,	60,	50,	

Es ergeben sich für die in der Pädagogik in Frage kommenden Meßgrößen vier
Gruppen von Skalen mit jeweils unterschiedlichen Meßniveaus (vgl. STE-
VENS 1946).

— *Nominalskalenniveau* (empirische Relation: Gleichheit oder Verschiedenheit)
Auf dem Nominalskalenniveau werden die Ausprägungen eines Merkmals verbal
umschrieben. Es läßt sich lediglich angeben, daß sich zwei Individuen in bezug auf
die Ausprägung eines Merkmals unterscheiden: Klaus hat blaue, Elke braune Augen. — Hans ist in der Klasse 2, Heinz in der Klasse 3. — Heide kann ein bestimmtes
Wort lesen, Monika kann dieses Wort nicht lesen. — Heide hat das Ziel erreicht,
Monika hat das Ziel nicht erreicht. Auf diese Weise wird lediglich der Unterschied
zwischen zwei oder mehr Ausprägungsmodalitäten (blau, braun . . .) eines Merkmals (Augenfarbe) bei SchülerInnen abgebildet. Damit wird nichts über Abstände
oder Rangfolgen unter den Lernenden ausgesagt. Nach Ansicht einiger Autoren
(vgl. JONES 1971; KRIZ 1973) sollte hier noch nicht von einem Meßvorgang gesprochen werden, da eine Zuordnung von Zahlen nur eine „namengebende Aufgabe"
hat und allen Zahlen somit lediglich Markierungsqualität zukommt. Ihrer Ansicht

nach ist das wesentliche Kriterium für Messen – die Bestimmung von Relationen – nicht erfüllt.

- *Ordinalskalenniveau* (empirische Relation: kleiner oder größer als)
  In einer Ordinalskala wird mit Hilfe der Zahlen auch eine bestehende Rangordnung im empirischen Relativ abgebildet. Beispielsweise wird nach einem Diktat festgestellt: Peter ist in der Rechtschreibung besser als Heidi, Heidi ist besser als Klaus, Klaus ist besser als Ursel. Bei der Verwendung eines solchen numerischen Relativs (Peter 5, Heidi 4, Klaus 3, Ursel 2) wird jedoch nichts darüber ausgesagt, um wieviel Peter besser ist als Klaus.

- *Intervallskalenniveau* (empirische Relation: Gleichheit der Differenzen)
  Eine Intervallskala erhält über das Kriterium kleiner – größer hinaus auch noch eine Information über das zugrundeliegende Maß der Rangfolge. Dies bedeutet, daß bei gleichen Leistungsunterschieden an unterschiedlichen Stellen der Skala auch gleiche numerische Differenzen der Zahlenwerte auftreten. Die Intervalle zwischen allen numerischen Werten der Skala sind also jeweils gleich groß; somit bildet diese Skala gleich große Differenzen im empirischen Relativ „richtig" ab. Beispiele für solche Skalen sind: Temperaturskala in Celsius, Intelligenztestwerte.

- *Verhältnisskalenniveau* (empirische Relation: Gleichheit von Verhältnissen)
  Auf dem Verhältnisskalenniveau sind die Rang- und die Intervallskaleninformationen enthalten. Darüber hinaus findet man noch Auskünfte über den absoluten 0-Punkt; von hier beginnen Messung und Zahlenzuordnung. Dieses Skalenniveau kann in bezug auf pädagogisch-psychologische Kriterien kaum erreicht werden. Beispiele sind Körpergröße, Körpergewicht u.ä.

Aus dieser Aufstellung ergibt sich, daß die grundlegenden Meßskalen unterschiedliche Information liefern, wobei die Information eines niedrigen Skalenniveaus jeweils in den darüber liegenden Skalenniveaus enthalten ist. Meßtheoretisch wünschenswert wäre demnach für alle Messungen das höchstmögliche Skalenniveau: Bei pädagogisch-psychologischen Sachverhalten ist dies das Intervallskalenniveau; häufig läßt es sich jedoch nicht einmal annähernd erreichen.

Welcher Skalentyp bei einer Messung vorliegt, hängt vom Meßinstrument ab. Wenn das letzte nur ordinale Information liefert, so kann diese Information nie durch die Zuordnung von Zahlen, die ein Intervallskalenniveau vortäuschen, aufgewertet werden. Am häufigsten finden wir im schulischen Alltag diagnostische Informationen auf dem Ordinalskalenniveau vor. Um das Intervallskalenniveau zu erreichen, bedarf es bestimmter Tests sowie umfangreicher und langfristiger theoretischer Bemühungen.

Innerhalb der Sozialwissenschaften treten nur sehr selten Daten auf dem höchsten Meßniveau, der Verhältnisskala, auf. Es handelt sich um Kriterien, die einen natürlichen Nullpunkt haben, wie z.B. die Anzahl von Reaktionen in einer bestimmten Zeit (Reaktionszeit) usw. Solche Daten haben jedoch keine direkte pädagogische Relevanz. Für eine intensivere Auseinandersetzung mit meßtheoretischen Problemen wird auf die Fachliteratur verwiesen (Einstieg z.B. über ROST/SPADA 1982).

Für die Veränderungsmessung (Lernzuwachs; vgl. Prozeßdiagnostik) sind in bezug auf die skalenmäßige Abbildung folgende vier Grundmodelle zu beachten:
- Grundmodell 1: Kategoriewechsel auf Nominalskalenniveau
  Als Beispiel einer Messung mit zwei Meßzeitpunkten sei genannt: Wechsel von falscher zu richtiger Lösung nach Bearbeitung eines Lernprogramms.

- Grundmodell 2: Rangplatzwechsel auf Ordinalskalenniveau
  Ein Beispiel dafür ist der Wechsel von der Stelle des Klassenbesten zum Zweitbesten usw.
- Grundmodell 3: Meßwertveränderung auf Intervallskalenniveau
  Beispiele dafür sind: Veränderung der Punktzahl in einer Reihe gleichwertiger Aufgaben bzw. des IQ-Wertes.
- Grundmodell 4: Meßwertveränderung auf Proportionalskala (Verhältnisskala)
  Beispiele dafür sind: Änderung der Bearbeitungsgeschwindigkeit bzw. des Weitsprungergebnisses.

6.2.5 Konkretisierung von Skalenimplikationen am Beispiel der Intervall-, Prozentrang- und Nominalskala

Wenn nicht eine Beurteilung in Berichtsform (bzw. Gutachten) bevorzugt wird, sondern als diagnostische Information Quantifizierungen, Meßwerte oder Quasi-Meßwerte (z.B. Zeugnisnoten, die nicht nach den Forderungen eines bestimmten Meßmodells zustande kamen) weitergegeben werden, sind der Abbildungsmodus, die verwendete Skala und deren Implikationen von großer Bedeutung. Da sowohl eine angemessene als auch eine unangemessene Verwendung in pädagogischen Feldern zu beobachten sind, soll im folgenden etwas näher auf die Intervall- und die Prozentrangskala eingegangen werden. Ein Teil der Implikationen der Intervallskala soll am Beispiel des Diagnostizierens der Intelligenz veranschaulicht werden.

Diese Veranschaulichung beginnt mit der Diskussion der Normalverteilung als einem Verteilungsmodell, nach dem die in den Sozialwissenschaften benutzten Intervallskalen konzipiert sind. Die Normalverteilung – auch als Gaußsche Kurve bekannt – stellt eine Zufallsverteilung dar. Sie entsteht, wenn sich in einer großen Population eine große Zahl von Faktoren zufällig mischt (durch zufällige Permutation). Sie ist bei vielen Wachstumsprozessen in der Natur vorzufinden. Ordnet man z.B. alle Blätter eines gesunden Baumes nach der Größe, steigt die Anzahl der Blätter von sehr wenigen ganz kleinen über wenige kleine, sehr viele mittlere bis zu wenigen großen und ganz wenigen sehr großen Blättern an. Das gleiche gilt für das Merkmal der Körpergröße in einer unmanipulierten (nicht ausgelesenen) Bevölkerungsgruppe.

Abb. 37: Darstellung der Flächenkurve für die Verteilung „der Körpergröße" in einer Bevölkerung (vgl. GUNTHART 1946, S. 168)

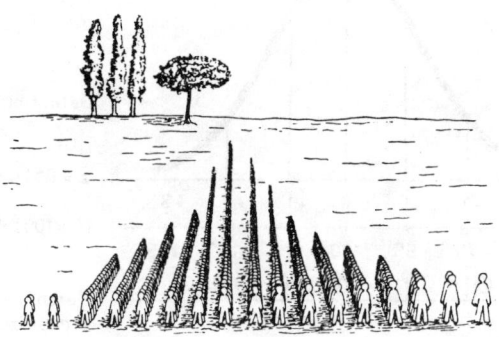

Stellt man eine solche Flächenverteilung formal graphisch dar, dann ergibt sich die Frage, ob sie einer Gaußschen Kurve (vgl. Abb. 38) entspricht. Die größte Häufigkeit liegt in der Mitte und entspricht dem Durchschnittswert. Bei der Standardskala wird dieser Skalenpunkt gleich 0 gesetzt. Rechts und links von diesem Skalenpunkt befinden sich je 50 % der Population. Als Durchschnittsbereich wird die Fläche bestimmt, die zwischen -1z und +1z liegt; dies entspricht 68,28 %.

Abb. 38: Normalverteilungskurve mit Standardskala (z) und Flächenanteilen

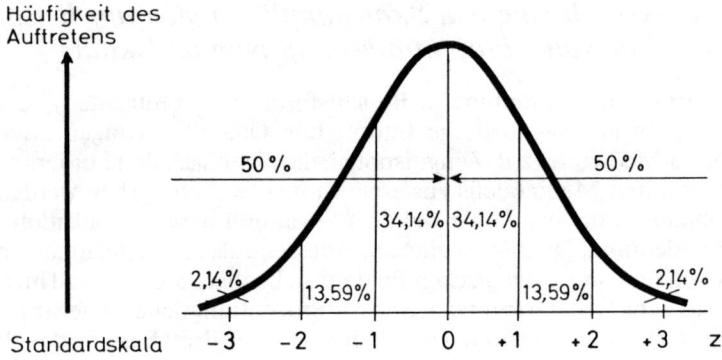

Wenden wir dieses Modell bei Intelligenztests an, so ergibt sich:

68,28 % der Bevölkerung werden bei einem Intelligenztest Werte zwischen IQ 85 und 115 erreichen (oder 68,28 % sind durchschnittlich intelligent), 13,59 % sind überdurchschnittlich intelligent usw. Welche Implikationen hat die Annahme dieses Verteilungsmodells? — Intelligenz ist eine natürliche Wachstumsfunktion menschlichen Lebens. Es handelt sich um ein weitgehend statisches (unveränderbares) Merkmal des Menschen. Eine genetische Determiniertheit liegt sehr nahe.

Abb. 39: Intelligenztestwertverteilung in einer sehr großen Bevölkerung

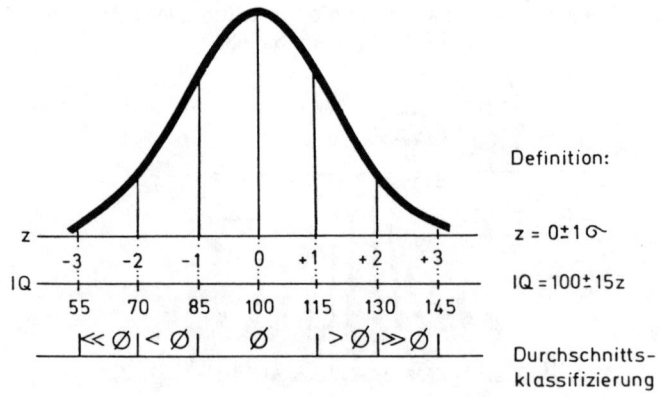

Tatsächlich wurden bisher in der Intelligenztestentwicklung überwiegend (in Abhängigkeit von der Größe der Population) der Normalverteilung angenäherte Verteilungsformen gefunden (vgl. Abb. 40).

Abb. 40: Verteilung von Intelligenztestwerten

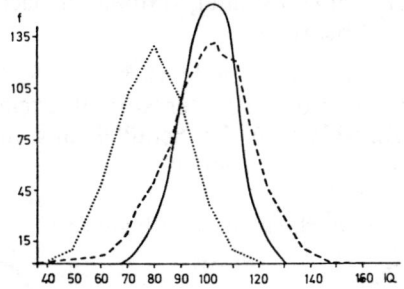

... ZIMMERMANN/KORNMANN/LORENZ (1971) IQs von Schülern der Lernbehindertenschule

---- KRAMER (1965) IQs einer unausgelesenen Bevölkerung

___ AMTHAUER (1955) IQs einer mehr auf Real- und Oberschule hin ausgelesenen Bevölkerung

Entweder ist das Merkmal Intelligenz in einer sehr großen Population tatsächlich normal verteilt, oder Intelligenztests sind konstruktionsabhängig auf eine Intervallskala hin konzipiert. In diesem Fall erfolgt die Auswahl der Testaufgaben nach einem Konzept, das beim Testen sehr vieler Versuchspersonen eine der Normalverteilung angenäherte Verteilungsform ergibt. Somit wäre die Normalverteilung des Merkmals Intelligenz ein Artefakt der Testkonstruktion. Für letzteres spricht die gepunktete Verteilungsform in Abb. 40, denn ZIMMERMANN/KORNMANN/LORENZ (vgl. 1971) untersuchten eine stark ausgelesene Population (nur Lernbehinderte). Bei einem natürlichen Wachstumsphänomen einer derart ausgelesenen Population ist keine entsprechende Verteilungsform zu erwarten.

Ferner spricht die Aufgabenauswahl (speziell bei KRAMER, vgl. 1965) ebenfalls für die Artefakthypothese. Fähigkeiten, einschließlich der Lernfähigkeit und der Lernergebnisse, werden von jeher von vielen Pädagogen als normal verteilte Phänomene aufgefaßt. Darin wurden sie auch immer wieder von Psychologen bekräftigt, wie das folgende Zitat ausweist: „Es ist ungemein interessant, aufgrund der Notengebungen der einzelnen Lehrer Rückschlüsse auf ihre Einstellung zu den Schülern zu ziehen. Die Verteilungskurven der Noten zeigen von Klasse zu Klasse oft gewaltige Unterschiede: Eine i-Form beschreibt eine linksschiefe Verteilung, eine j-Form beschreibt eine rechtsschiefe und eine u-Form beschreibt eine zweigipflige Verteilung. Der Normalzustand dürfte dann vorhanden sein, wenn die Verteilung sich der Gauß'schen Verteilung angleicht, ... wie sie wahrscheinlich auch am ehesten der natürlichen Verteilung der Fähigkeiten einer homogenen Population entspricht" (FISCHER 1957, S. 36).

165

So wurde den LehrerInnen immer wieder mitgeteilt, daß sie nur dann „richtig" (objektiv) und „gerecht" beurteilen, wenn sie eine der Normalverteilung ähnliche Notenverteilung produzieren. Obwohl dies für die Schule nicht mehr gilt (vgl. Notendefinitionen), verhalten sich nicht wenige LehrerInnen weiterhin so. Was eine der Gaußschen Verteilung angenäherte Notenverteilung für die Beurteilung in der Schule bedeutet, können Sie nach den vorangegangenen Darlegungen selbst beurteilen.

Alle nach der klassischen Testtheorie konstruierten Schulleistungstests sind aufgrund des Modellhintergrundes an der Normalverteilung orientiert. Allerdings wird für die Klassifikation der Schulleistung meist ein schmaleres Durchschnittskonzept gewählt (siehe Abb. 41).

Abb. 41: Unterschiedliche Durchschnittsbezeichnungen

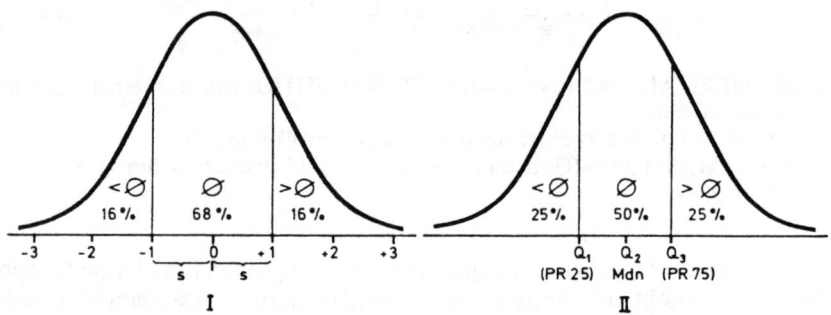

I Breiter Durchschnittsbereich (z.B. bei Intelligenztests)
II Schmaler Durchschnittsbereich (bei den meisten Schulleistungstests)
Q 1 = 1.Quartil entspricht PR (Prozentrang) 25
Q 2 = 2.Quartil entspricht PR 50
Q 3 = 3.Quartil entspricht PR 75

Erfolgt statt der Dreier- eine Fünfer-Klassifizierung, so wird z.B. weit unterdurchschnittlich kleiner PR 10 und weit überdurchschnittlich größer PR 90 festgesetzt (siehe Abb. 42).

Abb. 42: Vergleich der Durchschnittsklassifikation anhand von Prozenträngen (PR) und Schulnoten (SN)

6	5	4 $\mid$ 3	2	1	Schulnoten (SN)
$\ll\emptyset$	$<\emptyset$	$\emptyset$	$>\emptyset$	$\gg\emptyset$	Durchschnittsklassifikation

0	5	10	25	50	75	90	95	100	Prozentränge (PR)
			Q_1	Q_2	Q_3				

$\ll\emptyset$ weit unterdurchschnittlich, $<\emptyset$ unterdurchschnittlich, $\emptyset$ durchschnittlich, $>\emptyset$ überdurchschnittlich, $\gg\emptyset$ weit überdurchschnittlich
$Q_1 = 1.$ Quartil, $Q_2 = 2.$ Quartil, $Q_3 = 3.$ Quartil

166

Sind Schulleistungen natürliche Wachstumsphänomene, das heißt normal verteilte Phänomene, dann wird damit Pädagogik negiert. Praktisch arbeitende PädagogInnen können sich deshalb nicht dieser Sichtweise anschließen. Eine Intervallskala ist deshalb nicht unmittelbar für das Abbilden von Beurteilungsinformation indiziert. In der Schule haben wir es primär mit ordinalen oder nominalen Informationen zu tun. Diesem Umstand tragen auch die Schulnotendefinitionen neuerdings Rechnung. Die anzuwendende Skala ist deshalb, wenn nicht entsprechend dem Binomialmodell getestet wird, die Rangskala bzw. eine ordinale Punktewertskala.

Abb. 43: Die drei am häufigsten verwendeten Skalen auf dem ordinalen Niveau

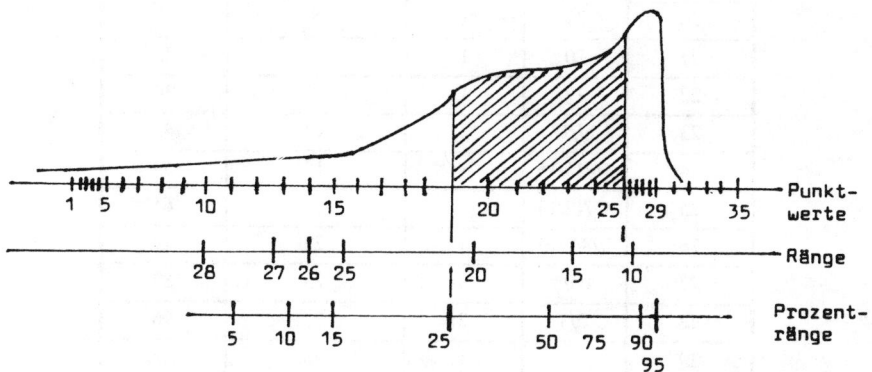

Sind die Aufgaben, aus denen die Punktwerte ermittelt werden, nicht in einem aufwendigen Verfahren analysiert und ausgewählt worden, sind die Abstände auf der Punktwertskala ungleich. Es ist wichtig, sich dieses klar zu machen und die Punktwertskala nicht im Sinne einer Intervallskala zu verwenden. Dies wird in der Abb. 43 durch beliebige Abstände konkretisiert; tatsächlich sind die Abstände z.B. bei Klassenarbeiten nicht bekannt. Deshalb ist es angemessener, solche Punktwerte in eine echte Ordinalskala zu überführen oder sie auf nominale Information im Sinne eines lehrzielorientierten Tests zu reduzieren. Im letzteren Falle werden aus den Punktwerten drei Gruppen gebildet: „Ziel erreicht" − „Zielerreichung fraglich bzw. noch nicht entscheidbar" − „Ziel nicht erreicht". Bisher herrscht jedoch eine konträre Tendenz vor; es wird versucht, möglichst breite hochdifferenzierende Skalen zu verwenden. Entweder wird die Punktwertskala wie eine Intervallskala betrachtet oder es wird eine lineare Transformation (vgl. Kap. 6.2.6) in Noten oder „Leistungspunkten" vorgenommen. Beides verfälscht die vorliegende Information. Ein gangbarer Weg bleibt das Überführen der Punktwerte in eine Prozentrangskala. Tab. 13 zeigt ein Beispiel. Um das Verhältnis von Rängen zu Prozenträngen und die Überdifferenzierung auch dieses Verfahrens sichtbar zu machen, werden in diesem Beispiel zusätzlich auch Ränge verwendet (letzteres ist im Normalfall einer Überführung nicht notwendig).

Tab. 13: Punktwerte und Prozentränge

Punktwerte PW	Ränge Rg	Häufigkeit f	kumulierte Häufigkeit (fcum)	Prozentränge PR
10	28	1	1	1
13	27	1	2	7
14	26	1	3	11
16	25	1	4	14
18	23/24	2	6	22
19	22	1	7	25
20	21	1	8	29
21	20	1	9	32
22	19	1	10	36
23	17/18	2	12	43
24	14/15/16	3	15	53
25	11/12/13	3	18	64
26	7/8/9/10	4	22	79
27	4/5/6	3	25	89
28	2/3	2	27	96
29	1	1	28	100

In der ersten Spalte von Tab. 13 werden zu diesem Zweck alle erreichten Punktwerte vom niedrigsten bis zum höchsten aufgelistet. In der zweiten Spalte werden sie in Ränge überführt; der höchste erreichte PW erhält den ersten, der niedrigste PW den 28. Rang (bei 28 SchülerInnen). Danach erfolgt eine Gruppierung der Werte und Ränge nach gleichen Punktwerten. Je Zeile werden die Häufigkeiten (f) eingetragen und in der folgenden Spalte von oben nach unten summiert (fcum). Aus den kumulierten Häufigkeiten (fcum) lassen sich jetzt leicht die Prozentränge errechnen:

$$PR = \frac{fcum}{N} \cdot 100$$

Ein Rechenbeispiel für die 3. Zeile liefert: $\frac{3}{28} \cdot 100 = 10,7$ (PR = 11)

Die Überdifferenzierung in der Rangskala wird deutlich, da verschiedentlich drei bis vier Ränge auf einen Punktwert entfallen. Die Prozentrangskala bietet mit ihrer Differenzierungsbreite von 100 Punktwerten noch mehr Möglichkeiten zur Überdifferenzierung. Diese ist dort besonders groß, wo der Schwerpunkt der Verteilung liegt (vgl. Tab. 13, PR 75 – 100). Es ist deshalb angebracht, die Konkretisierungsmöglichkeit der Prozentränge nicht überzubewerten.

168

Wenn es formal richtig heißt, daß bei PR 80 79 % der Schüler und Schülerinnen geringere Leistungen zeigen, dann ist zu beachten, daß über einen mehr oder weniger breiten Bereich rund um den PR 80 trotz unterschiedlicher Prozentrangwerte wahrscheinlich gleiche Leistungen vorliegen (vgl. Vertrauensbereiche). Die Prozentrangskala wird im pädagogischen Bereich häufig verwendet, sie stellt eine Vergleichbarkeit von Gruppen und Schulklassen her und ist nicht von der Gruppengröße (wie die Rangskala) und auch nicht von der Anzahl der Aufgaben oder der erreichbaren Punktwerte abhängig. Sofern die unterschiedlichen Aufgabensammlungen in verschiedenen Schulklassen tatsächlich die gleichen Lernbereiche und -ziele abdecken, werden damit die Leistungsergebnisse der Schüler auch in unterschiedlichen Schulklassen vergleichbar. Sind die Aufgabensammlungen (gegebenenfalls Klassenarbeiten) inhaltlich nicht vergleichbar, täuscht die Prozentrangskala lediglich Vergleichbarkeit vor. Sie stellt diese nur formal her. Die Prozentrangskala wird in der Regel im Sinne des sozialen Vergleichs angewendet (Rang weist auf eine soziale Rangreihe hin). Die hierin liegenden Probleme sind in Kap. 6.1.3 ausführlich dargestellt. Eine pädagogische, generell unproblematische Abbildungsmöglichkeit für das Inventarisieren von Wissen und Fertigkeiten liegt in der Nominalskala („Ziel erreicht" – „Zielerreichung fraglich" – „Ziel nicht erreicht") in Verbindung mit der Information über den Zuwachs als nominale Angabe (z.B. zwei neue Einheiten bewältigt) oder eines Zuwachsprozentsatzes.

Abschließend seien noch die Abbildungsmöglichkeiten der Tests, die nach stochastischen Modellen konstruiert sind, erwähnt. Diese Tests verwenden eine Differenzenskala (besondere Form der Intervallskala) oder gar eine Verhältnisskala. Diese Abbildungsmodi sind aus verschiedenen meßtheoretischen Gründen nicht unumstritten (vgl. ROST/SPADA 1982.)

Obwohl derartige Meßmodelle grundsätzlich für pädagogische Fragestellungen geeigneter sind als die klassische Testtheorie, ergibt sich dennoch eine grundlegende Problematik für pädagogische Handlungsfelder. Diese Modelle werden im angelsächsischen Sprachbereich auch als „latent-trait-theories"[3] zusammengefaßt. Die beobachtete Variable (das Testverhalten) dient als Indikator einer latenten Variablen (hier: nicht beobachtbare Eigenschaft oder Verhaltensdisposition, vgl. ROST/SPADA 1982, S. 59/60). Wir treffen hier auf die Problematik der Eigenschaftsbeurteilung (Beeigenschaftung), die an anderer Stelle bereits für Pädagogen als höchst problematisch diskutiert wurde. In pädagogischen Feldern ist es nicht nur aus ökologisch-phänomenologischer Sicht weise, sich in diesem Bereich bewußt selbstkritisch zu verhalten.

Wenn sich SchülerInnen in einer kurzen Zeit bezüglich eines Unterrichtsschwerpunktes breites Wissen aneignen und mit großer Fertigkeit sich dort stellende Probleme (Aufgaben) bewältigen, dann liegt nahe, daß sie in diesem Bereich hochbefähigt sind – ein gegenteiliger Tatbestand sagt aber überhaupt nichts über ihre Unfähigkeit aus. Aus pädagogischer Sicht reicht es deshalb, Wissen, Fertigkeiten, Interessen u.ä. zu inventarisieren und schulische Beur-

---

3 zu dt.: „Theorien nicht-beobachtbarer Eigenschaften".

teilungen darauf zu beschränken. Es besteht die Gefahr, daß insbesondere Nicht-Psychologen – wenn sie sich daran gewöhnen – Aussagen über die Fähigkeiten und Eigenschaften von Personen machen und diese generalisieren. Sie verlieren dann leicht jeden diagnostischen Boden unter den Füßen, und ein Teil der immer wieder diskutierten Problematik der diagnostischen Praxis im pädagogischen Handlungsfeld Schule dürfte auch daher rühren.

Tests nach stochastischen Modellen sind deshalb wie auch diejenigen nach der klassischen Testtheorie für manche Fragestellungen zwar nützlich, aber pädagogisch nicht die erste Wahl.

6.2.6 Häufig verwendete Skalen und deren Beziehungen zueinander

Eine Grund- oder Ausgangsskala für alle Intervallskalen, die in den Sozialwissenschaften verwendet werden, stellt die z-Skala dar. Diese Skala hat ihren Mittelwert bei 0. Es ist jedoch ein weitverbreitetes Bedürfnis, nur mit positiven Zahlen zu arbeiten. Deshalb wird statt der z-Skala auch die Stanine (C-Skala: Standardskala mit neun Einteilungen) verwendet (vgl. z.B. Leistungsprüfsystem und Prüfsystem für Schul- und Bildungsberatung (HORN 1965)).

Abb. 44: Verschiedene, häufig verwendete Normskalen

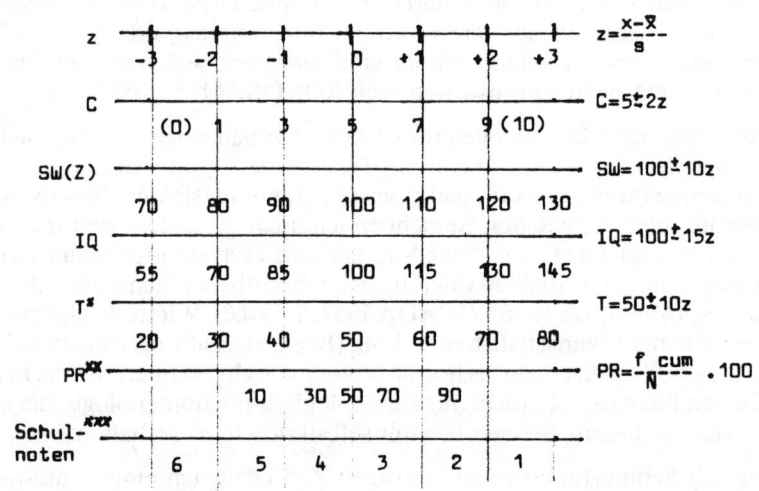

– *   Die T-Skala wird zur Harmonisierung ordinaler Information verwendet, siehe Flächentransformation.
– **   Ordinalskala, die hier mit einem Schwerpunkt in der Mitte zufällig der Normalverteilung ähnlich abgebildet ist.
– ***   Schulnoten Ordinalskala oder eine Klassifikation (Nominalskalenähnlichkeit).

Die Ziffern bezeichnen im letzten Fall nicht einen Skalenpunkt, sondern einen Skalenabschnitt, wobei die Abschnitte aber ungleich zu denken sind.

Eine weitere dem Bedürfnis nach breiten Differenzierungsmöglichkeiten entsprechende Skala ist die Standardwertskala (SW), manchmal auch Z-Skala genannt (vgl. z.B. Testbatterie für grammatische Kompetenz (TEWES/THURNER 1978) und Grundintelligenztest (CATTELL/WEISS/OSTERLAND 1972)). Die Intelligenz-Quotienten-Skala (IQ) ist ein Spezialfall. Die ersten Intelligenztests sind nach einem anderen Meßmodell konstruiert und auch normiert. Ihre Werte lassen sich aber auf die Z-Skala transformieren.

Bei der großen Mehrzahl aller Schultests werden Prozentränge und die über die Flächentransformation (vgl. Abb. 47) gewonnene T-Wert-Skala verwendet. Die Kombination dieser beiden Skalen scheint notwendig, um Vertrauensbereiche bestimmen zu können.

In pädagogischen Handlungsfeldern wird häufig die Vergleichbarkeit von Leistungen und Beurteilungen verlangt. Die Vergleichbarkeit soll über verschiedene Altersgruppen und über verschiedene Schulklassen bzw. Schulen möglich sein. Aufgrund der Forderung nach multipler Vergleichbarkeit reicht es nicht aus, für solche Fälle allen Schülern die gleiche Prüfaufgabensammlung zu geben, sondern es ist eine Übertragung der Leistungswerte (Rohwerte) auf eine entsprechende Normskala (Vergleichsskala) notwendig. Immer dann, wenn die Rohwerte symmetrisch verteilt sind, ist transformationstechnisch eine Übertragung auf eine Standardskala (z.B. SW) möglich. In einem solchen Fall handelt es sich um eine lineare Transformation (vgl. Abb. 46).

Beispiel zur Bedeutung der Vergleichbarmachung über Altersgruppen mit Hilfe der linearen Transformation:
Zwei Jungen (A = 7 Jahre und B = 10 Jahre) haben im differentiellen Leistungstest[4] folgende Leistungen gezeigt:
A = 72 Rohwerte (GZT)[5]   B = 98 Rohwerte (GZT)
B scheint eine erheblich bessere Leistung zu erbringen als A.

Für die Vergleichbarmachung sind zunächst einmal die Kennwerte[6] der spezifischen Gruppen (hier Altersgruppen) zu berücksichtigen. Diese werden mit den Kennwerten der Standardwertskala (hier SW) gleichgesetzt. Dies ist der Grundrahmen der Transformation. Die Standardwerte für A und B können nun errechnet oder graphisch bestimmt werden.

---

4 Der differentielle Leistungstest – KG (KLEBER/KLEBER/HANS 1975) stellt die Weiterentwicklung tradierter Konzentrationstests dar. Er soll das Leistungsverhalten bei konzentrierter Tätigkeit erfassen.

5 Eine erhobene Information ist das quantitative Leistungsverhalten, es wird als die Gesamtzahl der bearbeiteten Aufgaben pro Test (GZT) erfaßt.

6 Wichtige statistische Abbildungsmaße sind Kennwerte. Innerhalb der Diagnostik haben wir es vor allem mit Aufgaben-(Item-)Kennwerten (z.B. Schwierigkeits- oder Trennschärfenindex), mit Person-Kennwerten und mit Skalen-Kennwerten zu tun. Die wichtigsten Skalen-Kennwerte sind die Maße der zentralen Tendenz (hier der Mittelwert ($\overline{X}$) und der Streuung (s)).

Abb. 45: Rohwertverteilung der GZT-Werte (GZT ist ein Indikator für quantitative Leistung)

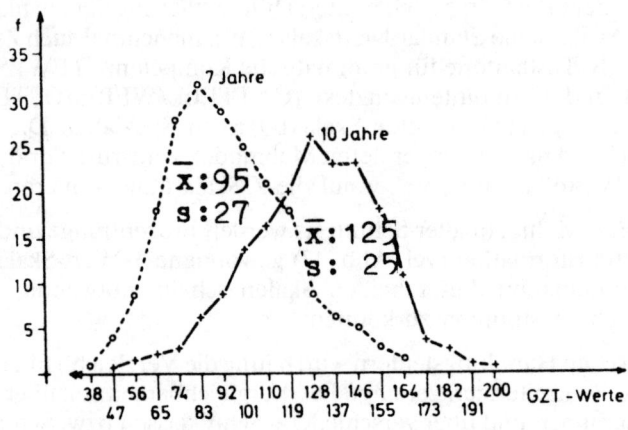

Kennwerte: 7jährige: X: 95   s: 27
           10jährige: X: 125   s: 25

Die Gruppe der Siebenjährigen, zu der der Schüler A gehört, erzielt einen mittleren Leistungswert (X) von 95. Dieser Punktwert wird mit dem Punktwert 0 der Standardskala gleichgesetzt. Als nächstes wird die erste negative Standardabweichung für die Gruppe bestimmt ($X - s = 95 - 27$); dies ergibt den Punktwert 68. Dieser wird mit dem Wert -1 der Standardskala gleichgesetzt usw. Der Leistungswert des Schülers A (72) fällt dann zwischen 0 und -1z, er entspricht etwa -0,87z. Bei einer Übertragung auf die SW-Skala entspricht dies einem SW von 91.

Abb. 46: Lineare Transformation der Testrohwerte von Test I auf eine Standardwerteskala (SW) über die z-Skala

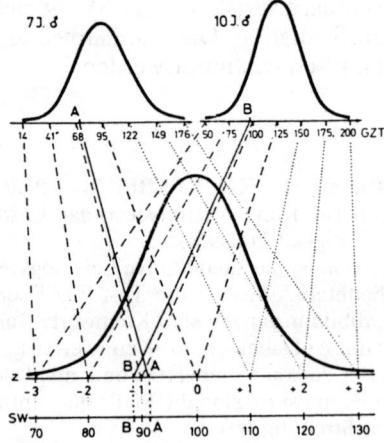

Der Leistungswert von B fällt nach dem gleichen Verfahren auf SW: 89; er liegt jetzt nach der Vergleichbarmachung unterhalb desjenigen von A. Jetzt sieht es so aus, als ob A eine stärkere Leistung als B zeigt. Wie später nachgewiesen wird (vgl. Vertrauensbereiche), ist jedoch auch dies nicht der Fall.

Die Transformation des einzelnen Testwertes kann nach folgender Formel vorgenommen werden:

$$SW = X_{SW} + \frac{S_{SW}}{S_{RW}} \cdot (X_{RW} - \overline{X}_{RW})$$

Proband A:

$$SW_A = 100 + \frac{10}{27}\,(72 - 95)$$
$$= 100 + 0{,}37\,(-23)$$
$$= 100 - 8{,}51$$
$$= 91{,}49$$
$$\approx 91$$

Proband B:

$$SW_B = 100 + \frac{10}{25}\,(98 - 125)$$
$$= 100 + 0{,}40\,(-27)$$
$$= 100 - 10{,}8$$
$$= 89{,}2$$
$$\approx 89$$

Für Transformationen von Leistungswerten aus Klassenarbeiten ist nur die Flächentransformation auf die PR-Skala und gegebenenfalls auf die T-Skala angemessen. Die lineare Transformation benützt die Kennwerte Mittelwert und Streuung; die Flächentransformation dagegen die Kennwerte Quartile und Zentile, wobei Q_2 gleichzeitig den Mittelwert repräsentiert.

Abb. 47: Flächentransformation von den Punktwerten einer Klassenarbeit auf die Prozentrangskala

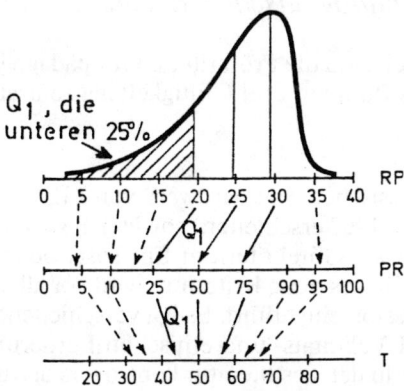

Ob eine lineare oder Flächentransformation vorgenommen werden kann, richtet sich nach den Merkmalen und den Verteilungsflächen. Wenn keine symmetrische Verteilung vorliegt, wird die Verteilungsfläche in vier gleich große Teile geteilt, und es erfolgt eine Flächentransformation (vgl. Abb. 46 und 47). Die rechnerische Überführung im Sinne der Flächentransformation wurde bereits bei der Prozentrangskala vorgestellt.

6.3 Fragen der Güte des diagnostischen Abbildens

Die Güte einer diagnostischen Information oder ... Aussage hängt von einer Reihe unterschiedlicher Faktoren ab. Spezielle Tendenzen, die die Güte diagnostischer Information beeinträchtigen, wurden als systematische Fehlertendenzen in der Lehr-Lern-Situation bereits in den vorangegangenen Kapiteln diskutiert. Eine generelle Systematisierung von Gütekriterien wurde im Zusammenhang mit der Testerstellung erarbeitet (vgl. LIENERT 1967).

Obwohl die Gütekriterien im Rahmen der klassischen Testtheorie erarbeitet wurden, gelten sie doch für jede Informationserhebung mit diagnostischer Absicht (auch für Klassenarbeiten und die Einschätzung mündlicher Leistungen im Unterricht). Die Informationserhebung und Interpretation (bei LIENERT 1967, S. 12 heißt es nur: „ein guter Test") in einem diagnostischen Prozeß in der Pädagogik sollen folgende Forderungen erfüllen: Objektivität, Reliabilität (Zuverlässigkeit), Validität (Gültigkeit), Fairneß und Vergleichbarkeit.

In dieser Darstellung wird von der tradierten systematischen Abhandlung abgewichen. Pädagogischen Leitzielen entsprechend beginnt die Darstellung mit der Frage nach der pädagogischen Relevanz (den Kriterien der Fairneß und Gültigkeit), und es erfolgt erst in zweiter Linie die Auseinandersetzung mit der Objektivität.

6.3.1 Fragen der pädagogischen Relevanz

Fairneß und Gültigkeit sind die Prüfkriterien für pädagogische Relevanz, wobei Fairneß mehr als Rahmen und Gültigkeit als zentrales Kriterium zu betrachten sind.

● *Fairneß*
In dem bereits klassischen Standardwerk von LIENERT: Testaufbau und Testanalyse (erstm. 1967 erschienen) sowie den späteren Auflagen tritt die Kategorie Fairneß als Gütekriterium für Tests oder Prüfaufgaben noch nicht explizit auf. Dieses neue Kriterium wird vor allem von MÖBUS (vgl. 1976) in die Diskussion eingeführt. Es hat verschiedene Facetten und überschneidet sich mit Validitäts- und ethischen Forderungen an Prüfverfahren. Es wird bisher in der Testliteratur kontrovers diskutiert, weil die oft gegensätzlichen Interessen von Ratsuchenden, getesteten Personen, gesellschaftlichen Gruppen und Testverwendern nicht oder nur sehr schwer in Einklang zu bringen sind (vgl. SIMON/MÖBUS 1977, 1982).

Die Divergenz dieser Grundpositionen wird in pädagogischen Handlungsfeldern jedoch unwirksam, wenn der Pädagoge die grundlegende ethisch legitimierte Position eines Anwalts der sich entwickelnden Person, in der Schule: der Lernperson, einnimmt. Unter Aspekten der Fairneß in Tests müssen gruppenspezifische Normierung und sogenannte kulturfreie Tests (z.B. TEWES/THURNER 1978; CATTELL/WEISS/OSTERLAND 1979) gefordert werden. SIMON/MÖBUS (vgl. 1977) wiesen die Veränderung von Berufschancen durch Intelligenztraining nach. Bei 72 Personen, die nach einem Intelligenztest ein kurzzeitiges Intelligenztraining und dann einen Paralleltest durchführten, konnten 40 (56 %) einer Berufsgruppe zugeordnet werden, die bis zu drei Lohnstufen höher lag als dies nach dem ersten Test erfolgt wäre. Für die faire Anwendung eines Fähigkeitstests empfiehlt sich danach eine (dreiphasige) sequentielle Strategie.

Damit werden gleichzeitig zwei Forderungen aus der Aneignungstheorie realisiert. Nach WYGOTSKI (1934/1964, S. 212 f) wird die „Zone der nächsten Entwicklung"[7] erfaßt, und man folgt RUBINSTEIN (vgl. 1958), der vorschlägt, die Begabung eines Menschen zu erfassen, indem man ihn unterrichtet (vgl. auch GUTHKE 1974).

Fairneß als Gütekriterium in der diagnostischen Informationserhebung hat außer in ihrer grundlegenden Bedeutung (vgl. SIMON/MÖBUS 1982) in der Pädagogik weitere konkrete Relevanz. Sie kann sowohl als Fairneß gegenüber dem Lernenden als auch gegenüber pädagogischen Richtzielen verstanden werden. Erhebungsverfahren für die Leistungsbeurteilung in der Schule (Tests, Befragungen, Ratings u.ä.) sind dann fair,

— wenn sie das erfassen, was auch Gegenstand des Unterrichts war und nicht die Schülerfähigkeiten unabhängig vom Unterricht erfassen wollen,
— wenn sie in gewissem Maße den Lernprozeß des Schülers widerspiegeln und
— wenn sie das, was sie außerdem messen, gesondert ausweisen.

Erhebungsverfahren sind in der Pädagogik (gegenüber den pädagogischen Richtzielen) dann fair,
— wenn sie den Lehr-Lern-Prozessen folgen und nicht teilweise oder überhaupt die Lernprozesse determinieren.

Bewertungsurteile sind dann fair,
— wenn sie die individuellen Lernprozesse und
— die individuellen Lebens- und Lernsituationen berücksichtigen.

Die im diagnostischen Prozeß erhobene Information hat für sich allein nur einen sehr begrenzten Aussagewert. Sie gilt präzise nur für die Aufgabengruppe, die vorgelegt wurde, und oft nur für die SchülerInnen, die den gleichen Unterricht besuchen und an der gleichen Informationserhebung teilgenommen haben.[8]

---

7   „Die Untersuchung zeigt, daß die Zone der nächsten Entwicklung für die Dynamik der intellektuellen Entwicklung und den Leistungsstand eine unmittelbarere Bedeutung besitzt als das gegenwärtige Niveau ihrer Entwicklung" (WYGOTSKI 1934/1964, S. 213).
8   Unter Hinzuziehung des relevanten Kontextes und im Vergleich mit unterschiedlichen Kontextinformationen wird der Aussagewert erweitert. Hierzu dienen auch verschiedene Normierungen. Es sind dies gewissermaßen Standardisierungen solcher relevanten Kontextinformationen (zur Normierung lehrzielorientierter Tests vgl. HERBIG 1982; KLAUER 1987).

Fragestellungen zur Normierung (Vergleichbarkeit) wurden bereits im Zusammenhang mit den Bezugssystemen (vgl. Kap. 6.1.1) behandelt. Wenn für psychologische Tests die Bezugsgruppennormierung die wichtigste war, so ist es bei pädagogischen Fragestellungen die Inhalts- oder Zielnormierung (kriteriumsorientiertes Bezugssystem), die mit der individuellen Bezugsnorm verknüpft wird. Unter bestimmten Bedingungen werden Lernprozeß- und/oder Bezugsgruppen (vgl. LIENERT 1967) zusätzlich hinzugezogen. Letztere dienen der Vergleichbarkeit.

Betrachten wir dazu ein Beispiel: Intelligenztests waren ursprünglich mit einer Art Inhaltsnormierung ausgestattet. Als Kriterium wurde jeweils eine Zielrate definiert, und die Normierung auf diese Zielrate stellte das Intelligenzalter dar. Wenn beispielsweise ein achtjähriges Kind ein Intelligenzalter von 9 (IA = 9) und ein 20jähriger ebenfalls ein IA = 9 erreichte, so wären beide in bezug auf eine festgesetzte Zielrate zwar auf dem gleichen Stand kognitiver Entwicklung, jedoch hätten beide völlig unterschiedliche Entwicklungsprognosen u.ä. Wenn etwa zwei Schüler (A und B) in einem curricularen Test eine Lösungsprozentrate (LPR) von 54 % erreichten, so wären beide in ihrer derzeitigen Position zum Kriterium zwar gleich; wenn aber Schüler A nur gut die Hälfte des Lehrgangs mitgemacht hat, weil er die übrige Zeit durch Krankheit versäumte, und wenn B bereits den gleichen Lehrgang zweimal vollständig durchlaufen hat, so haben beide doch eine ganz unterschiedliche Prognose für ihr weiteres Lernen, und beide sind nicht mit den gleichen pädagogischen Maßnahmen optimal zu fördern. Derartige notwendige differentielle pädagogische Informationen werden bei der Inhaltsnormierung aber ausgeklammert, weshalb die Inhaltsnormierung allein nicht ausreicht.

Wenn die Kriterien Prüf-, Test- und Beurteilungsfairneß nicht gewährleistet sind, wird der pädagogische Prozeß in vielfältiger Weise beeinträchtigt, die Beurteilungsaussagen verlieren ihre pädagogische Relevanz oder sie produzieren sogar destruktive Konsequenzen.

Da Fairneß bisher nicht zu einem eigentlichen (statistischen) Prüfkriterium ausgearbeitet ist, steht weiterhin Gültigkeit im Zentrum der Relevanzbemühungen, jedoch wird sie in günstiger Weise von der Fairneß flankiert.

● *Gültigkeit (Validität)*
Wenn man vom unmittelbaren Messen ausgeht, führen die Fragen, welche pädagogisch-diagnostischen Schlußfolgerungen die numerischen Resultate eines Tests zulassen und mit welchem Grad an Sicherheit und in welchem Umfang das Merkmal, das vorgegeben wurde, tatsächlich erfaßt wird, zu den Problemen der Gültigkeit, der diagnostischen Valenz und in bezug auf Beurteilungsaussagen zu den Problemen der pädagogisch-diagnostischen Relevanz.

Auch wenn es hier, wie in der übrigen Literatur bei der Diskussion der Gütekriterien überwiegend um Tests geht, liegt das darin begründet, daß die Testdiagnostik das Feld der Erforschung und der Ausarbeitung der Gütekriterien darstellt. — Insbesondere der Pädagoge darf nie aus den Augen verlieren, daß die Güteforderungen für alle Beurteilungsaussagen in gleicher Weise gelten. Sie sind analog dem Vorgehen bei Tests für alle Beurteilungen zu realisieren.

176

Bei der Betrachtung der Gültigkeitsfrage ist zu berücksichtigen, daß es um unterschiedliche Richtungen der Schlußfolgerungen geht (vgl. MICHEL 1964, S. 48 f). Unterschieden wird dabei zwischen Verhalten (in dem sich Fertigkeiten, Wissen, Leistung konkretisieren) und Verhaltensdispositionen (latente Merkmale, Fähigkeiten). Es sind vor allem drei Formen der Schlußfolgerung zu beachten:

1) der Schluß vom Testwert (der Beurteilungsinformation) auf das gleiche Verhalten außerhalb der Test-Prüf-Beurteilungssituation;

2) der Schluß vom Testwert (der Beurteilungsinformation) auf sonstiges Verhalten, das als beurteilungsrelevantes Kriterium definiert und auf der Grundlage von nachgewiesenen Übereinstimmungen (Korrelationen) zwischen Testverhalten und diesem Kriterium gerechtfertigt ist;

3) der Schluß vom Testwert auf eine Verhaltensdisposition (Fähigkeit, Eigenschaft).

Für jede dieser Schlußfolgerungen wird eine eigene Art der Gültigkeit maßgebend.

(1) *Inhaltsvalidität* (Schluß auf das gleiche Verhalten außerhalb der Test-, Prüf-, Beurteilungssituation)

Die einfachere Form der inhaltlichen Gültigkeit wird auch als triviale oder logische Validität bezeichnet. Von ihr spricht man dann, wenn Test (Prüfsituation) und Kriterium identisch sind (z.B. Schreibmaschinenprüfung – Einmaleins-Überprüfung). Inhaltsvalidität setzt voraus, daß das zu messende Verhalten in seiner Gesamtheit exakt beschrieben und in seinen Teilen erfaßt werden kann.

Zur inhaltlichen Validität gehört auch die Lehrplangültigkeit von Schultests (curriculare Validität). Hier wird allerdings ein breiterer Rahmen der inhaltlichen Validität notwendig, den KLAUER als Kontentvalidität für lehrzielorientierte Tests beschreibt (vgl. 1982a, S. 225-255).

Die Kontentvalidität hängt in hohem Maße von der präzisen Definition und der weitestmöglichen Operationalisierung der Lehrziele und der Lernvorhaben ab. Diese wichtige pädagogische Arbeit ist für eine folgende Diagnostik grundlegend. Als nächstes ist sie von der Grundmenge der Aufgaben, welche das Lehrziel bzw. das Lernvorhaben repräsentieren und der daraus gezogenen Aufgabenstichprobe, abhängig.

Gesucht wird ein Prüfverfahren, das

„1. die Erzeugung von Testaufgaben objektiviert,

  2. gewährleistet, daß nur Aufgaben gebildet werden, die zur Messung des fraglichen Merkmals beitragen können,

  3. sichert, daß die Grundmenge von Aufgaben, zu deren ‚Lösung‘ das fragliche Merkmal qualifiziert, in der Menge von Testaufgaben angemessen repräsentiert ist“ (KLAUER 1982a, S. 227).

„Eine Aufgabenstichprobe ist repräsentativ für die Grundmenge von Aufgaben, wenn sie a) nur Aufgaben enthält, die zur Grundmenge gehören, wenn b) die Teilmengen in der Stichprobe gemäß den angegebenen Proportionen vertreten sind und wenn c) die Aufgaben innerhalb der Teilmengen so ausgewählt sind, daß die irrelevanten Merkmale systematisch durchvariiert werden“ (KLAUER 1982a, S. 240).

„Ein Test ist dann kontentvalide, wenn seine Items eine repräsentative Stichprobe aus der Grundmenge darstellen" (KLAUER 1982a, S. 241). Inhaltliche Gültigkeit kann nur durch eine Expertenbefragung bestimmt werden. Ein Problem stellt nach wie vor die Aufgabenstichprobe dar, selbst bei systematischem Erarbeiten ist es oft nicht zu vermeiden, daß grobe Ungleichgewichte in der Repräsentation einzelner Aufgabengruppen entstehen (vgl. KLAUER 1982a). Letzteres geschieht natürlich um so leichter, je provisorischer die Prüfverfahren sind (informelle Tests und Klassenarbeiten).

(2) *Kriteriumsbezogene Gültigkeit* (Schluß auf sonstiges Verhalten außerhalb der Testsituation auf der Grundlage einer nachgewiesenen Übereinstimmung mit einem bestimmten Kriterium)

Die Korrelation der Testwerte mit dem Kriterium stellt das Validitätskonzept der klassischen Testtheorie dar. Unterschieden wird bei dieser Gültigkeitsart nach dem zeitlichen Abstand der gewünschten Übereinstimmung:
— Übereinstimmungsgültigkeit: Es geht um die Enge des Zusammenhangs mit einem jetzt relevanten Kriterium.
— Vorhersagegültigkeit: Es geht um die Enge des Zusammenhangs mit einem zukünftig relevanten Kriterium.

— Bei der Übereinstimmungsvalidität werden aufgrund fehlender anderer Kriterien häufig Verfahren (Tests), die sich schon bewährt haben, verwendet. Als Beispiel soll das Vorgehen mit im pädagogischen Handlungsfeld häufig verwendeten Intelligenztests dargestellt werden.

Bis heute wurde der Hamburg-Wechsler-Intelligenztest für Kinder (HAWIK) für annähernd alle neueren Intelligenztests als ein Außenkriterium im Zuge der Gültigkeitsbestimmung verwendet. Hierzu werden die Ergebnisse des neuen Tests als erste Meßreihe mit den Ergebnissen im als Kriterium gewählten Test korreliert. So erreicht der Bildertest BT 2-3 Korrelationswerte von $r = 0,74$ (vgl. HORN/SCHWARZ 1967). Bei einem Korrelationskoeffizienten von $r = 0,74$ wäre also festzustellen, daß etwa $r^2 \approx 55 \%$ gemeinsame Varianz zwischen den beiden Tests auftritt. Speziell ist damit über die Gültigkeit des BT 2-3 jedoch noch nichts ausgesagt. Es wird lediglich eine Äquivalenz beider Tests ($r = 0,74$, das heißt für 50 % des jeweiligen Meßbereichs) nachgewiesen. Dies ist eine beachtlich hohe Äquivalenz, denn zwischen dem BT 2-3 und dem BT 1-2, die beide nach dem gleichen Prinzip und mit den gleichen Intentionen konstruiert wurden, beträgt die Äquivalenz auch nur 59 %. Das Ergebnis legt die Vermutung nahe, daß Gültigkeitsbestimmungen (gemäß der klassischen Testtheorie) immer nur Minimalschätzungen sein können. Sie hängen in ihrer numerischen Höhe stark von dem Zuverlässigkeitskoeffizienten des Tests ab. Ein solcher Test-Test-Vergleich ist nur dann sinnvoll, wenn es darum geht, einen anerkannten unökonomischen Test durch einen ökonomischen zu ersetzen.

Als weiteres beliebtes Außenkriterium werden Lehrerurteile herangezogen (Expertenurteile). Dieses Verfahren ist für Schultests ohne weiteres einsichtig, es ist aber auch für Intelligenztests sehr beliebt. Hierzu wird eine bivariate Häufigkeitsverteilung erstellt. Für die Überprüfung des HAWIK am Lehrerurteil liegt folgende Untersuchung vor (s. Tab. 14).

Die Häufigkeitsverteilung läßt in ihrer Anordnung bereits einen hohen positiven Zusammenhang erkennen. Aus der dargestellten bivariaten Häufigkeitsbeziehung errechnete PRIESTER (vgl. 1958) einen (Kriterien-)Gültigkeitskoeffizienten von

r_{tk}[9] $= 0,83$. Das ist eine beachtlich hohe Übereinstimmung; sie wird nur sehr selten erreicht und ist bei der relativ geringen Zuverlässigkeit und Gültigkeit des Kriteriums (hier: Lehrerurteile) eigentlich auch nicht zu erwarten. Für den FAT (Frankfurter Analogietest) 4-6 werden bei ähnlichem Vorgehen Punkt-Biseriale-Korrelationen von $r_{tk} = 0,55$ bis $0,66$ und beim FAT 7-8 von $r_{tk} = 0,43$ bis $0,75$ erreicht. Hier wäre die Frage zu stellen, ob mit diesem Verfahren eher die Gültigkeit eines Tests oder diejenige des Lehrerurteils überprüft wird. Vor allem aber sagt ein solches an Außenkriterien orientiertes Validierungsverfahren nichts darüber aus, ob im Test tatsächlich „Intelligenz" erfaßt wird. So dokumentiert der HAWIK zu fast 70 % ($r_{tk} = 0,83$) das, was sich Lehrer 1958 unter intelligentem Verhalten bei ihren Schülern vorstellten. Für die Fragestellung, ob tatsächlich Intelligenz erfaßt wird, ist die Überprüfung auf Konstrukt-Validität notwendig.

Tab. 14: Überprüfung des HAWIK am Lehrerurteil

IQ	5	4	3	2	1	N
140–149	—	—	—	1	3	4
130–139	—	—	—	14	12	26
120–129	—	—	28	85	12	99
110–119	—	—	84	167	2	253
100–109	—	7	293	102	—	402
20–99	—	77	290	16	—	383
80–89	7	155	55	—	—	217
70–79	19	62	3	—	—	84
60–69	17	7	—	—	—	24
50–59	4	2	—	—	—	6
40–49	2	—	—	—	—	2
Lehrerurteil	5	4	3	2	1	

Bei der Überprüfung von Tests an Tests liegen logische Zirkelschlüsse[10] nahe. Nachgewiesen wird immer wieder, daß man in erheblichem Maße das gleiche (aber was?) mißt. LANGFELDT (vgl. 1975, S. 115) weist auch auf die Gefahr von Zirkelschlüssen im Zusammenhang mit der Validierung von Schulleistungstests an den entsprechenden Schulnoten hin. Die Korrelationen können sowohl für die Gültigkeitsbestimmung der Tests als auch der Schulnoten interpretiert werden; dieses wird besonders prekär, wenn die Testwerte auf die Fähigkeiten der Schüler hin interpretiert werden, denn beide, Test und Benotung, könnten in gleicher Weise unzutreffend sein.

---

9 r_{tk} = Korrelationskoeffizient für Gültigkeitsbestimmungen, bei dem die Testwerte (t) mit Kriteriumswerten (k) korreliert werden. Z.B. sind beim Kriterium Schulerfolg die Kriteriumswerte hoch, mittel bzw. niedrig. Bei der o.g. Verrechnung wird geprüft, inwieweit hohe Testwerte mit den Werten hoher Schulerfolge übereinstimmen.

10 Zirkelschluß: In der Aussagenlogik gilt der Zirkelschluß als eine Art der Erschleichung (Petitio principii). Es handelt sich dabei um einen Fehlschluß, bei dem A aus B und B aus A bewiesen werden.

– Die Bestimmung der Vorhersagegültigkeit wird ebenfalls mit Hilfe eines Außenkriteriums untersucht. Sie spielt für Eignungs- und Zuweisungsentscheidungen eine große Rolle (Einschulungstests, Übergangsgutachten zu weiterführenden Schulen, Eignungstests). Da LehrerInnen zu verschiedenen Zeitpunkten der Schullaufbahn ihrer SchülerInnen um Beurteilungen mit entsprechendem Vorhersagecharakter gebeten werden, soll auf die Probleme der Vorhersagegültigkeit ausführlicher eingegangen werden.

Das notwendige Kriterium ist bei vielen Fragestellungen relativ einfach zu erhalten, es läßt sich direkt operational ableiten: Sollte Stefan in ein Gymnasium umgeschult werden? – Wird er voraussichtlich das Abitur machen können?

Der erfolgreiche Abschluß einer Schule, einer Klasse, eines Lehrgangs stellt demnach ein solches Außenkriterium dar. Dabei ist die Frage oft pragmatisch zu lösen; es wird nicht generell nach einem Abschluß, sondern nach einem in einer bestimmten Schule gefragt. Dieses ist aufgrund der geringen regionalen Zuverlässigkeit des Kriteriums bedeutsam. Zur Überprüfung der prädiktiven Validität können zwei unterschiedliche Verfahren angewendet werden. Die sogenannte „known group"- bzw. die „follow up"-Validierung.

– Bei der „known group"-Validierung wird derjenige Test bevorzugt, der genau die Kriterien abbildet, die bei der bekannten Gruppe in hohem Maße angetroffen werden. Die Mitglieder dieser Gruppe können ihren Abschluß bereits vorweisen. Bei Personen, die diesen Abschluß nicht haben, liegen die Kriterien lediglich in geringem Maße vor. Differenziert ein Test in dieser Weise zwischen beiden Gruppen und ist er bei derjenigen Altersgruppe, für die die diagnostische Anfrage vorliegt, einsetzbar, so gilt er in bezug auf die Fragestellung als ein valides Informationserhebungsinstrument.

– Die „follow up"-Validierung geht einen anderen, wesentlich längeren Weg. Dabei werden alle SchülerInnen vielfältig getestet und dem gleichen Curriculum der gleichen Schulart zugewiesen. Nachträglich werden dann diejenigen Tests ausfindig gemacht, die die höchsten Korrelationen zwischen den Testergebnissen bei der Einschulung und der Abschlußprüfung aufweisen. Diese Methode ist die stringentere, weil nicht über eine unabhängige Vergleichsgruppe die Gültigkeitsaussagen begründet, sondern diese aus der Entwicklung innerhalb derselben Gruppe abgeleitet werden. Die Problematik der Gültigkeitsbestimmung von prognostischen Aussagen über Individuen liegt aber nicht in der Methode, sondern in dem dabei verwendeten statistischen Modell.

Wenn die Aussagen gültig sein sollen, müssen alle äußeren Bedingungen des gesamten Systems gleich bleiben, und auch die Abschlußprüfung am Ende der Schulzeit muß in höchstem Maße zuverlässig erfolgen. Kriterien, die für die Entscheidung verwendet werden, müssen selbst über lange Zeit stabil bleiben (z.B. müßten Curricula unverändert bleiben). Aber selbst dann bieten sich als Basis für längerfristige Vorhersagen, etwa vom Ende der Grundschulzeit bis zum Abitur, nur relativ stabile Persönlichkeitsmerkmale, die sich möglichst unabhängig von schulischem Lernen entwickeln oder noch besser ohne weitere Entwicklung konstant bestehen, an. Solche Persönlichkeitsmerkmale haben meistens aber nur in ihren extremen Ausprägungsgraden eine stärkere Auswirkung auf den Schulerfolg. Sie sind oft nur im Wechselwirkungsverbund mit einer größeren Anzahl weniger stabiler Merkmale für den späteren Schulerfolg verantwortlich. So bleiben die Zusammenhänge zwischen den Testwerten für solche Merkmale (z.B. Intelligenz) und einem wesentlich später Schulerfolg, wenn man extreme Ausprägungsgrade ausschließt, relativ gering. Sie sind zwar erheblich, reichen aber für Entscheidungen in der Individualdiagnostik – außer bei extremen Ausprägungsgraden – nicht aus. Gibt es für das Erreichen von Schulzielen (wie Abitur u.ä.) mehrere unterschiedliche Curricula, so können kurzfristige Voraussagen im Sinne prädiktiver oder aber auch komperativer Validität gültig sein. Bei aller Anerkennung der grundsätzlichen Möglichkeit von Veränderung sämtlicher Persönlichkeitsmerkmale, wie sie seit BLOOM (vgl. 1964) immer wieder herausgestellt wird, liegt doch eine beachtlich hohe Konstanz bei einer Reihe von lernrelevanten Persönlichkeitsmerkmalen vor. Sie wird sich wahrscheinlich auch bei einer viel stärkeren Dynamisierung des schulischen Systems nur in engeren Grenzen verändern. So werden für Aussagen, die sich auf kurze Zeiträume (ein bis zwei Jahre) beziehen, Informationen über solche Persönlichkeitsmerkmale in Kombination mit anderen Variablen (z.b. Vokabelschatz, Kenntnisse in Satzbildungsregeln in einem Fremdsprachenfach) eine Hilfe für Plazierungsentscheidungen und Schullaufbahnentscheidungen sein.

Eine angemessene Lösung der Problematik dürfte jedoch ohne die Einbeziehung eines dynamischen Modells nicht möglich sein. Das statische Modell bleibt trotz sich ändernder Bedingungen auf die Konstanthaltung aller Bedingungen oder auf unveränderliche individuelle Merkmale angewiesen, wenn seine Vorhersagen stimmen sollen. Es will die gesamte, für die Voraussageentscheidung relevante Information aus den individuellen Merkmalen entnehmen; schon deshalb kann es allein keine gültigen Voraussagen erreichen. Vielmehr sollten die äußeren Bedingungen (Lernbedingungen) systematisch verändert und jeweils verbessert werden. Folglich sind auch die äußeren Bedingungen samt den geplanten Veränderungen in den Entscheidungsprozeß mit einzubringen. Damit ändert sich die Fragestellung der Vorhersage; sie erweitert bzw. verdoppelt sich: Kann Holger das Ziel der höheren Schule erreichen? – Kann Jochen das Ziel der Schule X erreichen, wenn sich seine Lernbedingungen von A nach B verändern? – Was muß an den Lernbedingungen von Peter verändert werden, damit er das Ziel der Schule X erreichen kann?

Bei einem dynamischen Modell müssen sowohl die angestrebte Veränderung in den Lernbedingungen als auch diejenige im Schüler mit einbezogen werden. Die Diagnostik begreift dann alle Merkmale, die sie als Kriterien erfaßt, als zu verändernde Variablen. Sie dient gleichzeitig, während sie Entscheidungen zur Plazierung der SchülerInnen begründet, der Veränderung des Curriculums oder der jeweiligen Zustände des Kriteriums, das sie mißt. Zu diesem Zweck muß eine aktive Mitwirkung der Beteiligten bei Plazierungsentscheidungen angestrebt werden, denn individuelle Wünsche und Pläne bedingen den Schulerfolg mit. Trendanalysen sind bei prognostischen Fragestellungen statischen Vergleichen vorzuziehen. In einem solchen Zusammenwirken können auch bisher primär vergleichsorientierte Tests wichtige Funktionen erfüllen, sie sollten dabei allerdings nie ausschließlich vergleichsorientiert verwendet werden.

Eine spezielle Variante der Kriteriumsvalidität stellt die differentielle Validität dar. Ein Test kann, bezogen auf Personengruppen, unterschiedliche Gültigkeitsbereiche haben. So mag z.B. ein Test zum Problemlöseverhalten zwar in einer Stichprobe für Gymnasialschüler hinreichend gültig sein, jedoch nicht für andere Gruppen.

(3) Konstruktvalidität (Schluß auf eine Verhaltensdisposition: Fähigkeit, Eigenschaft, Einstellung u.ä.)

In der pädagogischen Diskussion und auch bei Lehreraussagen werden ständig psychologische Konstrukte (wie Begabung, Intelligenz, Konzentrationsfähigkeit, Angst, Motivation) verwendet. Die Konstrukt-Validität stellt ein umfassendes System von Validitätsbestimmungen dar, in dem interne und externe Gültigkeitsbestimmungen vorgenommen werden. Sie umfaßt alle bisher genannten Validitätsarten (außer Vorhersagegültigkeit). Sie ist die angemessene Form der Gültigkeitsbestimmung für Konstrukttests, wird aber wegen ihrer weitreichenden Analyse von vielen Autoren auch für Kriteriumstests verlangt.

Jedes Persönlichkeits-Konstrukt ist für sich genommen jeweils Element einer psychologischen Theorie. Die theoretischen Erklärungsmöglichkeiten werden bei der Konstruktvalidität als Hypothesen für die Gültigkeitsbestimmung eines Tests herangezogen. Nehmen wir das von CRONBACH (vgl. 1970) angeführte Beispiel des Konstrukts „Angst". Die Theorie beschreibt, wie sich Individuen, die große Angst haben, unter verschiedenen Bedingungen, und wie sich solche, die geringe oder keine Angst haben, unter den jeweils selben Bedingungen verhalten. Zur Gültigkeitsbestimmung eines Tests muß nun festgestellt werden, ob sich Individuen mit hohen und solche mit niedrigen Testwerten analog zur Theorie verhalten.

Aus der Theorie, in die ein Konstrukt eingebettet ist, läßt sich eine große Anzahl von Hypothesen ableiten, an denen der Test zu überprüfen ist. Solche Hypothesen sind z.B.:
— Angst wird erhöht, wenn den Individuen mit einem Elektroschock gedroht wird. Überprüfung: Steigen in einem solchen Arrangement die Angsttestwerte an?
— Angst wird bei der Verabreichung bestimmter Medikamente oder Drogen reduziert. Überprüfung: Sinken die Testwerte im Angsttest, wenn den Probanden solche Medikamente verabreicht werden?

Jede dieser Hypothesen kann experimentell überprüft werden. In der Regel wird eine Extremgruppenüberprüfung vorgenommen. Probleme stellen sich vor allem in der Hinsicht, daß viele abgeleitete Hypothesen nicht nur für ein bestimmtes Konstrukt gelten. So können viele Hypothesen, die über Angst aufgestellt wurden, auch für das Konstrukt Leistungsmotivation und/oder Aktivitätsniveau u.ä. Gültigkeit besitzen. Das Komplexitätsniveau der Konstrukte ist für klare Entscheidungen meist zu hoch. Insbesondere werden Hypothesen abgeleitet, die sich konträr zueinander verhalten. Z.B.: „Intelligenz" ist notwendig zum Lösen von Denksportaufgaben! — „Intelligenz" ist nicht nötig für einfache konzentrierte Tätigkeiten! Diese Hypothesen werden im Sinne der Außen-Kriteriums-Validität (externe Validität) überprüft. Die Ergebnisse eines Intelligenztests müssen demnach hoch mit den Ergebnissen einer Denksportprüfung korrelieren; sie dürfen nicht mit den Ergebnissen eines Konzentrationstests korrelieren.

Experten müssen also die Aufgaben des Tests als eine Auswahl von solchen Situationen erklären, die Verhaltensweisen evozieren, welche mit Hilfe des Konstrukts, das der Test messen soll, adäquat erklärt werden können (inhaltliche Validität/interne Validität).

— Als eine weitere Form der internen Validität spielt die faktorielle Gültigkeit in dem System der Konstrukt-Validität eine große Rolle. Mit ihr wird auch die Brauchbarkeit des theoretischen Begriffs selbst untersucht. So wurde zur Validierung des Konstrukts „Intelligenz" im wesentlichen das Verfahren der Faktorenanalyse (vgl. SPEARMAN 1904; THORNDIKE 1927; THURSTONE 1935/1938; VERNON 1950) entwickelt.

Hierbei liegt folgende Vorstellung zugrunde: Ein Intelligenztest besteht in der Regel aus einer größeren Anzahl inhaltlich sehr unterschiedlicher Aufgaben (dieses entspricht dem Komplexitätsgrad des Konstrukts „Intelligenz"). Wenn der Test im Sinne von Intelligenzaussagen gültig sein soll, müssen aber alle diese Aufgaben etwas Gemeinsames (Intelligenz) messen. Ist dies nicht der Fall, sind entweder der

Test oder die Verwendung des Konstrukts Intelligenz abzulehnen. Zur Überprüfung dieses Sachverhalts ist die Faktorenanalyse eine brauchbare Methode. Mit ihrer Hilfe läßt sich über die Interkorrelationen der einzelnen Aufgabengruppen mathematisch die Anzahl der Dimensionen bestimmen, die von einem Datensystem, wie es in den Meßwertreihen vorliegt, erfaßt werden.

— Eine neue umfassende Gültigkeitsfrage wurde unter dem Begriff „ökologische Validität" eingeführt.

Aufgrund von Erkenntnissen in der kulturvergleichenden Psychologie und Anthropologie und aus der Kritik der Feldforschung an Laborexperimenten, insbesondere in der Entwicklungspsychologie (vgl. BRONFENBRENNER 1980), wurde ein neues Gültigkeitskonzept eingeführt, das in seiner Gesamtheit mathematisch nicht erfaßbar ist, das aber gewissermaßen ein übergreifendes Gültigkeitskriterium darstellt, mit dem selbst die Gültigkeit von Validitätsangaben für den konkreten Fall überprüft werden kann: Es ist das Konzept der ökologischen Validität.

Ökologische Validität läßt sich wie folgt definieren:
— „Eine psychologische Erhebungs- und Beobachtungsmethode ist in dem Maße für eine Person (Personengruppe) ökologisch valide, in dem die mit dieser Methode eingeführten Reiz-Bedingungen (Aufgabenstellungen) bzw. Beobachtungsausschnitte eine unverzerrte Stichprobe der in der Grundgesamtheit aller Lebensbedingungen dieser Person (Personengruppe) repräsentierten Bedingungen sind. Eine Methode ist für eine Person (Personengruppe) invalide, wenn die eingeführten Bedingungen im betreffenden Biotop nicht oder nur selten in dieser Kombination repräsentiert sind!" (Definition aus der kulturvergleichenden Forschung, PAWLIK 1976, S. 61)

— „Ökologische Validität bezeichnet das Ausmaß, in dem die von den Versuchspersonen einer wissenschaftlichen Untersuchung erlebte Umwelt die Eigenschaften hat, die der Forscher (Diagnostiker, Therapeut) voraussetzt... Es ist also nicht nur wünschenswert, sondern grundlegend, daß in jeder wissenschaftlichen Untersuchung über menschliches Verhalten und menschliche Entwicklung berücksichtigt wird, wie die Untersuchungssituation von den Versuchspersonen wahrgenommen und interpretiert worden ist" (BRONFENBRENNER 1980, S. 46). Die diagnostische Aussage, die zu einer bestimmten Fragestellung und zu einer konkreten Situation bzw. über eine Person in einer konkreten Situation gemacht wird, muß für ihre Gültigkeit an den Bedingungen dieser Situation gemessen werden, um sich als gültig erweisen zu können.

Wenn z.B. Aussagen über die Intelligenz eines eingeborenen Fischers in Grönland gemacht werden sollen, so kann das Ergebnis des IST (Intelligenz-Struktur-Test) keine Gültigkeit beanspruchen, gleichgültig, wieviele verschiedene Gültigkeitsuntersuchungen zu diesem Test aus anderen Situationen vorgelegt worden sind. Die vermutete Gültigkeit des IST gilt am ehesten dann, wenn Aussagen zur Intelligenz eines der gehobenen Mittelschicht (Bildungsschicht) angehörenden Gymnasiasten gemacht werden. Würde der Eskimo hohe Werte im IST erreichen, dann wäre die Aussage zulässig, daß er grundlegend geeignet wäre, ein deutsches Gymnasium zu besuchen. Niedrige Leistungswerte in diesem Test können dagegen nichts über die Intelligenz dieser Person aussagen. Konkret stellt sich diese Frage in unserem Schulsystem in bezug auf ausländische Schüler (z.B. Asylanten) und in einem gewissen Ausmaß auch in bezug auf die Herkunft der SchülerInnen aus unterschiedlichen Schichten.

Schließlich ergibt sich noch eine weitere Forderung aus dem Konzept der ökologischen Validität. Erst wenn Informationen darüber vorliegen, wie denn die Befindlichkeit der Personen in einer Prüfsituation ist, ob sie selbst glauben, zu einem vom Prüfer angenommenen Bereich Aussagen gemacht zu haben, ob sie z.B. einen Test mit der Absicht, ihr Bestes zu geben, durchgeführt haben und ob sie die gestellten Fragen im Sinne der Intention des Prüfers verstanden haben, kann eine gültige Aussage (andere Gültigkeiten vorausgesetzt) über die Kenntnisse, Fertigkeiten oder gar Fähigkeiten der betreffenden Personen gemacht werden. Liegen hierzu negative Informationen vor, dann kann die gesammelte Information im Sinne der Prüfungsabsicht nicht als gültig betrachtet werden. Kommt z.B. ein von zu Hause völlig eingeschüchtertes Kind in eine Untersuchung zur Umschulung in eine Schule für Lernbehinderte und überträgt die Angst vor dem sehr strengen Vater unmittelbar auf den Testleiter, so kann es, völlig blockiert, seine Leistungsfähigkeit nicht unter Beweis stellen. Gegebenenfalls ist aufgrund der speziellen Situation, die es für höchst bedrohlich nicht nur für das spätere Leben, sondern auch für den sofortigen Verlust seiner emotionalen Beziehungen halten mag, bereits sein Instruktionsverständnis eingeschränkt. Es wird, um möglichst viel zu erreichen, eventuell sein Tempo beschleunigen und dabei zu viele Fehler machen, oder es wird übertrieben sorgfältig verfahren und dann bei vielen Aufgaben am Zeitlimit scheitern. In einem solchen Fall ist eine ökologische Validität nicht gegeben.

6.3.2 Fragen der Unzuverlässigkeit von Testwerten und Beurteilungsaussagen

Wenn LehrerInnen Aussagen über das Wissen, die Fertigkeiten, den Lernzuwachs oder was immer machen, dann sind diese mit einer oft nicht einzuschätzenden Unzuverlässigkeit behaftet. Sie können die Tatbestände über- oder unterschätzen, gegebenenfalls in einem Ausmaß, daß ihre Aussagen eher falsch als richtig sind. Letzteres dürfte öfter auftreten bei Aussagen über die Unterschiedlichkeit der Leistungen zweier Schüler, wenn diese nicht weit auseinander liegen. Jede Messung ist mit einem Meßfehler, jede Schätzung mit einem Schätzfehler und jede Beurteilung mit einem meßfehleranalogen Fehler behaftet. Dieser Fehler kann mit Hilfe von Zuverlässigkeitsuntersuchungen geschätzt werden. Bevor wir uns mit der Berücksichtigung der verbleibenden Unzuverlässigkeit in diagnostischen Aussagen befassen können, muß das Gütekriterium Zuverlässigkeit dargestellt werden.

– Zuverlässigkeit
   Zuverlässigkeit (Reliabilität) bezeichnet den Grad der Genauigkeit, mit dem ein bestimmtes Merkmal bzw. Kriterium erfaßt wird. Es geht dabei zunächst einmal um die instrumentelle Zuverlässigkeit. Ein Test ist dann in hohem Maße zuverlässig, wenn die mit seiner Hilfe erzielten Ergebnisse beliebig reproduzierbar sind; dies bedeutet nämlich, daß eine getestete Person im Hinblick auf den Gültigkeitsbereich des Tests fehlerfrei zu beschreiben ist. Die Zuverlässigkeit (Reliabilität) bezieht sich nur auf den beobach-

teten Meßwert (z.B. die Anzahl der erreichten Punkte in einer Klassenarbeit und deren Einordnung in ein klassifizierendes Bezugssystem, nicht auf die daraus abgeleitete Aussage z.B. über die Fertigkeit eines Probanden). Das Kriterium der Zuverlässigkeit wurde, wie die Meßmodelle überhaupt, zunächst in der sogenannten klassischen Testtheorie entwickelt. Sie wird dort wie folgt definiert: Ein Test ist reliabel, wenn er das, was er zu messen vorgibt, mit höchster Genauigkeit mißt.

Wenn man die Zuverlässigkeit eines Tests bestimmen will, kann man sich verschiedener Methoden bedienen. Man gelangt dabei aber auch zu verschiedenen Arten der Zuverlässigkeit.

Tab. 15: Methoden der Reliabilitätsbestimmung

Methode	Art der Zuverlässigkeit
Testwiederholung	Stabilität
Testhalbierung/ Konsistenzanalyse	instrumentelle Zuverlässigkeit/ innere Konsistenz
Paralleltestung	Paralleltestzuverlässigkeit

Wird der Test nach einem bestimmten Zeitraum wiederholt, können sich bei manchen Aufgaben (z.B. Figurenlegen, HAWIK) leicht Erinnerungseffekte einstellen, was zu erhöhten Punktwerten führen kann. Wenn diese Gefahr gegeben ist, kann die Methode der Testwiederholung nicht angewendet werden. Aber auch bei allen anderen Merkmalen werden bei der Testwiederholungsmethode nicht nur die Zuverlässigkeit des Meßinstruments, sondern auch die Stabilität des Merkmals selbst mitgemessen. Die Paralleltestreliabilität erfaßt die Güte der Parallelität zweier Testformen (nähere Information über diese Methode siehe LIENERT 1967, S. 14 f und 215 f).

Grundsätzlich werden die Zuverlässigkeit wie meistens auch die Gültigkeit (Validität) mittels eines Korrelationskoeffizienten bestimmt. Unter „idealen" pädagogischen Bedingungen, nämlich dann, wenn alle Schüler die Lernziele erreichen, geht der Reliabilitätskoeffizient gegen Null. Diese Situationen sind daher keine Testsituationen im klassischen Sinne. Für kriterienorientierte Tests (lernzielorientierte Messungen) werden deshalb andere Konzepte zur Bestimmung des Gütekriteriums Zuverlässigkeit diskutiert. Der auch für informelle Tests verwendbare Ü-Koeffizient (vgl. FRICKE 1972) stellt diesbezüglich eine recht einfach zu ermittelnde Größe dar.

Von generell größerem Interesse ist allerdings das Konzept „Optimalität der Entscheidung" (KLAUER 1987, S. 88 f). Dieses Konzept geht vom Risiko aus, das mit einer Entscheidung verbunden ist. Das Risiko (R) ist der Erwartungswert des Verlustes. Unterschieden wird zwischen R_n, dem Risiko, wenn der

Test keine („no") relevante Information enthält, und R_c, dem Risiko, wenn der Test vollständige („complete") Information enthält. Die „Optimalität" läßt sich ebenfalls in einem Koeffizienten ausdrücken, und sie ist ein geeignetes Maß für die Güte einer Klassifikation. Die „interne Optimalität" entspricht dabei der Zuverlässigkeit und die „externe Optimalität" der Gültigkeit einer Klassifikation (vgl. KLAUER 1987, S. 88 f). Liegen Zuverlässigkeitsangaben für einen Test vor, so kann mit deren Hilfe die Fehlerkomponente (z.B. Standardmeßfehler) bestimmt werden. Über solche Fehlerschätzungen kann dann der sogenannte Vertrauensbereich (VB) oder anders ausgedrückt das Konfidenzintervall bestimmt werden.

Abb. 48: Vertrauensbereich als Information über die Leistungsfähigkeit einer Lernperson

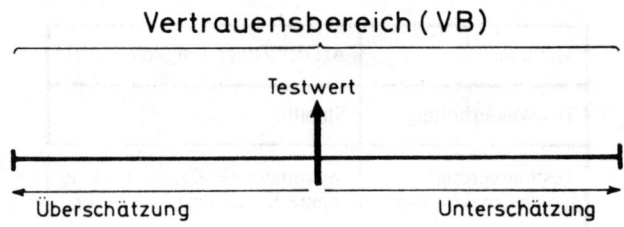

— *Vertrauensbereich*
Testwerte stellen immer einen Punkt auf einer Skala dar. Der Vertrauensbereich auf der gleichen Skala bestimmt den Bereich, in dem bei Berücksichtigung des Meßfehlers mit einer definierten Wahrscheinlichkeit der tatsächliche Leistungswert vermutet werden kann. Da es keine Möglichkeit gibt, den tatsächlichen Leistungswert zu bestimmen, bleibt nur ein Ausweg, die Unzuverlässigkeit in Aussagen zu berücksichtigen: es muß der gesamte Vertrauensbereich als Leistungswert genommen werden.

Abb. 49: Der Vertrauensbereich als Leistungswert: Intelligenzleistung eines Schülers

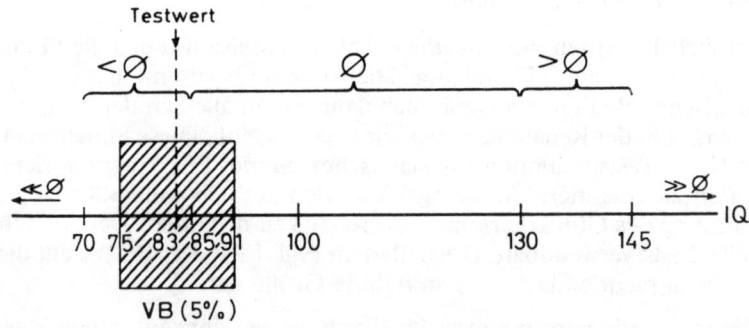

Der Schüler in Abb. 49 hat einen Testwert von 83 erreicht. Seine Intelligenzleistung liegt demnach zwischen 75 und 91 IQ-Punkten. Das bedeutet, der

Schüler muß folglich als unterdurchschnittlich bis durchschnittlich intelligent bezeichnet werden.

Wenn der Vertrauensbereich bei gut konstruierten und erprobten Tests so breit ist, daß er bis 17 Punkte reicht (also breiter ist als der gesamte Bereich „unterdurchschnittlich"), dann wird die hohe Bedeutsamkeit dieser Überlegungen ersichtlich. Wie unrecht würde einer Schülerin getan, wenn sie aufgrund eines Testwertes von 83 als unterdurchschnittlich intelligent angesehen würde. Sie könnte dann z.B. nicht in den Genuß bestimmter Fördermaßnahmen kommen (Legasthenie-Erlasse), ganz abgesehen von möglichen negativen Erwartungseffekten beim Lehrer.

Für pädagogische Fragestellungen werden zwei Irrtumswahrscheinlichkeitsniveaus von 32 % bzw. 5 % gewählt. Für wichtige Entscheidungen (bei Intelligenztests generell) sollte die Irrtumswahrscheinlichkeit 5 %, zur Begründung von Fördermaßnahmen und ähnlichen internen Entscheidungen auch 32 % betragen. Da es sich bei dem Konzept des Standardmeßfehlers um einen Fehler handelt, der sich zufällig verteilt, können die Implikationen an der Gaußschen Kurve veranschaulicht werden.

Abb. 50: Der abgesicherte Bereich einer Aussage bei 32 % und 5 % Irrtumswahrscheinlichkeit

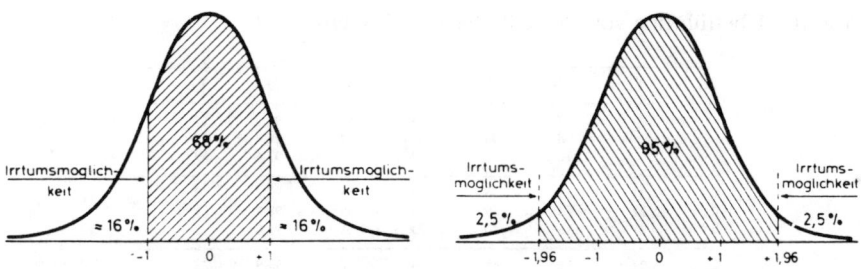

Nimmt man den Testwert $\pm 1 s_e$, dann erhält man, wie aus der Abb. 50 zu ersehen ist, einen VB mit 32 % Irrtümern. Will man sich nur 5 % zugestehen, so muß man den Standardmeßfehler (s_e) mit 1,96 multiplizieren.

Bei den meisten Intelligenztests werden entweder Standardmeßfehler (s_e) oder Zuverlässigkeitskoeffizienten (r_{tt})[11] angegeben. Bei den Schultests liegen oft auch bereits PR- oder T-Wert-Bänder vor. Diese „Bänder" entsprechen in der Regel einem Vertrauensbereich auf der Basis einer 32 % Irrtumswahrscheinlichkeit. Bei lehrzielorientierten Tests werden manchmal tabellierte Konfidenzintervalle mitgegeben.

LehrerInnen kommen oft zu dem Ergebnis, daß zwei SchülerInnen unterschiedliche Leistungen zeigen, ohne die Unzuverlässigkeiten des Beurtei-

---

11 Aus einem Zuverlässigkeitskoeffizienten läßt sich mit folgender Formel der Standardmeßfehler errechnen: $s_e = s_t \cdot \sqrt{1 - r_{tt}}$
(s_t ist die Standardabweichung, z.B. $s_t = 15$ bei der IQ-Skala).

lungsverfahrens zu berücksichtigen. Sie tun damit den anscheinend Schwächeren bitter unrecht. Beispiel: In der Klasse 7 erreicht Schüler A in einer Klassenarbeit 22 Punkte und erhält damit einen PR von 50. Schüler B erreicht 31 Punkte und erhält einen PR von 69.

Abb. 51: Vergleich der Leistungen zweier Schüler mit Hilfe des T-Wert-Bandes

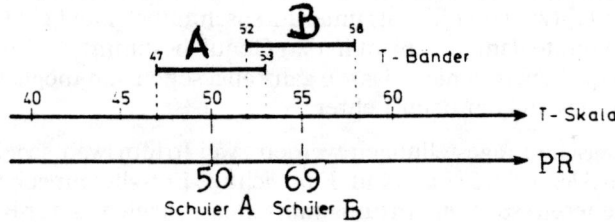

Führen wir diese Prozentrangwerte mit Hilfe der Tab. 16 in T-Werte über, so erhält A einen Wert von 50 und B einen Wert von 55. Das T-Werte-Band beträgt bei Zugrundelegung einer 32 % Irrtumswahrscheinlichkeit sechs Werte (± 3). Damit zeigt sich (vgl. Abb. 51), daß beide Schüler nicht als unterschiedlich leistungsfähig betrachtet werden können.

Tab. 16: Überführung von Prozenträngen in T-Werte

PR	T	PR	T	PR	T	PR	T
		7	35	54	51	95,5	67
		8	36	58	52	96,4	68
		10	37	62	53	97,1	69
0,2	21	12	38	66	54	97,7	70
0,3	22	14	39	69	55	98,2	71
0,4	23	16	40	73	56	98,6	72
0,5	24	18	41	76	57	98,9	73
0,6	25	21	42	79	58	99,2	74
0,8	26	24	43	82	59	99,4	75
1,1	27	27	44	84	60	99,5	76
1,4	28	31	45	86	61	99,6	77
1,8	29	34	46	88	62	99,7	78
2,3	30	38	47	90	63		
2,9	31	42	48	92	64		
3,6	32	46	49	93	65		
4,5	33	50	50	95	66		
5	34						

Wenn Beurteilungsverfahren verwendet werden, bei denen keine Zuverlässigkeitsanalysen vorliegen, sollte für eine Beurteilungsaussage trotzdem nur ein VB angegeben werden. Letzteres ist auch bei Klassenarbeiten möglich, leider aber in der Schulpraxis noch nicht üblich. Vorliegende Punktwerte werden dann in PR überführt. Die PR können mit Hilfe von Tab. 16 in T-Werte umgewandelt werden.

Als Zuverlässigkeitskoeffizient wird ersatzweise $r_{tt}= 0,90$ angenommen. Das ergibt ein T-Werte-Band von sechs Werten (± 3).

188

Um die Unzuverlässigkeit berücksichtigen zu können, müssen die Informationserhebungssituationen und das Tun der beurteilenden Person kontrolliert werden (vgl. kontrollierte Subjektivität). Systematisch wird eine solche Kontrolle unter dem Gütekriterium Objektivität ausgearbeitet.

6.3.3 Fragen der Objektivität

Objektivität heißt: dem Objekt entsprechend. Ein objektives Urteil ist deshalb ein Urteil, das ausschließlich durch das Objekt und durch nichts anderes (vor allem nicht durch die Meinung und die Persönlichkeit der urteilenden Person) bedingt ist (vgl. SCHRÖTER 1974, S. 63; OEDINGER 1985).

Abb. 52: Dreidimensionales Modell für Objektivität
(I: objektentsprechende, inhaltliche Interpretationsobjektivität)

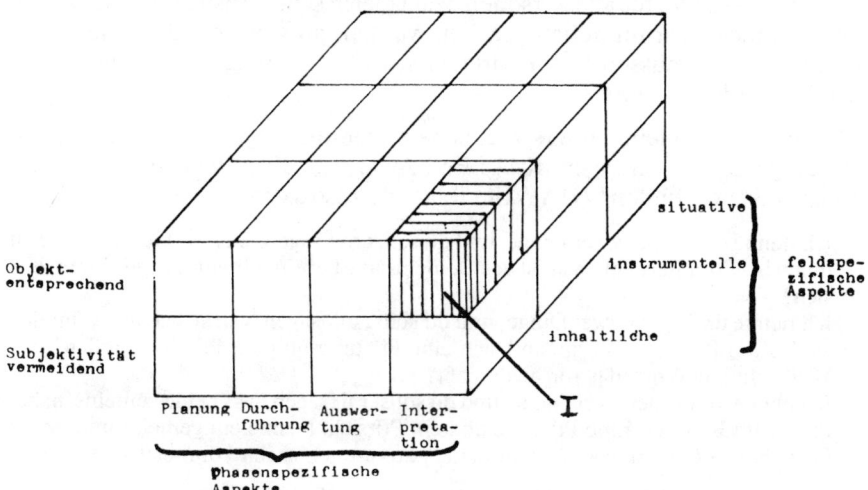

Ein Urteil (Beurteilung) ist dann objektiv, wenn es in der Planung, Durchführung, Auswertung und Interpretation dem Objekt entsprechend und die Subjektivität der urteilenden Person vermeidend abgegeben wird.

— Inhaltlich sind diejenigen Merkmale, die dazu beitragen, daß das Prüfungsgeschehen in bezug auf den Prüfungsstoff und das Prüfungsziel voll entsprechend ist, zur Herstellung von Objektivität zu optimieren.

— Instrumentell sind diejenigen Merkmale, die dazu beitragen, daß das Prüfungsgeschehen in bezug auf die Prüfungsmethode und das formale Beziehungsgefüge voll entsprechend ist, zur Herstellung von Objektivität zu optimieren.

— Von der Situation her sind diejenigen Merkmale, die dazu beitragen, daß das Prüfungsgeschehen auf das informelle Beziehungsgefüge (P-P) und den situativen Rahmen hin voll entsprechend ist, zu optimieren, um Objektivität herzustellen.

189

In der Testtheorie wurde die „subjektivitätvermeidende Objektivität" systematisiert und ausgearbeitet. Unter diesem Aspekt versteht man den Grad der Unabhängigkeit der Ergebnisse eines diagnostischen Verfahrens vom Diagnostiker. Eine diagnostische Aussage ist folglich in dem Maße objektiv, in dem verschiedene Beurteiler zum gleichen Ergebnis kommen. Objektivität bezeichnet somit die interpersonelle Übereinstimmung in einer Beurteilung. Je nachdem, wo Abweichungen von der Übereinstimmung auftreten, unterscheidet man bei einem Test oder einer testanalogen Situation Durchführungs-, Auswertungs- und Interpretationsobjektivität.

(1) *Durchführungsobjektivität*
Sie betrifft den Grad der Unabhängigkeit der Ergebnisse von der Situation und von dem Verhalten des Beurteilers. Will man die Durchführungsobjektivität maximieren (das will man in der Regel mit Tests erreichen), dann muß man die Situation, aus der die diagnostische Information genommen wird, standardisieren, das heißt die Beurteilungssituation sollte, aus der Zeugenposition (Z) gesehen, für alle Personen exakt gleich sein.[12] Instruktionen, sollten sie schriftlich oder mündlich gegeben werden, müssen in jedem Fall völlig gleich sein. Sie müssen dem Beurteiler schriftlich vorliegen und von diesem wörtlich verlesen werden.

Wie sich bereits kleine unterschiedliche Akzentuierungen auswirken, zeigen vielfältige Untersuchungen. KALLENBACH (vgl. 1970) ließ zum Test „Gemeinsamkeiten finden" (HAWIK) folgende Instruktionen geben:

— Ich nenne dir immer zwei Dinge, und du sollst mir sagen, was das Gemeinsame an ihnen ist. Zum Beispiel: Was ist das Gemeinsame bei einer Pflaume und einem Pfirsich?
— Ich nenne dir immer zwei Dinge, und du sollst mir sagen, worin sich beide ähnlich sind. Zum Beispiel: Worin sind sich eine Pflaume und ein Pfirsich ähnlich?
— Weißt du ein Wort, das für beide paßt?
— Ich nenne dir immer zwei Dinge, und du sollst mir sagen, was beide gemeinsam haben. Zum Beispiel: Eine Pflaume und ein Pfirsich. Nenne ein gemeinsames Wort für beide. — Gib an, was du von beiden zusammen sagen könntest!

Nachdem eine größere Anzahl von Personen auf diese Weise befragt worden war, zeigte sich, daß diejenigen, denen die dritte Version gesagt wurde, deutlich höhere Punktwerte erzielten als diejenigen, denen die zweite Version vorgetragen wurde. Noch niedrigere Punktwerte erzielten die Personen, die die erste Version der Instruktion erhalten hatten. Die Ergebnisse waren somit von

---

12 Standardisierte Situationen sind von außen, z.B. aus der Sicht des Psychologen für alle *gleiche* Situationen. Subjektiv kann natürlich die individuelle Testsituation sehr unterschiedlich erlebt werden, obwohl sie standardisiert ist. Eine Person ist vielleicht mit ähnlichen Situationen sehr vertraut und hat bisher nur gute Erfahrungen damit gemacht; sie war erfolgreich, erhielt Bestätigung usw., reagiert ruhig, gelassen und voller Zuversicht. Eine andere Person hat eine solche Situation erst einmal erlebt und wurde dabei schwer frustriert und enttäuscht; sie reagiert jetzt ängstlich, gehemmt und äußerst nervös. Noch eklatanter wird der subjektive Unterschied, wenn einer Person die Aufgaben bekannt sind und einer anderen nicht.

den Instruktionen des Diagnostikers abhängig. Eine Durchführungsobjektivität war dadurch nicht mehr gewährleistet.

(2) *Auswertungsobjektivität*
Sie betrifft die numerische oder kategoriale Auswertung der Gesamtinformation aus der Beurteilungs-/Beobachtungssituation nach vorgegebenen Kriterien und Regeln. Bei Tests mit Auswahlantworten ist die Auswertungsobjektivität maximiert, es ist entweder richtig oder falsch angekreuzt. In anderen Situationen werden Auswertungsschlüssel vorgegeben, um die Objektivität in diesem Bereich zu erhöhen.

Ein Beispiel hierfür ist der Test „Gemeinsamkeiten finden" (siehe obige Instruktionen, zum Beispiel: „Pflaume − Pfirsich"):

„2 Punkte: Antworten wie:	Beide sind Früchte, Südfrüchte, Obst.
1 Punkt:	Beide sind zum Essen . . . Beide sind rund (haben ähnliche Form) . . . Beide haben eine Haut (eine Rille, Saft usw.) . . . Man kann sie einkochen.
0 Punkte:	Sie sind gesund . . . Schmecken gleich . . . Beide sind klein . . ." (WECHSLER 1963, S. 60).

Dieser Auswertungsschlüssel hilft, die Auswertungsobjektivität bei freien Antworten zu vergrößern. Dennoch wird bei einzelnen besonders originellen Antworten keine vollständige Übereinstimmung zwischen verschiedenen Auswertern zu finden sein. Solche freien Antworten bzw. freien Produktionen sind jedoch häufige Beurteilungsgrundlagen in der Pädagogik. Die Auseinandersetzung mit Kriterien und Regeln erscheint dort deshalb besonders notwendig.

(3) *Interpretationsobjektivität*
Sie bezieht sich auf den Grad der Unabhängigkeit der diagnostischen Aussage von der subjektiven Interpretation des Diagnostikers, das heißt es handelt sich um Schlußfolgerungen, die der Diagnostiker aus den Testresultaten zieht. Anders ausgedrückt: Wenn bestimmte Beurteilungsgrundlagen (etwa bearbeitete Tests oder Klassenarbeiten) gleich ausgewertet, z.B. gleich gepunktet sind, sollten verschiedene Beurteiler (Lehrer) daraus auch die gleichen Schlüsse ziehen; wenn dies der Fall ist, liegt eine hohe Interpretationsobjektivität vor.

Die Interpretationsobjektivität ist vollkommen und zugleich trivial, wenn es sich um Beurteilungsgrundlagen wie normierte Leistungstests oder Fragebögen handelt. Sie ist nicht trivial und höchst bedeutsam bei projektiven Tests in vielen Situationen der Pädagogik. Hier spielen Normierungsfragen und Bezugssysteme sowie eine klare Gültigkeitsbestimmung eine große Rolle.

Was in der Pädagogik oft zu großen Diskrepanzen zwischen den Beurteilern führt, ist der Umstand, daß nicht präzise bestimmt wird, was in der konkreten Situation bewertet werden soll und was nicht mitbewertet werden darf. Damit hat der Beurteilungsvorgang nur eine sehr eingeschränkte Gültigkeitsbasis und einen sehr vagen Interpretationsrahmen. Aufgrund einer solch schmalen Basis ist es möglich, daß derselbe Beurteiler einige Zeit später dieselbe Vorlage anders (schlechter oder besser) bewertet, weil sein Interpretationsrahmen sich verschoben hat. Verschiedene Beurteiler gehen überhaupt von lediglich teilweise deckungsgleichen Interpretationsrahmen aus.

6.3.4 Weitere Kriterien für Prüfaufgaben

Neben Objektivität, Zuverlässigkeit, Gültigkeit und Fairneß sind die Aufgabenschwierigkeit und die Trennschärfe wichtige Kriterien für Prüfaufgaben.

(1) Die Schwierigkeit einer Aufgabe wird durch den relativen Anteil der Schüler, die diese Aufgabe lösen, definiert:

$$P = \frac{N_R}{N}$$

(P = Schwierigkeitsindex; N_R = Anzahl der Schüler, die die Aufgabe richtig lösen; N = Gesamtzahl der Schüler.)

Die Schwierigkeitsschätzung ist nur dann sinnvoll, wenn alle Aufgaben bearbeitet wurden. Für Mehrfachwahlantworten mit weniger als vier Auswahlmöglichkeiten gibt LIENERT (vgl. 1967, S. 89) eine Korrekturformel. Häufig wird der Schwierigkeitsindex auch als Prozentsatz richtiger Lösungen ausgedrückt. Wenn also eine Prüfaufgabe 40 Schülern vorgelegt wurde, von denen 30 Schüler sie gelöst haben, so ergibt sich

$$P = \frac{30}{40} = 0,75 \text{ oder } P = 75 \%$$

Je höher der P-Wert, desto leichter die Aufgabe.

Bei informellen Tests werden oft verkürzte Verfahren angewandt (zur einfacheren Rechnung per Hand) z.B. nach der Formel:

$$P = \frac{R_o + R_u}{N_{on}}$$

(R_o = oberes Drittel richtiger Lösungen; R_u = unteres Drittel richtiger Lösungen; N_{on} = Anzahl der in die Analyse eingegangenen Schüler.)

Dieses Vorgehen heißt ULI (upper-lower-index). Es kann sowohl zur Bestimmung der Schwierigkeit als auch der Trennschärfe eingesetzt werden (vgl. LIENERT 1967, S. 113).

Die P-Werte in einer Prüfarbeit können verschiedene Verteilungen annehmen:

1) Alle Aufgaben haben etwa die gleiche Schwierigkeit ($P = 50$): punktförmige Schwierigkeitsverteilung.
2) Die meisten Aufgaben haben eine mittlere Schwierigkeit ($P = 50$). Nur sehr wenige haben eine sehr hohe oder sehr niedrige Schwierigkeit: schmalgipfelige Schwierigkeitsverteilung.
3) Die Schwierigkeitsindizes verteilen sich „normal". Ihre Verteilung gleicht einer Normalverteilung: normale Schwierigkeitsverteilung.

4) Die Aufgaben sind sehr schwer. Es werden nur wenige gelöst: i-förmige Verteilung — Bodeneffekt[13] (keine Differenzierung im unteren Bereich).
5) Die Aufgaben sind alle leicht. Sie werden größtenteils gelöst: j-förmige Verteilung — Deckeneffekt[13] (keine Differenzierung im oberen Bereich).
6) Es gibt fast nur schwierige und leichte Aufgaben: U-förmige Schwierigkeitsverteilung.
7) Extrem schwierige Aufgaben sind ebenso häufig wie extrem leichte und mittelschwere: Gleichverteilung.

Abb. 53: Schwierigkeitsverteilungen (vgl. LIENERT 1967, S. 130), jeder Punktwert entspricht einer Aufgabe in einer Prüfarbeit

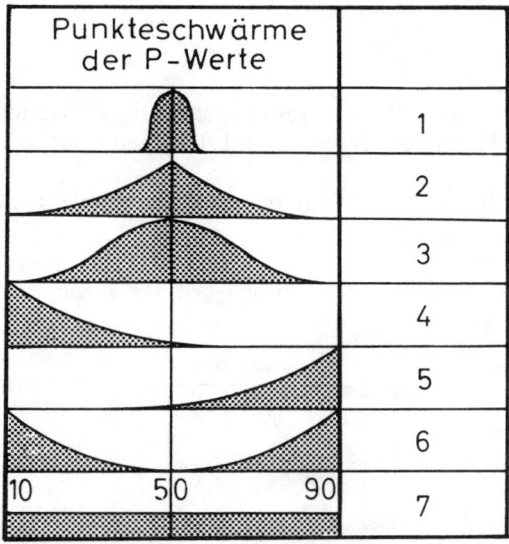

Die günstigste Voraussetzung für eine hohe Zuverlässigkeit ist nach der klassischen Testtheorie dann gegeben, wenn die Schwierigkeitsindizes der Aufgaben sich normal bzw. symmetrisch verteilen. Als P-Eckwerte werden bei der Testerstellung oft 20 — 80 genommen.

Die Schwierigkeitsindizes von Prüfaufgaben können abhängig von der entsprechenden Fragestellung unterschiedlich gewählt werden, je nachdem zu welchem Zweck der Test eine besondere Differenzierungsstärke haben soll. So werden bei förderdiagnostischen Fragestellungen oft besonders viele Aufgaben mit relativ geringer Schwierigkeit benützt, und es wird ein Deckeneffekt[13] in Kauf genommen. Sollen nämlich gültige Aussagen in bezug auf einen schwachen Ausprägungsgrad eines Merkmals gemacht werden, dann müssen auch für schwache Schüler ausreichend lösbare Aufgaben angeboten werden.

---

13 Von einem Deckeneffekt (ceiling-effect) spricht man, wenn mehr als 50 % der Testpersonen die Höchstpunktzahl erreichen. Im entgegengesetzten Fall sprechen die Psychologen von einem Bodeneffekt (floor-effect).

Als weiteres Kriterium für Prüfaufgaben ist die Trennschärfe zu nennen.

(2) Der Trennschärfeindex gibt an, wie genau die Aufgabe zwischen „guten" und „schlechten" Prüflingen unterscheidet. Eine Trennschärfe von 0 besagt, daß die Aufgabe von „guten" und „schlechten" Prüflingen gleich häufig beantwortet wird. Es gibt verschiedene Möglichkeiten, die Trennschärfe zu bestimmen. Meist wird die Korrelation zwischen der Aufgabenbeantwortung der SchülerInnen und dem von ihnen erreichten Punktwert im Gesamttest bestimmt (Trennschärfekoeffizient, biseriale Korrelation, vgl. LIENERT 1967, S. 93 f).

Im pädagogischen Bereich kann aber auch das ULI-Verfahren eingesetzt werden:

$$T = \frac{R_o - R_u}{N_o}$$

(T = Trennschärfeindex; R_o = oberes Drittel richtiger Lösungen; R_u = unteres Drittel richtiger Lösungen; N_o = Anzahl der oberen Gruppe.)

Es gibt eine feste Beziehung zwischen der Schwierigkeit und der Trennschärfe eines Tests (vgl. Abb. 54).

Abb. 54: Zusammenhang zwischen Schwierigkeit und Trennschärfe (vgl. KLEBER 1979, S. 68)

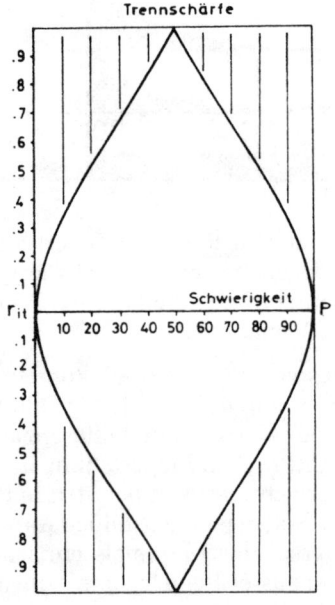

Aufgaben mit hoher Trennschärfe liegen im mittleren Schwierigkeitsbereich. Je höher oder niedriger die Schwierigkeitsindizes werden, desto geringer wird die Trennschärfe. Wird eine hohe Trennschärfe gewünscht, dann müssen

Aufgaben mittlerer Schwierigkeit in der Zusammenstellung überwiegen. Von einem Leistungstest mit Niveaucharakter (das heißt keinem Schnelligkeitstest) erwartet man, daß jeder Schüler möglichst einige Aufgaben und einige Schüler möglichst alle Aufgaben lösen können. Entsprechend erfolgt die Aufgabenauswahl nach der Schwierigkeitsverteilung Typ 3 (vgl. Abb. 53). Bei homogenen Prüfverfahren (z.B. Rechtschreibtests, Wortschatzskalen u.ä.) wird Wert auf hohe Trennschärfe gelegt, bei heterogenen Verfahren (Fremdsprachenleistungstest u.ä.) ist die Trennschärfe von geringerer Bedeutung. Eine Aufgabenauswahl nach der Trennschärfe würde zum Verlust an Heterogenität führen (vgl. WIECZERKOWSKI 1982, S. 41 f und S. 286 f).

Bei zielnormierten Verfahren ist es nicht bedeutsam, zwischen „guten" und „schlechten" Prüflingen scharf zu trennen. Bezogen auf den Unterricht, muß eine gute Prüfaufgabe zwischen den Fakten „am Unterricht teilgenommen" bzw. „nicht teilgenommen" trennen, das heißt ein Schüler, der teilgenommen hat, sollte die Aufgabe möglichst lösen, derjenige, der nicht teilgenommen hat, dürfte sie möglichst nicht lösen können.

(3) Darüber hinaus gilt es, das Kriterium der Nützlichkeit zu beachten. Prüfaufgaben sind dann nützlich, wenn sie Informationen erbringen, für die ein Bedürfnis vorliegt, oder wenn sie dem Lerner nützen, sie also dazu verhelfen, die Lernsituation zu verbessern (Lernsteuerung). Wenn Prüfaufgaben und Beurteilungen nicht zur Verbesserung der Lernsituation dienen, sie also weder den Lernenden nützen noch der Lehrperson helfen, die Entwicklung und das Lernen der SchülerInnen zu fördern, dann sind sie pädagogisch nicht nützlich. Abschlußprüfungen folgen nicht pädagogischen Fragestellungen. Ihr Nutzen muß deshalb außerhalb der Pädagogik gesucht werden.

(4) Vor dem Hintergrund der zeitlichen Überlastung vieler LehrerInnen gewinnt schließlich das Kriterium der Ökonomie eine besondere Bedeutung. Zusammenfassend läßt sich feststellen, Prüfaufgaben sind dann ökonomisch,
   − wenn sie nur kurze oder gar keine zusätzliche Zeit beanspruchen,
   − wenn sie wenig Material bzw. kein Zusatzmaterial verbrauchen,
   − wenn sie einfach zu handhaben und
   − schnell und bequem auszuwerten sind.

Prüfaufgaben sind demnach im höchsten Maße ökonomisch, wenn sie in den didaktischen Weg integriert sind und als Kontrollen des fortschreitenden Lernens, auch als Selbstkontrollen vom Schüler selbst, durchgeführt werden können.

7. Wege der Analyse und Informationsgewinnung

Analyse ist das über- und vorgeordnete Verfahren zur Gewinnung diagnostischer Information. Gegenstand einer Analyse zur Gewinnung diagnostischer Information in der Pädagogik ist die Lernsituation (die Lehr-Lern-Entwicklungs-Lebens-Situation). Das erste Problem in der Analyse ist die Reduktion der vorliegenden Komplexität. Die notwendige Reduktion muß so erfolgen, daß die relevanten Zusammenhänge bestehen bleiben und mit-erfaßt werden. „Systemisch" gesprochen besteht der erste Analyseschritt in einer Dekomposition des komplexen Systems „Lernsituation". Dabei wird eine Gliederung in Subsysteme, Systemteile usw. sowie eine Vereinfachung der Gesamtsituation vorgenommen. Bei dieser Vorgehensweise sollten die relevanten Beziehungen und Wechselwirkungen nicht zerstört oder negiert, sondern als Analyseergebnis mitbetrachtet werden. Gegenstand der Analyse und der Informationserhebung sind deshalb weder allein der Schüler oder die Leistung bzw. das Lern- oder Lehrverhalten, sondern all diese Aspekte in ihren Bezügen zur jeweils individuellen Lernsituation.

Da sich die menschliche Entwicklung und das Lernen in einer Gesamtheit von geschachtelten Handlungssystemen vollziehen, wird die individuelle Lernsituation zweckmäßigerweise in Bedingungsfelder für Handlungen gegliedert; in bezug auf das schulische Lernen wird in innerschulische, außerschulische und personale (personeigene) Lernbedingungen unterschieden. Um Elemente, Momente und Beziehungen innerhalb dieser Felder erfassen zu können, erfolgt eine Analyse der Situation und des Verhaltens bzw. der Handlungen der SchülerInnen in der konkreten Situation:

— der Handlungen als Prozeß (Lern-Leistungs-Arbeits-Verhalten),
— der Zielstruktur der Handlungen und
— der Produkte dieser Handlungen (Arbeiten, Werken).

Diagnostik als wissenschaftliche Disziplin hat die Entwicklung, Überprüfung und Verbesserung von Informationserhebungsmethoden als zentrale Gegenstände. Dies geschieht auf der Grundlage vor- und außerdiagnostischer Verfahren wie:

— Beobachtung,
— Befragung sowie ihrer offenen Form als Gespräch,
— Analyse von Handlungsprodukten (Werkgestalten).

Abb. 55: Gliederung der individuellen Lernsituation

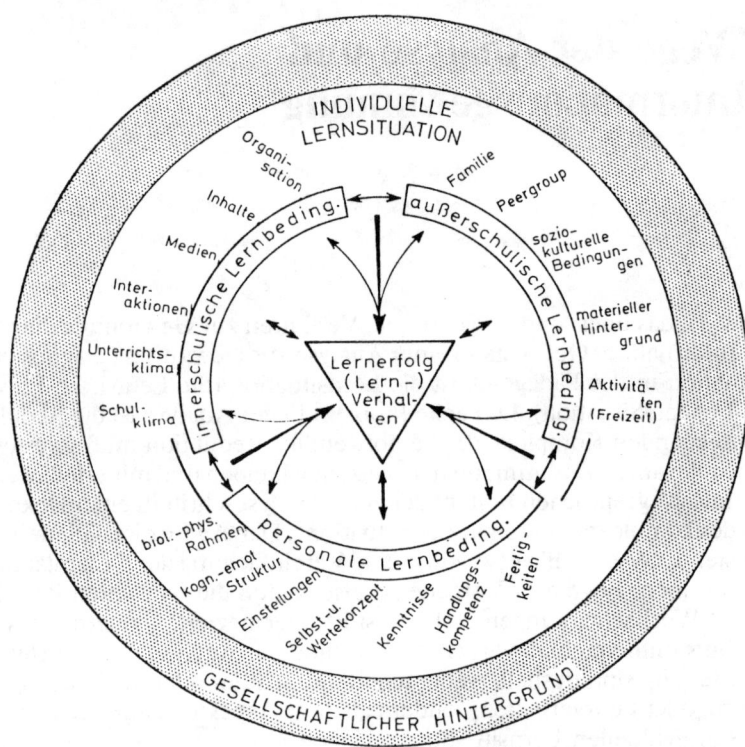

Diese drei Grundformen der Informationsgewinnung haben in der Pädagogik auch eine breite außerdiagnostische Relevanz: sie sind Wege des Lernens, des Verständigens, des Miteinander-Interagierens, also grundlegende pädagogische Handlungsweisen; deshalb sollen sie in diesem Kapitel systematisch dargestellt werden.

7.1 Beobachtung

Beobachtung ist das zentrale Medium oder die wichtigste Methode für menschliches Sichzurechtfinden, Handeln und Erkennen bzw. Verstehen. Beobachtendes Verhalten ist für Lernen und das Sammeln von Erfahrungen grundlegend. Somit ist Beobachtung von jeher auch in allen pädagogischen Situationen integrierter Bestandteil. Sie dient als Unterrichts- und Lernmedium. Daneben tritt sie auch selber als Objekt des Unterrichts auf, immer dann, wenn Beobachten gelernt werden soll, wenn also im pädagogischen Konzept Handeln und Empirie Vorrang vor dem Lernen aus Büchern bzw. dem Memorieren von Gelerntem haben (vgl. hierzu vor allem PETERSEN 1927/1952; FREINET 1946/1979).[1] Beobachtung ist darüber hinaus eine grundlegende Methode in der empirischen Forschung sowohl im Labor als auch im Feld. Sie stellt eine starke methodische Verbindung zwischen Sozial- und Naturwissenschaften dar. Beobachtung ist außerdem auch die zentrale Methode zum Sammeln diagnostischer Informationen und wurde zu diesem Zweck in den Sozialwissenschaften, insbesondere in der Psychologie, zu dem spezielleren Konzept „Verhaltensbeobachtung" ausgebaut. In der Diskussion um Beobachtung als wissenschaftliche Methode wird diese als „die planmäßige Erfassung sinnlich wahrnehmbarer Tatbestände, wobei der Forscher dem Untersuchungsobjekt gegenüber eine rezeptive Haltung einnimmt" (KÖNIG 1967, S. 210) definiert.

7.1.1 Formen der Beobachtung

In den Sozialwissenschaften liegt mittlerweile eine große Anzahl von Beobachtungsmethoden und -schemata vor (vgl. Tab. 17).

– Die erste Gliederungskategorie ist der *Anlaß*. Liegt der Anlaß in der Umgebung bzw. im Beobachtungsmoment, so spricht man von Gelegenheitsbeobachtung. Ist der Anlaß ein begründetes Erkenntnisinteresse und begebe ich mich in eine Situation oder ein Umfeld, um dieses Interesse durch genaue Beobachtung zu befriedigen, handelt es sich um eine systematische Beobachtung, die mehr oder weniger genau standardisiert werden kann. In diesem Sinne unterscheidet man auch zwischen Gelegenheits- und standardisierter Beobachtung.

– Die zweite Gliederungskategorie ist die *Richtung*. Die Beobachtung kann auf mich selbst, auf mein Verhalten gerichtet sein (Selbstbeobachtung), auf meine Erinnerung (erinnertes Verhalten), auf meine Handlungszielstrukturen u.ä. (Introspektion) oder auf äußere Situationen und das Verhalten anderer (Fremdbeobachtung).

– Die dritte Kategorie ist die *Distanz*. Der Beobachter hält zu seinem Beobachtungsgegenstand mehr oder weniger Distanz; im allgemeinen unterscheidet man dabei teilnehmende von nicht-teilnehmender Beobachtung.

– Es folgt die Kategorie der *Offenheit*, wobei zwischen offener und verdeckter Beobachtung unterschieden wird. Nach der Definition der Sozialpsychologie ist die teilnehmende eine verdeckte Beobachtung; bei teilnehmender, aber offener Beobachtung wird deshalb auch der Begriff „teilhabende Beobachtung" verwendet. Wenn die Personen, die zum Beobachtungsfeld gehören, nicht wissen, daß sie beobachtet werden, spricht man von verdeckter Beobachtung.

---

1 Die Bedeutung der Beobachtung als Methode des Erkenntnisgewinns in der Pädagogik als Wissenschaft wird von allen empirischen Erziehungswissenschaftlern hervorgehoben, sie ist bereits tradiert (vgl. MONTESSORI 1923; PIAGET 1947; PETERSEN/PETERSEN 1965 und WINNEFELD 1965).

Tab. 17: Kategorien und Modi der Beobachtung

Kategorien	Modi														
Anlaß	Gelegenheitsbeobachtung					systematische Beobachtung									
Richtung (intro-/extro-)	intro- Selbstbeobachtung	extro- Fremdbeobachtung				intro- Selbstbeobachtung		extro- Fremdbeobachtung							
Distanz (teilnehmend/ nicht teilnehmend)	teilnehmend	teilnehmend		nicht teilnehmend		teilnehmend		teilnehmend				nicht teilnehmend			
Offenheit (offen/verdeckt)	offen	offen	verdeckt	offen	verdeckt	offen		offen		verdeckt		offen		verdeckt	
Struktur (gebunden (geb.)/frei)	unstrukturiert / frei					geb.	frei	geb.	frei	geb.	frei	geb.	frei	geb.	frei
Ort (Feld(F)/Labor(L))	(Feld-)	Feld				(Labor-)		F	L	F	L	F	L	F	L
Zeit (fraktioniert/ unfraktioniert)	unfraktioniert					fraktioniert / unfraktioniert									
Kodierung (allgemeine Beschreibung/kodiert)	allgemeine Beschreibung					allgemeine Beschreibung / Kodierung									

Wenn sich in einer psychologischen Beratungsstelle eine Mutter mit ihrem Kind in einem Spielzimmer befindet und deren Interaktion durch eine Einwegscheibe beobachtet wird, dann kann die aufgeklärte Mutter zwar vermuten, daß sie beobachtet wird, aber sie weiß weder wann noch von wem; die Beobachtung ist zwar verdeckt, aber nicht völlig unbekannt. Sie ist deshalb auch nicht unbedingt ohne Einfluß auf die Situation; Laborsituationen lassen jeweils Beobachtungen ahnen. Eine völlig verdeckte Beobachtung (ohne spezifischen Laboreinfluß) stellt die teilnehmende Beobachtung im Feld dar. Diese wurde von der Soziologie und Sozialpsychologie zur Untersuchung von Straßenbanden entwickelt. Die Rolle eines Beobachters gleicht der eines Undercover-Agenten in der Strafverfolgung.

— Eine weitere wichtige Kategorie für die Kontrollierbarkeit bei der Beobachtung ist die *Strukturiertheit*. Anstelle von strukturiert/unstrukturiert wird als Beschreibungsmodus auch gebunden/frei verwendet.

In dieser Dimension unterscheiden sich somit auch Gelegenheits- und systematische Beobachtung am stärksten. Die Gelegenheits- und unstrukturierte systematische Beobachtung dienen für erste Erkundungen von Situationen bzw. heuristischen Fragestellungen und zur Hypothesengewinnung; als Informationssammlung zur Vorbereitung von Entscheidungsfindungen sind die Formen systematischer und strukturierter Beobachtung hinzuzuziehen (diagnostische Informationserhebung). Neben diesen Hauptkategorien können folgende Nebenkategorien zur Gliederung verwendet werden: Ort, Zeit und Kodierungsverfahren.

— In bezug auf den *Ort* unterscheidet man Feld- von Laborbeobachtung oder Beobachtung in natürlichen von derjenigen in artifiziellen Situationen. Selbstbeobachtungen können im strengen Wortsinn zwar nicht Feld- oder Laborbeobachtungen sein, dennoch zeigen sie je nach Anlaß eine Affinität zur Feld- oder Laborbeobachtung. Laborbeobachtungen sind immer standardisiert und in der Regel, insbesondere als nicht-teilnehmende Beobachtung, hoch strukturiert.

— Über die Kategorie *Zeit* wird eine unfraktionierte von einer fraktionierten Beobachtung unterschieden. OLSON (vgl. 1929) führte die Zeitproben-Technik (time sampling/fraktionierte Beobachtung) in die Entwicklungspsychologie ein (vgl. CATTELL 1957).

Für diesen Beobachtungsmodus wird ein Beobachtungsplan entworfen, nach dem eine oder zwei Personen (Kinder) in gleichen Situationen (Raum, Materialien und Personen) in einem Zeitraum von z.B. je fünf oder zehn Minuten wiederholt beobachtet werden (vgl. THOMAE 1955/56). Solche zeitfraktionierten Beobachtungen (z.B. 24 Fünfminuten-Beobachtungen in 14 Tagen) sollen zuverlässigere Ergebnisse erbringen als eine Dauerbeobachtung (unfraktioniert) über die gleiche Zeitmenge (vgl. ARRINGTON 1937; CATTELL 1957; WEBB u.a. 1966).

— Die *Kodierung* bezieht sich als Gliederungskategorie auf die Protokollierungsform; sie ist bereits bei der Planung zu berücksichtigen. Die zuverlässigste Methode ist die Video-Aufzeichnung mit einer flexiblen oder gar mit mehreren Kameras. In pädagogischen Handlungsfeldern sind Mitschriften und Gedächtnisprotokolle als Beschreibungsmodi gebräuchlich; am häufigsten dürften aber Gedächtnisprotokolle sein.

Tab. 18: Protokollierungsmodi

Protokollierungsart		Protokollierungszeit	
		Mitschrift	Gedächtnis-niederschrift
unkodiert	aspektfrei	allgemeine Beschreibung	Stichwort-protokoll
↑			reflektierte Beschreibung
		spezifische Beschreibung	
↓	aspekt-gebunden		Verlaufs-protokoll
hoch kodiert		Mehrkanalschreiber-protokoll	

– Die *Mitschrift als allgemeine Beschreibung* ist weder aspektgebunden noch kodiert. Sie ist je nach der Kapazität der beobachtenden Person mehr oder weniger umfänglich; heute stellt sie zwar noch eine Verkürzung des Video-Mitschnitts dar. Sie ist überfordernd und, seit es Mitschnitte gibt, nicht mehr zweckmäßig.

– Die *spezifische Beschreibung* ist aspektgebunden, sie kann auf einen einzigen Beobachtungsaspekt reduziert sein. Die Hauptschwierigkeit besteht darin, größere Verhaltenseinheiten in wenigen Worten zusammenzufassen.

Eine spezifische Beschreibung kann aber in kodierter Form erfolgen, was diese Schwierigkeit reduziert. Sie stellt eine gute Möglichkeit in Situationen dar, in denen Lernende selbst tätig sind (z.B. bei „freier Arbeit" bzw. Stillarbeit im Unterricht) und die anwesende Lehrperson spezifische Prozesse gezielt beobachten will.

– Die potenteste Mitschriftmöglichkeit besteht in der Benutzung eines *Mehrkanalschreibers*. Dies ist ein Gerät, in das die beobachtende Person kodierte Signale eingibt. Dadurch können mehrere Kategorien gleichzeitig beobachtet werden. Die Protokollierung ist hierbei immer aspektgebunden und hoch kodiert.

– Bei *Gedächtnisniederschriften* ist die gedächtnismäßige Veränderung der Information zu berücksichtigen. Die beobachtende Person vergißt einen Teil der Information, vereinfacht und reduziert. Gesehenes wird zu komplexeren Einheiten zusammengefaßt, man erinnert sich nur noch an Interpretationen (vgl. NEUBAUER 1976, S. 26 f).

Nach einer Untersuchung von BANDURA (vgl. 1976, S. 24 f) kann dem entgegengewirkt werden, indem die beobachtende Person gesehenes Verhalten bewußt verbalisiert und es dadurch konkreter in Erinnerung behält. In jedem Fall muß bei der Niederschrift versucht werden, Interpretationen in konkret Beobachtetes zurückzuübersetzen (Erinnerungszwang zum Konkreten).

Im Gedächtnisstichwortprotokoll wird nach einem relevanten Ereignis stichwortartig das Geschehen fixiert. Es ist in der Regel aspektfrei und unkodiert. Die reflektierende Beschreibung kann sowohl aspektfrei als auch aspektgebunden sein. Sie ist aber immer unkodiert. Sie wird in der Regel nach einer größeren Arbeitseinheit (Kindergarten- oder Unterrichtstag bzw. Seminar oder Projektabschnitt) vorgenommen (vgl. hierzu die Ausführungen zur reflektierenden Beobachtung am Ende dieses Kapitels).

— *Verlaufsprotokolle* sollten möglichst bald nach einer Beobachtung niedergeschrieben werden. Sie beschreiben eine längere Verhaltenssequenz eines Schülers oder einen längeren Interaktionsablauf.

Das folgende Beispiel stammt von TISMER (zitiert nach LANGHORST 1984, S. 217):

„Situation: Zu Beginn der Deutschstunde fragte Peter, ob er der Klasse ein selbstverfaßtes Gedicht über den ‚Frühling' vortragen könne. Er las dann das Gedicht mit leiser Stimme vor, ständig auf das Blatt blickend, bewegte dabei den rechten Fuß vor und zurück und zupfte an seinem Hemdkragen. Als er fertig war, erklärte Klaus (in der letzten Reihe): ‚Ich konnte es nicht verstehen. Liest du es noch einmal vor – diesmal lauter?' Peter sagte ‚Nein' und setzte sich.

Interpretation: Peter schreibt gern kurze Geschichten und Gedichte, in denen auch eine gewisse kreative Begabung zum Ausdruck kommt. Er wirkt jedoch beim Vortrag vor der Klasse sehr schüchtern und nervös. Die Weigerung, das Gedicht noch einmal vorzulesen, scheint auf seine Nervosität zurückzuführen zu sein."

Bevor ein Code entwickelt werden kann, muß zunächst das System, nach dem die Kodierung erfolgen soll, festgelegt werden. Man unterscheidet drei Arten von Systemen: Zeichensysteme, Kategoriensysteme und Schätzskalen (Rating-Skalen):

— Bei *Zeichensystemen* wird von der beobachteten Person verlangt, daß sie beim Auftreten vorher festgelegter Ereignisse ein Zeichen als Code protokolliert (bzw. eingibt).
— In einem *Kategoriensystem* wird das auftretende Verhalten nach festgelegten Kategorien klassifiziert. So werden z.b. nach BALES (vgl. 1951) die Äußerungen von DiskussionsteilnehmerInnen nach einem Zwölfkategorien-System klassifiziert. Für die Klassifikation werden Kürzel als Code verwendet; so bedeutet z.b. SS++: Zwischen Schüler 1 und Schüler 2 findet wiederholt eine Interaktion statt (vgl. auch das Kategoriensystem von FLANDERS (1970) und das Sozioemotionale Interaktions-Kategoriensystem (SIK-System) von WAGNER (1976)).
— *Schätzskalen* sind so angelegt, daß die beobachtende Person z.B. beim Auftreten einer beobachtungsrelevanten Verhaltensweise deren Intensität einschätzt, indem sie eine Zahl oder eine Ausprägung innerhalb einer mehrteiligen Stufung ankreuzt (vgl. Kapitel 7.5: Rating).

7.1.2 Beobachtung und Schulalltag

Die Verhaltensbeobachtung ist zentrale Methode in der Verhaltensmodifikation (vgl. LORENZ/MOLZAHN/TEEGEN 1976). Sie erlaubt Aufschlüsse über direktes, sichtbares Verhalten. Der Verhaltenskomplex kann zu diesem Zweck in drei Kategorien gegliedert werden:
— in Bedingungen, die vorausgehen,
— in das zu beobachtende Verhalten und
— in Bedingungen oder Ereignisse, die nachfolgen (Konsequenzen).

Das Ergebnis der gebundenen Beobachtung wird entweder durch Notieren von Codes, in Form von Strichlisten (durch Zählen) oder auf Rating-Skalen (durch Einschätzen) festgehalten (vgl. Kap. 7.5). WAHL/WEINERT/HUBER (vgl. 1984) empfehlen für den Schulalltag zwei Beobachtungsschemata:

Tab. 19: Kategorienschema für Verhaltensbeobachtungen zur Diagnose von Unterrichtsproblemen (WAHL/WEINERT/HUBER 1984, S. 294)

Situation	Verhalten	Konsequenz
Bei einer Gruppenarbeit reden die Schüler an Gelis Tisch laut durcheinander. Geli gibt auch einen Beitrag.	Geli wirft das Buch auf den Tisch.	Die Mitschülerin wehrt sich.
	Geli schlägt einer Mitschülerin mit der Hand auf den Rücken.	
Niemand beachtet den Beitrag.	Geli ruft: "Halt jetzt endlich deinen Mund."	Die Gruppe redet weiter und beachtet Geli nicht.

- MFB: minutenweise freie Beobachtung
- BIRS: Beobachtung in relevanten Situationen.

- *Minutenweise freie Beobachtung (MFB)*
  Um LehrerInnen als BeobachterInnen nicht zu überfordern, wird eine Zeitfraktionierung vorgesehen. Pro Minute oder alle drei Minuten wird nur eine Eintragung in die Situations- und Verhaltensspalte gemacht (90 oder 30 Notizen in einer Unterrichtsstunde). Festgelegt ist nur der Zeitrhythmus, die Protokollnotizen sind frei.

Tab. 20: MFB-Protokoll

Vorausgehende Bedingungen	Zeiteinheiten (in Min.)	Verhalten
Lehrer schreibt an die Tafel	9	Schüler malt Männchen auf ein Blatt
Lehrer erklärt eine Rechenaufgabe	12	Schüler spielt mit dem Kugelschreiber
Lehrer ruft den Schüler auf	15	Schüler schaut zum Lehrer und antwortet ihm (gibt eine falsche Lösung)

- *Beobachtung in relevanten Situationen (BIRS)*
  Die Beobachtung in relevanten Situationen ist ein sehr ökonomisches Verfahren, welches direkt auf den Schulalltag zugeschnitten ist. Es ist ein Beobachtungsverfahren, das zum Prüfen von Hypothesen geeignet ist. LehrerInnen haben aufgrund von Gelegenheitsbeobachtungen, aus der Analyse von Arbeiten oder aus Gesprächen bzw. Berichten bestimmte relevante Hypothesen über das Verhalten oder den Lernleistungsstand eines Lernenden. Sie überlegen, welche Situationen in dieser Hinsicht besonders rele-

vant und informativ und gleichzeitig geeignet sind, sie für einen bestimmten Zeitraum von der unmittelbaren Unterrichtstätigkeit zu entlasten.

Die Lehrperson wählt dazu verschiedene Situationen aus. Das folgende Beispiel von WAHL/WEINERT/HUBER (1984, S. 301) verdeutlicht die Vorgehenweise:

„(1) Einzelarbeit mit einfachen Übungsaufgaben in Mathematik:
W. beschäftigte sich zwei Minuten mit den Aufgaben, hörte dann auf und starrte ins Leere. Kurz vor Ablauf der Beobachtungszeit (6 Minuten) begann er ein Gespräch mit dem Tischnachbarn (insgesamt hatte er zwei Aufgaben gelöst, davon eine falsch. Die Durchschnittsleistung der Klasse betrug acht richtige Lösungen).

(2) Einzelarbeit mit einer schwierigen Übungsaufgabe in Mathematik:
W. schaute am Anfang nur wenige Sekunden auf die Aufgabe und blätterte dann, während der gesamten folgenden vier Minuten, in seinem Lesebuch.

(3) Stilles Lesen eines Textes aus dem Lesebuch, der anschließend nacherzählt und besprochen werden sollte:
W. schaute offenbar interessiert auf den Text und schien zu lesen; nach drei Minuten blickte er im Klassenzimmer umher (im anschließenden Gespräch konnte er nur den ersten Absatz wiedergeben . . .).“

Beobachtungen zur gezielten Informationsgewinnung (diagnostische Grundsituation) sind nur möglich, wenn sie aufgrund bestimmter Hypothesen oder präzisierter Ziele vorgenommen werden. Hier handelt es sich deshalb immer um eine systematische Beobachtung.[2] Bereits zur Hypothesenbildung, aber auch zur Interpretation und damit der Weiterverwertung der Beobachtungsinformation, ist eine Reflexion der Ausgangssituation, der Verhaltensabsichten und -strukturen sowie der Konsequenzen unerläßlich. Die Beobachtungsmethode an sich verobjektiviert die zu beobachtenden Personen, sie macht sie zum Objekt der Beobachtung. Letzteres ist, wie schon in den Eingangskapiteln dieses Buches aufgezeigt, pädagogisch höchst problematisch, teilweise sogar direkt falsch. In der teilnehmenden Beobachtung stehen nämlich die beobachtende und die zu beobachtende Person sehr häufig in einer Subjekt-Subjekt-Beziehung. Wird dieses im Beobachtungsgeschäft nicht mitdokumentiert, werden die Ergebnisse verzerrt.

Dieses alles berücksichtigt das Konzept der reflektierenden Beobachtung. „Den Vorgang des Nachforschens und Transparentmachens unterschiedlicher Beziehungen und ihrer möglichen Auswirkungen auf den Lernprozeß des beobachteten Kindes und auf die Praxis des beobachtenden Pädagogen nennen wir reflektierende Beobachtung" (BUSCHBECK 1985a, S. 31). „Reflektierende Beobachtung fordert also, sich dessen bewußt zu sein, daß die

---

2 Da Beobachtung eine so grundlegende Rolle in der pädagogischen Situation spielt, scheint es notwendig, daß Lehrpersonen sich ausführlich mit den Möglichkeiten und Grenzen auseinandersetzen. Da diesem Bedürfnis im vorliegenden Band nicht voll entsprochen werden kann, muß auf die spezielle Literatur sowie Werke über sozialwissenschaftliche Methoden oder Monographien zur Beobachtung (vgl. GRÜMER 1974: Beobachtung; MERKENS/SEILER 1977: Interaktionsanalyse; WAHL/WEINERT/HUBER 1984: Psychologie für die Schulpraxis; CRANACH/FRENZ 1969: Systematische Beobachtung) verwiesen werden.

pädagogische Beobachtungs- und Beurteilungssituation eine Subjekt-Subjekt-Beziehung ist, die durch Erfahrungs- und Erwartungshorizonte der Interaktionspartner bestimmt ist und ihre Aktionen und die Interpretationen ihrer Wahrnehmung beeinflußt. Das heißt, daß die Fremdbeobachtung am Kind mit der Selbstbeobachtung des Pädagogen verknüpft werden muß" (BUSCHBECK 1985a, S. 32). Es geht darum, Erwartungen, Erfahrungen und Interessen der Kinder, der Eltern und der eigenen Person (des Beobachters) zu dokumentieren, sich bewußt zu machen und im Zusammenhang mit der eigenen pädagogischen Arbeit zu reflektieren (vgl. auch pädagogisches Tagebuch und Leitfragenkomplexe). Dazu ist es notwendig, daß Beobachtungsinformationen nicht alleine für sich stehen bleiben, sondern daß sie durch Gesprächsinformationen ergänzt werden (vgl. MAYNITZ/HOLM/HÜBNER 1971).

Wird Beobachtung in Verschränkung mit Gesprächen und unter Einbeziehung von Fremd- und Selbstbeobachtung reflektiert, weicht man also von dem einfachen verobjektivierenden Konzept der Verhaltensbeobachtung ab, dann wird eine Trennung der gesammelten Informationen unverzichtbar, wenn nicht der ganze Informationserhebungsprozeß unkontrollierbar werden und mehr der Kultivierung vorgefaßter Meinungen als dem Bemühen des verstehenden Erfassens von Realität dienen soll. Zur Trennung der Informationen sollten folgende Hinweise beachtet werden. Peinlich genau zu trennen sind:

– faktische Beobachtungsdaten (Zs-Information: höchste intersubjektive Übereinstimmung),
– Interpretationen der Situation im Sinne von I-, P- und Z-Information (vgl. Kap. 2). Dies hört sich trivial an, aber man erhält im Schulalltag durchgehend beides vermischt, und häufig wird das zweite als das erste ausgegeben:
  – Interpretation der Situation durch den Beobachter (Z-Information),
  – Interpretation der Situation durch das beobachtete Individuum (I-Information),
  – Interpretation der Situation durch die relevanten Handlungspartner (P-Informationen).

Die vergleichende Betrachtung dieser vier getrennten perspektivischen Informationsmengen kann höchst relevante, pädagogisch und psychologisch beratende Erkenntnisse erbringen.

Tab. 21: Trennung der Information in der reflektierenden Beobachtung

faktische Bobachtungsdaten (Z_S)	Interpretation des beobachteten Situationsausschnittes und der Situation		
	der/des Beobachteten (I)	deren Partner (P)	des Beobachters (Z)

7.2 Gespräch, Befragung, mündliche Prüfungen

Kommunikation ist das Medium, durch das sich menschliches Zusammenleben strukturiert und überhaupt erst möglich wird. In der Entwicklung der Menschheit spielt dabei die verbale Kommunikation eine zunehmend größere Rolle (möglicherweise gilt das für die jüngste Zeit nicht mehr in vollem Umfang). Kommunikation ist auch ein zentrales Medium von Unterricht. Insbesondere dem Gespräch und dem Dialog (sokratische Methode) kamen im Zusammenhang des intentionalen Lernens sowie des „philosophieren Lernens" lange Zeit eine zentrale Bedeutung zu (vgl. HECKMANN 1981).

Je nach Standort und pädagogischer Konzeption spielen entweder das unmittelbare Umgehen mit Sachen, die handelnde Auseinandersetzung mit der Welt und das Lernen im handelnden Umgang (vgl. MONTESSORI 1922) oder das Reden über die Sachen, das Lernen durch Gespräch, Diskussion und Diskurs eine zentrale Rolle im Unterricht (vgl. MOLLENHAUER 1972).

Dies hat Auswirkungen auf die Informationsgewinnung der Lehrperson. Einerseits wird die Beobachtung, andererseits die verbale Erkundung im Vordergrund stehen, das heißt Gespräch und Befragung sind bedeutende, mindestens aber die zweitwichtigsten Informationsgewinnungsmethoden in der pädagogischen Situation. Sie sind schon deshalb grundlegend, weil hier ohne zusätzliche, die pädagogische Situation störende Manipulationen (Prüfungen) wichtige, den Lernprozeß betreffende Informationen gewonnen werden können. Die hierin enthaltenen Möglichkeiten wurden denn auch bereits historisch früh ritualisiert, zunächst in zusätzlichen mündlichen, aber auch schriftlichen Prüfungen, und bestimmte Arten von Tests sind genaugenommen nur Formen einer schriftlichen Befragung.

7.2.1 Formen von Gespräch und Befragung

Gespräch und Befragung sind Gegenstand einer bereits unübersehbar gewordenen diagnostischen Literatur. Der verwirrenden Vielfalt der Ansätze und Unterscheidungskriterien soll mit der Gliederung in Tab. 22 entgegengewirkt werden.

Bei den Versuchen zur Systematisierung der verschiedenen Gesprächsformen wird eine Unterscheidung in methodische und nicht-methodische Gespräche verwendet. Das methodische Gespräch ist durch die Zweckgerichtetheit bestimmt (vgl. KRÖBER 1955). Es ist deshalb essentieller Bestandteil der Tätigkeit zahlreicher Berufe: Juristen, Theologen, Pädagogen usw. Das nicht-methodische Gespräch ist eine Grundform menschlicher Begegnung. In der pädagogischen Kategorie der „Begegnung" (vgl. BOLLNOW 1969; DERBOLAV 1969 und BUBER 1973) wird das Gespräch dann aber auch zweckgerichtet.

Tab. 22: Gliederung von Gespräch und Befragung unter pädagogisch-diagnostischem Aspekt

Kategorien	Modi der Gliederung		
Methode	nicht methodisches Gespräch	methodisches Gespräch / Befragung	
Intention a)	Konversation	pädagogisches bzw. therapeutisches Gespräch	diagnostisches Gespräch
b)	Gelegenheitserkundung	Erkundungsgespräch Exploration Anamnese "mündliche Prüfung"	
Kommunikation	Small talk	Beziehungsebene - Selbstoffenbarung - Sachebene - Appell das "echte Gespräch" (Dialog oder gemeinsame Erörterung) Diskurs symmetrisch ◄-------------------► asymmetrisch	
Strukturiertheit	unstrukturiert	niedrig strukturiert ◄-----------------------------► hoch strukturiert offenes, qualitatives, halbstandardisiertes, standardisiertes Interview	
Objektivierung	nicht protokolliert	fremd-protokolliert ◄-----► selbst-protokolliert Tonträger Fragebogen, "Test", "schriftliche Arbeiten"	
Direktheit	indirekt ◄---► direkt		
Technik	weiche Technik ◄------------► neutrale Technik ◄------------► harte Technik		

— Das *methodische Gespräch* dient der gezielten und strukturierten Auseinandersetzung in didaktischer, sozialer oder gesellschaftlich-politischer Absicht sowie der Informationsübermittlung bzw. Informationssammlung. Es ist im pädagogisch-psychologischen Bereich ein Instrument für Lern- und Entwicklungsdiagnostik (biographische Methode, vgl. STERN 1911) und ein Mittel zur Beeinflussung von Lern-und Entwicklungsprozessen bzw. menschlichem Verhalten (Gesprächstherapie, vgl. ROGERS 1973).

Die Kategorie 2 (vgl. Tab. 22) bezeichnet die Intentionen und unterteilt in Konversation, pädagogisches bzw. therapeutisches und diagnostisches Gespräch.

— Das *pädagogische Gespräch* ist Medium der Begegnung, Sachdiskussion, Auseinandersetzung und Beratung. In diesem Sinne sollte es ein „echtes Gespräch" sein.

Allerdings ist neben dem pädagogischen Gespräch im engeren Sinne hier auch das „didaktische Scheingespräch" zu erwähnen, bei dem die Gesprächssituation zum reinen Rollenverhalten und eine bestimmte Rollenposition verbal zur Geltung gebracht werden, ohne daß die sprechende Person „beteiligt" ist. Das pädagogische Gespräch hat nie primär diagnostische Zielsetzungen und ist nicht primär Erkundungsgespräch, allerdings gibt es zwischen beiden Bereichen fließende Übergänge. Außer den primären pädagogischen Intentionen bietet es Lehrpersonen aber auch dann schon reichliche Möglichkeiten der Erkundung, wenn es sich noch nicht um ein Erkundungsgespräch handelt. Analog der Gelegenheitsbeobachtung kann man hier von „*Gelegenheitserkundung*" sprechen. LehrerInnen erfahren im Sinne von Ge-

208

legenheitserkundungen viel Relevantes über die Lernprozesse, den Unterricht, den Lerninformationsstand sowie die Fertigkeiten der SchülerInnen (hier besonders im sprachlichen Bereich) sowohl aus pädagogischen Gesprächen als auch aus Konversationen (nicht-methodische Gespräche).

– Das *diagnostische Gespräch* ist von SCHRAML (vgl. 1964) als das psychodiagnostische Gespräch systematisiert worden. „Im Gegensatz zur Testdiagnostik steht im diagnostischen Gespräch keine Aufgabe zwischen Untersuchtem und Untersucher. Es findet hier die direkte Begegnung, eine handlungsartige Auseinandersetzung im Medium des Gesprächs mit diagnostischer Zielsetzung statt" (SCHRAML 1964, S. 868).

Die ältesten Formen des diagnostischen Gesprächs sind die Exploration und die Anamnese, beides sind medizinische Begriffe. Via Psychologie wurden sie auch in die Pädagogik übernommen (vgl. BARTNITZKY/CHRISTIANI 1987), was insbesondere in bezug auf die Anamnese nicht ganz unproblematisch ist. *Anamnese* ist ein Gegenstandsbegriff, während Exploration einen Tätigkeitsbegriff darstellt (dies kennzeichnet ein methodisches Vorgehen).

– Unter Anamnese versteht man das mitgeteilte Wissen des Kranken von seiner Krankheit und ihrer Entstehung (vgl. GRUND 1957). In der Psychologie wird daraus „die Mitteilung eines Probanden oder einer wesentlichen Bezugsperson über seine Persönlichkeit, Lebensgeschichte, sozialen Bezüge, Erlebnisse, Handlungen, Einstellungen und Wünsche in allgemeinen oder speziellen Bereichen" (SCHRAML 1964, S. 268).

Die Ermittlung der Lebensgeschichte wird in der Psychologie als „biographische Anamnese" bezeichnet. Ihr gegenüber steht die „partielle Anamnese", daneben wird „Fremdanamnese" von „Selbstanamnese" unterschieden. In der Pädagogik sollte auf den das „medizinische Modell" stützenden Anamnesebegriff verzichtet werden, denn im Falle von Lernschwierigkeiten würde aus der Sicht der Anamneseforschung alles zu stark auf die Person des Schülers hin zentriert und eine Analogie zur Krankheit suggeriert. Die Analyse der individuellen Lernsituation dagegen bezieht immer die innerschulischen Lernbedingungen mit ein. Sie folgt dem pädagogisch relevanteren ökologisch-phänomenologischen Modell. In biographisch größeren Zusammenhängen sollte deshalb die *Lebenslaufanalyse* vorgezogen werden (vgl. BÜHLER 1959). BÜHLER unterscheidet dabei objektive Daten (Ereignisse und Handlungen), subjektive Daten (Erlebnisse) und Leistungen (Produktionen).

– *Exploration* bezeichnet in der Psychiatrie das Eruieren psychopathologischer Phänomene, z.B. Sinnestäuschungen oder Wahnideen, durch Befragung (vgl. SCHRAML 1964, S. 268). In der Pädagogik entspricht der Exploration das Erkundungsgespräch.

Es tritt in der Regel in Verbindung mit Lernaufgaben und als Ergänzung von Beobachtung auf und bietet Einblicke in die individuellen Lernprozesse eines Schülers (z.B. Erlebnis von Aufgabenstellungen und Schwierigkeiten bei der Bearbeitung). Es erhellt das Vorgehen, die Planung und Schwierigkeitsbewältigung, aber auch die Befürchtungen und Wünsche der SchülerInnen. Die Methode des „lauten Denkens" (der sprechenden Lösung von Aufgaben) kann in Erkundungsgespräche einbezogen werden. Zur Analyse von Lernschwierigkeiten sind Erkundungsgespräche somit unverzichtbar.

Die *kommunikativen Ebenen* (Kategorie 3, vgl. Tab. 22) sind von großer Bedeutung, sowohl für das Verständnis als auch für die Gesprächsgestaltung. Zunächst unterscheidet man „small talk" von „echtem Gespräch".

– „Im echten Gespräch geschieht die Hinwendung zum Partner in aller Wahrheit, als Hinwendung des Wesens also. Jeder Sprecher meint hier den Partner, an den oder die Partner, an die er sich wendet, als diese personhafte Existenz . . . Der Sprecher nimmt aber den ihm so Gegenwärtigen nicht bloß wahr, er nimmt ihn als seinen Partner an, und das heißt er bestätigt (akzeptiert) . . . dieses andere Sein . . . Selbstverständlich bedeutet solch eine Bestätigung keineswegs schon eine Billigung . . . aber . . . ich habe zu ihm als Person Ja gesagt.
Des weiteren muß, wenn ein echtes Gespräch entstehen soll, jeder, der daran teilnimmt, sich selber einbringen. Und das bedeutet, daß er willens sein muß, jeweils das zu sagen, was er zu dem besprochenen Gegenstand im Sinn hat . . . ohne Verkürzung und Verschiebung . . . (in) Rückhaltlosigkeit . . . wenn ich statt des zu Sagenden mich anschicke, ein zur Geltung kommendes Ich vernehmen zu lassen, habe ich unwiederbringlich verfehlt, was ich zu sagen gehabt hätte . . ." (BUBER 1973, S. 293/ 294).

BUBER hat hier die Unterscheidung zwischen echtem und Scheingespräch herausgearbeitet. Das Scheingespräch ist im didaktischen Sinne eine verbale Auseinandersetzung ohne Beteiligung der sprechenden Person, die z.B. nur einen bestimmten Part spricht. Im nicht-didaktischen Sinne ist es dann ein verbales Verhalten, eine mißglückte menschliche Kommunikation (vgl. Pathologien menschlicher Kommunikation, WATZLAWICK/BEAVIN/JACKSON 1974).

BUBERs prägnante Beschreibung des echten Gesprächs auf der Grundlage menschlicher Begegnung im Dialog wird über das kommunikationstheoretische Modell zwischenmenschlicher Kommunikation instrumentalisiert (vgl. FITTKAU/MÜLLER-WOLF/SCHULZ v. THUN 1977).

Abb. 56: Die vier Aspektebenen einer Nachricht als Grundelement zwischenmenschlicher Kommunikation

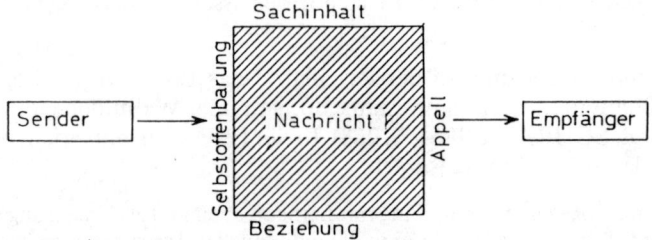

Jede Nachricht enthält zunächst eine Sachinformation (Darstellung von Sachverhalten). Daneben gibt die Nachricht aber auch etwas vom Sender preis, sie enthält auch eine Selbstoffenbarung. Diese kann als Selbstdarstellung beabsichtigt sein oder als Selbstenthüllung unfreiwillig erfolgen. So möchte ich, wenn ich mich am

Gespräch beteilige, Sachinformation übermitteln, aber ich möchte auch einen guten Eindruck machen. Die Nachricht stellt aber auch gleichzeitig die Beziehung zwischen Sender und Empfänger dar. Bei der Selbstoffenbarung ist der Empfänger als Person unbeteiligt, er kann diese aus der Distanz diagnostizieren. Auf der Ebene der Beziehung ist er selbst betroffen. Da der Empfänger nicht nur rezeptiv hinnimmt, sondern die Nachricht aktiv aufnimmt und in der Interpretation frei ist, entstehen an dieser Stelle am leichtesten Kommunikationsprobleme. WATZLAWICK/BEAVIN/SCHULZ v. THUN (vgl. 1974) befassen sich deshalb in ihrer Auseinandersetzung zur gestörten Kommunikation überwiegend mit der Beziehungsebene. Die meisten Nachrichten haben aber auch den Zweck, auf den Empfänger Einfluß zu nehmen. Sie enthalten einen Appell (hilf mir – mach das doch bitte anders usw.). Da alle vier Ebenen gleichzeitig in einer Nachricht vorhanden sind, ist es für „echte Gespräche" notwendig, daß der Sender auf alle vier Ebenen achtet. Einseitige Kommunikation stiftet Störungen. Es nützt meist wenig, wenn man auf der Sachebene Wichtiges mitteilt und gleichzeitig die Beziehungsebene vernachlässigt. Auch der Empfänger sollte auf allen vier Ebenen gleichzeitig empfangen, nicht nur auf der Beziehungsebene. LehrerInnen sollten generell vierseitig kommunizieren lernen. Gestörte Kommunikation bedeutet gestörten Unterricht, gestörte Lernprozesse und verzerrte Bewertung bzw. Beurteilung.

Eine weitere Dimension der kommunikativen Ebenen sind Symmetrie und Asymmetrie.

Bei der symmetrischen Kommunikation sind alle Kommunikationspartner gleichberechtigt, das heißt sie setzt eine Gleichverteilung der Chancen bei der Wahrnehmung von Dialogproblemen voraus und impliziert letztlich eine herrschaftsfreie Kommunikation (vgl. HABERMAS/LUHMANN 1971). Das Gegenstück dazu ist die asymmetrische oder komplementäre Kommunikation (vgl. WATZLAWICK/ BEAVIN/SCHULZ v. THUN 1974).

In ihr gibt es stets zwei unterschiedlich gewichtete Positionen: Ein Partner nimmt die höhere, ein anderer die niedrigere Stellung ein. Komplementäre Beziehungen beruhen in der Regel auf gesellschaftlichen und kulturellen Bedingungen (z.B. Mutter – Kind; Lehrer – Schüler; Arzt – Patient).

– Der *Diskurs* spielt in der kommunikativen Didaktik (vgl. SCHÄFER/ SCHALLER 1971) eine große Rolle (vgl. MOSER 1981). Als Modell diskursiver Verständigung wird auch das Konzept der themenzentrierten Interaktion (TZI) (vgl. COHN 1978) bezeichnet, wobei Symmetrie forciert wird (pseudosymmetrisch). Unterricht soll danach durch selbstgesteuertes Verhalten bestimmt werden. Fortschritte in diesem Bereich machen eine Schülerselbstbeurteilung möglich. Auch die Schülermitbeurteilung impliziert Fortschritte im Bereich diskursiver Verständigung bzw. pseudosymmetrischer Kommunikation.

In der Kategorie Strukturiertheit wird das anhaltende Bemühen um die Kontrollierbarkeit offensichtlich. Die breiteste Ausdifferenzierung und Erforschung erfolgten hier unter dem Begriff des Interviews, dessen Spannweite von niedrig strukturierten Gesprächssituationen bis hin zum standardisierten Fragebogen reicht.

– Das *Interview* als eine methodisch kontrollierte Befragung wird von KÖNIG (vgl. 1962b) zum „Königsweg" der praktischen Sozialforschung erklärt. Die Methode kann wie folgt definiert werden: „Ein planmäßiges Vorgehen mit wissenschaftlicher Zielsetzung, bei dem die Versuchsperson durch eine Reihe gezielter Fragen oder mitgeteilter Stimuli zu verbalen Informationen veranlaßt werden soll" (SCHEUCH 1962, zitiert nach ANGER 1969, S. 570). Unterschieden werden:
  – das nicht-standardisierte (unstrukturierte), offene, qualitative Tiefen-Interview,
  – das teil-standardisierte Interview und
  – das standardisierte Interview.

Der Strukturierungsgrad ist bedeutsam zur Vermeidung einer Reihe von Fehlern. Jedoch tritt auch hier wieder das Bandbreite-Fidelitäts-Dilemma auf: Je höher strukturiert und je umfänglicher standardisiert wird, desto kleiner werden die Ausschnitte der erhaltenen Information.

Genau hier liegen die Vorteile des offenen oder qualitativen Interviews. Benützt wird ein stichwortartiger Leitfaden. Im übrigen steht es dem Interviewer frei, Fragen umzuformulieren, zu erläutern, neue unerwartete Ideen aufzugreifen und weiterzuverfolgen, unergiebige Themenbereiche abzubrechen, ergiebige Informationen weiterzuverfolgen usw.

Bei einem geschickten Interviewer entsteht dann zumindest teilweise der Eindruck eines offenen Gesprächs. Ein solch offenes Verfahren ist aber andererseits für viele verfälschende Tendenzen (vgl. Kap. 5.3) anfällig. „Dennoch bleibt festzuhalten: Besonders geschulte, sachkundige Interviewer werden durch intensive, qualitative Explorationen u.a. auf wissenschaftlich noch unerschlossenen Gebieten ein Maximum an Informationen zusammentragen . . . Unstrukturierte Tiefeninterviews bzw. gering strukturierte, teilstandardisierte Verfahren erscheinen daher besonders geeignet, mehr oder minder komplexe Sachverhalte zu erhellen" (ANGER 1969, S. 573).

Innerhalb der Interviewerfehler[3] unterscheidet man Brutto- und Netto-Fehler (vgl. HYMAN 1954):

Brutto-Fehler: alle interviewerbedingten Abweichungen von den „wahren" Meinungen der einzelnen Interviewten;

Netto-Fehler: der verbleibende Fehlerrest, nachdem sich Einzelfehler für die befragte Gruppe ausgeglichen haben.

Innerhalb der Diagnostik (Einzelfallbetrachtung) ist insbesondere die Problematik des Brutto-Fehlers von besonderer Bedeutung. Dabei werden in der Literatur folgende Fehlerquellen reflektiert:

---

3 Hierunter versteht man seit RICE (vgl. 1929) den Anteil der gesamten Fehlervarianz, der auf den oder die Befrager zurückgeht (Stichproben- und Erhebungsinstrumentenfehler sind nicht einbezogen).

– Verfälschung des Protokolls:
Dies geschieht teilweise aus Bequemlichkeit. Bei Altersangaben z.b. treten häufig „glatte Zahlen" auf (vgl. MYERS 1940). Zentrale Fragen werden gestellt, den Rest füllt der Interviewer „dazu passend" selbst aus (vgl. EVANS 1961). In seltenen Fällen wurden ganze Interviews gefälscht (vgl. CRESPI 1945). Unabsichtliche Verfälschungen geschehen durch Gedächtnislücken (Aussageverlust) und Selbsttäuschung sowie Mißverstehen des Interviewers. Mißverständnisse treten besonders häufig beim offenen Interview auf.

– Selektive Auswahl der Befragten:
Beim Quota-Verfahren werden dem Interviewer nur bestimmte Merkmalsgruppen (z.B. Hausfrauen) vorgegeben. Der Interviewer wählt die Personen nach eigenem Gutdünken aus. Es tritt eine Verzerrung oder gar Verfälschung ein, wenn Interviewer nur leicht erreichbare Personen (Freunde usw.) befragen.

– Fragestellung und Frageformulierung:
Erhebliche Abweichungen vom Wortlaut und das Auslassen von Fragen führen zu Verzerrungen in den Ergebnissen; dem sollen standardisierte Fragen entgegenwirken. Besonders groß erwiesen sich die inter- und intraindividuellen Unterschiede bei der Verwendung von Sondierungsfragen. Diese Unterschiede sind zum Teil auf Einstellungen und Erwartungshaltungen der fragenden Personen zurückzuführen (vgl. Kap. 6.3.2).

Fragestellungen sollten fragerneutral, sach- und befragtenbezogen sein, also ohne Beeinflussungen; Suggestivfragen oder Fragen mit suggestivem Charakter sind in jedem Fall zu vermeiden. Dies ist die zentrale Richtung des Bemühens einer professionell fragenden Person. Für soziologische Forschungen sollten die Fragen für alle Befragten gleich sein (Zwang zum Fragebogen). Dieses Problem spielt jedoch in der Einzelfalldiagnostik (sie sollte in der Pädagogik überwiegend angewandt werden) eine untergeordnete Rolle.

– Nachwirkungen des vorausgehenden Befragungsverlaufs:
Sogenannte Ausstrahlungseffekte wirken nicht nur auf die befragte, sondern auch auf die fragende Person. Z.B. aufgrund vorhergehender Antworten erwarten InterviewerInnen an späteren Stellen entsprechend „passende" Reaktionen und Antworten (vgl. logischer Fehler). Davon abweichende Antworten werden leicht überhört oder durch passende Akzentuierungen verfälscht (vgl. SMITH/HYMAN 1950).

– Einstellungen, Wertorientierungen und Vorurteile des Fragestellers:
Befragungsergebnisse zeigen die Tendenz, mit den Ansichten der fragenden Person übereinzustimmen (vgl. CLARK 1926; FERBER/WALES 1952; SCHEUCH 1962). FragestellerInnen beeinflussen nicht nur durch verbales, sondern auch durch nicht-verbales Verhalten die befragten Personen (vgl. GREENSPOON 1955; SPIEGELBERGER 1965).

Grundsätzlich ist davon auszugehen, daß alle Reaktionen des Interviewers („Aha" – „Was Sie nicht sagen" usw.) eine Verstärkerwirkung ausüben. Auf diese Weise werden auch Erwartungen der fragenden auf die befragte Person übertragen (vgl. ROSENTHAL 1966; TIMAEUS/LÜCK 1968).

In ihren Reaktionen gibt die fragende Person Hinweise auf ihre Erwartungen und Einstellungen, die Skala der Beeinflussungen reicht hier von einfacher Zustimmung bis zu Suggestivfragen. Die fragende Person muß „offen sein" für ihren Interviewpartner. Einfühlungsvermögen (Empathie), welches von manchen Autoren (vgl. KAHN/CANNEL 1957) verlangt wird, ist mit reservierter Kritik zu betrachten. Oftmals stellt die Empathie nur eine Projektion der eigenen Eintellungen und Konflikte dar (vgl. DYMOND 1948; KERR/SPEROFF 1955).

Empathie ist für Lehrpersonen etwas Wichtiges, sowohl für eigenes Verhalten als auch in der didaktischen Vermittlung. Doch ist es auch gerade für Lehrpersonen besonders wichtig, der eigenen „Einfühlung" gegenüber kritisch zu bleiben. Er/sie sollte sich nicht auf Empathie ausrichten und diese mit hohem Einsatz anstreben. Seine/Ihre Haltung sollte sein: offen, interessiert, dem pädagogischen Partner voll zugewendet und mit einem gesunden Mißtrauen gegen das eigene „Einfühlen". Unter solchen Voraussetzungen kann eventuell echte Empathie gelingen.

— Vom Befragten wahrgenommene persönliche und soziale Merkmale des Fragestellers:
  Untersuchungen weisen darauf hin, daß Antworten unterschiedlich ausfallen können, je nachdem, ob Frauen von Frauen oder Männer durch Männer, Arbeiter durch Interviewer aus der Arbeiterschicht, Farbige durch Weiße oder Farbige durch Farbige befragt werden usw. (vgl. KATZ 1942; STOUFFER u.a. 1949; WILLIAMS 1964).

Neben der fragenden Person und dem Erhebungsinstrument — siehe Fragebogen — ist die befragte Person ebenfalls eine bedeutende Fehlerquelle. Bereits einfache Faktenfragen können stark mit Prestigegesichtspunkten konvergieren. Viele antwortende Personen neigen dazu, ihr Verhalten im Zweifelsfalle im Sinne sozialer Norm- und Wertvorstellungen zu idealisieren, sie antworten gemäß sozialer Erwünschtheit (vgl. MACCOBY/MACCOBY 1954). Es treten Simulation (Erfinden von Antworten zwecks Täuschung) und Dissimulation (Verschleierung von Fakten) auf, je höher der Prestigewert des inhaltlichen Gegenstandes des Gespräches ist und je näher die Frage an eine tabuierte Zone herankommt und Abwehrmechanismen beim Befragten ausgelöst werden. Noch vor der tabuierten Zone trifft man — je nach Persönlichkeitsstruktur der befragten Person — auf die „heikle Zone". Diese ist dann erreicht, wenn eine Frage für ein geschwächtes Selbstwertgefühl gefährlich erscheint. Bei SchülerInnen mit umfänglichen Lernschwierigkeiten und mangelndem Verständnis von seiten der Eltern und LehrerInnen ist diese Zone schnell erreicht. Hier hilft die indirekte Befragung weiter, das Beschreibenlassen von Lern- oder Leistungssituationen u.ä.

Die Direktheit (Kategorie 6, vgl. Tab. 22) läßt sich nicht in das übrige Gliederungsschema integrieren. Ebenso steht es um die Kategorie (7): Technik (vgl. Tab. 22). Beide Kategorien können unter allen vorher genannten Gliederungsgesichtspunkten auftreten.

— Dagegen spielt die Objektivierung (vgl. Kategorie 5, Tab. 22) eine große Rolle. Fehlt die Objektivierung, so bleiben aus Gesprächen oder auch Befragungen nur Gedächtnisreste existent, die über die Zeit verblassen, die immer freier (kontextunabhängiger und damit interpretationsintensiver) werden und schließlich verlorengehen.

Aus diesen Gründen wird in der methodischen Erkundung immer größer Wert auf die Objektivierung gelegt. Die am wenigsten mit Fehlern behaftete Form ist die Tonträgerprotokollierung. Sie ist jedoch für die Weiterverwendung von Daten nicht brauchbar und muß in einem arbeitsaufwendigen Verfahren in Kurzprotokolle überführt werden (mit letzteren beginnt erst der

Hauptteil der diagnostischen Arbeit). Grundsätzlich kann die Objektivierung durch Selbst- oder Fremdprotokollierung erfolgen. Im allgemeinen wird Selbstprotokollierung nur bei der schriftlichen Befragung (dem Fragebogen) angewandt. In der reflektierten Lernwegbegleitung stellt sie allerdings ein wichtiges Vorgehen innerhalb der Schulpädagogik dar (vgl. Schülerselbstbeurteilung (SSB)). Fremdprotokollierung erfolgt als Gedächtnisprotokoll im Anschluß an ein Gespräch, als Mit- bzw. Nebenprotokollierung während eines Gespräches, das frei oder standardisiert sein kann (im Extremfall dient ein Fragebogen als Befragungsgrundlage und/oder zur Ausarbeitung eines strukturierten Kurzprotokolls auf der Grundlage einer Tonträgeraufzeichnung). Die „härteste" Form erfolgt in der schriftlichen Befragung mit Hilfe eines Fragebogens.

7.2.2 Fragebögen

Der Fragebogen ist ein Erhebungsinstrument für Befragungen unter voll standardisierten Bedingungen in Form einer Selbstprotokollierung. Er besitzt damit die Merkmale standardisierter Verfahren. Seine Erstellung folgt weitgehend dem gleichen Erarbeitungsprozeß, der auch bei lehrzielorientierten Tests angewandt wird. Insofern kann auch zwischen einem Fragebogen und einem Befragungsbogen unterschieden werden, wobei der letztgenannte dem methodischen Niveau von informellen Tests entspricht (vgl. Kap. 7.4.1). Die Auseinandersetzung mit einem Befragungsbogen ist in der Pädagogik insofern nützlich, als alle hier anstehenden Planungen, Ausarbeitungen und Problemreflexionen sowohl für mündliche als auch für schriftliche Prüfungen (informelle Tests oder Klassenarbeiten, die oft nichts anderes als eine curriculumbezogene schriftliche Befragung sind) von hohem Nutzen sein können. Die Fragebogenkonstruktion folgt dem Erarbeitungsmuster in Tab. 23.

Tab. 23: Erstellung eines Befragungs-/Fragebogens

1 *Planung*
    1.1 Präzisierung der Untersuchungsziele
        1.2 Programmfragen oder Erhebungspunkte
            1.3 Übersetzung in konkrete Erkundungsfragen
                1.4 Probefragebogen (Vortest/Vorabinterviews), Ermittlung von Haupt- bzw. Ermittlungsfragen, Funktionsfragen, Kontrollfragen

2 *Expertenrating/Begutachtung*
    Analyse der Fragensammlung

3 *Zusammenstellung des Fragebogens*
    3.1 Fragenauswahl für den Fragebogen
        3.2 Makroplanung des Fragebogens, Festlegung der Themenfolge
            3.3 Mikroplanung des Fragebogens, Festlegung der Aufgabenfolge innerhalb der Themen

4 *Durchführung*

5 *Auswertung*
   5.1 Erfassung der Antworten unter Kategorien (bzw. in Zahlen)
   5.2 Tabellarische Darstellung der Ergebnisse

6 *Analyse der Ergebnisse*
   6.1 Erstellung einer Inspektionstabelle
      6.2 Fragenanalyse (per Inspektion oder mit speziellen Analyseverfahren)
         6.3 Überprüfung von Zuverlässigkeit und Gültigkeit

7 *Interpretation der Ergebnisse*
   Rückmeldung, Aufnahme in einen Bericht, Übertragung in Noten etc.

8 *Revision des Fragebogens*

9 *Diagnostischer Einsatz*
   eventuell Vertrieb durch einen Verlag

Tab. 23 zeigt den vollen Erarbeitungsprozeß für einen Fragebogen. Für einen Befragungsbogen gelten 1, 4, 5 in vollem Umfang − 2 wird häufig fehlen oder nur in der Diskussion mit einem Kollegen bestehen. Punkt 3 wird ebenfalls für einen Befragungsbogen weniger sorgfältig angewendet werden, ist aber für eine verantwortungsvolle Arbeit unerläßlich. Punkt 6 (Analyse der Ergebnisse) wird bei einem Befragungsbogen nur im Sinne einer Inspektion zur Aussonderung wenig geeigneter Fragen vorkommen (vgl. dazu auch die Aussagen zu informellen Tests). Ein diagnostischer Einsatz im Sinne eines verlagsmäßig vertriebenen Instruments kommt zwar vor, ist aber im Sinne einer verantwortlichen Diagnostik nicht angezeigt. Dies sollte nur für Fragebögen erfolgen.

Der Befragungsbogen ist ein mehr informelles, situationsabhängiges Instrument, wie es für eine Lerngruppe zu einer bestimmten Zeit nach der Erarbeitung eines bestimmten Curriculums nützlich, ökonomisch und relevant sein kann. In diesem Sinne entsprechen veröffentlichte Befragungsbögen eigentlich nur dem Fragment einer Itembank.[4] So genutzt, können Fragen aus ihnen entnommen werden, und sie können die Rahmenkonstruktion für einen lerngruppenbezogenen Befragungsbogen, den ein Lehrer selbst erstellt, abgeben.

Zur Erstellung des Probefragebogens (vgl. 1.4, Tab. 23), in dem zumindest teilweise offene Fragen verwendet und mit dem auch zur Erkundung Fragen in halboffenen Interviews durchgeführt werden, sind die Programmfragen in konkrete Erkundungsfragen zu übersetzen (vgl. 1.3, Tab. 23) und durch Funktions- und Kontrollfragen zu ergänzen. Sowohl als Ermittlungs- als auch als Funktionsfragen unterscheidet man offene von geschlossenen Fragen. Geschlossene bzw. gebundene Fragen sind:

---

4 Eine Itembank ist eine Sammlung von Aufgaben und Fragen zur Erkundung eines bestimmten Lernbereichs, die sich in der praktischen Anwendung schon einmal als nützlich erwiesen hat. Sie dient zur Erleichterung und Verbesserung der Erstellung von informellen Tests, Befragungsbögen und Fragebögen.

— *Alternativfragen* (einfachste Form: Ja/Nein-Typ) können durch eine Restkategorie „unentschieden" oder „weiß nicht" ergänzt werden. Werden Gegensätze formuliert ohne eine Mittelposition zu nennen, handelt es sich um „erzwungene Entscheidungen" (forced choice).

— *Skalenfragen* sind in gewissem Sinne eine Erweiterung der Alternativfragen. Auf einer kontinuierlichen oder einer durch verbalisierte Stufen gegliederten Skala können stärkere oder schwächere Zustimmung oder Ablehnung bekundet werden.

— *Katalogfragen* stellen eine Reihe qualitativ verschiedener Antwortmöglichkeiten zur Wahl (multiple choice). Hierbei können auch Mehrfachantworten erlaubt sein. Es können Abbildungen verwendet werden, die eine Auswahl von drei bis hundert Positionen beinhalten. Bei mehr als neun Positionen spricht man dann auch vom Listenverfahren (vgl. z.B. „Eigenschaftslistenverfahren", ENGELMAYER 1949). Statt einer Liste kann auch ein Kartenverfahren (vgl. NOELLE 1963) verwendet werden, wobei die Karten jeweils neu zu mischen sind, das läßt Positionseffekte austarieren.

— *Offene Fragen* lassen dem Antwortenden freien Raum, das zu antworten, was er für wichtig und richtig hält. Dies ist bei vielen Fragestellungen eine wichtige Informationsmethode. Bei geschlossenen Fragen können die Auswahlmöglichkeiten für den Antwortenden irrelevant sein, insbesondere bei einem informellen Befragungsbogen wird möglicherweise auch die für den Befrager relevante Antwort unterdrückt (Fragefehler). Zum Zwecke einer Einschränkung der Ausführlichkeit und einer Präzisierung der Antwort (nützlich für die Auswertung) kann die Offenheit graduiert eingeschränkt werden (vgl. hierzu Aufgabenkonstruktion bei informellen Tests).

Generell sind zur Formulierung von Ermittlungsfragen folgende Prinzipien zu berücksichtigen:

— die Formulierungen sollten möglichst einfach, konkret, neutral (hier ist besonders bei Alternativfragen erhöhte Vorsicht geboten!) und eindeutig sein; das heißt lange, zusammengesetzte Fragen sind ebenso zu vermeiden wie Mehrdeutigkeiten;
— die Fragestellung und -formulierung sind der zu befragenden Zielgruppe anzupassen (damit soll eine Überforderung der befragten Personen vermieden werden);
— suggestive Fragen sind zu vermeiden; Suggestivfragen können allerdings als sogenannte Kontrollfragen (s.u.) bewußt eingesetzt werden.

Entsprechend ihrer Funktion lassen sich die Fragen eines Fragebogens unter den folgenden Kategorien subsumieren:

— Kontakt- und Einleitungsfragen („Eisbrecher"): zur Erleichterung des Beginns einer Befragung;
— Übergangs- oder Vorbereitungsfragen: zur Erleichterung eines Themenwechsels;
— Ablenkungs- oder Pufferfragen: zur Verhinderung eines unerwünschten Ausstrahlungseffektes;
— Filterfragen: zur Aufgliederung in Unterbereiche oder Aussonderung von Personen für bestimmte Bereiche;
— Rangier- oder Konzentrationsfragen: zur Unterbrechung langatmiger Darstellungen bei teilweise offenen Fragen;
— Motivationsfragen: zur Stärkung des Selbstvertrauens, aber auch zum Abbau von Hemmungen;
— Kontrollfragen: zur Erkundung der Aufrichtigkeit oder auch zur Aufdeckung von Widersprüchen.

7.2.3 Soziometrie

Eine besondere Art der Befragung, die insbesondere in pädagogischen Handlungsfeldern (z.B. in Jugendlagern, Erziehungsheimen, Schulen) eine weite Verbreitung erfährt, stellen der soziometrische Test oder die soziometrische Befragung dar. In allen pädagogischen Handlungsfeldern treten Gruppen auf; soziale Systeme sind von großer Bedeutung. Schulisches Lernen findet generell in formalen Gruppen (Klassen), das heißt in einem „äußeren sozialen System", statt. In jeder formellen sozialen Ordnung (z.B. Schulklasse) spielt sich ein eigenständiges, informelles Sozialleben der Gruppenmitglieder ab, das das Verhalten, auch das Lernverhalten in der Klasse, beeinflußt. Für jeden für den Lernprozeß Verantwortlichen sind deshalb die informelle Gruppenstruktur und die sie bedingenden zwischenmenschlichen Präferenzen von Interesse. Informationen zur Gruppenstruktur können durch intensive Beobachtung, vor allem teilnehmende Beobachtung im Zusammenhang mit Interviews und seit MORENO über sogenannte soziometrische Tests, erhoben werden.

Soziometrie als engerer Begriff wird definiert als „die Analyse zwischenmenschlicher Präferenzen" (BJERSTEDT 1956, zitiert nach NEHNEVAJSA 1967, S. 260). Die Grundideen dieser Analysen sind:

— innerhalb jedes sozialen Systems sind Strukturen wirksam, die aus informellen Beziehungen stammen;
— die Qualität dieser Beziehungen kann anhand eines Kontinuums, das von Zuneigung bis Abneigung reicht, bestimmt werden;
— die beteiligten Personen haben Präferenzen des Zueinanders oder des Auseinanders;
— das Beziehungsgewebe, das die Personen solcher sozialen Systeme miteinander verbindet, wird zweckmäßigerweise als soziometrische Konfiguration (MORENO/ JENNINGS 1938) bezeichnet.

„Wir stellten fest, daß die Mitglieder einer Gruppe sich oft anders gruppieren würden, wenn es in ihrer Macht stünde. Solche spontanen Gruppen und die Art, in der die einzelnen in ihnen handeln oder zu handeln beabsichtigen, haben eine bestimmte Wirkung auf das Verhalten der Individuen und der Gruppe als Ganzes" (MORENO 1934/1954, S. 34/35). „Der soziometrische Test ist ein Mittel, um die Organisation sozialer Gruppen zu messen. Im soziometrischen Test werden die Individuen einer Gruppe aufgefordert, andere Individuen ihrer eigenen oder einer anderen Gruppe zu wählen. Es wird von ihnen erwartet, daß sie die Wahl ohne Hemmung durchführen und keine Rücksicht darauf nehmen, ob die gewählten Personen zu ihrer eigenen oder einer anderen Gruppe gehören oder nicht. Der soziometrische Test ist eine Methode der Erforschung sozialer Strukturen durch Messen der Anziehungen und Abstoßungen, die zwischen den Angehörigen einer Gruppe bestehen" (MORENO 1934/1954, S. 34). TAGIURI (vgl. 1952) erweiterte die Erhebung, indem er zusätzlich zur Erkundung der Präferenzen auch die Selbsteinschätzung der Befragten erfragte („Wer, denkst Du, wird Dich wählen?" usw.).

Fünf Punkte sind für einen soziometrischen Test nach MORENO von Bedeutung:

„1. Die Spontaneität, die Gefühle und Entscheidungen eines jeden Individuums werden im Test unbedingt respektiert.
2. Alle Mitglieder der Gemeinschaft haben im soziometrischen Test gleichen Rang.
3. Jedes Individuum dieser Gemeinschaft ist ein Zentrum, von dem emotionale und intellektuelle Strömungen ausgehen.
4. Der soziometrische Test ist ein Lebens- und Aktionstest, nicht eine akademische Angelegenheit, die nur für den Experimentator von Interesse ist. Es wird an das natürliche Interesse eines jeden Individuums appelliert, das es für die Verwirklichung seiner eigenen Pläne hat.
5. Die Wahl wird immer auf ein bestimmtes Kriterium bezogen" (z.B. das Zusammensitzen, MORENO 1934/1954, S. 38).

Abhängig vom jeweils verwendeten Kriterium gibt es gegebenenfalls unterschiedliche Gruppierungen; das heißt innerhalb formeller Gruppen existieren multidimensionale Rangsysteme (vgl. JENNINGS 1950, S. 278). Insbesondere werden die Dimensionen Beliebtheit und Tüchtigkeit genannt. JENNINGS berücksichtigt deshalb bei ihren Fragen sowohl die Psychogruppe (Kriterium: Bildung von Zimmergemeinschaften oder Einladung zum Geburtstag) als auch die Soziogruppe, Gruppierung mit funktionalem Wert (Kriterium: z.B. Bildung von Arbeitsgruppen).

Will man „Wahl" und „Ablehnung" als Präferenz und darüber hinaus die soziometrische Wahrnehmung erfassen, dann besteht eine Befragung aus vier Grundfragen:

(1) Welche Kinder aus Deiner Klasse würdest Du gerne zu Deinem Geburtstag einladen?
(2) Welche willst Du lieber nicht einladen?
(3) Rate, wer Dich einladen will!
(4) Rate, wer Dich nicht einladen möchte!

In gleicher Weise kann die Bildung einer konkreten Arbeitsgruppe erfragt werden. Um den Intensitätsgrad zu berücksichtigen, wird in der Regel eine Rangreihe nachgefragt. Daraus ergibt sich die Frage, wieviele Wahlen man erfragen sollte. Bei einer 3- und einer sich anschließenden 5-Wahlen-Erhebung beträgt die Korrelation $r = 0,94$. Zwischen einer 5-Wahl- und einer unbegrenzten Erhebung wurden Korrelationen von $r = 0,98$ gefunden (vgl. BASTIN 1967, S. 25). Diese Befunde zeigen, daß entsprechende Begrenzungen der Wahlen kein erhebungstechnisches Problem darstellen. Hingegen kann die Kontakt-und Wahlfreudigkeit bei Kindern zum Problem werden, wenn eine vorgegebene Anzahl (z.B. fünf Wahlen) verlangt wird. Insbesondere jüngere Kinder mögen spontan nur zwei bis drei Zuneigungen und vielleicht eine oder gar keine Abneigung angeben können. In diesem Fall wird eine Konstruktion der Wahlliste „erzwungen", die die sonst recht brauchbare Zuverlässigkeit dieses Verfahrens empfindlich reduziert. Wenn eine unbegrenzte Nennung zugelassen wird, werden im allgemeinen höchstens die ersten fünf Nennungen weiterverarbeitet.

Bei der Auswertung der Befragung erhält man sechs bzw. zehn Kerngrößen[5]:

---

5 Für diese Werte können über die binomiale Funktion auch soziometrische Signifikanzen bestimmt werden (vgl. BASTIN 1967, S. 42-49). Für Gruppengrößen von 15 — 35 (Schulklassen) sind die Signifikanzgrenzen von BRONFENBRENNER (vgl.

- Anzahl der gegebenen Wahlen (positiv) $= p$
- Anzahl der erhaltenen Wahlen (positiv) $= \bar{p}$
- Anzahl der reziproken Wahlen (positiv) $= \bar{\bar{p}}$

- Anzahl der gegebenen Ablehnung (negativ) $= n$
- Anzahl der erhaltenen Ablehnung (negativ) $= \bar{n}$
- Anzahl der reziproken Ablehnung (negativ) $= \bar{\bar{n}}$

- Anzahl derjenigen, von denen sich die Person gewählt glaubt $= \acute{p}$
- Anzahl derjenigen, die sich von der Person gewählt glauben $= \grave{p}$
- Anzahl derjenigen, von denen sich die Person abgelehnt glaubt $= \acute{n}$
- Anzahl derjenigen, die sich von der Person abgelehnt glauben $= \grave{n}$

In der Regel werden aus der Auswertung folgende Interpretationsmerkmale gewonnen (vgl. MÜLLER 1980, S. 21 f):

- Bindungen und Abneigungen: Bindungs- und Abneigungsgrad in % (Index);
- Differenzierung: positiver und negativer Konzentrationsindex (Statusindex);
- Kontakttendenzen: Kontaktquotienten aus Kontaktbereitschaft und -ablehnung;
- Gruppenintegration bzw. Gruppensensibilität (soziale Orientierung der SchülerInnen, speziell bei MÜLLER 1980).

MORENO schlug eine einfache graphische Auswertungsmethode, das Soziogramm, vor. Hierzu gibt es eine größere Anzahl von Konfigurationen (s. Abb. 57).

1. Anziehungen und Abstoßungen nehmen die Form eines Paares an:
   a) gegenseitige Anziehung
   b) gegenseitige Abstoßung
   c) Gleichgültigkeit vs. Abstoßung
   d) Anziehung vs. Abstoßung
   e) Gleichgültigkeit vs. Anziehung

2. Gegenseitige Abstoßungen und Anziehungen nehmen die Form einer Kette an:
   a) Kette gegenseitiger Abstoßung
   b) Kette gegenseitiger Anziehung

3. Gegenseitige Abstoßungen und Anziehungen nehmen die Form eines Dreiecks an:
   a) Dreieck gegenseitiger Abstoßung
   b) Dreieck gegenseitiger Anziehung

4. Gegenseitige Abstoßungen und Anziehungen nehmen die Form eines Vierecks an:
   a) Viereck gegenseitiger Abstoßung
   b) Viereck gegenseitiger Anziehung

5. Gegenseitige Anziehungen nehmen die Form eines Kreises an

6. Anziehungen nehmen die Form eines Sternes an (Star)

1945, S. 71) auch tabelliert. Diese Tabelle findet man auch im Anhang des Buches von BASTIN (vgl. 1967).

7. Zentrum von Abstoßungen

8. Zentrum von inkongruenten Abstoßungen und Anziehungen

9. Völlige Isolation. – Keine Linien der Anziehung oder Abstoßung verbinden das Individuum mit anderen Individuen

Abb. 57: Konfigurationen in einem Soziogramm (vgl. MORENO 1934/1954, S. 70, hier in einer modifizierten Form)

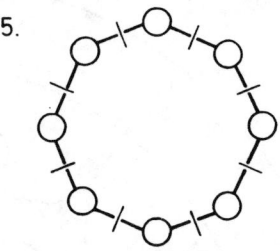
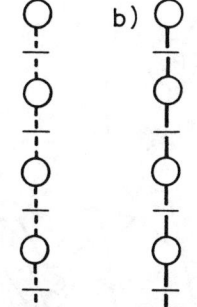
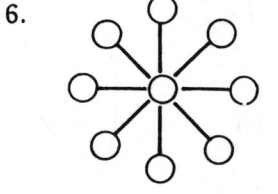
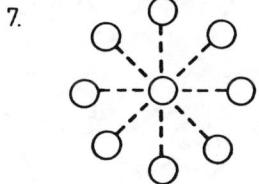
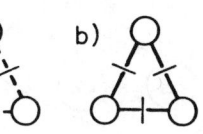
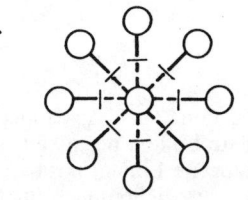
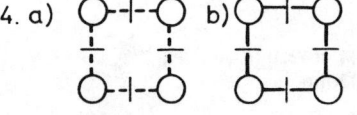

Anziehung: durchgezogene Linie,
Abstoßung: gestrichelte Linie,
Gleichgültigkeit: gepunktete Linie.

Gruppensoziogramme werden häufig nach der Methode von NORTHWAY (vgl. 1940) dargestellt. Seine Methode besteht darin, konzentrische Kreise als Hintergrund zu wählen. Im zentralen Kreis sind je nach Nähe oder Distanz die Personen mit den meisten Wahlen, im äußeren Kreis diejenigen mit den wenigsten oder keinen (siehe Abb. 58).

Abb. 58: Gruppensoziogramm (nur Doppelwahlen)

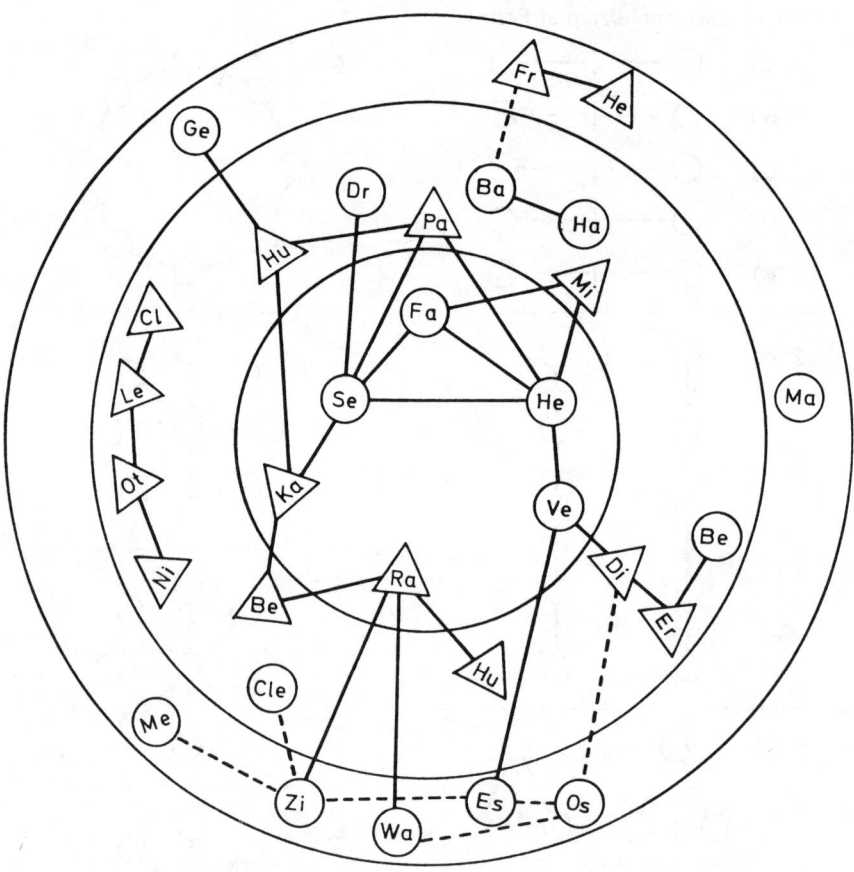

○ = Mädchen △ = Jungen
gestrichelte Linien: negative (reziproke) Doppelwahlen
durchgezogene Linien: positive (reziproke) Doppelwahlen
Ge, Ma . . .: Abkürzungen für Namen

Im Zentrum sind die aufgrund der gesamten positiven Wahlen (Nähe) beliebtesten, im äußeren Kreis die Unbeliebtesten (für weitere Analysemöglichkeiten wird auf die Fachliteratur verwiesen: BASTIN 1967; BRÜGGEN 1974; KRÜGER 1976; MÜLLER 1980; eine stärker formalisierte Auswertung findet sich bei NEHNEVAJSA 1967).

Für den schulischen Bereich gibt es eine größere Anzahl von Konzepten mit unterschiedlichen Modalitäten:

1. das soziometrische Soziogramm (Netzwerkverfahren, vgl. MORENO 1934/1954),
2. das soziographische Beschreibungsschema von R. LOCHNER (vgl. 1927),
3. der soziographische Test von BULLIS/SEELMANN (vgl. ENGELMAYER 1970, S. 46 f),
4. das soziocharakterologische Soziogramm von WARTEGG (vgl. BRÜGGEN 1974),
5. die soziologische „Karte der Klasse" bzw. Karte milieusoziologischer Auffälligkeiten von ENGELMAYER (vgl. 1970; vgl. BRÜGGEN 1974, S. 41 f),
6. die Nähe-Distanz-Konfiguration von KRÜGER (vgl. 1976),
7. das diagnostische Soziogramm von MÜLLER (vgl. 1980).

BRÜGGEN (vgl. 1974) und KRÜGER (vgl. 1976) stellten die wesentlichen Kritikpunkte an den soziometrischen Verfahren zusammen. KRÜGER (vgl. 1976) und MÜLLER (vgl. 1980) versuchen, durch entsprechende Modifikationen der Verfahren einige der zentralen Kritikpunkte zu entschärfen. KRÜGER gibt die Polarität Anziehung — Abstoßung auf, er will damit die pädagogisch negative Implikation der Abneigungsbewußtmachung und ihre weitere Ausarbeitung ausklammern. „Grundlage ist dabei die konsequente Phänomenalisierung des zu untersuchenden Gegenstandes in seiner aktuellen psychischen Repräsentation beim einzelnen Individuum. Sie hat dazu geführt, die Polarität Anziehung — Abstoßung, wie sie seit MORENO in der Soziometrie dominiert, in ein Miteinander von Nähe und Distanz zu überführen, die beide für jede soziale Beziehung zu erheben sind" (KRÜGER 1976, S. 216). Als Nähe erfragt er das häufigere „Miteinander-sprechen" und als Distanz das „Sich-ärgern-über". Jeder Schüler erhält eine Klassenliste nach dem Muster:

Wie oft spreche ich mit: Althoff, Hans: immer — oft — mittel — selten — nie
                                 Bauer, Gerd: immer — oft — mittel — selten — nie
                                 . . .

Bei MÜLLER (vgl. 1980) müssen beispielsweise bei Ablehnungen keine Namen genannt werden; er fragt nach

a) Begründungen der Wahl oder Ablehnung und
b) den beliebtesten und unbeliebtesten Personen der formellen Gruppe (soziale Orientierung — Gruppensensibilität).

7.2.4 Mündliche Prüfungen

Mündliche Prüfungen sind seit Jahrtausenden eingeführt und gelten sowohl innerhalb der Schullaufbahn als auch im Einstellungsbereich als unentbehrlich. Innerhalb der Schulpädagogik sind sie — abgesehen von Prüfungsordnungsvorschriften bei Schulabschlüssen — nur dann als Ergänzung zur Informationserhebung unerläßlich, wenn im Sinne der didaktikintegrierten Informationserhebung (vgl. Kap. 7.3; Kap. 8.1.1; Kap. 8.2; Kap. 8.4) die Informationsmenge für die Lernsteuerung und für die Erstellung der Berichte (Zeugnisse) nicht ausreicht.

Mündliche Prüfungen sind den methodischen Gesprächen übergeordnet (vgl. Tab. 22) und im engeren Sinne den Erkundungsgesprächen zuzuordnen. Sie sind mehr oder weniger offen, jedoch strukturiert und laut Definition asymmetrisch. Sie können in eine standardisierte Befragung übergehen. Mündliche Prüfungen sind generell direkte Gespräche bzw. Befragungen und werden immer fremdprotokolliert. Die wichtigste Einzelkategorie in der Systematik (Tab. 22) für mündliche Prüfungen ist diejenige der Gesprächs- oder Befragungstechnik (Kategorie 7). In der einschlägigen Literatur werden drei Techniken unterschieden: die „weiche", die „harte" und die „neutrale" Gesprächs- bzw. Befragungstechnik (vgl. SCHEUCH 1962).

— *Die „weiche" Gesprächs-/Befragungstechnik:*
Dieses Modell wurde von seiten der humanistischen Psychologie[6] in die Sozialforschung eingeführt (vgl. ROGERS 1945). Danach sollen GesprächsleiterInnen oder InterviewerInnen die zentralen Prinzipien der non-direktiven Methode der Psychotherapie realisieren.

Sie sollen also Achtung, Wärme, gleichbleibende Freundlichkeit, Offenheit, aktives, offenes Zuhören zeigen und druck- und zwangfreie Gesprächssituationen schaffen. In ihrer Haltung und ihren Äußerungen kann die fragende der befragten Person ihre Achtung und Wertschätzung übermitteln. Die Situation wird von allen zusätzlich Druck erzeugenden Einflüssen und Äußerungen freigehalten. Die fragenden ziehen die befragten Personen in ein Gespräch, in dem sie ihnen symmetrische Kommunikation anbieten.

Soweit dies gelingt und die befragte Person die offerierte Position annimmt, wird das Gespräch damit zumindest teilweise pseudosymmetrisch (auch in Prüfungen). Die Möglichkeiten der Realisierung werden jedoch nach geltender Prüfungsordnung mehr oder weniger eingeschränkt.

Bei dieser Technik wird auch in einer Befragung großer Wert auf einen offenen Gesprächsbeginn gelegt, damit Hemmungen überwunden werden können (vgl. MACCOBY/MACCOBY 1954). Diese Technik betont die Motivationsfunktion höher als

---

6 Humanistische Psychologie (Human Potential Movement): Diese Bewegung wurde 1962 von MASLOW, ROGERS, BÜHLER, COHN, PERLS u.a. begründet. Sie versteht sich als dritte Kraft zwischen der Psychoanalyse und der empirisch analytischen Psychologie und unterwirft beide härtester Kritik. Sie entstand aus einer geistig-moralischen Krise, die KOGAN die schwerste in den USA nennt (vgl. 1973, S. 16). BÜHLER (1973, S. 7) faßt die Konzeption der Bewegung in vier Kernthesen zusammen:
„1. Im Zentrum der Aufmerksamkeit steht die erlebende Person. Damit rückt das Erleben als das primäre Phänomen beim Studium des Menschen in den Mittelpunkt . . .
2. Der Akzent liegt auf spezifisch menschlichen Eigenschaften, wie der Fähigkeit zu wählen (Freiwilligkeit), der Kreativität, der Wertschätzung und Selbstverwirklichung . . .
3. Die Auswahl der Fragestellungen und der Forschungsmethoden erfolgt nach Maßgabe der Sinnhaftigkeit . . .
4. Ein zentrales Anliegen ist die Aufrechterhaltung von Wert und Würde des Menschen, und das Interesse gilt der Entwicklung der jedem Menschen innewohnenden Kräfte und Fähigkeiten . . ."

die Meßfunktion, ist aber in besonderer Weise zur Gewinnung eines besonders reichhaltigen qualitativen Informationsmaterials geeignet (vgl. ANGER 1969).

— *Die „harte" Gesprächs-/Befragungstechnik:*
Wird bei der „weichen" Technik davon ausgegangen, daß in einer vertrauensvollen emotionalen Beziehung die Gewinnung wirklich relevanter Aussagen am besten gelingt, so geht man bei der „harten" Technik davon aus, daß Konfrontation und aggressive Provokation zu bestimmten Erkundungsbereichen überhaupt erst relevante Aussagen hervorbringen (vgl. ARNOLD 1954, HOFSTÄTTER 1957).

Die Überrumpelungstechnik ist eine gängige Methode bei polizeilichen Verhören. Das Verfahren ist auch als „Streß-Interview" bekannt (vgl. FREEMAN 1942). Diese Technik ist nur in Ausnahmefällen bei tabuiertem und schwer abweichendem Verhalten und zur Ermittlung des „Stehvermögens" einer Person angezeigt.

— *Die „neutrale" Gesprächs-/Befragungstechnik:*
Im Vordergrund steht die Kontrolle des Verhaltens der fragenden Person, die sich strikt an ihre Befragungsbedingungen hält. Beziehungen zwischen fragender und befragter Person werden als neutralisierbar betrachtet, die vorhandene Distanz wird möglichst vergrößert.

Die befragende Person verhält sich höflich, distanziert, sachlich, in jedem Falle unpersönlich, ihre Rolle wird im Sinne einer anonymen Mittelsperson definiert (vgl. JONSSON 1957). Es wird an die Kooperationsbereitschaft dieser neutralen, anonymen Person zu einem höheren oder für sie relevanten Zweck appelliert. Die Kommunikationssituation wird klar asymmetrisch definiert.

Alle Modi von Gespräch und Befragung, beginnend mit dem pädagogischen und diagnostischen Gespräch, können in der mündlichen Prüfung auftreten. Somit sind mündliche Prüfungen auch mit allen dort vorhandenen Problemen behaftet; hinzukommt, daß die ritualisierte Situation immer bis zu einem gewissen Grade zwanghaft, oft mit weitreichenden Konsequenzen verbunden ist und deshalb bereits im voraus und in der Vorstellung Ängste mobilisiert. Durch diesen Umstand besteht die Gefahr, daß hier zusätzlich zu den anderen verzerrenden Tendenzen Nicht-Inhaltliches (z.B. Streßresistenz) überprüft und das intendierte Prüfungsprogramm dadurch mehr oder weniger verdeckt wird. Zur Vermeidung dieser Probleme sind eine „Öffnung" der Prüfungssituation (vgl. OEDIGER 1985) und eine systematische Erhöhung der Transparenz grundlegend. Die „weiche" Technik, das pädagogisch-diagnostische Gespräch, ist unter diesem Aspekt angezeigt. Sollen „Sprechen" und aktuelle Sprachkompetenz nicht mitgeprüft werden, können höher standardisierte Befragungen auch in schriftliche Formen übergehen. In bezug auf die hier nur angedeuteten Probleme sind ohnedies nur Mischprüfungen zu akzeptieren, in denen im Sinne von Abschlüssen die mündliche Prüfung lediglich ergänzenden Charakter hat.

Im pädagogischen Raum fällt die „harte" Technik aus. Die „weiche" Technik ist generell im Sinne des „echten Gesprächs" die wichtigste Methode für pädagogische Kommunikation. Sie ist deshalb auch die Methode der Wahl für eventuell notwendige mündliche Prüfungen. Die Technik steht allerdings bisher allen vorliegenden Prüfungsordnungen entgegen. Bisher wurden Prüfungsordnungen vornehmlich im Sinne der „neutralen" Technik konzipiert.

Mündliche Prüfungen stützen sich pädagogisch gesehen auf die „weiche" Technik. Da sich in den heutigen Prüfungssituationen Asymmetrie nicht ausschließen läßt, wird wenigstens teilweise und im ersten Prüfungsteil versucht, Pseudosymmetrie herzustellen. Achtung, gleichbleibende Freundlichkeit und Offenheit werden vom Prüfer auch weiterhin realisiert, während das Gespräch in eine sachlich asymmetrische Befragung übergehen kann („wohlwollende Befragung").

In der Literatur wird die Diskussion um den Führungsstil auf die mündliche Prüfung übertragen (vgl. BEINER/NIERMANN 1982). Die wohlwollende Befragung, die in der weichen Befragungstechnik gründet, wird dann mit Hilfe des sozialintegrativen Prüfungsstils realisiert. Merkmale eines solchen Stils sind nach TAUSCH/TAUSCH (vgl. 1973, S. 117):

— geringe Häufigkeit von Ausdrucksformen der Macht, Stärke, Verfügungsgewalt und hierarchischen Überlegenheit über andere;
— Dirigierung und Führung anderer Personen zur Erreichung von Zielen nur in einem unbedingt notwendigen Ausmaß;
— notwendige Führung in einer Art, die die Gleichwertigkeit und Würde des Partners achtet;
— Anerkennung generell gleicher Würde und allgemein gleicher Rechte anderer Menschen;
— größere Häufigkeit von Sprachäußerungen mit dem Merkmal der Reversibilität[7];
— größere Häufigkeit kooperativer Veraltensweisen;
— Einsatz eigener Kräfte für die Belange, Standpunkte und Entscheidungen anderer;
— Berücksichtigung des Denkens und Fühlens anderer in den eigenen Handlungen und Maßnahmen;
— Ermöglichung eines größeren Ausmaßes spontanen Verhaltens anderer Individuen;
— Förderung der Unabhängigkeit, Sicherheit und Entscheidungsfreiheit anderer Personen.

Zur Strukturierung einer „offenen" mündlichen Prüfung können folgende Hinweise gegeben werden: Um ausreichende Transparenz herzustellen, ist bereits in der Erarbeitungsphase der spätere Prüfungsgegenstand einzuengen. Ein Arbeits-(Interessen-)Schwerpunkt des gesamten Inhaltsbereiches ist auf ein breiteres Rahmenthema (Teilbereich) zu beziehen, so daß der Prüfling von diesem Rahmen ausgehend einen inhaltlichen Gegenstandsbereich entwickeln und ihn kritisch auf diesen Rahmen rückbeziehen kann. Dem Prüfling sollten die Beurteilungskriterien bekannt sein, sie sollten gewissermaßen einem didaktisch validen Leitfaden für die Erarbeitung eines Teilgebietes entsprechen.

Für die einzelnen Kriterienebenen können zu jedem beliebigen inhaltlichen Bereich „Faktenlisten" erstellt werden, aus denen Minimalforderungen für Bewertungsstufen oder eine Lernzielerreichung definiert werden (vgl. Tab. 24.1). Für das Ausmaß der kritischen Würdigung und Problematisierung (vgl. Tab. 24.2) können allgemeinere Schätzskalen für Prüfer erstellt werden;

---

7 Unter sozialer Reversibilität (Umkehrbarkeit) ist die mögliche Übernahme des Verhaltens einer Person durch den Angesprochenen zu verstehen, ohne daß dies gegen Höflichkeit, Takt oder Achtung verstoßen würde.

das gleiche gilt auch für die pragmatische Diskussion (vgl. Tab. 24.3). Die Bewertung sollte von drei unabhängigen Prüfern vorgenommen werden.

Tab. 24: Strukturierung der Beurteilungskriterien einer mündlichen Prüfung

1 *Erarbeitung der bekannten Fakten*
   − Deskription des Gegenstandes, des Phänomens
   − Herausarbeiten und faktisches Darstellen erklärender Ansätze (Theorien)
   − Auseinandersetzung mit vorliegenden empirischen Ergebnissen und deren theoretischer Diskussion

2 *Problematisierung der Fakten*
   − Problematisierung der Phänomene, der erklärenden Ansätze, der vorgelegten Daten

3 *Pragmatische Diskussion*
   − Auseinandersetzung mit der Bedeutsamkeit des Gegenstandes für die Entwicklungsmöglichkeiten des einzelnen Individuums und der menschlichen Gemeinschaft ausgehend von praktischen Anwendungsbeispielen

Zur weiteren Auseinandersetzung mit den Problemen der mündlichen Prüfung wird auf KVALE (vgl. 1972) und BIRKEL (vgl. 1978) verwiesen. Wie sich aus den dort referierten und weiteren Untersuchungen zeigt, besteht in der Bewertung ein besonderes Problem in bezug auf die Differenzierungsmöglichkeit. Zur Konkretisierung soll hier eine Untersuchung kurz angeführt werden: GOLDSTEIN (vgl. 1958) ließ 59 Studenten jeweils zweimal von verschiedenen Ausschüssen unabhängig voneinander prüfen (fünfstufige Notenskala). Bei 32 % stimmten die Bewertungen überein, bei 58 % waren die Urteile um eine Note verschieden und in 10 % um zwei Noten. Demnach bestand eine 90prozentige Treffersicherheit bei einer Notenspanne von zwei Noten. Die Differenzierungsleistungen der Ausschüsse lassen anscheinend nur eine Dreiergruppierung zu. Dies sollte bei der Weiterverwertung von Noten aus mündlichen Prüfungen berücksichtigt werden. Die Untersuchung zeigt generell, daß mündliche Prüfungen keineswegs unreliabel sind.

CARTER (vgl. 1962) untersuchte die Zuverlässigkeit von mündlichen Prüfungen bei 250 Kandidaten in einem medizinischen Fach. Jeder wurde von sechs unabhängigen Prüfern beurteilt, die paarweise jeweils eine halbe Stunde prüften. Bei einer Mittelung der Ergebnisse der Dreiergruppen und im Sinne einer Testverlängerung aufgewertet, erreichte er einen Zuverlässigkeitskoeffizienten von $r_{tt} = 0,89$.

In der Regel können mündliche Prüfungen nicht mit einem so großen meßtheoretischen Aufwand durchgeführt werden, wie dies bei schriftlichen Prüfungen möglich ist. Deshalb ist von der Zuverlässigkeit her die Einstufung in:

− Ziel erreicht (1-2),
− Zielerreichung unvollständig (3-4) und
− Ziel nicht erreicht (5-6)

eine angemessene Bewertungspraxis. Die Gültigkeit wird schwerpunktmäßig auf eine inhaltliche Gültigkeit hin zu begründen sein, so daß die Validitätsprobleme überwiegend aus der speziellen Prüfungssituation, vor allem auch aus neurotisierenden Wirkungen auf viele der zu prüfenden Personen, herrühren (vgl. KVALE 1972; MOELLER 1969). Hierauf wurde bei einem Plädoyer für eine „weiche" Gesprächs- und Befragungstechnik schon eingegangen.

Tab. 25: Gegenüberstellung von mündlicher und schriftlicher Prüfung (BIRKEL 1984, S. 236)

Mündliche Prüfung		Schriftliche Prüfung
	Zeitökonomie:	
+ b	Man kann in relativ kurzer Zeit (oft nur 15 bis 20 Minuten pro Person) Leistung messen und beurteilen.	− b
	Objektivität:	
− e	− Das Prüfungsergebnis ist weitgehend unabhängig von der Person des Prüfers und dem Zeitpunkt der Prüfung.	+ e
− e	− Die Bedingungen, unter denen die Leistung zu erbringen ist, sind weitgehend vergleichbar.	+ e
− e	− Der Meß- und der Beurteilungsaspekt der Prüfung sind trennbar, wobei zumindest der Meßaspekt eine Objektivierung erlaubt.	+ e
	Reliabilität:	
− e	Auch bei erneuter Prüfung bekäme der Prüfling in etwa die gleiche Beurteilung.	+ e
	Validität:	
− e	− Die zu überprüfende Leistung des Prüflings beeinflußt die Bewertung wesentlich und sonst nichts.	+ e
+ b	− Fragen und Aufforderungen orientieren sich an curricularen Erfordernissen.	+ e
+ b	− Lernziele können auch auf höchsten taxonomischen Ebenen überprüft werden.	+ e
+ e	− Fehler der sozialen Urteilsbildung gefährden die Leistungsurteile.	− e
+ b	− Kriterien für die Leistungsbeurteilung sind im voraus formulierbar.	+ e
− e	Die Leistung des Prüflings ist später erneut beurteilbar (Flüchtigkeit vs. Substantivierbarkeit der Leistung).	+ e
+ b	Die Prüfungssituation bietet noch Lernmöglichkeiten für den Prüfling.	− b
+ b	Möglichkeit, den Schwierigkeitsgrad der Aufgabe in der aktuellen Situation durch Hinzufügen von Informationen und Hilfen zu variieren.	− e
+ b	Direkte Rückmeldungen über die Qualität der Antwort können vom Prüfling bei weiteren Fragen verwertet werden.	− e
+ b	Besonders bei Lernzielen auf höchsten taxonomischen Ebenen kann durch Nachfragen Gewißheit über das Erreichen der Lernziele geschaffen werden.	− b
+ e	Sprachliche und sprecherische Leistungen sind einer Beurteilung zugänglich.	− e

Legende: Die genannte Hypothese bzw. das betr. Kriterium trifft zu (+) oder trifft nicht zu (−). ist empirisch belegt (e) oder nur behauptet (b).

7.3 Analyse von Handlungsprodukten und Werkgestalten

Handelnde Personen, ob Kinder oder Erwachsene, erzielen bei vielen ihrer Handlungen Produkte (sie malen ein Bild, formen eine Vase, schreiben ein Gedicht, bauen eine Kommode usw.). Im Handeln als solchem und im Gestalten oder Herstellen von Produkten lernt, entwickelt und verwirklicht sich der Mensch. Die dabei entstehenden Produkte haben einen hohen Wert für den einzelnen, sie sind als Ganzheiten aber auch in einer Analyse didaktisch sehr bedeutsam. Insbesondere im handelnden Unterricht (vgl. Arbeitsschule GAUDIG 1922/1969; KERSCHENSTEINER 1908/1968) liegt, ohne daß besonders manipulierte Arbeiten verlangt werden und Extrazeit aufgewendet werden muß, eine Vielzahl von Werkgestalten vor, die für alle möglichen diagnostischen Fragestellungen wertvoll ist.

Nach der Beobachtung und dem Gespräch — respektive der Befragung — ist die Analyse von Werkgestalten deshalb der dritte pädagogisch natürliche Weg, diagnostische Information zu gewinnen. Ausgearbeitete Verfahren liegen hierzu allerdings bisher nicht vor. In der Pädagogik setzte man lange Zeit zu einseitig auf eine kriterienorientierte Testung, die jedoch zusätzliche Zeit beansprucht, die sich stets auf speziell manipulierte Arbeiten stützt und deshalb (außer beim Faktenabfragen) Verzerrungstendenzen enthalten kann und die meist wenig didaktikintegriert erfolgt. Für den dritten Weg von Diagnostik in der Pädagogik, die Analyse von Handlungsprodukten, gibt es eine Reihe von noch unausgearbeiteten, eher holistischen Ansätzen aus der reformpädagogischen Tradition und insbesondere für künstlerische Arbeiten und schriftsprachliche Werkgestalten (z.B. Essays/Aufsätze) auch wesentlich ältere Beispiele. Allen diesen Arbeiten ist gemeinsam, daß sie zentral auf die Entwicklung der Persönlichkeit und kaum auf die interindividuelle Vergleichbarkeit ausgerichtet sind (hohe pädagogische Relevanz). Eine zweite Gemeinsamkeit scheint zu sein, daß sie mehr oder weniger, oft im Übermaß, als Verfahren der Deutung benutzt werden; dies bedeutet, daß die Analysen dann oft wesentlich mehr über den Deuter als über den Produzenten aussagen (ein Vorwurf, der aufgrund von empirischen Untersuchungen schon häufiger den Lehrerbeurteilungen ganz allgemein gemacht wurde; vgl. SCHWARZER 1977, S. 22 f). Vielleicht gibt es in dieser Beziehung einen bisher nicht diskutierten Zusammenhang im pädagogisch-diagnostischen Verhalten zwischen hoher Favorisierung von Tests und der Vernachlässigung der Analyse von Werkgestalten ganz allgemein, außerhalb der künstlerischen Gestaltung.

In der psychologischen Diagnostik wurden relativ früh Analysen von Werkgestalten als diagnostische Verfahren systematisiert, und dort spielt Deutung explizit eine große Rolle. Ein diagnostischer Fehler ist die implizite, nicht die explizite Deutung, so z.B. im Baum-Test (vgl. KOCH 1967). Die Werkgestalt „Baum" als Zeichnung (freie Produktion) wird dabei einer systematischen charakterologischen Deutung unterzogen. WARTEGG (vgl. 1955) läßt für seine charakterologischen Deutungen begonnene Zeichnungen fortführen (gebundene Aufgabenstellung). Im (entwicklungs-)diagnostischen Bereich findet man neben „spielerischen Gestaltungsverfahren" (vgl. HÖHN 1964) — hier sind z.B. Sceno-Tests (vgl. STAABS 1951) oder Welt-Tests (vgl. BÜHLER/HETZER 1953) zu nennen[8] — auch zeichnerische Gestaltungsverfah-

---

8 Das spielerische Gestalten des Kindes wird im Sceno-Test und im Welt-Test dazu benutzt, das kindliche Verständnis für seine soziale Umwelt zu erfassen und damit auch Probleme der Begegnung, Auseinandersetzung und Verarbeitung zu erkennen. Im Spiel mit kleinen Puppen, die die personale Umwelt eines Kindes repräsentieren (Familienangehörige, Freunde der Familie und Repräsentanten der Gesellschaft, soweit sie eine Funktion für Kinder haben), und mit den Gegenständen der

ren (vgl. SEHRINGER 1964), wobei zwischen nachgestaltenden Verfahren (z.B. Wabentest), gebundenen Verfahren (z.B. Wartegg-Test: WARTEGG 1936 und 1955) und thematischen Zeichentests (z.B. Mann-Zeichen-Test: GOODENOUGH 1931; Familie in Tieren: GRÄSER 1957) zu unterscheiden ist. Schon die Bezeichnungen verraten hier, daß man sich nicht genuin um eine Analyse von realen Werkgestalten bemühte, sondern eher versuchte, diesen Bereich für eine testgemäße Erweiterung von „Einsicht" (Eindringen in die Persönlichkeit) zu nutzen (vgl. SCHACHTER/COTTE 1955). Trotzdem sollen, von der differenzierenden Entwicklung des MZT (Mann-Zeichen-Test) ausgehend, Möglichkeiten der Entwicklung von Analyseverfahren für die Pädagogik diskutiert werden.

Kinder malen oder zeichnen naturgemäß gerne. Sie brauchen dazu nicht erst besondere Systeme zu erlernen, wie z.B. beim Schreiben. Sie zeichnen in der Regel Personen (einschließlich Selbstportraits), da ihre Auseinandersetzung mit der Welt immer personendurchdrungen oder -dominiert ist.

Abb. 59: Personzeichnungen von Kindern (3 bis 13 Jahre)
(TRAMER 1946, zitiert nach STERN 1955, S. 487)

Die Zeichnungen von Kindern unter drei Jahren können in der Regel als Kritzelei bezeichnet werden. Aus der Kritzelei tritt ein Kreis mit zwei senkrechten Strichen heraus: der „Kopffüßler" wird geboren. Dieser wird weiter differenziert mit Augen und Gliedmaßen am Kopf (drei bis vier Jahre). Der Rumpf und die Ausdifferenzierung des Gesichts sind Errungenschaften der Fünf- bis Sechsjährigen. Im Alter von sieben Jahren werden Arme dargestellt und meistens mit Fingern versehen. Zusätzlich treten Ohren und vereinzelt ein Hut auf. Mit neun Jahren zeigen sich Unterschiede im Geschlecht der abgebildeten Person. Ab zehn Jahren werden die Arme und Beine dann durch Doppelstriche dargestellt, die Finger sind geformt. Ab elf Jahren beginnt die Ausdifferenzierung der Kleidung.

---

unmittelbaren Umwelt in Minigröße baut das Kind Szenen auf, die Ausschnitte aus seinem alltäglichen Leben (oder seinen Träumen) wiedergeben. Diese szenischen Werke werden quantitativ und qualitativ interpretiert oder — je nach Bedürfnis des Analytikers — auch psychoanalytisch ausgedeutet.

ZILER (vgl. 1958) entwickelte eine Detailkriterienliste (58 Kriterien) für Person-Zeichnungen von Kindern und Jugendlichen (3 bis 15 Jahre). Jedes Detailkriterium entspricht einem Punkt. Mit Hilfe der Punkte können — analog gebräuchlicher Intelligenztests — ein Mann-Zeichen-Alter (MZA) oder ein Mann-Zeichen-Quotient abgeleitet werden.

Tab. 26: Detailkriterienliste für Person-Zeichnungen (nach ZILER 1958)

1. Kopf	. .
2. Kopf in guter Proportion	. .
3. Haar angedeutet	. .
4. Haar gut ausgezeichnet	45. Kopfbedeckung angedeutet
5. Augen	46. Kopfbedeckung mit Einzelheiten
6. Pupillen	47. Körperbedeckung angedeutet
7. Augenbraue	48. Hose, deutlich gezeichnet
8. Nase angedeutet	49. Rock, deutlich gezeichnet
. .	50. Kragen, deutlich gezeichnet
. .	51. Schuhe angedeutet
. .	52. Schuhe mit Einzelheiten

ZILER hat die Dimension der Differenziertheit in der Gestaltung für eine Auswertung standardisiert und aufgrund vorliegender empirischer Befunde als Entwicklungsmaß (MZA) interpretiert, so daß z.B. aus der Differenz des MZA mit dem Lebensalter Entwicklungsrückstände gedeutet (bzw. vermutet) werden können.

Für die Werkanalyse sind adäquate, relevante und präzisierbare Dimensionen zu bestimmen. Solche Dimensionen mögen teilweise, wie hier bei der Personzeichnung, operationalisierbar und dann quantitativ auszuzählen sein, oder sie sind mit Hilfe von Schätzskalen einzuordnen (vgl. Kap. 7.5). Deutungen sind Einschätzungen, die meist verdeckten Kriterien folgen und auf eine mehr oder weniger explizite Theorie hin erfolgen. Sie sind insbesondere mit den Problemen der Konstruktbewertung behaftet. Solche Deutungen müssen im Sinne der Informationstrennung explizit gemacht werden, und sie sollten offen und so oft wie möglich unter Beteiligung der SchülerInnen erfolgen. Ihr Wert liegt innerhalb der Pädagogik mehr im didaktischen Bereich, denn in gemeinsamer Diskussion können sie einen fruchtbaren Beitrag zur Entwicklung der Werkgestaltung und zum Aufbau komplexer Handlungsprodukte leisten (evaluative Bewertung). Für Beurteilungen hingegen sollten sie keine bedeutsame Rolle spielen.

7.4 Schriftliche Arbeiten

7.4.1 Formen schriftlicher Arbeiten

Schriftliche Arbeiten ergänzen in der Schulpädagogik die Inventarisierungen des Lehrers und der SchülerInnen, die sie lernprozeßbegleitend während des Schuljahres machen. Darüber hinaus stellen sie speziell durch Prüfungsordnungen festgelegte Erhebungen dar. Schriftliche Prüfungen sind weitgehend den schriftlichen Befragungen kongruent. In speziellen Fällen können sie auch als Analyse von Werkgestalten aufgefaßt werden (hier speziell schriftsprachliche Überprüfungen oder künstlerische Arbeiten).

Immer dann, wenn sie nicht zu der zuletzt genannten Kategorie gehören, ist der lehrzielorientierte Test (LOT), wie er für eine Reihe von Unterrichtssequenzen ausgearbeitet wurde und verlagsmäßig vorliegt, das Modell für schriftliche Arbeiten (vgl. KLAUER u.a. 1972; HERBIG 1976). Der informelle Test ist der flexiblere, an die lerngruppenspezifische Situation angepaßte Bruder des LOT; man kann ihn als den „kleineren Bruder" bezeichnen, da er gütebezogen und methodisch noch weniger entwickelt ist und auf einem niedrigeren Niveau liegt. Klassenarbeiten herkömmlicher Art sind laienhafte Formen informeller Tests. Aufgrund einer fehlenden post facto (nachträglichen) Aufgabenanalyse und der völlig unkritischen Ergebnisinterpretation befinden sie sich im Hinblick auf die Gütekriterien und die methodische Ausgestaltung auf einem noch niedrigeren Niveau als die informellen Tests.

Abb. 60: Darstellung von Zusammenhängen bei der Gliederung von Tests

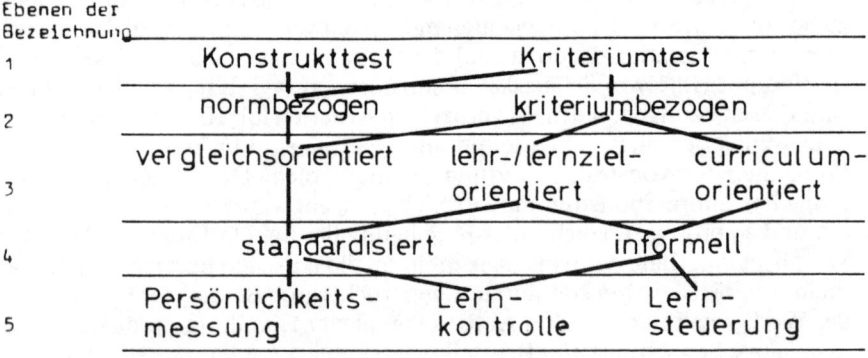

Eine systematische Gliederung der Tests[9] kann wie folgt vorgenommen werden (vgl. Ebenen der Bezeichnung in Abb. 60):

---

9 Darüber hinaus gibt es viele weitere Gliederungsmerkmale wie Niveau, Geschwindigkeitstests usw. LeserInnen, die sich in bezug auf Tests weiter informieren möchten, werden auf einschlägige Fachbücher verwiesen (vgl. BRICKENKAMP 1975, z.B. S. 54-57).

232

(1) zur Messung von Persönlichkeitsmerkmalen verwendet man Konstrukttests;

(1) um eine Ziel- bzw. Kriteriumserreichung zu messen, werden Kriterientests herangezogen;

(2) in eingeschränkter Form werden normbezogene Tests als sozialbezogen verwendet;

(2) idealnormbezogen sind in der Regel die kriteriumsbezogenen Tests;

(3) auf den interindividuellen Vergleich ausgerichtet und in der Regel mit normbezogenen Tests gleichgesetzt sind vergleichsorientierte Tests;

(3) wird die vorliegende Leistung auf das Ziel hin interpretiert, so handelt es sich um lehr-/lernzielorientierte Tests;

(3) ausgerichtet auf ein bestimmtes konkretes Curriculum und die Lernsituation in einer Klasse bzw. Lerngruppe sind es curriculumorientierte Tests;

(4) als methodisch voll ausgebaut und erprobt sind standardisierte Tests zu betrachten;

(4) ein methodisch geringes Niveau und einen Ad-hoc-Charakter mit einer nachträglichen (post facto) Aufgabenanalyse kennzeichnen informelle Tests;

(5) Zweck des Einsatzes sind: Persönlichkeitsmessung, Lernkontrolle und Lernsteuerung.

Wurde in Abb. 60 die Unterschiedlichkeit von Konstrukt und Kriteriumstest und deren Affinität zu den übrigen attributiven Bezeichnungen von Tests herausgestellt, so folgt in Tab. 27 noch einmal eine systematische Gliederung nach Zielsetzung und methodischem Anspruch.

Tab. 27: Differenzierung der Tests als Instrumente des Messens

methodischer Anspruch	Zielsetzung	
	soziale Bezugsnorm	kriteriumsorientierte Bezugsnorm
hoch (standardisierte Tests)	normbezogener Test, realnormorientiert, vergleichsorientiert	LOT (lehrzielorientierter Test), idealnormorientiert
	standardisierter Test, summativer Test, Lernkontrolltest	"mastery test", formativer Test, Lernsteuerungstest
niedrig (informelle Tests)	kann vergleichsorientiert verwendet werden, kann summativ verwendet werden als Lernkontrolle	idealnormorientiert, kann formative Qualitäten haben, Lernsteuerung

Für die möglichst didaktikintegrierten ergänzenden Informationserhebungen und primär für formative Evaluation (lernprozeßsteuernde Bewertung) sind informelle Tests die Methode der Wahl. Aufgrund ihrer flexiblen Gestaltung können es auch lernzielorientierte Verfahren im engeren Sinne sein.

Curriculumbezogene Tests sind formell oder informell, sie sind entweder kriteriums- oder „normbezogen", das heißt sie benutzen als Bezugssystem den sozialen Vergleich.

Abb. 61: Curriculumorientierte Tests im weiteren Sinne

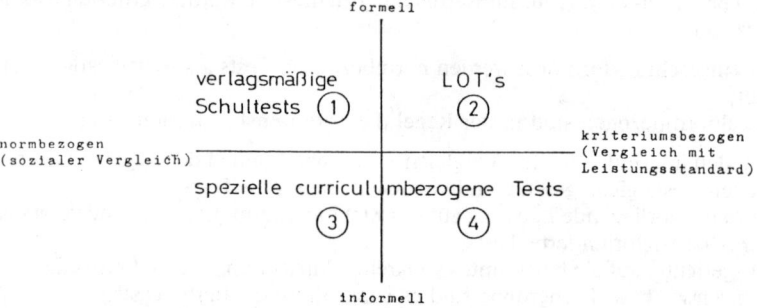

- Im Quadranten 1 finden wir die verlagsmäßigen Schulleistungstests, welche in einem überregionalen Normierungsverfahren, z.B. auf der Basis der durchschnittlichen Leistungswerte aller zweiten Klassen der Bundesrepublik Deutschland, testtheoretisch abgesichert wurden, so daß die erbrachte Testleistung eines Schülers auf diese Norm hin eindeutig abgebildet werden kann.

Zur Realisierung eines solchen Testkonzepts ist es notwendig, daß die Testaufgaben lediglich einen allgemeinen Bezug zum Lehrplan haben. In der Praxis bedeutet dies, daß oft der kleinste gemeinsame Nenner der Lehrpläne der verschiedenen Bundesländer gesucht werden muß. Gleichzeitig werden die verwendeten Curriculumelemente für lange Zeit festgeschrieben (Curriculumentwicklung wird gebremst, wenn nicht gar verhindert). Da sich solche überregionalen gruppenbezogenen Tests nicht auf den aktuellen Unterricht beziehen können, muß sich der Unterricht im Sinne der diagnostischen Fairneß immer dann, wenn solche Verfahren zum Zwecke der summativen Evaluation (Lernkontrolle) eingesetzt werden, nach den Grundlagen des Tests richten. Die Didaktik wird dann vom Test gegängelt, und die Lernmöglichkeiten werden stark eingeschränkt. Es gibt allerdings eine pädagogisch konstruktive Anwendung solcher Tests, sofern sie nicht veraltet sind (jünger als zehn Jahre). Gesetzt sei der Fall, daß ein Lehrer bei seiner Bewertungspraxis nur wenige Voll-Zielerreicht-Noten (sehr gut, gut) hat. Führt er nun am Ende eines Schuljahres einen solchen Test durch und stellt fest, daß die Mehrzahl seiner SchülerInnen im Bereich oberhalb des Durchschnitts liegt, dann ersieht er daraus, daß er in seiner Klasse eine überdurchschnittliche Leistungsforcierung betreibt und seine Bewertungspraxis nur für eine „Elitebildung" geeignet ist. Er kann dies nun korrigieren oder bewußt weiterbetreiben. Hier können sich aber auch die Schulverwaltung und die Eltern zu Wort melden, weil sie eine andere pädagogische „Politik" realisiert sehen wollen. Tests des Quadranten 1 (Abb. 61) können zur Kontrolle der Leistungsforcierung in einer Lerngruppe verwendet werden; zum Zwecke der Lernkontrolle eingesetzt, überwiegen jedoch pädagogisch negative Konsequenzen.

- Im Quadranten 2 (vgl. Abb. 61) sind die lehrzielorientierten Tests gruppiert, die sich auf ein speziell ausgearbeitetes Curriculum beziehen. Immer dann, wenn dieses ausgearbeitete Curriculum im Unterricht eingesetzt wird, stellt der lehrzielorientierte Test (LOT) eine formative und summative Evaluation dar. LOTs können auch lernerzentriert, das heißt zur Inventarisierung der Lernprozesse durch die SchülerInnen selbst (SSB), eingesetzt werden.

- Im dritten Quadranten (vgl. Abb. 61) finden wir lehrer- und schülergemachte Klassenarbeiten herkömmlicher Form, die die Lernleistungen auf eine klasseninterne, gruppenbezogene soziale Norm abbilden. Dies ist die häufigste Praxis, sie ist jedoch annähernd wertlos für eine formative Evaluation (Lernsteuerung).

– Der vierte Quadrant (vgl. Abb. 61) umfaßt die pädagogisch wichtigste Form der curriculumbezogenen Tests, von denen man in der Regel spricht, wenn man „informelle Tests" sagt.

Einen Überblick über die Grundlagen zur Konstruktion solcher informellen Tests gibt das Schema in Abb. 62.

Abb. 62: Ablaufschema für die Entwicklung eines informellen Tests

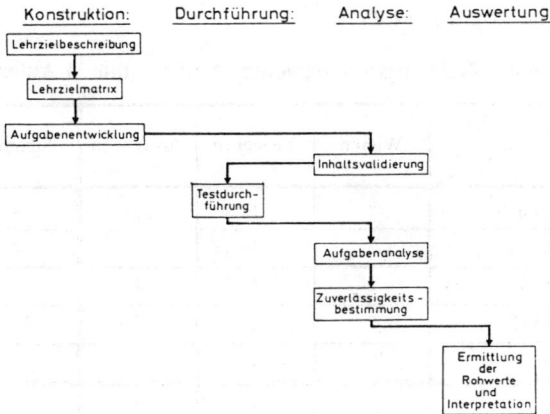

7.4.2 Lehrzielbeschreibung, Lehrzielmatrix, Aufgabenkonstruktion und Aufgabenanalyse

Die Lehrzielbeschreibung entspricht im Sinne der „Fairneß" der didaktischen Planung. Die didaktischen Intentionen (von LehrerInnen und SchülerInnen) werden präzisiert und differenziert, wobei einzelne abgrenzbare Lehr-Lern-

Abb. 63: Beispiel einer Grob-Lehrziel-Matrix für den Französischunterricht (FLECHSIG u.a. 1971, S. 273)

	Verhaltensklassen Inhaltsklassen	kognitiv	affektiv	psychomotorisch
Kenntnisse, Fertigkeiten und Einstellungen, die der *internationalen Kommunikation* dienen	sprachliche Kenntnisse und Fertigkeiten			
	auslandskundliche Kenntnisse			
	kosmopolitische Kenntnisse und Attitüden			
Linguistisch-*philologische* Kenntnisse und Fertigkeiten	instrumental (zur Erleichterung der Spracherlernung)			
	instrumental (für andere Zwecke)			
Literarische Kenntnisse, Fertigkeiten und Einstellungen	literarästhetisch			
	literarhistorisch			
	ideologisch-normativ			

235

Ziele formuliert und operationalisiert werden. Die Erstellung einer Zielmatrix folgt den in der Curriculumtheorie (vgl. BLOOM u.a. 1972; SCHOTT 1972; TYLER 1973) entwickelten Maximen und Gliederungen. So wird z.B. für den kognitiven Bereich eine Untergliederung in: Wissen-Verstehen-Anwenden-Analyse-Synthese-Bewertung (vgl. BLOOM u.a. 1972, S. 217 f) vorgeschlagen.

Die Größe und Differenziertheit einer Ziel-Matrix wird von Unterrichtsinhalt zu Unterrichtsinhalt verschieden sein. Breiter ausgearbeitet werden bis heute meistens nur die kognitiven Ziele.

Tab. 28: Vereinfachte Zielmatrix (Geographie: Afrika — mit 34 Aufgaben)

Inhalt \ Verhalten	Wissen	Verstehen	Anwenden	Summe
Topographie	2	1	1	4
Klima	2	1	1	4
Vegetationszonen	2	1	1	4
Wirtschaft	5	3	2	10
Politik	6	4	2	12
Summe	17	10	7	34

Die Erstellung von Aufgaben für einen informellen Test folgt weitgehend der Fragenkonstruktion für eine Befragung.

Abb. 64: Die wichtigsten Aufgabentypen

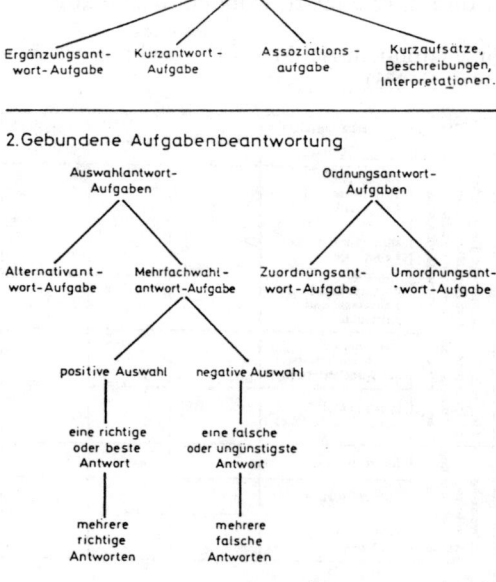

Aufgaben können verbal oder nicht-verbal gestellt werden.

Abb. 65: Verbale und nicht-verbale Mathematikaufgabe (vgl. HERBIG 1972, S. 75)

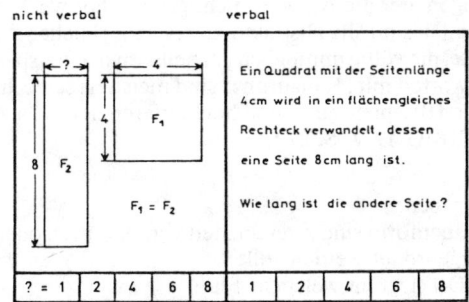

Zur Verdeutlichung und Abgrenzung der verschiedenen Aufgabentypen (entsprechend Abb. 64) sollen im folgenden einige Beispiele angeführt werden (B 1 = Beispiel 1):

– Ergänzungsantwort-Aufgaben:
B 1 : Der gelbe Fluß liegt in ....
B 2 : 60 : 3 = ...

– Kurzantwort-Aufgaben:
B 3 : In welchem Kontinent fließt der gelbe Fluß?
B 4 : Wie heißt der Satz des Pythagoras?

– Assoziationsaufgaben:
B 5 : Schreibe hinter den Namen jedes Landes die entsprechende Hauptstadt!
Österreich .... Frankreich ....
B 6 : Schreibe zu jedem Verb den Infinitiv auf:
Das Auto raste um die Ecke ....
B 7 : Finde die englischen Vokabeln!
Lastkraftwagen .... Parken ....

– Kurzaufsätze, Beschreibungen, Interpretationen:
B 8 : Die Schüler erhalten ein Bild, das einen Unfall während des Sportunterrichts darstellt, mit folgender Aufgabe: „Schreibe ein Protokoll zu dem Geschehen!"
Folgender Auswertungsschlüssel ist dabei sinnvoll:
· Vollständigkeit (Ort, Datum, Zeit, Adresse des Verletzten, Adresse der Zeugen (Lehrer oder Klassenkamerad), Art der Verletzung) (9 Punkte)
· Reihenfolge (1 Punkt)
· Sachbezogene Darstellung (2 Punkte)
· Wortwahl/Satzkonstruktion (3 Punkte)
B 9 : Nennen Sie die wichtigsten Ursachen für die demokratische Erhebung in der DDR 1989!

– Alternativantwort-Aufgaben:
B 10: 60 : 3 = 20   R   F
B 11: Der gelbe Fluß fließt in Afrika   R   F

– Mehrfachwahlantwort-Aufgaben:
B 12: Welcher Vogel lebt in Afrika und kann nicht fliegen?
o Adler   o Ente   o Strauß   o Känguruh   o Emu

237

Die Güte von Mehrfach-Wahl-Antworten (MWA) hängt von der präzisen Aufgabenstellung und den Distraktoren ab. Distraktoren sind die Antwortangebote, die nicht richtig sind, aber grundsätzlich möglich erscheinen. Sie lenken die Aufmerksamkeit desjenigen, der die Antwort nicht ganz sicher weiß, von der richtigen Lösung ab. Im Idealfall sind alle Distraktoren etwa im gleichen Ausmaß möglich. Eine Auswahlvariante, die völlig unmöglich ist, heißt im o.a. Beispiel „Känguruh". Mehrfach-Wahl-Antworten mit „Känguruhs" sind meistens schlechte Aufgaben oder sogar unbrauchbar. (Beispiele guter und hochdifferenzierender Aufgaben siehe RÖSNER 1973; HERBIG 1972, S. 87 f.)

– Zuordnungsaufgaben:
Bei dieser Aufgabenform sind zwei Spalten von Begriffen oder Fakten vorgegeben, die einander zugeordnet werden sollen.
B 13: Welcher Ort liegt an welchem Fluß?

1. Bonn	a) Themse	1. a, b, c, d, e
2. Lyon	b) East River	2. a, b, c, d, e
3. New York	c) Weser	3. a, b, c, d, e
4. London	d) Rhein	4. a, b, c, d, e
5. Bremen	e) Rhone	5. a, b, c, d, e

B 14: Schreibe in die Zeile links von Spalte I den Buchstaben des Wortes von Spalte II, das am besten zu dem Satz paßt. Jedes Wort in Spalte II kann einmal oder mehrere Male oder überhaupt nicht benutzt werden:

Spalte I	Spalte II
... Name der Währung in Frankreich	A Drachme
... Name der Währung in Italien	B Dollar
... Name der Währung in Spanien	C Lira
... Name der Währung in Griechenland	D Pfund
	E Pesete
	F Franken
	G Escudo (vgl. RAPP 1974, S. 96)

– Umordnungs-Aufgaben:
B 15: Ordne den Satz und schreibe die Zahlen für die richtige Aufeinanderfolge der Wörter in die Klammern!

| wurde | gefangen | Elba | gehalten | der | Insel | auf | Napoleon |
| ( ) | ( ) | ( ) | ( ) | ( ) | ( ) | ( ) | ( ) |

B 16: In welcher Reihenfolge sind die einzelnen Arbeitsschritte für die Erstellung eines informellen Tests durchzuführen?

| Testdurchführung | Aufgabenanalyse | Zielmatrix | Auswertung |
| ( ) | ( ) | ( ) | ( ) |

| Lehr-Lern-Ziel-Beschreibung | Testwertinterpretation |
| ( ) | ( ) |

Die Aufgabenanalyse ist ein methodisches Kennzeichen, das die informellen Tests von den Klassenarbeiten herkömmlicher Art unterscheidet. Sie muß für einen informellen Test sehr einfach zu handhaben sein. Es geht vor allem darum, ungünstige oder unbrauchbare Aufgaben zu erkennen und diese vor der Interpretation der individuellen Leistungswerte auszusondern. Die Analyse erfolgt vor allem durch Inspektion der Lösungs-matrix.[10]

Tab. 29: Lösungsmatrix eines informellen Tests

Inhaltliche Zielbereiche	Aufg. Nr.	Wissen	Aufg. Nr.	Verstehen	Aufg. Nr.	Anwenden	Spalten Summe
Topografie	1	20	3	15	4	12	47
	2	15	-	—	-	—	15
Klima	5	20	7	11	8	8	39
	6	13	-	—	-	—	13
Vegetation	9	20	11	0	12	7	27
	10	12	-	—	-	—	12
Wirtschaft	13	17	18	20	21	8	45
	14	20	19	13	22	2	35
	15	14	20	9	-	—	23
	16	13	-	—	-	—	13
	17	1	-	—	-	—	1
Politik	23	16	29	20	33	12	48
	24	20	30	13	34	16	49
	25	10	31	9	-	—	19
	26	8	32	6	-	—	14
	27	7	-	—	-	—	7
	28	15	-	—	-	—	15
Zeilensumme		241		116		65	

Der Test enthält 34 Aufgaben (vgl. Tab. 28), die Klasse 20 SchülerInnen. Jede Aufgabe erhält eine Zelle, in die die Häufigkeit der Lösungen eingetragen wird. Die Zellen mit sehr hohen Lösungen (z.B. mehr als 95 % gelöst) und mit sehr niedrigen Lösungen (z.B. 0-Lösungen) werden herausgesucht und einer näheren Inspektion unterzogen. Dabei werden zu schwere, mißverständlich formulierte und wegen schlechter Distraktoren (bei Mehrfach-Wahl-Aufgaben) unbrauchbare Items nach einem Gespräch mit den SchülerInnen ausgesondert.

— Nach der Inspektion der Lösungsmatrix werden die 0- bis 2-Lösungen (Aufgaben Nr. 11, 17, 22) noch einmal einer näheren Betrachtung unterzogen. Aufgabe Nr. 11 zeigt sich als schlecht konstruiert und wird ausgesondert. Die Aufgaben Nr. 17 und 22 werden noch einmal in der Klasse gestellt und mit den SchülerInnen besprochen. Daraufhin erweist sich die Aufgabe Nr. 17 als mißverständlich, sie wird ausgesondert. Nr. 22 ist richtig konstruiert, jedoch sehr schwer; sie bleibt im Test.
— Bei den zu 100 % richtig gelösten Aufgaben bleiben alle drei Aufgaben im Test; sie dienen als Eisbrecher bzw. zur Motivierung; die Aufgaben Nr. 1 und 5 werden aber nicht mitgewertet.

---

10 Aus der Lösungsmatrix können nun mit Hilfe des in Kap. 6.3.3 beschriebenen Ver-fahrens (ULI) der Schwierigkeitsindex und die Trennschärfe bestimmt werden. Für eine Bestimmung der Zuverlässigkeit kann das Verfahren des Ü-Koeffizienten be-nützt werden (zur Anwendung dieser und weiterer Analyseverfahren siehe FRIK-KE 1974; HERBIG 1976).

In die Wertung gehen damit nur 30 Aufgaben ein. SchülerInnen mit einer relativ geringen Lösungsrate werden so durch die Nichtlösung von Nr. 11 und 17 nicht noch weiter nach unten gezogen (hier hätte man die Nr. 22 als sehr schwere Aufgabe auch noch entfernen können). Die ungünstigen und die günstigen Aufgaben werden getrennt in einer Aufgabenbank gesammelt. Die ungünstigen dienen als Vermeidungsbeispiel, sie werden in keinem Fall weiterverwendet. Erst nachdem alle unbrauchbaren Aufgaben eliminiert sind, erfolgt eine Interpretation der Testergebnisse und gegebenenfalls eine Überführung in Noten.

7.5 Rating

Das Rating stellt eine Methode des Einschätzens von Sachverhalten oder Personeigenschaften dar, die nicht allein im wissenschaftlichen Bereich, sondern ebenso im Alltagsleben ohne präzise Skalendefinition als „Alltagseinschätzung" angewendet wird. Auf die Frage: „Wie schätzen Sie das Benehmen des Schalterbeamten ein?" kann unsere Antwort lauten: „Ziemlich unhöflich" oder „Eher höflich". Solche Aussagen lassen sich als Punkte auf einer Skala abbilden.

Abb. 66: Skala für intuitive Alltagseinschätzung des Benehmens

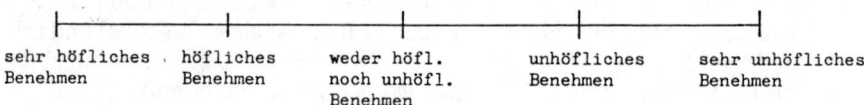

```
sehr höfliches    höfliches     weder höfl.      unhöfliches    sehr unhöfliches
Benehmen          Benehmen      noch unhöfl.     Benehmen       Benehmen
                                Benehmen
```

Das Rating wird im empirisch-wissenschaftlichen Sinne als eine Methode zur Kodierung und Quantifizierung von Beobachtungsinformationen verwendet. Es ist eine zentrale Methode der Unterrichtswissenschaft (vgl. DAVIS 1964; REMMERS 1971; ACHTENHAGEN 1982; BECK 1987). Während das Rating als ein Einschätzverfahren für Beobachtungsinformation in der empirischen Sozialwissenschaft weit verbreitet ist und in der entsprechenden Literatur auch vielfältig kritisch untersucht wird (vgl. GUILFORD 1954; MERKENS 1972; BORMANN 1977; KERLINGER 1979; BECK 1987), führt es im diagnostischen Bereich eher ein „Aschenputteldasein". Lediglich zur Einschätzung des Lehrverhaltens sind entsprechende Skalen ausgearbeitet worden (vgl. WALTER 1973; MASENDORF u.a. 1976; TAUSCH/TAUSCH 1977). Als empirische Methode der Unterrichtsforschung ist Rating strukturell mit der kategoriegeleiteten Unterrichtsbeobachtung identisch. Es handelt sich hierbei um einen Deskriptionsmodus, der allerdings gleichzeitig interpretative Momente enthält und somit schon in die Bewertung übergeht, da im Rating Informationen zusammengefaßt und auf einem höheren Komplexitätsniveau kodiert werden.

7.5.1 Formen des Ratings

Entsprechend dem methodischen Instrumentarium und der wissenschaftlichen Zielsetzung werden verschiedene Formen des Ratings unterschieden: intuitives, konzeptorientiertes bzw. Situations-Verhaltens-Rating (vgl. LANGER/SCHULZ v. THUN 1974; SCHWARZER/SCHWARZER 1977).

– *Intuitive* Ratings stellen eine Formalisierung der am Anfang dieses Kapitels erwähnten Alltagseinschätzung dar. Intuitive Ratings treten als Häufigkeits- oder als Intensitätsratings auf.

Abb. 67: Häufigkeitsrating

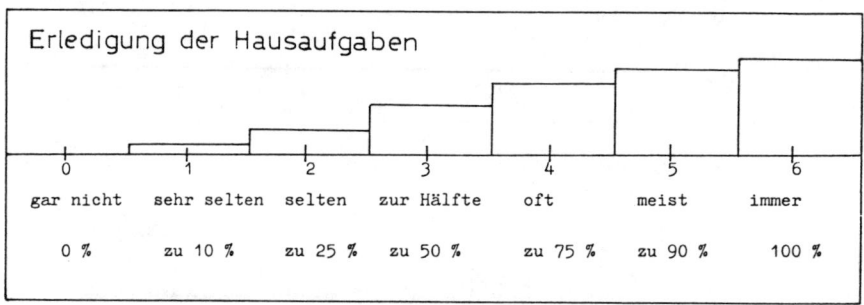

Die Stufen der Skala können in verbalisierter Form beschrieben sein oder aber in einer steigenden Zahlenreihe. Sie könnten jedoch auch durch Prozentrangangaben bezeichnet sein; letzteres wäre im obigen Beispiel der Häufigkeitsratings die präziseste Skalendefinition. Grundsätzlich kann die Information der Häufigkeitsratings auch ausgezählt werden. Dies ist immer dann richtig, wenn die Information von Anfang an gesammelt werden soll. Rückblickend ist nur noch eine Einschätzung möglich. Der dominante Typ des intuitiven Ratings ist jedoch das Intensitätsrating.

Die Skalen können, wie Abb. 68 zeigt, uni-polar (Beispiele 1 – 3) oder bi-polar (Beispiele 4 – 7) erstellt werden . Die Frage der Polarität ist strittig. Hier muß das Merkmal im Einzelfall genau überprüft werden, denn wenn unipolare Merkmale bipolar eingeschätzt werden, wird meistens ein Bedeutungsanteil erfaßt, den man gar nicht einschätzen will (Gültigkeitsproblem). Echte bipolare Merkmale entsprechen der Skala: Antipathie-Sympathie (z.B. B 4 und B 5). Oftmals werden aber auch bipolare Skalen verwendet, um eine Kategorie „unentschieden" zuzulassen (z.B. B 6). Die unipolaren Skalen steigen von links nach rechts an. Alle Skalen können verbal benannte, numerische oder durch +/-Zeichen ausgewiesene Stufen haben oder als ungestuftes Kontinuum angelegt sein (z.B. B 7). Da für die Diagnostik in der Pädagogik eine Quantifizierung angestrebt wird, sollten die verwendeten Skalen immer auch numerisch ausgewiesen sein und soweit möglich unipolare Skalen vorgezogen werden.

Abb. 68: Verschiedene Intensitätsskalen (B 1 = Beispiel 1)

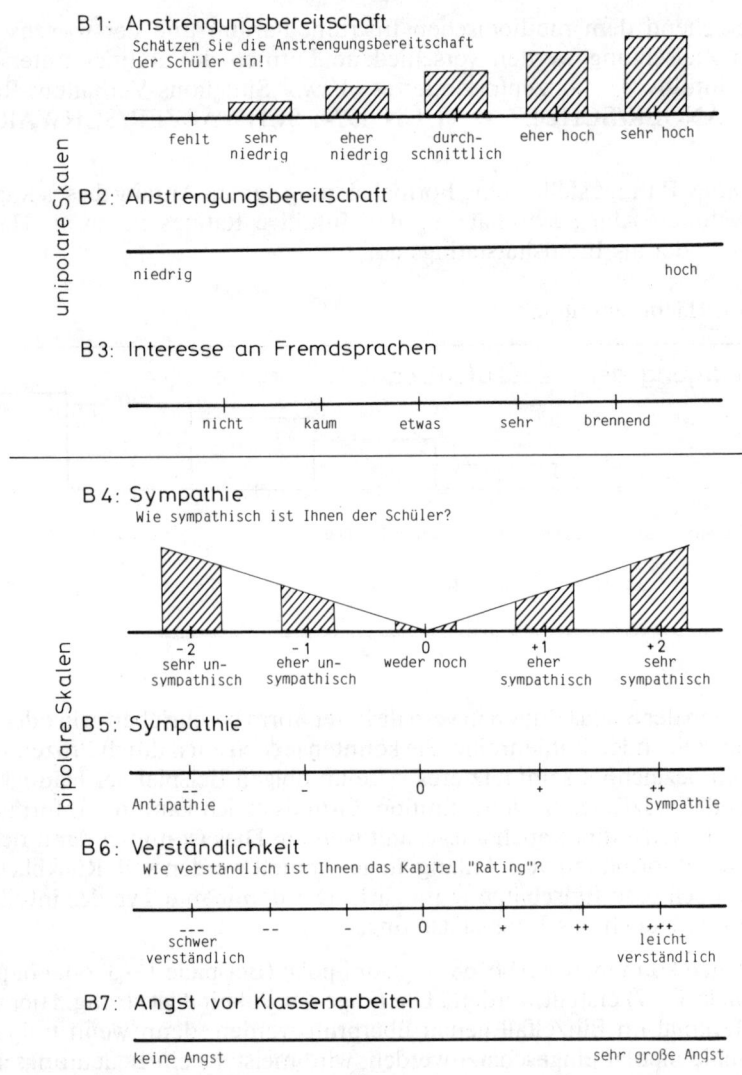

B 1: Anstrengungsbereitschaft
Schätzen Sie die Anstrengungsbereitschaft
der Schüler ein!

fehlt   sehr   eher   durch-   eher hoch   sehr hoch
         niedrig   niedrig   schnittlich

B 2: Anstrengungsbereitschaft

niedrig   hoch

B 3: Interesse an Fremdsprachen

nicht   kaum   etwas   sehr   brennend

B 4: Sympathie
Wie sympathisch ist Ihnen der Schüler?

- 2   - 1   0   +1   + 2
sehr un-   eher un-   weder noch   eher   sehr
sympathisch sympathisch   sympathisch sympathisch

B 5: Sympathie

--   -   0   +   ++
Antipathie   Sympathie

B 6: Verständlichkeit
Wie verständlich ist Ihnen das Kapitel "Rating"?

---   --   -   0   +   ++   +++
schwer   leicht
verständlich   verständlich

B 7: Angst vor Klassenarbeiten

keine Angst   sehr große Angst

unipolare Skalen

bipolare Skalen

Es gibt niedriginferente und hochinferente Skalen (vgl. auch Kap. 5.2.7). Niedrig inferent sind Skalen, bei denen ein proximaleres Merkmal eingeschätzt wird, das heißt ein Merkmal, das direkt beobachtet oder sehr leicht aus direkter Beobachtung erschlossen werden kann: Erledigung der Hausaufgaben — Anstrengungsbereitschaft — Aufmerksamkeitshaltung — Hilfsbereitschaft u.ä. Hochinferente Merkmale sind distale Merkmale, die nicht beobachtet werden können und auf die nur aus Kombinationen von Beobachtungsdaten unter Hinzuziehung der dahinter stehenden Theorie geschlossen werden kann (theoretische Konstrukte).

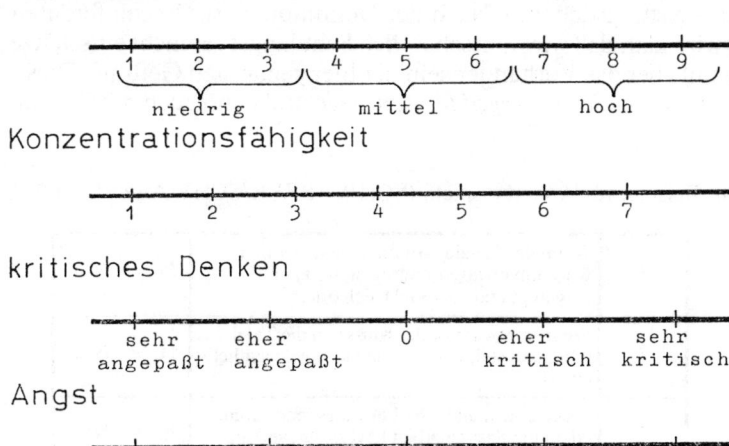

Die Zensurenskala kann als eine sechsstufige numerische und verbal verankerte Ratingskala aufgefaßt werden (vgl. TENT 1970). Die verbalen Zuordnungen für die Noten werden von den Schulverwaltungen per Erlaß vorgenommen.

– *Konzeptorientierte (Situations-Verhaltens-) Ratings* stellen die zweite Gruppe der hier behandelten Rating-Verfahren dar. „Beim konzeptorientierten Rating ist die Situation grundlegend verschieden. Hier will man etwas ganz Bestimmtes messen, ein präzise festgelegtes Merkmal, das ich aufgrund theoretischer Überlegungen und/oder empirischer Vorforschung für wichtig oder zeitgemäß halte. Hier kann ich es nicht dem Rater überlassen, was er unter dem Merkmal verstehen will. Ich habe ein Konzept, und die Einschätzung von Realitätsausschnitten soll an diesem Konzept orientiert erfolgen" (LANGER/SCHULZ v. THUN 1974, S. 117).

Hierzu muß die *Konzeptdefinition* präzise erfolgen (bei Arbeitsteilung muß sie allen Ratern übermittelt werden). Nach genauer Definition kann dann auch ein zu erreichendes Ziel (z.B. bei pädagogischen Fragestellungen) auf der Skala festgelegt und lehr-/lernzielorientiert eingeschätzt werden, z.B. beim curriculumbezogenen Rating (vgl. SCHWARZER/SCHWARZER 1977, S. 66 f). Die Konzeptdefinition muß für die praktische Beurteilung auf der Verhaltensebene des Merkmals konkretisiert werden. Die Konkretisierung erfolgt in eindeutigen, modellhaften Ankerbeispielen, also in Beschreibungen von Situationen, in denen Verhalten „kontrolliert" eingeschätzt werden kann (Situations-Verhaltens-Rating).

Ein in der Pädagogik häufig erforschtes Kriterium (Persönlichkeitskriterium bei SchülerInnen) ist die *Angst*. Erfaßt werden soll nicht die Eigenschaft Angst als überdauernde Persönlichkeitseigenschaft eines Menschen, sondern seine

243

Ängstlichkeit in bestimmten, konkreten Situationen, etwa im Unterricht der Schule. Diese wird als *Schulangst* bezeichnet und definiert als *das Vorhandensein von Gefühlen der Unsicherheit und der Unzulänglichkeit bei Leistungsforderungen* (Leistungsdefizite). Nach der Definition dieses hochinferenten Kriteriums wird klar, daß wir wahrscheinlich Schulangst gar nicht einschätzen können, wohl aber das Vorhandensein der hier genannten Gefühle. Diese haben sicher etwas mit *Selbstwertgefühl, -vertrauen* und dann auch mit Schulangst zu tun.

Tab. 30: Beispiel für Ankerbeispiele (SCHWARZER/SCHWARZER 1977, S. 65)

1	Wenn der Schüler vor die Klasse gerufen wird, um etwas vorzutragen, wirkt er aufgeregt und verspricht sich öfters	Ja - Nein
2	Wenn er etwas vor der Klasse an die Tafel schreiben soll, zittert seine Hand gelegentlich etwas	Ja - Nein
3	Wenn eine mündliche Leistungsüberprüfung oder eine Klassenarbeit bevorsteht, verhält er sich unruhig und wirkt verstört	Ja - Nein
4	In Situationen mit Prüfungscharakter schwitzt er und bekommt feuchte Hände	Ja - Nein
5	Wenn er offensichtlich unerwartet im Unterricht aufgerufen wird, macht er ein erschrecktes Gesicht und errötet häufig	Ja - Nein
6	In schulischen Situationen, die von ihm als bedrohlich empfunden werden könnten, geht er "aus dem Felde"	Ja - Nein

Wenn die Einschätzungen (Ja) der Ankerbeispiele aus Tab. 30 aufsummiert werden, erhält man laut Abb. 70 eine Punktsummenskala (vgl. SÜLLWOLD 1969; TENT 1970).

Abb. 70: Definition der Skalenstufen am Beispiel Schulangst

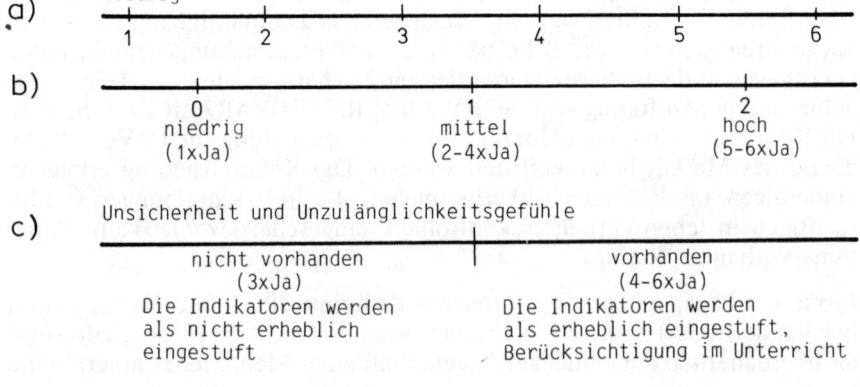

244

Nach der Definition des Kriteriums und seiner nachfolgenden Konkretisierung in Ankerbeispielen muß als letzter Schritt die Definition der Skalenstufen erfolgen. In dem Beispiel Schulangst können eine Punktsummenskala als eine sechsstufige, von niedrig bis hoch definierte Intensitätsskala (a), eine dreistufige (b) oder eine dichotome Skala (c) verwendet werden.

Betrachtet man das Schulangstbeispiel kritisch, fällt folgendes auf: Wenn der Lehrer mehr Ankerbeispiele mit Ja einschätzt, braucht deshalb die „Angst" nicht größer zu sein. Außerdem könnte er sich auch bei seiner Einschätzung das eine oder andere Mal täuschen (siehe Beispiel 6, Tab. 30). Daher erscheint die dichotome Skala (vorhanden − nicht vorhanden) als die in diesem Falle angemessene. Ferner fällt auf, daß die Aussagen sich eigentlich nicht direkt auf Schulangst beziehen können. Es kann nur etwas über das Vorhandensein der Gefühle von Unsicherheit und Unzulänglichkeit ausgesagt werden.

In einer fairen, auf Relevanz bedachten Diagnostik ist es unzulässig, Aussagen über die Gefühle eines anderen zu machen, ohne diesen selbst zu befragen. Eine Schülermitbewertung ist hier deshalb dringend zu fordern (Kombination von I- und P-Information, vgl. Kap. 1.3.2). Zum bisher ausschließlich dargestellten Fremdrating tritt damit nun ein Selbstrating hinzu.

Tab. 31: Schüler-Schulangst-Rating-Skala: Ankerbeispiele

1	Ich bin aufgeregt, wenn ich vor die Klasse gerufen werde	Ja - Nein
2	Wenn in meiner Klasse mündliche Überprüfungen stattfinden, schwitze ich, meine Handflächen werden feucht	Ja - Nein
3	Ich vermeide Überprüfungen oder Arbeiten von mir beurteilen zu lassen, wenn ich kann	Ja - Nein
4	Ich mache mir Sorgen, daß ich nicht versetzt werde	Ja - Nein
5	Ich habe Angst, unverhofft vom Lehrer aufgerufen zu werden	Ja - Nein
6	Ich habe Angst, wenn Klassenarbeiten geschrieben werden	Ja - Nein
7	Ich habe Angst vor schlechten Zensuren	Ja - Nein
8	Vor Klassenarbeiten bin ich immer aufgeregt	Ja - Nein

Beim Selbstrating wird die einschätzende Person sowohl Meßsubjekt als auch Meßobjekt. Die Ankerbeispiele für die Selbstratingskala sind aus der Schulangstratingskala (vgl. SCHWARZER/SCHWARZER 1977) und der Prüfungsangstratingskala (vgl. WIECZERKOWSKI u.a. 1974) kombiniert und für das Selbstrating umformuliert. Die Ankerbeispiele gliedern sich in drei Gruppen:

a) Aufgeregtheit und Unsicherheit,
b) Unsicherheit und Unzulänglichkeitsgefühl (WIECZERKOWSKI u.a. 1974 sprechen hier von „Gefühlen der Leistungsschwäche") und
c) Angstgefühle, Ängstlichkeit (Schulangst).

Daraus ergeben sich folgende Skalendefinitionen (vgl. Abb. 71):

Abb. 71: Schüler-Schulangst-Rating-Skala (Skalenstufendefinition)

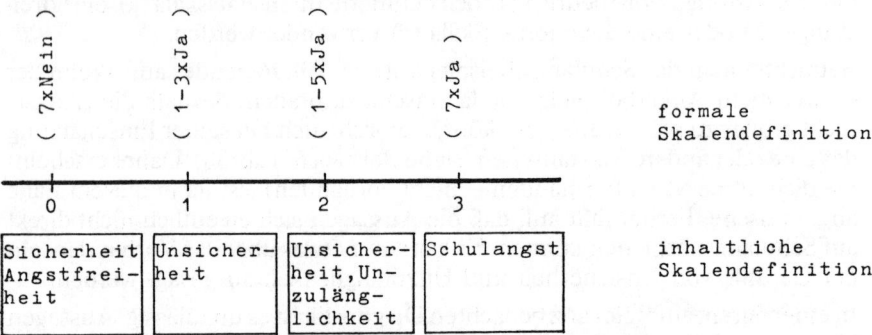

Bei der Entwicklung dieser Schülerselbstratingskala werden die in der Lehrer-ratingskala verbliebene Komplexität und Inferenz des Merkmals weiter gegliedert. Aus der inhaltlichen Struktur ergibt sich eine vierstufige Skala, die anscheinend kein einzelnes Merkmal repräsentiert. Repräsentiert werden Aufgeregtheit − Unsicherheit − Unzulänglichkeitsgefühle und Ängstlichkeit (bzw. Schulangst). Daraufhin stellt sich jetzt die Frage, ob man nicht für jedes dieser Merkmale außer Schulangst eine eigene Skala machen sollte.

Abb. 72: Kombination der Lehrer- und Schüler-Rating-Skala zum Beispiel Schulangst

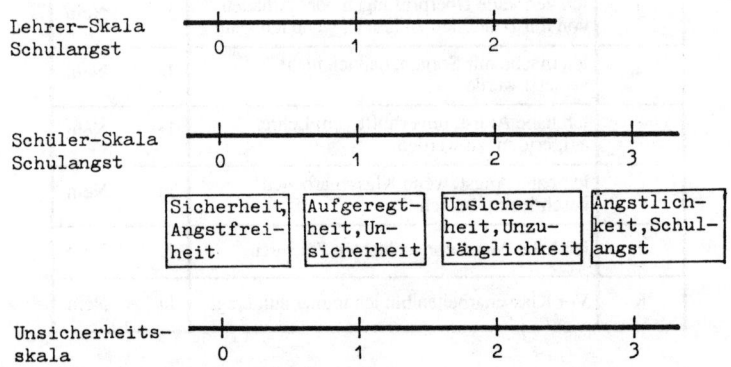

Aus der Kombination beider Skalen gemäß Abb. 72 ergibt sich nun eine dritte Skala, die mit dem Merkmal „Unsicherheit" beschrieben werden kann, denn „Unsicherheit" ist das durchgängige Merkmal, das über alle vier Stufen erfaßt werden kann. Es handelt sich um Stufen zunehmender Unsicherheit, wobei die Unsicherheit mit Unzulänglichkeitsgefühlen vermischt (konfundiert) bleibt. Bei einer hohen Ausprägung (Stufe 3), die nur noch in der Schüler-selbstbewertung (SSB) erreicht werden kann, haben die Unzulänglichkeitsge-fühle und die Unsicherheit eine solche Intensität angenommen, daß dieser

Zustand vom Schüler selbst auch mit Angst benannt wird und ein Urteil über Schulangst abgegeben werden kann.

7.5.2 Rating und Schulalltag

Der Prozeß der Entwicklung eines Einschätzsystems für Schulangst wurde hier ausführlich behandelt, weil er ein typisches Beispiel für die begriffliche Differenzierung und die Präzisierung von Informationen durch die Skalenentwicklung darstellt. Lehrpersonen sollten zur Verbesserung ihrer Beurteilungen in erheblichem Maße auf Ratings zurückgreifen. Dazu ist die informelle, vom Lehrer zu erstellende Ratingskala ein wichtiges Moment (vgl. SCHWARZER/SCHWARZER 1977). Für LehrerInnen ist es unerläßlich, nicht nur verlagsmäßig vorliegende Ratingskalen zu verwenden, sondern zur Präzisierung ihres Bewertungsdenkens und -handelns sich selbst umfänglich um die Entwicklung von Skalen zu bemühen. „Eine solche stetige praxisorientierte Weiterentwicklung von informellen Ratingskalen durch die sie benutzenden Lehrer wäre ein wichtiger Beitrag im Rahmen einer kontinuierlichen Lehrerselbstfortbildung und ein wichtiger Schritt in Richtung auf eine schülergerechte Beurteilung" (FITTKAU 1982, S. 738).

Es gibt keine Regeln für die Anzahl der Stufen einer Skala. In der psychologischen Forschung werden meist breit differenzierende Skalen mit sieben bis elf Stufen angewandt. Dies mag für deskriptive Skalen mitunter sinnvoll sein. Bei diagnostischen Skalen werden dabei jedoch differenziertere Urteile vorgetäuscht; es wird eine Scheingenauigkeit produziert. Die angemessene Anzahl von Skalenstufen in pädagogischen Handlungsfeldern läßt sich über das informationstheoretische Maß der „durchschnittlichen subjektiven Ungewißheit" (vgl. hierzu CLAUSS 1968; MITTENECKER/RAAB 1973) diskutieren. Aus dieser Diskussion wird für die Beurteilung in pädagogischen Handlungsfeldern vorgeschlagen, sich mit zwei bis drei Stufen zu begnügen (vgl. SCHWARZER/SCHWARZER 1977).

In pädagogischen Handlungsfeldern sollten keine Eigenschafts-, sondern ausschließlich Situations-Verhaltens-Ratings vorgenommen werden (Abb. 73).

— Bei Eigenschafts-Ratings werden die Eigenschaft oder die Fähigkeit einer Person eingeschätzt. Bei externen Anfragen (vgl. Schülerakte) werden z.B. Beurteilungen des abstrakten Denkens und der Schulangst verlangt. In Beobachtungsbögen oder Beurteilungshilfen werden dann oft dichotome Skalen, welche die positive oder negative Ausprägung in je drei Intensitätsstufen gliedern, vorgegeben (vgl. KLEITER 1972; BACHMAIR 1975; BESSER/WÖBCKE/ZIEGENSPECK 1977 oder zu unipolaren Skalen: vgl. TEIGELER/GAUDE/TEIGELER 1973, S. 786 f). Solche Beurteilungen sind höchst fragwürdig und sagen oft mehr über die beurteilende als über die beurteilte Person aus (vgl. SCHWARZER/SCHWARZER 1977). Sie sind nur intuitiv nachzuvollziehen und bergen die Gefahr, Laienfehler zu produzieren, wenn sie nicht von Experten abgegeben werden.

— Die Situations-Verhaltens-Ratings sind dagegen so präzisiert und verankert, daß die Beurteilung in der Aussage eingeschränkt und in ihrem Zustandekommen weitgehend nachvollziehbar „kontrolliert" werden kann.

Abb. 73: Vergleich von Eigenschafts- und Situations-Verhaltens-Ratings

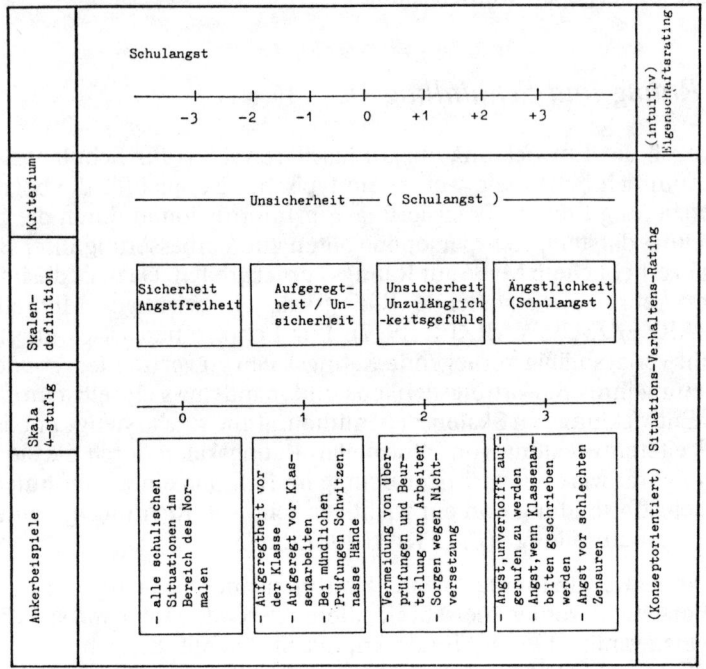

Eine besondere Form des Situations-Verhaltens-Ratings ist das curriculum-orientierte Rating.

Abb. 74: Curriculum-orientiertes Rating (Fremdsprachenunterricht — kognitive Dimensionen)

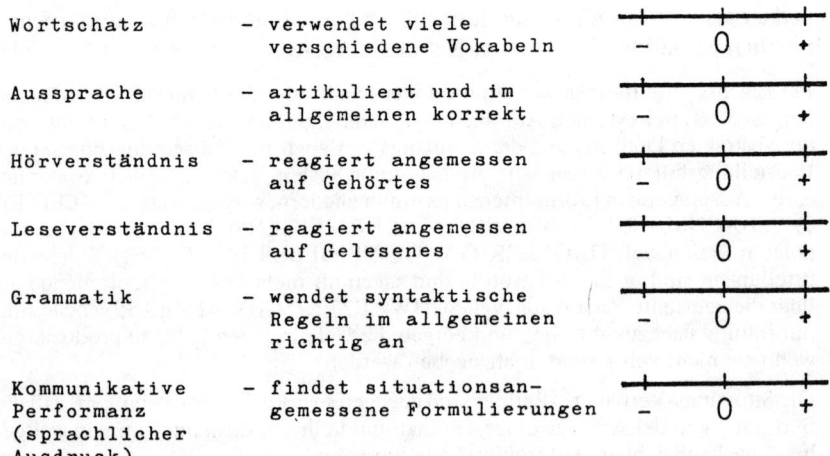

Die jeweilige Curriculumeinheit kann natürlich nach lehrzieltaxonomischen Gesichtspunkten weiter ausgegliedert werden (vgl. BLOOM u.a. 1956). Die einzelnen Inhaltsklassen können mit spezieller definierten und mit mehr Verhaltensindikatoren ausgestattet werden.

Abb. 75: Curriculum-orientiertes Rating (Literaturunterricht – affektive Dimensionen; vgl. SCHWARZER/SCHWARZER 1977, S. 72)

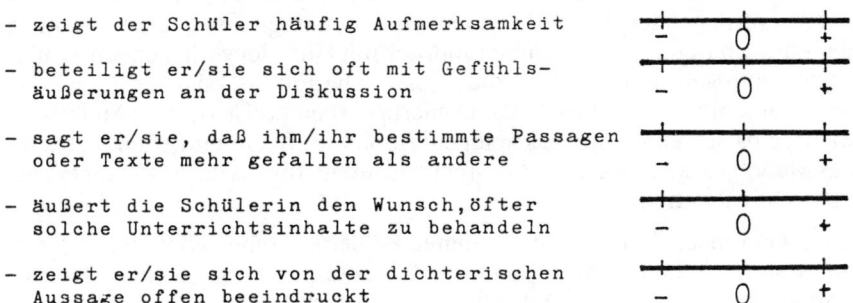

Curriculum-orientierte Ratings ergänzen die zur Verfügung stehenden Schmalbandverfahren für die Ziele und Dimensionen, die durch Tests nicht erfaßt werden. Sie treten auch an die Stelle herkömmlicher mündlicher Prüfungen. Ihr großer Vorteil liegt darin, daß sie sich jeweils sehr eng an die aktuelle Lerngruppensituation anpassen lassen und diagnostisch wertvolle Breitbandverfahren darstellen (vgl. Bandbreite-Fidelitäts-Dilemma). Sie bilden somit eine notwendige diagnostische Methode in pädagogischen Handlungsfeldern.

7.5.3 Methodische Probleme des Ratings

Mit dem Ansteigen der Komplexität der Kriterien nimmt der Anteil der Interpretation zu, und das Rating löst sich von der unmittelbaren Beobachtung. So kann letztlich nicht nur Beobachtetes (im Sinne von Gesehenem), sondern auch Gehörtes mit Hilfe von Ratingskalen eingeschätzt werden. Ein Rating ist dann ein Verfahren zur Informationskodierung und Zusammenfassung, das sowohl in der Beobachtung als auch bei Gesprächen und in der Analyse von Handlungsprodukten (Werkgestalten) angewendet werden kann. Generell wird in der Literatur (vgl. BECK 1987, S. 43 f) zwischen deskriptiver und diagnostischer Messung unterschieden. BECK bestimmt den Unterschied zwischen deskriptiver und diagnostischer Einschätzung dadurch, daß er bei deskriptiver Einschätzung „den Menschen als Meßsubjekt" und bei der diagnostischen „den Menschen als Meßobjekt" (1987, S. 42) definiert. Die deskriptiven Skalen zur Erforschung von Unterricht sollten zudem niemals zur Schülerbeschreibung (im engsten Sinne diagnostisch) verwendet werden. Um eine derartige Konfundierung zu vermeiden, empfiehlt BECK (vgl. 1987), bereits in der Anlage einer Untersuchung scharf zwischen deskriptiven und diagnostisch orientierten Skalen zu unterscheiden.

Rating ist ein indirektes Verfahren. Äußere Fakten (Stimuli) werden als einzuschätzende Kategorien (Merkmale) definiert, sie sind Teilaspekte eines Meßobjektes. Der Rater richtet seine Aufmerksamkeit auf die einzuschätzenden Kategorien („Das Merkmal bahnt des Raters Wahrnehmung", LANGER/ SCHULZ v. THUN 1974, S. 15). Daraufhin bildet sich beim Rater eine Eindruckswirkung von dem „Meßobjekt", und er quantifiziert diesen Eindruck auf der vorliegenden Skala. Bei einem gut ausgearbeiteten kriterienorientierten Rating differenziert er seinen Eindruck mit Hilfe der vorliegenden Skalenbeschreibungen und den Ankerbeispielen. Die Eindruckskodierung wird so bis zu einem gewissen Grade kontrollierbar (standardisiert). Das Meßinstrument selbst liegt im Rater, das heißt die Abbildung der intendierten Momente des Meßobjektes im Rater ist das Meßinstrument, für das die Skala nur ein numerisches Relativ bildet.

Es gibt demnach drei Bereiche, in denen Fehler entstehen können und die einer systematischen diagnostischen Aufarbeitung zugänglich sind. Die zwei unmittelbar zugänglichen Aspekte sind die Merkmalsdefinition, speziell die Skalendefinition, und das Bereitstellen eindeutiger Ankerbeispiele. Indirekt zugänglich ist die Eindrucks- und Erlebnisbildung des Raters durch Rater-Training. In der Analyse des personalen Hintergrundes und durch Erhöhung der diagnostischen Kompetenz sind die Hintergrundeffekte der Laien- und der Bedeutungsfehler zu verringern.

Der Rater ist immer Meßsubjekt (Meßinstrument). Soweit nicht eine Situationsanalyse Gegenstand des Ratings ist, werden Personen bzw. wird Verhalten von Personen zum Meßobjekt. Nur im Falle des Selbstratings ist der Rater Meßobjekt und Meßsubjekt zugleich.

Die Unterscheidung zwischen deskriptiven und diagnostischen Skalen im BECKschen Sinne ist im pädagogisch-diagnostischen Raum nicht bedeutsam. Hoch bedeutsam dagegen ist die Unterscheidung zwischen intuitivem und kriterienorientiertem sowie zwischen Eigenschafts- und Situations-Verhaltens-Rating. Die einschätzende Person bildet unter solchen Voraussetzungen immer eine Fehlerquelle. Während die Fehler bei der Einschätzung von Eigenschaften am größten sind, können sie bei einem gut vorbereiteten Situations-Verhaltens-Rating klein gehalten werden. Neben den in Kap. 5.3 beschriebenen Beobachtungs- und Beurteilungsfehlern können beim Rating zusätzlich folgende Fehlerquellen auftreten:

— Der *Bedeutungsfehler* resultiert daraus, daß für die Abgabe des Urteils Beschreibungsbegriffe (Wörter) verwendet werden, die man so behandelt, als ob sie disjunktive Begriffe wären, nichts miteinander zu tun hätten und jeder eine völlig vom anderen getrennte und unabhängige Beschreibungskategorie wäre. Tatsächlich ist dies meistens nicht der Fall. Die Beschreibungsbegriffe überlappen einander mehr oder weniger.

„Je ‚ähnlicher' die vorgegebenen Beobachtungswörter nach ihrer Bedeutungskonzeption, je größer also die Schnittmenge aller Einzelmerkmale, die den Beobach-

Abb. 76: Schülerbeurteilung mit Ratingskalen als komplexer sozialer Kommunikationsprozeß (FITTKAU 1982, S. 730)

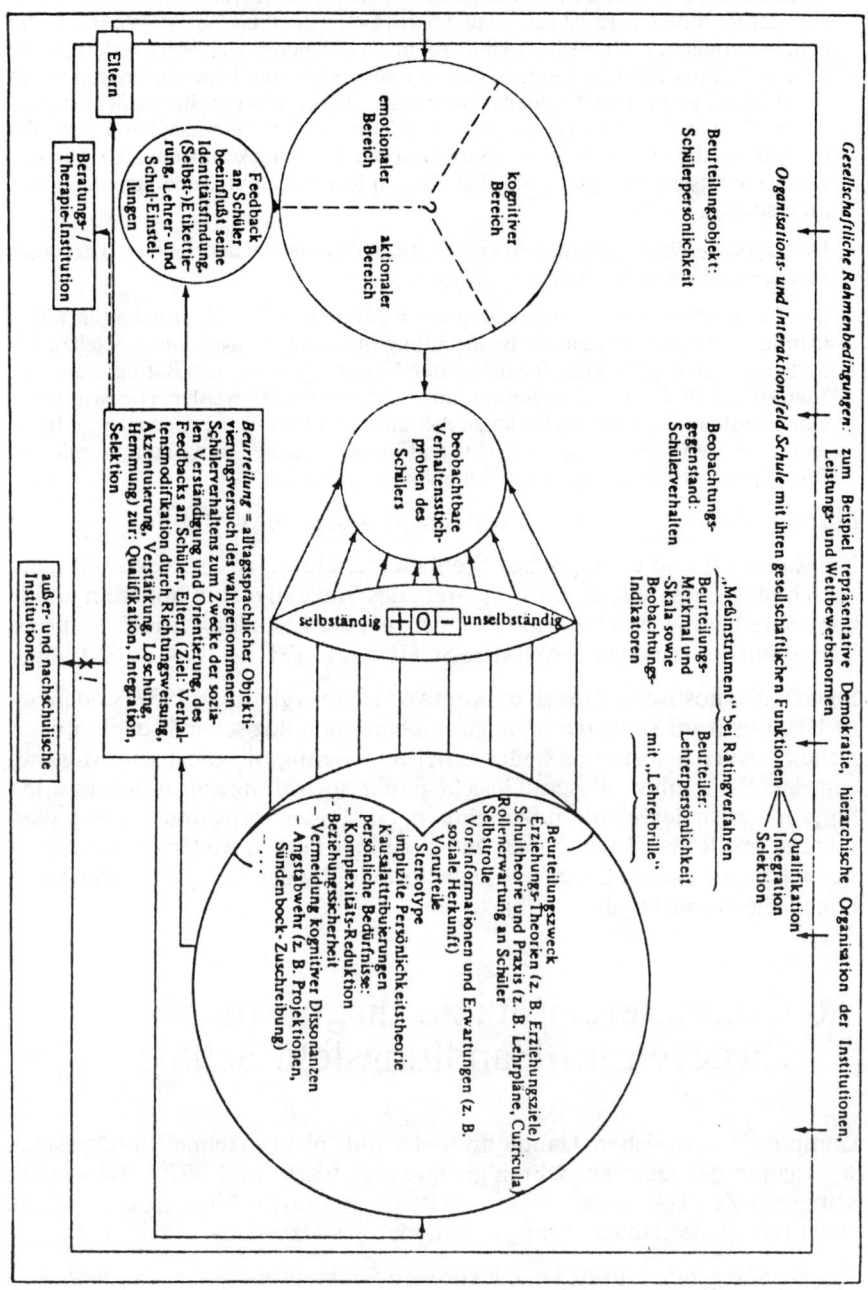

tungsbegriffen eines Erhebungsinstrumentes nach seinem Begriffsverständnis zugehören, desto geringer ist der Gehalt, den seine Angaben insgesamt aufweisen" (BECK 1987, S. 77). Im Extremfall wird das Urteil artifiziell, es besteht nur aus irrelevanter Redundanz. Es ist kein brauchbares Urteil über das Objekt. Wenn z.B. ein Schülerverhalten als höflich und außerdem als hilfsbereit eingeschätzt wird, so ist die zweite Einschätzung voll identisch mit der ersten oder beide differieren nur in dem Maße, indem ein individueller Beobachter diesen Worten eine tatsächliche, individuelle und differenzierte Bedeutung verleiht. Das Ergebnis hängt im Extremfall ausschließlich vom individuellen Sprachgebrauch (Sprachkompetenz) ab. Die verwendeten Beschreibungsbegriffe sind also auf ihre Bedeutungsüberlappung hin zu untersuchen.

– Der *Zeitraumfehler* entsteht, wenn ein Dissens über die einzubeziehenden Ereignismengen und/oder die Zeiträume besteht.

– Der *Interventionsfehler* resultiert aus einer Veränderung der abgespeicherten Wahrnehmung, wenn zwischen der Beobachtung und dem abzugebenden Schätzurteil Zeit verstrichen ist. Bei den formalisierten Einschätzungen, dem Rating, kann eine Vielzahl der Probleme in der Beurteilung sichtbar gemacht werden. Hier wurden in einem systematisch hervorgerufenen Akt die systematischen Tendenzen im Beurteilungsprozeß analysierbar gemacht (vgl. auch Wahrnehmungskompromiß und BRUNSWICKsche Linse/Beurteilung von Konstrukten).

Eine Gliederung des komplexen Ratingprozesses zeigt Abb. 76.

Ein Rating ist also ein typisches Breitbandverfahren, das Subjektivität nicht ausschließt. Es ist jedoch ein Verfahren, das Subjektivität in höherem Grade kontrollierbar macht. Dies tritt besonders bei der Erstellung eines Situations-Verhaltens-Ratings (vgl. LANGER/SCHULZ v. THUN 1974, S. 62 f) auf.

Sowohl diagnostische als auch deskriptive Skalen (vgl. BECK 1987) sind für eine Diagnostik im Sinne des ökologisch-phänomenologischen Modells unverzichtbar. Auch Selbstrating stellt hierbei eine wichtige diagnostische Möglichkeit dar. Es ist unter diesem Gesichtspunkt auch dringend in den Beurteilungsprozeß in der Schule aufzunehmen. Die Entwicklung und Auseinandersetzung mit Ratingskalen haben darüber hinaus einen weiterreichenden erwünschten Effekt: sie tragen zur Selbstfortbildung der Pädagogen bei und erhöhen die Kontrolle ihrer Subjektivität.

7.6 Computereinsatz zu diagnostischen Zwecken im Handlungsfeld Schule

Computer haben sich im Handlungsfeld Schule nicht so schnell durchgesetzt, wie man in den siebziger Jahren glaubte (vgl. LEHNERT 1970). Sie wurden seit dieser Zeit kontinuierlich weiterentwickelt, und ihr Einsatz in der Schule steigt nach einer längeren Stagnation wieder stärker an.

Der grundlegende Einsatz im didaktischen Feld war und ist der „computerunterstützte Unterricht" (CUU). FREIBICHLER (vgl. 1974, S. 22 f) gliedert den Einsatz nach folgenden pädagogischen Funktionen des Rechners:

- als Lehrautomat (engster Begriff des CUU),
- als Instrument zur Test- und Übungsautomatisierung bzw. zur Durchführung von Prüfungen (vgl. LEHNERT 1970, S. 15),
- als Instrument zur Problemlösung und Informationssuche,
- als Instrument der Unterrichtssteuerung (im Angelsächsichen als Computer Managed Instruction: CMI),
- als Lerninstrument.

7.6.1 Computer-Testing (Prüfung)

Neben der Informatikanwendung wurde früh die Kapazität der elektronischen Datenverarbeitung zur Test- und Übungsautomatisierung und zur *Durchführung von Prüfungen* in pädagogischen Handlungsfeldern eingeführt. Einer der frühesten Großeinsätze in der Bundesrepublik erfolgte zur Auswertung von Test- und Hausarbeiten bei Funkkollegs der Fernuniversität sowie zur Rationalisierung von Prüfungen bei den Industrie- und Handelskammern. Neben der Rationalisierung bei der Durchführung von Massentests und der aus der Datenbasis möglichen Analyse der Tests und Testaufgaben werden auch eine objektivere Bewertung und eine größere Vergleichbarkeit angestrebt (vgl. WÖLKER 1970, S. 118 f). Bereits in bezug auf die Rationalisierung gab es durch ausgeklügelte Mogelsperren, die sehr aufwendig waren, den Verdacht der nicht mehr ausreichenden Effizienz (vgl. FREIBICHLER 1974). WÖLKER (vgl. 1973) argumentiert, daß zur Optimierung der Objektivität nur programmierte Aufgaben verwendet werden dürfen (Prüfung ohne Prüfer). Er stellt des weiteren heraus, daß Mehrfach-Auswahl-Aufgaben als programmierte Aufgaben keineswegs sehr eingeengt nur Wissensfakten abprüfen können und durch den Computer dann aus den zur Verfügung stehenden Daten mit Hilfe mathematischer Modelle (vgl. objektive Zensur) die Zensuren (Noten) der Schüler nach dem einprogrammierten Algorithmus „objektiv" bestimmt werden können. Geschieht letzteres überregional, dann ist eine hohe Vergleichbarkeit gewährleistet. Für WÖLKER (vgl. 1968) scheinen damit die zentralen Probleme der Beurteilung gelöst.

Ein weiterführendes Beispiel für die Computer-Prüfung stellt das Computerunterstützte-Prüfungs-/Analyse-System für Schulen (COMPASS) dar (vgl. GALLUS/KÜSTER 1979). Ein Autorenteam bzw. Lehrerkollegium transformiert Lehrstoff aller Fachgebiete in Prüfungs- und Übungsaufgaben (Aufgabendatei). Der Anwender (z.B. die Lehrperson) gibt später lediglich die speziellen Bedingungen für eine Prüfungs- oder Übungsarbeit ein. Je Teilnehmer druckt die Computerfiguration dann ein entsprechendes Aufgabenblatt aus: die Aufgabenblätter sind im Text gleich, jedoch in den Zahlenbeispielen verschieden.

Der Computer erstellt nach der Analyse für jeden Lernenden einen Korrekturbogen, für den Lehrer eine Klassenstatistik und für das Autorenteam eine spezifizierte Statistik über die Analyse der programmmierten Aufgaben. Der Computereinsatz erleichtert eine Reihe von Arbeiten oder macht solche für ein umfängliches vergleichbares Prüfungssystem überhaupt erst möglich. Da-

Abb. 77: Aufgabenstellung durch den Computer (GALLUS/KÜSTER 1970, S. 127)

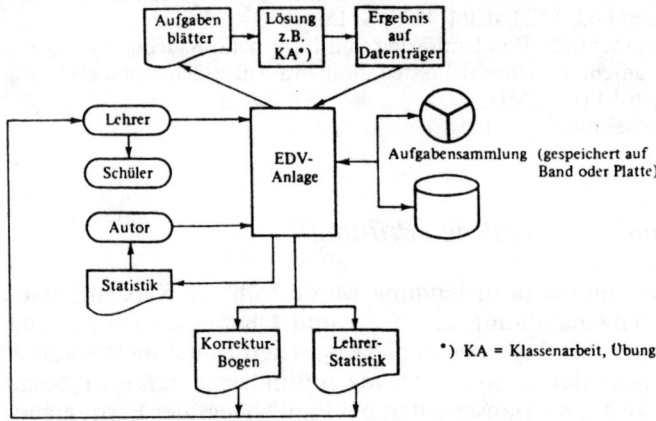

mit sind allerdings, wie WÖLKER (vgl. 1968) meinte, die Probleme von Beurteilungen keineswegs gelöst. Die Leistung liegt im Erstellen einer breiten Aufgabenbank unter Anwendung umfänglicher Analysen. Darüber hinaus sind „Lösungen" im wesentlichen formal und dem pädagogischen Handeln nur äußerlich angepaßt. Hier ist wieder zu fragen, inwieweit sich das pädagogische Handeln dem so praktizierten Prüfsystem anpaßt und inwieweit Didaktik durch die Prüfinteressen bzw. -vorgaben dominiert wird. Probleme der überregionalen Schultests tauchen modifiziert wieder auf, die vergleichbarere Note wird nicht gleichzeitig gerechter.

7.6.2 Computer-Inventarisierung

Die nächstliegende Art der Diagnostik mit Hilfe eines Computers ist das Inventarisieren über den Lernprozeß beim Einsatz als Lehrautomat oder als Lerninstrument. Es ist dies auch die am wenigsten diagnostische Anwendung des Computers in pädagogischen Handlungsfeldern. Wenn ein Computer in diesem Sinne eingesetzt wird, sollten mit ihm alle Daten einer Inventarisierung erhoben und gegebenenfalls auch analysiert werden: Aufgabenlösungen, Lösungszeit, Fehler, gegebenenfalls Art der Fehler, gegebene Hilfen und die Verwendung dieser Hilfen. Im günstigsten Fall enthält er auch eine SchülerInnenkartei, vergleicht die aktuellen mit früheren Leistungen desselben Schülers und gibt am Ende auf Abruf die Analyseergebnisse bekannt.

Bei diesem Vorgehen sind keine separierten Tests durchzuführen; das Verfahren ist unmittelbar ökonomisch und nützlich. Die Objektivität ist entsprechend dem verwendeten Programm augenscheinlich gegeben, die Gültigkeit entspricht derjenigen des inhaltlichen Programms. Es handelt sich um eine direkte Diagnostik, die durch Beobachtung und Gespräch mit SchülerInnen über anstehende inhaltliche oder arbeitstechnische Probleme ergänzt werden kann und dann unmittelbar Hinweise auf notwendige pädagogische Maßnahmen liefert. Die Inventarisierungsdaten können vom Lehrer auch in einem breiteren Beurteilungskontext weiterverwendet werden.

Ein besonderes Arbeitsgebiet innerhalb des Inventarisierens und der direkten Diagnostik stellt die Fehleranalyse dar. Mit deren Hilfe kann die inventarisierende Diagnostik zu einem Förderprogramm weiterentwickelt werden. Von einer großen Anzahl von Schülern werden Lösungen und Fehllösungen (nicht nur von Mehrfach-Auswahl-Aufgaben, sondern auch von lösungsungebundenen Aufgaben) als Freiantworten erfaßt, um die gesamte Lösungsvielfalt abzubilden. Zu dieser originalen Vielfalt von Lösungen werden typisierte oder individuelle Lernhilfen entwickelt. Der Computer enthält dann zu seinen Lehr- bzw. Lernprogrammen eine dreifache Datenbank:

- eine Aufgaben- und Fehlerdokumentation,
- eine Schülerdatenbank und
- ein Lernhilfenarchiv (vgl. SIMONS 1970).

Nachdem diese Datenbank erstellt ist, können vom Computer individuelle Übungsprogramme ausgegben werden.

7.6.3 Intelligente tutorielle Systeme

Innerhalb des didaktischen Bereiches ist die Entwicklung von „computerunterstütztem Unterricht (CUU)" unter Einbeziehung der „künstlichen Intelligenz (KI)" zum „intelligenten computerunterstützten Unterricht (ICUU)" fortgeschritten, was insbesondere den tutoriellen Systemen zugute kam: intelligente tutorielle Systeme (ITS). Diese sind aus folgenden Komponenten aufgebaut:

- einer Expertise für bereichsspezifische Problemlösungen,
- einem Modell des Lerners und
- Systemwissen über tutorielle Strategien (bzw. einem Tutor-Modell, vgl. LENZ 1987).

Die ITS besitzen eine integrierte diagnostische Kapazität (vgl. BONNET 1985, S. 191). Sie arbeiten auf der Grundlage:

- des Vergleichs der Lerner-Lösung mit der System-Lösung,
- der Bewertung der Lerner-Lösung im Vergleich zur System-Lösung,
- dem Erkennen von Problemlösungsansätzen und entsprechenden individuellen Hilfsmöglichkeiten.

Bei dieser Möglichkeit der Computer-Diagnostik kommt dem zugrundegelegten Modell vom Lernenden eine zentrale Bedeutung zu. Neben der modellhaften Repräsentation der Lernperson verfügt der Computer über ein Modell des Wissensbereiches, um den es in diesem Zusammenhang geht. Beide Modelle werden in der aktuellen Situation in Beziehung zueinander gesetzt, so daß der Computer den Wissensstand und das Lernverhalten von SchülerInnen erfaßt.

Der Computer wählt Lehr- oder Übungsprogramme für den Lernenden aus, bzw. er berät SchülerInnen (tutorielle Kompetenz) beim Lernen. Dabei können folgende Aufgaben unterschieden werden:

- Auswahl der Lernziele für SchülerInnen,
- Überwachung und Bewertung des Problemlöseverhaltens,
- Bestimmung des Zeitpunktes einer Unterbrechung und für Hilfestellungen,
- Hilfestellung auf Anfrage,
- Auswahl von Hinweisen und Ratschlägen,
- Steuerung der Kommunikation (vgl. LENZ 1987, S. 80).

Eine Reihe solcher diagnostikintegrierenden Schülerberatungssysteme wurde während der 80er Jahre in den USA entwickelt, so das System WHY für den Lernbereich Geographie von Südamerika (vgl. SLEEMAN/BROWN 1982). Das System GUIDON (vgl. BARR/FEIGENBAUM 1982) stellt ein gut ausgearbeitetes Lehrsystem für die medizinische Diagnose dar. Es unterstützt Medizin-Studenten bei der Erstellung von Diagnosen bei Infektionskrankheiten und arbeitet auf der diagnostischen Grundlage der Fehleranalyse. Es erkennt fehlerhaftes Verhalten in einem Lernbereich und verdichtet diese Information bis zu einem Deviations-Modell als Abbildung der Lernenden. Damit funktionieren die hier vorliegenden Systeme analog zum medizinischen Modell (vgl. problematische pädagogische Implikationen). Pädagogisch betrachtet ist die grundlegende elementare Annahme, daß jederzeit ein deterministischer Zusammenhang zwischen gezeigtem Verhalten, Wissen und den kognitiven Fähigkeiten des Lerners besteht, problematisch (vgl. SPADA/OPWIS 1985, S. 17 f).

7.6.4 Computergelenkter Unterricht (CGU)[11]

Bei dem Computergelenkten Unterricht wird das System nur zur Überwachung der Lernprozesse verwendet (vgl. HEINRICH 1974, S. 104 f). Es übernimmt keine Lehrfunktionen. Diese werden auf rechnerunabhängige Medien (Lehrbücher, Lehrprogramme, Filmstreifen u.ä.) übertragen und von den Lernenden im Selbststudium bearbeitet. Das Grundkonzept ist lehrerunabhängig konzipiert. Damit der Computer die Lernprozesse kontrollieren und SchülerInnen richtig „plazieren" kann, müssen sich Lernende ständig Leistungstests unterziehen. Aufgrund der Testdaten diagnostiziert der Rechner die Lernschwierigkeiten und bietet Hilfen an. Die Idealvorstellung bei diesen Systemen ist, daß der Computer schließlich jedem Schüler ein eigenes, das für ihn bestgeeignete Curriculum, anbieten kann. Dieses individuelle Curriculum soll seinen Begabungen, Interessen, Vorkenntnissen und Berufsplänen entsprechen. Der Computer braucht hierzu umfangreiche Informationen über jeden Schüler. Ein CGU-System muß jedoch keineswegs, wie in der Grundkonzeption festgelegt, lehrerfrei sein. Der Lehrer kann zu den rechnerunabhängigen Medien hinzukommen. Er kann direkt als Vermittler und indirekt als prozeßbegleitender Berater Lehrfunktionen übernehmen. Das ist zwar nicht im ursprünglichen Sinne der Konzeption, verändert aber die dia-

---

11 CGU ist die von FREIBICHLER (vgl. 1974, S. 14) eingeführte Übersetzung der Computer Managed Instruction (CMI). In der deutschen Literatur wird bevorzugt weiterhin CMI verwendet. Aus Gründen der Vereinheitlichung in der Benennung der Computer-Konzepte verwende ich CGU.

gnostischen Bedingungen des Systems nicht. LehrerInnen können darüber hinaus zusätzliche Beobachtungsinformationen in die Schülerdatenbank des Computers eingeben. Schließlich kann auf dem Weg einer solchen Ausweitung das Computerprogramm zum Dokumentationsmedium und zum Ersatz des pädagogischen Tagebuchs werden. In der Konzeption ist es allerdings viel mehr, danach ist das Programm der (einzige) Entscheidungsträger. Begründet wird dies mit dem Argument, daß die einzelne Lehrperson die individuellen Lehrpläne über SchülerInnen nicht mehr überblicken kann und deshalb auf die Dienste eines Computers angewiesen ist.

Um die didaktischen und diagnostischen Implikationen besser verstehen zu können, soll hier kurz auf die Arbeitsphasen der System-Entwicklung und die Aufgaben des Rechners eingegangen werden. Arbeitsphasen bei der Systementwicklung:

(1) Aufstellung operationalisierter Feinlernziele, Hierarchisierung und Sequentierung der Feinlernziele nach vorliegenden Taxonomien und logischer Kohärenz;
(2) Aufteilung des Unterrichtsstoffes in Lerneinheiten, die den Lehrzielen zugeordnet sind. – Erstellung alternativer Angebote bezogen auf unterschiedliche Vorkenntnisse;
(3) Entwicklung korrespondierender Testserien zur Überwachung der Lernfortschritte;
(4) Entwicklung von Strategien für das Erstellen von Zusatz- und Hilfsmaterialien beim Nichterreichen der Kompetenzkriterien (Lernziele);
(5) Übertragen des didaktischen Konzeptes auf den Rechner (vgl. HEINRICH 1974, S. 106 f).

Wir haben es hier mit der tradierten Curriculumentwicklung (vgl. FREY 1975) zu tun, deren Produkt dann als System-Wissen in den Rechner eingegeben wird. Der Rechner übernimmt dann folgende Aufgaben:

1. Verwaltung der Schülerdatenbank,
2. Kontrolle des Lernerfolges (aufgrund der Testdaten),
3. Isolierung von Lernschwierigkeiten (aufgrund der Testdaten-Schülerdaten-Analyse),
4. Zuordnen von Lernmaterialien in Abhängigkeit von dem Grad der Fertigkeiten der LernerInnen und bereitgestellten zusätzlichen Daten durch LehrerInnen,
5. Verwalten der Lernmaterialien (Lehrtexte, Medien, Zusatzaufgabenmaterial),
6. Aufbereiten der Daten für die Revision des Systems,
7. Ausgabe der Kenndaten auf externe Anfragen.

Als Beispiel soll das Projekt PLAN[12] (detaillierte Beschreibung bei DUNN 1972) genannt werden. Es umfaßt das gesamte Fächerspektrum Mathematik, Naturwissenschaften, Muttersprache und soziale Studien (social studies) der High-School-Klassen eins bis zwölf. Der Stoff ist jeweils in Module (Rahmenzeit: 14 Tage) gegliedert. Zum nächstfolgenden Modul dürfen SchülerInnen erst fortschreiten, wenn sie die End-Modul-Tests erfolgreich bearbeitet haben. Nach einer Modulgruppe erfolgt ein komplexerer Leistungstest, der durch einen Langzeitlernzieltest die entwickelten „Fähigkeiten" (Developed Abilities Performance Test) etwa nach Jahresfrist erfassen soll.

---

12 PLAN = Program for Learning in Accordance with Needs; kommerziell vertrieben durch WESTINGHOUSE LEARNING COOP., Palo Alto, Cal. 94 304.

Auf die pädagogisch-didaktischen Probleme kann hier nicht näher eingegangen werden. Hierzu wird auf die bestehende Diskussion über geschlossene versus offene Curricula und die ebenfalls andauernde Diskussion um den programmierten Unterricht verwiesen (vgl. HEESE 1975).

Das CGU-Modell stellt eine Fortsetzung und wesentliche Erweiterung des Computer-Testing dar. Wenn pädagogische Diagnostik überwiegend im Testen besteht, dann kann sie auf diese Weise ökonomisiert werden. Wenn völlige Individualisierung angestrebt wird, besteht im CGU ein Lösungsweg, wobei das zentrale Argument für das System die Unüberschaubarkeit für LehrerInnen ist.

Viele der in den vorangehenden Kapiteln ausgearbeiteten Kritikpunkte, angefangen bei den pädagogisch negativen Implikationen des medizinischen Modells über die deterministische Auffassung der Lern- bzw. Erziehungssituation, das Didaktik und Persönlichkeitsentwicklung gängelnde fortwährende Testen, die Unverträglichkeit unflexibler Objektivitätsforderungen mit didaktischen Forderungen bis zur Vernachlässigung „weicher Daten", gelten auch für dieses System. Ein weiterer zentraler Kritikpunkt kommt hinzu: Über ein ausgeweitetes CGU-System (gleichzeitig pädagogisches Tagebuch) in einem computervernetzten Bildungssystem gelangen wir zur „gläsernen Person" des Lernenden vom Kindergarten an. Selbst wenn man grundsätzlich mit der „gläsernen Person" einverstanden sein sollte, bleibt ein zentrales Problem in der Beschränkung der Datenauswahl aufgrund der eher minimierten und recht oberflächlichen Daten der Lernprozesse — es fehlt das einfühlende Verstehen der begleitenden Person, der Lehrperson, die vor diesem Hintergrund eine andere Datenselektion als der Rechner vornehmen und nur in diesem Verstehen ausgewählte und interpretierte Auskünfte auf externe Anfragen weitergeben wird. Die durch das CGU-System aufgebaute „gläserne Person" wird eine mehr oder weniger analoge rechnerkonstruierte Schülerperson sein. Von außen abgerufene Daten werden dann nur noch eine sehr eingeschränkte ökologische Validität besitzen, wenn sich deren Interpretationen nicht mehr unmittelbar auf die verwendeten Lehrmodule und Lernsituationen beziehen. Das am breitesten entwickelte CGU-System ist in bezug auf seinen umfassenden Anspruch und den übermäßig breiten didaktischen Einsatz für eine pädagogisch relevante Diagnostik vielfältig problematisch. Computer-Inventarisierung ist dagegen eine pädagogisch konstruktive Möglichkeit. Sie ist ökonomisch, nützlich, fair und verspricht, für den je eingeschränkten Bereich ausreichend ökologisch valide zu sein.

Der Rechner ist, soweit entsprechende Leistungstests eingesetzt werden (Computer-Testing), eine nützliche Ökonomisierungsmöglichkeit. Es ist nichts dagegen einzuwenden, daß LehrerInnen den Computer als privates Dokumentationsmedium benutzen und ihr pädagogisches Tagebuch im Rechner führen, falls sie ihre eigene Buchführung, Datenspeicherung und Korrespondenz computerisiert haben. Sie sollten dazu aber ihren eigenen, nicht vernetzten Rechner verwenden und in diesem Sinne erstellte Disketten als persönliche Notizen unter Verschluß halten. Im Schulrechner sollten grundsätzlich nicht mehr Schülerdaten eingespeichert werden als die Schüler-

Stammkarte enthält. Die Entscheidungs- und Begutachtensinstanz sollte stets der Klassenlehrer bleiben, dessen Entscheidungen für und Aussagen über die Schülerperson nur durch das pädagogische Tagebuch (auch wenn es computerisiert ist) vorbereitet werden.

Beim Einsatz des Computers in der Diagnostik innerhalb pädagogischer Handlungsfelder ist insbesondere auf die Verträglichkeit der Systemforderungen mit zentralen pädagogischen Forderungen, auf die Gütekriterien der Fairneß und der ökologischen Validität zu achten. Dabei gilt es sicherzustellen, daß der relativ intime Charakter des pädagogischen Bezugs nicht zerstört wird.

8. Der schulische Alltag als diagnostisches Feld

Das Schulzeugnis ist das in regelmäßigen Zeitabständen wiederkehrende „Gutachten" (diagnostisches Dokument) über die Entwicklung und den Leistungsstand eines Schülers, das insbesondere als Abschlußzeugnis einen Berechtigungsschein für das zukünftige Ausmaß von Konsum und sozialer Sicherheit darstellt und Zugangschancen zu bestimmten sozialen Rängen eröffnet (vgl. Berechtigungswesen PETERSEN 1916; SCHELSKY 1962). Die Begriffe Schulzeugnis und Zensur werden manchmal synonym verwendet (vgl. GOTTSCHICK 1870), sonst gilt aber: „Das Schulzeugnis ist das zusammenfassende Ergebnis von Zensuren, d.h. von klassifizierenden Beurteilungen und Bewertungen, von Leistungen und Verhaltensweisen. Es ist die schriftlich fixierte, schulamtliche Zeugenaussage über einen Schüler für einen interessierten Dritten" (DOHSE 1963, S. 6). In unseren Schulzeugnissen sind nicht wenige Wirkmomente, die sich aus der Geschichte dieses Dokumentes (vgl. DOHSE 1963; FURCK 1972) ableiten lassen.

8.1 Zensur und Zeugnis: Entwicklungstrends

Seit dem 16. Jahrhundert sind frühe Belege des Zeugnisses in der Schule zu finden. In Württemberg sollten z.B. Pfarrherren und Schulmeister „mit fleiß examinieren, alsdann, und so sie den also, wie oblaut, geschickt befinden jene seines ingenij, eruditionis und morum literas testimoniales geben" (VORMBAUM 1860/1864, S. 128). Diese sogenannten Benefizzeugnisse waren notwendig, wenn Kinder des armen und niederen Standes zu einer weiterführenden Schule oder zum Studium zugelassen werden sollten. Für reiche Eltern und Leute von Stand waren keine Zeugnisse erforderlich. In den meisten bekannten Fällen ist das Zeugnis an vorangegangene Visitationen und Prüfungen gebunden. Trotzdem waren die Benefizzeugnisse in erster Linie Sittenzeugnisse; beurteilt wurden vor allem Führung und Fleiß. Es sind Wortzeugnisse in ziemlich allgemein gehaltener, betont positiver Formulierung. Das Reifezeugnis (Abitur) kann als eine Sonderform des Benefizzeugnisses für den Übergang zur Universität angesehen werden. Die Zeugnisse hatten von Anfang an amtlichen Charakter und dienten in erster Linie der Erlangung wirtschaftlicher und gesellschaftlicher Vergünstigungen.

1834 wurde die Abiturprüfung an Gymnasien generell als Zugangsbedingung für das Universitätsstudium festgelegt (vgl. FURCK 1972, S. 48). Zu dieser Zeit hatte sich bereits eine weitere Form des Reifezeugnisses entwickelt, die die Berechtigung zum einjährigen freiwilligen Militärdienst verlieh, das „Einjährigenzeugnis". Zum Militärdienst trat der „nichtwissenschaftliche Zivildienst", und das Einjährigenzeugnis wurde nach der Auflösung der Reichswehr 1919 zum Zeugnis der „mittleren Reife" umgestaltet. Eine weitere Abspaltung von den Reifezeugnissen stellen die Abgangszeugnisse dar. Sie werden seit dem 17. Jahrhundert bei einem vorzeitigen Abgang von einer höheren Lehranstalt erteilt und erlangen besondere Bedeutung beim Schulwechsel. Das Abgangszeugnis wird bei Einführung der allgemeinen Schulpflicht an den „niederen Schulen" übernommen und zu Beginn des 20. Jahrhunderts in ein Abschluß- und ein Abgangszeugnis differenziert.

Abb. 78: Entlassungszeugnis der berühmten Landesschule zur Pforte (Schulpforta) 1850 (BREITSCHUH 1979, S. 50)

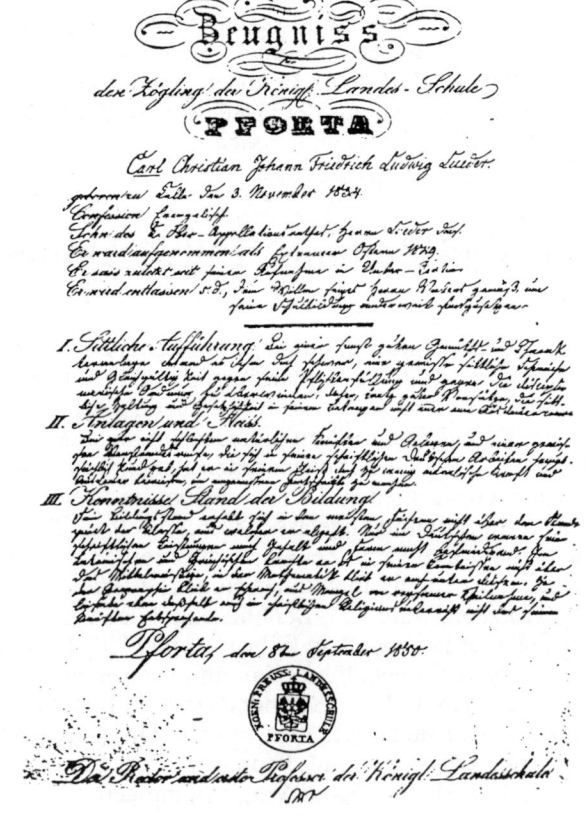

Die periodische Erstellung von Zeugnissen steht von Anfang an im Zusammenhang mit Visitationen, die im 16. und 17. Jahrhundert häufig quartalsweise erfolgten. Sie soll aber auch dem Ansporn der Schüler dienen, verkörpert sie doch „amtliches Lob" und „amtlichen Tadel". In der Klosterschule zu Holzminden wurde 1787 „ein durch erfahrung bewährtes und bey weisem gebrauch viel wirkendes mittel (eingesetzt und) zur beförderung des fleißes und der sittlichkeit die einrichtung getroffen, daß der director in ein besonders dazu bestimmtes buch die aus den urtheilen der sämtlichen lehrer über jeden einzelnen schüler ausgezogene unpartheiische schilderung des fleißes und des charakters desselben vierteljährlich eintrage und solche in einer feyerlichen versammlung aller eigentlichen lehrer und schüler öffentlich verlese und bekannt mache . . . (um) die jungen leute auf ihre mängel und fehler aufmerksam zu machen. . . . eine abschrift der gefällten urtheile (wird) an ein fürstliches schuldirectorium eingesandt" (MONUMENTAE GERMANIAE PAEDAGOGICA; zitiert nach DOHSE 1963, S. 33). Es sind aber auch monatliche oder gar wöchentliche Zeugniserstellungen überliefert; diese sind manchmal nur auf die allgemeine Haltung des Schülers beschränkt („Sittenzeugnisse": monatliches oder wöchentliches „Sittengericht", vgl. HERGANG 1843/1847, S. 979). Das Zeugnis verliert hierbei seinen eigentlichen Charakter und wird Teil einer Methode zur Optimierung des Verhaltens. Andererseits dienen monatliche Zensurenerteilungen der Anstachelung des Ehrgeizes im Zeichen des Wettkampfs, wie er durch die Jesuitenschulen eingeführt wurde. Zu diesem Zweck wurde allerdings überwiegend die „symbolische Zensierung" verwendet, wie sie insbesondere bei den Philanthropisten (1774) ausgearbeitet wurde (vgl. SALZMANN 1806).

Die Zensur als Grundlage und Teil des Zeugnisses geht auf eine staatspolitische Einrichtung der Römer zurück. Der „census" als das Recht zu Schätzungen wurde vom Kaiser den Consuln übertragen. Später wurden für einen Zeitraum von fünf Jahren jeweils zwei Zensoren gewählt. Diese stuften die Bürger nach Vermögen, Geburt und sittlicher Führung in fünf Klassen ein (Steuer-, Bürgerklasse als Rechtsbegriff). In bezug auf die Schule ist diese Zensur als Einschätzung wesentlicher Bestandteil auch ältester Zeugnisse. In den Benefizeugnissen taucht eine dreiklassige Einschätzung auf. Unterschieden wird zwischen mündlicher und schriftlicher sowie „symbolischer Zensur".

— Für die mündliche Zensur sind die Einstufung und die Weitergabe an Dritte (externe Anfrage, vgl. Kap. 4.7) konstituierend, sie unterscheidet sich dadurch vom gewöhnlichen Lob oder Tadel.

— Als „symbolische Zensur" wird die rangmäßige Bewertung der Schülerleistung angesehen (vgl. KLEINERT 1951). Etwa vom 16. Jahrhundert an ist es durchaus üblich, daß die Schüler nach dem Grad ihrer Erinnerungsfähigkeit in eine Rangordnung gebracht werden. Nach dieser Rangordnung werden dann die Sitzplätze verteilt („Lokation").

So erhielt der beste Schüler den vorderen Ehrenplatz usw. Konsequent angewendet bedeutet dies eine Reihenstufung. Hieraus entwickelten sich die polare Stufung und deren Instrumente: das Buch der Ehre und das Buch der Schande, die Ehrenbank und die Schand- oder Strafbank als Sanktionierungssystem in der Schule. Neben der Lokation werden Meritentafeln, Fleißbilletts u.ä. als Mittel der symbolischen

Zensierung verwendet.[1] Die polare Stufung wird aufgrund des die Pole trennenden Zwischenraumes zur Zonenstufung, die zum Ausgang einer dreifachen Klassifizierung wird.

– Die schriftliche Zonen-Zensur wird zum wesentlichen Bestandteil des Schulzeugnisses. Als kürzeste Zensurformel bieten sich für die Zonen Ziffern an. Nachdem bereits im 16. Jahrhundert auch sechsstufige Zoneneinstufungen vorgeschlagen worden sind[2], überwiegen noch lange die dreistufigen.

Abb. 79: Quartalszeugnis des Pädagogiums Illfeld von 1833 (vgl. BREITSCHUH 1979, S. 48)

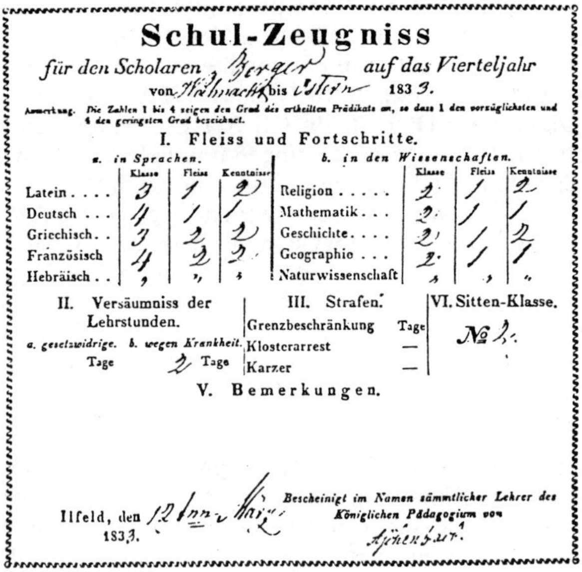

Schul-Zeugniss

für den Scholaren Berger *auf das Vierteljahr*
von Weihnacht bis Ostern 1833.

Anmerkung. *Die Zahlen 1 bis 4 zeigen den Grad des ertheilten Prädikats an, so dass 1 den vorzüglichsten und 4 den geringsten Grad bezeichnet.*

I. Fleiss und Fortschritte.

a. in Sprachen.	Klasse	Fleiss	Kenntnisse	*b. in den Wissenschaften.*	Klasse	Fleiss	Kenntnisse
Latein	3	1	2	Religion	2	1	2
Deutsch . . .	4	1	1	Mathematik . . .	2	1	1
Griechisch . .	3	2	2	Geschichte	2	1	2
Französisch	4	2	2	Geographie . . .	2	1	1
Hebräisch . .	"	"	"	Naturwissenschaft	"	"	"

II. Versäumniss der Lehrstunden.
a. gesetzwidrige. Tage *b. wegen Krankheit.* 2 Tage

III. Strafen.
Grenzbeschränkung Tage
Klosterarrest —
Karzer —

VI. Sitten-Klasse.
№ 2.

V. Bemerkungen.

Ilfeld, den 12 März 1833.

Bescheinigt im Namen sämmtlicher Lehrer des Königlichen Pädagogium von
Schönebaum.

Gegen Ende des 19. Jahrhunderts wird eine vierstufige Notenskala verwendet, so z.B. in Hamburg 1870: „vorzüglich“ (1), „gut“ (2), „genügend“ (3), „ungenügend“ (4) (vgl. DOHSE 1963, S. 50). Diese wird, indem zwischen „genügend“ und „ungenügend“ „mangelhaft“ eingefügt wird, zu einer fünfstufigen erweitert.[3] Es gibt eine steigende Tendenz zur breiteren Ausdifferenzierung der Be-

---

1 Je nach dem Wert einer erbrachten Leistung erhalten die Zöglinge „Billette des Fleißes“. Für 50 solcher Billette erhält der Schüler einen goldenen Punkt, für 50 goldene Punkte wird ihm der Orden des Fleißes verliehen (später wird der Schüler statt dessen zum Offizier erklärt, vgl. SALZMANN 1806, S. 113).

2 Die Societas Jesu ordnet 1599 einen alphabetischen Schülerkatalog an, in dem die Klassifikationen „optimus“, „bonus“, „mediocris“, „dubius“, „retinendus“, „rejiciendus“ anzuwenden sind. Diese „notae“ können auch durch Zahlen bezeichnet werden: 1, 2, 3, 4, 5, 6 (GESELLSCHAFT FÜR DEUTSCHE ERZIEHUNGS- UND SCHULGESCHICHTE, Bd. 5, Berlin 1908, S. 394).

3 1930 herrscht in deutschen Landen die fünfstufige Notenskala vor. In Baden wird eine sechsstufige verwendet. Völlig abweichend wird in Württemberg zensiert: „vor-

urteilungsskalen. Häufig werden 10- und 20-Punkte-Skalen anstelle der Noteneinstufung verwendet (vgl. Niederlande und Frankreich, ZIEGENSPECK 1973). In den USA waren 1970 bis zu 100 unterschiedliche Notensysteme in Gebrauch. Die breiter ausdifferenzierte Skala soll eine exaktere Leistungsbeschreibung zulassen (vgl. SOST 1926) und zur besseren Vergleichbarkeit beitragen (vgl. Normenbücher: KULTUSMINISTERKONFERENZ (KMK) 1975a; FLITNER/LENZEN 1977).[4] Entsprechend dieser Annahmen wurde denn auch eine breit differenzierende Punkteskala in der Ausbildungs- und Prüfungsordnung für die Oberstufe des Gymnasiums (APO-OStG) eingeführt (vgl. KULTUSMINISTER DES LANDES NORDRHEIN-WESTFALEN 1979). In einer Gesamtqualifikation werden die Leistungsbeurteilungen der Jahrgangsstufen 12 und 13 aufsummiert.:

„§ 29 (4) Als Gesamtqualifikation sind maximal 900 Punkte erreichbar, und zwar jeweils maximal 300 Punkte im Grundkursbereich, im Leistungskursbereich und im Abiturbereich. In der Gesamtheit der für die Zulassung anzurechnenden Grundkurse . . . müssen jeweils mindestens 100 Punkte erreicht sein. Ein Leistungsausgleich zwischen den drei Bereichen ist nicht möglich" (zitiert nach: SEBBEL/ACKER 1981, S. 90).

In einem Kurs können z.b. 15 Punkte erreicht werden; für die Punkte wird eine Notenäquivalenz angegeben (vgl. Tab. 33).

Bei der Festlegung inhaltsabhängiger Maßstäbe für die Abiturprüfung im Fach Mathematik soll gewährleistet sein, daß die in der folgenden Tabelle zusammengestellten Bedingungen in bezug auf Niveau, Intensitätsstufen des Wissens und prozentuale Verteilung der Bewertungspunkte erfüllt werden.

Tab. 32: Verteilung der Bewertungseinheiten

Lernzielkontrollebenen		Prozentsatz der Bewertungseinheiten	
Niveaubereich	Intensitätsstufen des Wissens	Leistungskurs	Grundkurs
I	Reproduktion von Überblicks- und Faktenwissen	30 %	50 %
	Reorganisation von Kenntnissen aus mehreren Teilgebieten		
II	Reorganisation von Wissen auf der Grundlage tieferen Verständnisses und komplexer Zusammenhänge	60 %	45 %
III	Transfer und problemlösendes Denken auf der Grundlage von I und II	10 %	5 %
	Sichere Beherrschung von Kenntnissen, Fähigkeiten und Einsichten beim Lösen neuer Probleme		

züglich" (8), „sehr gut" (7), „gut" (6), „befriedigend" (5), „genügend" (4), „nicht ganz genügend" (3), „ungenügend" (2) und „ganz ungenügend" (1) (vgl. DOHSE 1963, S. 59).

4 Zur Diskussion des meßtheoretischen Problemhintergrundes für eine mehr als sechsstufige Bewertungsskala in der Schule vgl. Kap. 8.2.

Die somit fixierten Anforderungen beziehen sich auf das Niveau der gesamten Prüfungsarbeit. Die einzelnen Aufgaben sollen jedoch in der Regel etwa gleich anspruchsvoll und gleich gewichtig sein. Abweichungen von mehr als 10 % von den festgelegten Prozentsätzen sollten nach Möglichkeit bei keiner Einzelaufgabe auftreten.

Tab. 33: Bewertungsschlüssel für die Notengebung (KULTUSMINISTERKONFERENZ 1975a, S. 17)

Erzielter Prozentsatz der erreichbaren Bewertungseinheiten	Note
100 - 86	sehr gut
85 - 71	gut
70 - 56	befriedigend
55 - 41	ausreichend
40 - 20	mangelhaft
19 - 0	ungenügend

Generell wird für alle Fächer die gleiche Bewertungsgrundstruktur festgelegt. Damit ist eine Grundstruktur vorgegeben, nach der Prüfaufgaben zu konstruieren sind. Unterschieden werden dabei Leistungen in den Bereichen Kennen, Verwenden, Urteilen, Reproduktion, Reorganisation und Transfer.

Die „Normenbücher" geben Beispiele der Konstruktion von Aufgabenstellungen nach diesem Muster. Damit wird in diagnostisch wohlmeinender Absicht die Grenze zur Didaktik überschritten, und sie geraten zu einem Instrument, das Didaktik und Unterricht gängelt. Es werden damit wiederum die gleichen Probleme wie zwei Jahrzehnte vorher in der curriculumtheoretischen Diskussion aufgenommen (vgl. FLITNER/LENZEN 1977).

Zur selben Zeit, als über die APO-OStG eine Gesamtqualifikation über eine Summe von 900 Punkten aus einer Vielzahl von Punkteskalen (15 Punkte je Kurs der letzten zwei Jahre plus der 300 Abiturpunkte) eingeführt wurde, die allerdings eine sechsstufige Notenäquivalenz hat, wurde für die Grundschule die Abschaffung der Ziffernzensur diskutiert und für die erste und zweite Klasse in den meisten Bundesländern schließlich auch verbindlich eingeführt. In der „Empfehlung zur Arbeit in der Grundschule" der KULTUSMINISTERKONFERENZ heißt es u.a.: „In der 1. und 2. Klasse ist eine allgemeine Aussage über die Leistungen eines Kindes im Hinblick auf das Ziel dieser Schulstufe bedeutsamer als die vorgeblich genaue Benotung der Leistungen in den einzelnen Teilgebieten des Unterrichts. In diesen beiden Klassen ist daher jeweils am Ende des Schuljahres eine allgemeine Beurteilung des Kindes in freier Form im Zeugnis zu erteilen" (KMK 1970, zitiert nach CHRISTIANI/MEIS 1979, S. 104). Dieser Empfehlung kommen zunächst einige Bundesländer nur zögernd nach (vgl. BURK 1979a).

Tab. 34: Synoptische Zusammenstellung der Notendefinitionen

Noten		I 1953	II 1966	III 1969	IV 1985
sehr gut	(1)	Mit Auszeichnung, wenn Leistungen durch Eigenart, Selbständigkeit u. Wissensumfang, Klarheit der Darstellung über "gut" erheblich hinausragen	wenn die Leistung weit über dem Durchschnitt liegt	wenn die Leistung den Anforderungen in besonderem Maße entspricht	wenn die Leistung den Anforderungen in besonderem Maße entspricht
gut	(2)	wenn Selbständigkeit des Denkens - Inhalt und Form merklich über dem Durchschnitt liegen	wenn die Leistung über dem Durchschnitt liegt	wenn die Leistung den Anforderungen voll entspricht	wenn die Leistung den Anforderungen voll entspricht
befriedigend	(3)	wenn tüchtige Leistungen des guten Durchschnitts vorliegen - bringt Zufriedenheit und eine gewisse Anerkennung zum Ausdruck	wenn die Leistung die Mindestanforderungen merklich übersteigt	wenn die Leistung im allgemeinen den Anforderungen entspricht	wenn die Leistung im allgemeinen den Anforderungen entspricht
ausreichend	(4)	wenn die Leistung im ganzen den Anforderungen entspricht - weder Lob noch Tadel	wenn die Leistung den Mindestanforderungen entspricht, aber unter dem Durchschnitt liegt	wenn die Leistung zwar Mängel aufweist, aber im ganzen den Anforderungen noch entspricht	wenn die Leistung zwar Mängel aufweist, aber im ganzen den Anforderungen noch entspricht
mangelhaft	(5)	wenn zwar nicht ausreichend jedoch ausreichende Grundlagen vorhanden sind und bei entsprechendem Fleiß die Mängel in absehbarer Zeit behoben werden können	wenn sie hinter den Mindestanforderungen zurückbleibt	wenn den Anforderungen nicht entspricht - die Mängel aber in absehbarer Zeit behoben werden könnten	wenn den Anforderungen nicht entspricht - die Mängel aber in absehbarer Zeit behoben werden könnten
ungenügend	(6)	wenn die Leistung völlig unzureichend ist und ohne eine gründliche Wiederholung des ganzen Lehrstoffs die Mängel in absehbarer Zeit nicht behoben werden können	wenn die Leistung weit hinter den Mindestanforderungen zurückbleibt	wenn selbst die Grundkenntnisse so lückenhaft sind, daß die Mängel in absehbarer Zeit nicht behoben werden können	wenn selbst die Grundkenntnisse so lückenhaft sind, daß die Mängel in absehbarer Zeit nicht behoben werden können

Erlaß-Auszüge aus den Ländern:

Baden-Württemberg
„ § 1 Schulbericht in Kl. 1 u. 2
(1) In den Klassen 1 und 2 tritt an die Stelle der Beurteilung durch Noten der Schulbericht. Im Schulbericht werden sachliche Feststellungen zu drei Bereichen getroffen: Verhaltensbereich – Arbeitsbereich – Lernbereich" (KULTUS & UNTERRICHT, 1977, zitiert nach BURK 1979a, S. 156; vgl. hierzu das Berichtszeugnis aus dem vorigen Jahrhundert, Abb. 78).

Nordrhein-Westfalen
– „Das Zeugnis ist als ‚Zwischenbilanz' zu verstehen ... (es soll als) Grundlage für das weiterführende Gespräch zwischen Eltern und Lehrer (dienen).
– Die allgemeinen Aussagen im Zeugnis müssen dem Konzept einer ermutigenden Erziehung entsprechen ...
– Es steht dem Lehrer unverändert frei, in welcher Form er ... seine Beobachtungen sammelt und auswertet ...
– Sowohl das pädagogische Tagebuch ... als auch andere Arten (der Aufzeichnung) sind Grundlage des Zeugnisses. In keinem Fall sind diese Unterlagen als Schulakte zu werten ... Sie dienen ausschließlich dem Lehrer ...
– Die Klassen 1 und 2 bilden eine pädagogische Einheit" (KULTUSMINISTER DES LANDES NW: RdErl. 22.3.77 – II A 1.36 – 6070 Nr. 850/77).

Während eine einzelne Zensur (auch als Ziffer) keineswegs sozial vergleichend sein muß, erfolgt durch die Bekanntgabe des Klassenspiegels sozusagen als sekundäre Zensierung ein sozialer Vergleich. Dieser Klassenspiegel gibt insbesondere dann, wenn bei der Zensierung nicht der klasseninterne Bezugsrahmen benutzt wurde, zusätzliche Informationen. Er trägt aber auch die Charakteristika der „symbolischen Zensur" des ausgehenden Mittelalters. Als Rückmeldung für SchülerInnen und Eltern zeigt er z.B. auf, daß eine Zwei eine sehr gute Zensur sein kann, wenn es keine Eins gibt. Mit einer Vier kann der Schüler noch im oberen Durchschnitt oder aber am Leistungsende der Klasse liegen. Solche Informationen können durchaus hilfreich sein, aber es bedarf der pädagogischen Einschätzung, wann sie wem zu geben sind. Sie dienen weder dem motivationspsychologischen Primat, noch fördern sie Begabungen und Möglichkeiten der SchülerInnen, die neben dem Leistungsschema liegen (vgl. FLITNER 1966; von HENTIG 1977).

Bis 1969 beziehen sich die Notendefinitionen auf den Durchschnitt der Leistungen in einer Schulklasse. Sie benutzen ein soziales (klasseninternes) Bezugssystem und sind deshalb Einstufungen in die soziale Bezugsnorm (vgl. Tab. 34). Seit 1969 sind die Notendefinitionen ausschließlich auf Kriterien des Schulunterrichts, auf „Anforderungen" bezogen. Dieser Wechsel zur kriterienbezogenen Norm hat weitreichende Folgen, die aber noch immer nicht durchgängig in der Beurteilungspraxis der LehrerInnen realisiert werden. Seit diesem Zeitpunkt können die Nachteile der sozialen Bezugsnorm, die vor allem darin liegen, daß von Anfang an Personenquoten feststehen, die auf die einzelnen Notenstufen entfallen, in der Schulklasse weitgehend umgangen werden. Die kriteriumsorientierte Notengebung ist quotenfrei.

8.2 Zensieren und Zeugniserstellung: Messen, Klassifizieren oder Beschreiben?

Die Zensur als Note kann einerseits als ordinale Messung aufgefaßt werden bzw. ordinale Messungen werden unter Aggregation[5] anderer Informationen auf die nominale Ebene transformiert. Sie ist dann Klassifikation. Auch aufgrund ihrer Entstehung und historischen Entwicklung muß sie als Klassifikationsverfahren aufgefaßt werden. In seinem Werk „Kriteriumsorientierte Tests" behandelt KLAUER (vgl. 1987) die gesamte lehr-/lernzielorientierte Informationserhebung (auch Tests) als Klassifikation. Aufgrund solcher Überlegungen soll im Zusammenhang mit der Zensur noch etwas ausführlicher auf Klassifikation und Beschreibung eingegangen werden.

– Klassifikation bezeichnet die Gruppierung von Elementen zu Klassen oder Typen. Sie wird dann zur Typologisierung. Handelt es sich dabei nicht um die Klassifizierung von Personen, sondern um eine Merkmalsgruppierung, dann spricht man auch von der Clusterbildung.

Abb. 80: Zusammenfassung von Elementen zu Typen (Cluster)
(KÜHN 1976, S. 10)

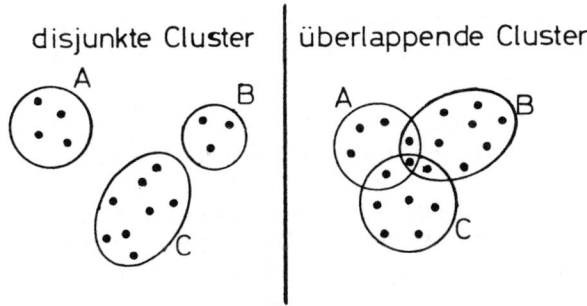

a) A – C disjunkte Elementencluster
b) A – C sich überlappende Elementencluster

Den so gebildeten Typenklassen können weitere Objekte oder Subjekte zugeordnet werden (Klassifikation analog dem Messen). In der Regel steht dann für die Klassifikation die Nominalskala zur Verfügung.

– Die Beschreibung von Situationen und Verhalten als mögliche Zeugnisalternative kommt wiederum nicht ohne klassifikatorische Begriffe aus, und sie kann zu einer multiplen aber auch einfachen Klassifikation verwendet werden.

Klassifikationen haben vor allem eine ökonomische Funktion (vgl. ZIEGLER 1973, S. 37). Sie vermindern den Kennzeichnungsaufwand. Darüber hinaus sollen sie Vor-

---

5 Wenn Daten mit unterschiedlichem Skalenniveau miteinander verarbeitet (analysiert) werden sollen, spricht man von Aggregation. In der Regel muß dabei die differenziertere Information der höheren Skalen aufgegeben werden.

hersagen ermöglichen. In ihrer kommunikativen Funktion dienen sie als komprimierte gutachterliche Stellungnahmen. Außerdem kann ihnen auch eine indikative Funktion zukommen, z.B. als Indikator für Therapien oder pädagogische Maßnahmen.

Aus diesen verschiedenen Funktionen der Klassifikation ergibt sich ihr zentraler diagnostischer Wert. Aufgrund ihrer genetischen Bedeutsamkeit — Klassifizieren kann als eine fundamentale Tätigkeit des Menschen betrachtet werden — ist sie immer schon vor der Messung existent.

— Klassifikation stellt gleichzeitig einen Grenzfall des Messens dar und kann in der schulischen Beurteilung generell Messen ersetzen (vgl. KLAUER 1987, S. 60 f).

Bei der Notengebung ist gemäß der Fragestellung und historischen Entwicklung immer Klassifizierung gefragt. Mit dem Benefizzeugnis wurde ein Schüler der für höhere Studien geeigneten Tauglichkeitsgruppe zugeordnet. Das Einjährigenzeugnis ordnet den Schüler in die Klasse der für das Offizierskorps Geeigneten ein. Soweit eine Rangordnung der Schüler vorgenommen wurde, diente diese ursprünglich nur dazu, eine Sitzordnung herzustellen (Lokation), die in Zonen aufgeteilt wurde. Diese Zonenstufung wiederum ist eine Klassifizierung in zwei, drei oder mehr Klassen. Auch die Notendefinitionen von heute (vgl. Tab. 34) stellen sechs Leistungsklassen dar, in die die SchülerInnen eingestuft werden. Somit kann die Notengebung nach wie vor von ihrer Fragestellung her auch als Klassifizierung aufgefaßt werden. Die einfachste Form der kriterienorientierten Klassifizierung ist die Zuordnung der Schüler zu zwei nominalen Klassen in „Ziel erreicht" (Könner) und „Ziel nicht erreicht" (Nichtkönner; vgl. KLAUER 1982a, S. 60 f).

Von großer Bedeutung bei solchen Klassifikationen ist der geforderte Kompetenzgrad. Hierunter wird eine numerisch festgelegte Norm verstanden, die erreicht werden soll. Es gibt eine größere Anzahl von Versuchen zur Objektivierung dieser Norm. Eine solche Leistungsnorm kann nicht empirisch festgesetzt werden (vgl. TROMMSDORFF 1984), mit welchen statistischen Verfahren man auch immer versuchen mag, zulässige Fehlertoleranzen zu bestimmen. Es handelt sich immer um abgeleitete oder um gesetzte Normen. Abgeleitete Normen nehmen Bezug auf späteres Lernen, das von vorausgehendem Lernen abhängig ist. Sie können nur dort verwendet werden, wo die entsprechende empirische Forschung schon geleistet ist (vgl. KLAUER 1982a).

Die Festsetzung des Kompetenzgrades durch die Angabe der zulässigen Fehlertoleranzen ist das einfachste Verfahren. Angestrebt wird eine völlige Beherrschung des Lernzieles, das heißt eine Lösungswahrscheinlichkeit von $p = 1,00$ ($= 100\%$). Der Kompetenzgrad (K) ist dann ebenfalls $K = 1,00$. Da nun auch bei „Ziel erreicht" gelegentlich mit Fehlern gerechnet werden muß, wird eine Fehlertoleranz f eingeführt, also:

$$K = 1 - f$$

Die Festsetzung der Fehlertoleranz ist nun prinzipiell beliebig. Allerdings liegt es nahe, sich hierbei an andere, bereits in der Pädagogik oder Psychologie eingeführte Konzepte anzulehnen. Man wählt z.B. ein 5 oder 10 % Niveau

$$K = 1 - 0,1 = 0,9 = 90\%$$

für die vollständige Zielerreichung (andere anspruchsvollere Verfahren beschreibt KLAUER 1987, S. 62 f).

Die Güte der Entscheidung hängt natürlich nicht nur von den zufälligen Fehlern, die bei „Ziel erreicht" gemacht werden, sondern auch von der Güte der Aufgaben ab. Wenn zum Beispiel bei zehn Aufgaben eine dabei ist, die häufig von der „Ziel-erreicht-Gruppe" nicht oder falsch gelöst wird, dann beeinträchtigt diese Aufgabe, solange sie nicht eliminiert ist, natürlich formal die Fehlertoleranzbreite. Geht man davon aus, daß die in der täglichen Unterrichtspraxis verwendeten Aufgaben oft nicht optimal sind, dann läßt sich von dort aus eine erweiterte Fehlertoleranz von $f = 0{,}15$ oder $f = 0{,}2$ diskutieren. Verfährt man in dieser Weise, nimmt man allerdings einen höheren Fehler 2. Art (ß) in Kauf (vgl. Grenzwerte), das heißt es werden möglicherweise einige SchülerInnen, die das Ziel nicht erreicht haben, fälschlicherweise als Zielerreicher eingestuft. Die Frage ist, ob ein solches Vorgehen aus pädagogischer Sicht toleriert werden kann. Die Problematik wird hier nur grundsätzlich am Beispiel einer Zweierklassifikation in „Ziel erreicht" und „Ziel nicht erreicht" diskutiert. Für eine Mehrfach-Klassifizierung bietet sich sequentielles Testen an (vgl. HERBIG/ERVEN 1975).

In diesem Zusammenhang muß noch auf die Frage eingegangen werden, ob bei Beurteilungen einer wenigstufigen Noten- oder einer breit differenzierenden Punkteskala der Vorrang gegeben wird. In der Literatur ist von Zeit zu Zeit immer wieder ein Diskussionsbeitrag zur Ablösung der fünf- bzw. sechsstufigen Notenskala durch eine breiter differenzierende Punkteskala zu beobachten. Es werden 10-, 20- oder auch 100-Punkte-Skalen zur Quantifizierung von Lernleistungen zur Diskussion gestellt. Augenscheinlich hat der Lehrer mehr Möglichkeiten, gerechter zu beurteilen, wenn ihm eine entsprechend breit streuende Punkteskala statt der Notenskala zur Verfügung steht.

Wie sieht es nun faktisch mit der genaueren, gerechteren Beurteilung aus?

Es wird angenommen, daß die Informationserhebung, die zur Beurteilung erfolgt, in recht hohem Maße objektiv ist und eine noch brauchbare Zuverlässigkeit vorliegt ($r_{tt} = 0{,}80$). Bei einer Punkteskala von 100 ist, falls es sich um eine Intervallskala handelt, eine Streuung von zehn festzusetzen. Der Standardmeßfehler beträgt dann 4,5. Das ergibt unter der Bedingung, daß man eine 5 %ige Irrtumswahrscheinlichkeit zubilligt, einen Vertrauensbereich (VB) von 17,5 Skalenpunkten (vgl. auch „Vertrauensbereiche", Kap. 6.3.2).

Bei der Zuteilung zweier Beurteilungsmarken (Noten) an zwei verschiedene SchülerInnen sollte gewährleistet sein, daß beide Noten auch unterschiedliche Leistungen ausdrücken „können". Dazu sollten sich die VB unterschiedlicher Beurteilungswerte (Noten) nur äußerst selten überschneiden. Für solche Aussagen ist demnach bei brauchbarer Zuverlässigkeit und deren Berücksichtigung im Beurteilungsverfahren nicht mehr als eine höchstens sechsstufige Skala zu benutzen. (vgl. Abb. 81).

Sollten die Beurteilungswerte auf dem 5 %-Niveau tatsächlich unterschiedliche Leistungen darstellen, so sind bei der Güte gebräuchlicher Beurteilungsverfahren alle stärkeren Differenzierungen nur Produkte, die nicht weiterfüh-

Abb. 81: 100-Punkte-Standardskala, Aufteilung in Abschnitte von Vertrauensbereichs-
breite (VB 5 % und 32 %) unter Berücksichtigung zweier Zuverlässigkeits-
niveaus

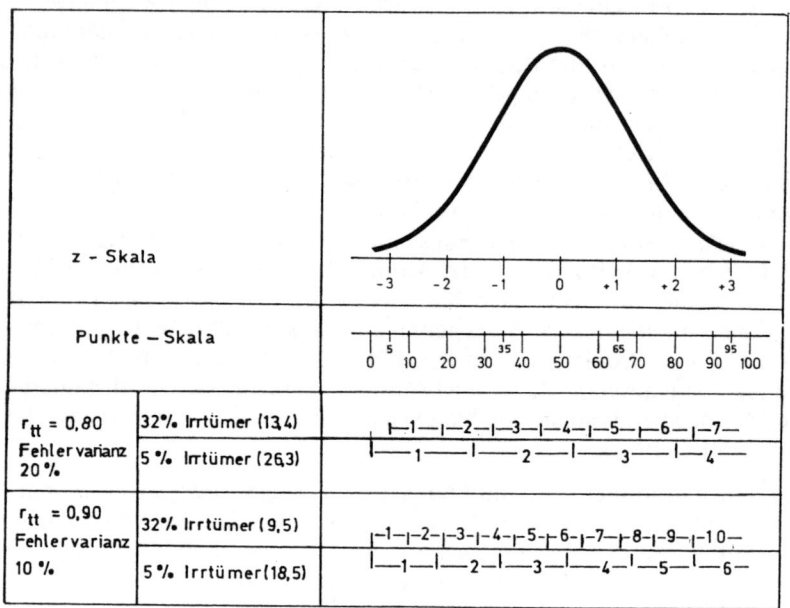

ren. Der Effekt einer solchen Skala könnte im Extremfall bei einer Individual-
beurteilung sein, daß sich die Beurteiler und die Adressaten über die realen
Differenzierungsmöglichkeiten des verwendeten Verfahrens hinwegtäu-
schen, daß sie sich also in eine ungerechtfertigte Sicherheit steigern. Unter no-
mothetischen Gesichtspunkten, das heißt in der Forschung, würde dagegen
die breiter differenzierende Skala Sinn machen.

8.3 Modelle für Zensierung

8.3.1 Konventionelle Praktiken

Je nach Fach und zugrundegelegter Bezugsnorm haben sich unterschiedliche
Praktiken für die Zensierung entwickelt: die holistische, die Rangier- und die
Punktwertpraxis. In den Beispielen Abb. 83 – 85 soll die Fragwürdigkeit der
Notengebung aufgrund solcher Praktiken und der dahinter stehenden Annah-
men aufgezeigt werden.

— *Holistische Praxis (Sortierpraxis):*
  Die holistische Praxis ist ausschließlich werkorientiert. Sie beginnt mit einer
  Zweier-Klassifizierung, in der fragliche Leistungen oder Grenzarbeiten aussortiert

werden. Eine alternative Möglichkeit bildet die Dreier-Klassifizierung in gute, mittelmäßige und schlechte Arbeiten. Aus der Dreierklassifizierung werden manchmal noch positive (D) und negative (M) Arbeiten ausgesondert (Abb. 83, 3). Beim holistischen Verfahren wird häufig auf explizite Kriterien verzichtet. Bei späteren Nachfragen können zwar meist auch Kriterien genannt werden. Grundlage hierfür bleibt aber das ganzheitliche Gespür des Experten (vgl. holistische Bezugsnorm).

Abb. 82: Gruppierung von Arbeiten nach dem holistischen Konzept

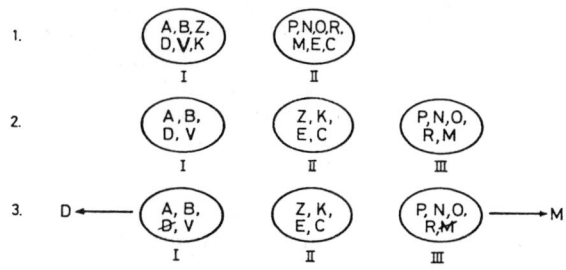

Quoten für die einzelnen Stapel (Güteklassen) gibt es nicht. So brauchen z.B. bei einer bestimmten Arbeit auch nur zwei Güteklassen vorzukommen (das Vorhandensein lediglich einer Güteklasse scheint ein echter Grenzfall zu sein, denn diese Praxis ist eine Sortierpraxis und im Grundkonzept auf mindestens zwei Güteklassen angewiesen).

— *Rangierpraxis:*

Die Rangierpraxis ist gruppenorientiert, verwendet also ein klasseninternes Bezugssystem (soziale Bezugsnorm). Sie bringt die Arbeiten in eine Rangreihe. Für diese Praxis braucht man vorher keine expliziten Kriterien festzulegen. Der Beurteiler kann noch beim Lesen einen kleinen Kriterienkatalog entwickeln (Übergang von der holistischen Werkorientierung zur Kriteriumsorientierung). Die meisten Arbeiten sind bei dieser Verfahrensweise zweimal zu lesen. Das erste Lesen dient dem Auffinden interner oder definierter Kriterien und einer Vorsortierung, das zweite zur Herstellung der endgültigen Rangreihe.

Abb. 83: Gruppierung von Arbeiten nach der Rangierpraxis

Arbeiten:	D	U	B	A	K	M	C	O	N	V	R	S
Ränge:	1.	2.	3.	4.	5.	6.	7.	8.	9.	10.	11.	12.
Noten: I	1		2		3		4		5		6	
II	1		2			3			4		5	6

D — S: Schülerarbeiten;
I: Gleichverteilung der Noten;
II: Besondere Gewichtung der Mitte bei der Notenvergabe.

Die erstellte Rangreihe (D — S in Abb. 83) gibt eine breite Differenzierung vor. Doppelt besetzte Ränge sind nicht vorgesehen. Die erstellte Rangreihe wird dann in die Notenskala überführt. Bei der numerisch vorliegenden Breite der Differenzierung wird dabei die Notenskala auch voll ausgeschöpft. In dem originären Rangierverfahren erfolgt dieses über die Gleichverteilung (vgl. I in Abb. 83). Die Notenbereiche werden dann wie eine Rangreihe benutzt, bei der die je nach Gruppengröße mehr oder weniger lange Reihe auf sechs Rangplätze verkürzt wird. Nimmt man die Notendefinition (insbesondere vor 1969) hinzu, so darf eine Eins niemals so häufig auftreten wie eine Zwei; sie stellt ein mehr seltenes Ereignis dar (vgl. II, Abb. 83). In jedem Falle führt die reine Rangierpraxis zu einer Quotierung für die einzelnen Notenklassen. Die ungleiche Gewichtung einzelner Notenstufen entspricht auf der anderen Seite der Ordinalskala (Rangskala), denn die Abstände sind in jedem Fall ungleich. Der Schwerpunkt muß allerdings nicht in der Mitte liegen.

Trotz der formalen Exaktheit ist die Praxis höchst fragwürdig. Sie ist nicht zielbezogen, im Extremfall könnten alle Schüler ein Lernziel erreicht haben. Bei der anschließenden Verwendung der sozialen Bezugsnorm wird dann eine breite Differenzierung künstlich hergestellt. In Abb. 84 sehen wir daher auch, daß die Arbeiten von M (Note 3 in Abb. 83) und C (Note 4 in Abb. 83) tatsächlich gleich sind.

Abb. 84: Ordinalskala (zu dem Beispiel in der Abbildung 83 passend)

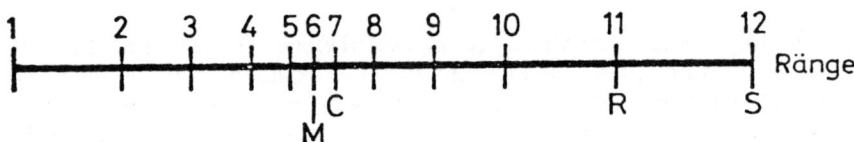

— *Punktwertpraxis:*
Bei der Punktwertpraxis sind in der Regel vorausdefinierte Kriterien festgelegt, die durch Punktwerte gewichtet werden. Es handelt sich somit zumindest um ein teilstandardisiertes Verfahren. Solange es sich nicht um eine vollstandardisierte Aufgabensammlung (erprobter Test) handelt, bleibt die zu gewinnende Information eine ordinale, für die die Ordinalskala angemessen ist. In den selteneren Fällen (vgl. Normenbücher für die Oberstufe der Gymnasien) werden die Punkte bis hin zum Zeugnis als eine Punktezensierung mitgenommen. In der Regel dienen die Punktwerte nur als Grundlage für eine unmittelbare Klassifizierung.

Abb. 85: Beziehung zwischen Punktwerten und Notenskala

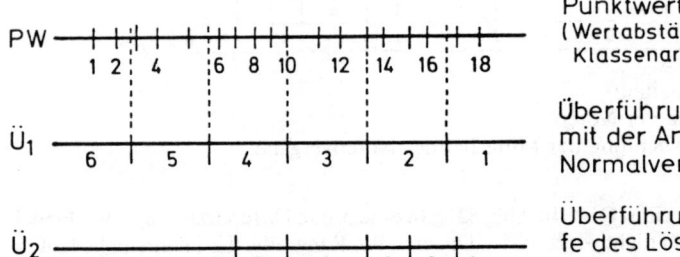

$\ddot{U}_2$ ist die angemessenste Übertragung (vgl. Mathematische Modelle)

Das Problem ist, daß wir nie wissen, wie die Abstände zwischen den einzelnen Punkten sind. Hier können nur lehrzielorientierte Tests eine Lösung bringen; die minimalste Forderung ist ein informeller Test. In jedem anderen Fall ist eine Grobklassifizierung dem Meßinformationsstand angemessen. Wenn bei der Punktwertpraxis die quantifizierte Information nicht über die Rangskala weiterverarbeitet wird (Rangierpraxis), ist gemäß der Technik für lehrzielorientierte Tests eine klare kriteriumsorientierte Grenzwertbestimmung notwendig.

8.3.2 Mathematische Modelle

Unter den Bedingungen eines binomialen Ansatzes (vgl. KLAUER 1987, S. 141 f) sind unterschiedliche mathematische Zensierungsmodelle entwickelt worden, von denen zwei hier vorgestellt werden sollen. Mit ihnen kann eine „objektive" Zensur ermittelt werden.

Für die im Laufe einer Zeugnisperiode durchgeführten Tests oder für eine Punktwertzahl aus einem lehr-/lernzielorientierten Test kann mit Hilfe einfacher Regeln von allen LehrerInnen die jeweils gleiche Note erstellt werden. Die mathematischen Zensierungsmodelle stellen Sätze solcher Regeln dar.[6]

Liegen von einem Schüler mehrere Ergebnisse eines lehrzielorientierten Tests mit Zweier-Klassifikation (Könner/Nichtkönner) vor, so können diese Ergebnisse nach folgenden Regeln in eine sechsstufige Notenskala überführt werden (vgl. KLAUER 1972):

$$\text{Note} = 6 - \frac{5r}{s}$$

$r = $ Zahl der bestandenen Tests,
$s = $ Zahl der bearbeiteten Tests,
$\frac{r}{s} = $ Prozentsatz bestandener Tests

Beispiel: Die Schülerin hat sechs von acht Tests bestanden:

$$\text{Note} = 6 - \frac{5 \times 6}{8} = 2{,}25$$

Das Ergebnis der o.g. Gleichung entspricht der Note „gut". HERBIG (vgl. 1974) entwickelte das erste Zensierungsmodell, das auch Meß- und Entscheidungsfehler berücksichtigt. In seinem Verfahren werden zwei Grenzwerte, je einer für eindeutige Klassen: „Ziel erreicht" und „Ziel nicht erreicht", gesetzt. Das heißt es werden die unteren Zielmarken für eine Eins und eine Vier festgesetzt. Bei „Ziel nicht erreicht" wird noch unterschieden in diejenigen, die aus der Lerngruppe (Schulklasse) herausfallen (Note 6), und diejenigen, denen man zutraut, daß sie ihre Lücken parallel zu den übrigen fortschreitenden Lernprozessen füllen können (Note 5). HERBIG testet dabei nur den α-Fehler, das heißt er achtet darauf, daß möglichst kein „Ziel erreicht" zu der Klasse

---

6 Hier werden nur einige Beispiele ohne ausführliche Ableitungen dargestellt, für nähere und weiterreichende Information siehe KLAUER (1987, S. 187 f).

der „Ziel nicht erreicht" gruppiert wird. Da er den anderen Entscheidungsfehler (ß) unberücksichtigt läßt, besteht die Möglichkeit, daß Schüler zu gut beurteilt werden. HERBIG betrachtet dabei die Transformationsskala als eine kontinuierliche Skala, auf der jede dezimale Note möglich ist.

Dieses Modell wurde mehrmals verbessert. LÜHMANN (vgl. 1980) verwendet ein diskretes Zensierungsmodell und berücksichtigt den ß-Fehler, den er für verschiedene Noten unterschiedlich gewichtet. So wird von ihm z.B. einer unberechtigt gegebenen Vier doppelt so viel Gewicht beigemessen wie einer unberechtigt gegebenen Fünf. LINDNER (vgl. 1980) dagegen setzt α- und ß-Fehler gleich. Beide hier genannten Modellvarianten gehen von einer fünfstufigen Notenskala aus.

Besonders anwenderfreundlich ist die Zensierungsmodellvariante von KLAUER (vgl. 1987). KLAUER legt die sechsstufige Notenklassifikation zugrunde, betrachtet diese als eine kontinuierliche Skala, hält α- und ß-Fehler gleich und verlangt vom Anwender lediglich die Bestimmung des Prozentsatzes der in einer Erhebung gelösten Aufgaben.

Ein Schüler/eine Schülerin hat von 30 gestellten Aufgaben 24 (= 80 %) richtig gelöst. Laut Tab. 35 erhält er/sie damit die Note 3.

Tab. 35: Transformationstabelle, um aus dem Lösungsprozentsatz die „wahre Note" zu bestimmen (vgl. KLAUER 1987, S. 295: Zensierungsmodell über die Pi-Skala)

%	Note	Pi	%	Note	Pi
99,5	0,5	3,0001	79	3,1	2,1885
99,2	0,6	2,9689	77,5	3,2	2,1573
98,9	0,7	2,9377	76,5	3,3	2,1261
98,6	0,8	2,9065	75	3,4	2,0949
98,2	0,9	2,8752			
97,8	1,0	2,8440	74	3,5	2,0637
			72	3,6	2,0325
97,3	1,1	2,8128	71	3,7	2,0012
96,8	1,2	2,7816	69,5	3,8	1,9700
96,2	1,3	2,7504	68	3,9	1,9388
95,6	1,4	2,7192	66,5	4,0	1,9076
95	1,5	2,6880	65	4,1	1,8764
94	1,6	2,6567	63,5	4,2	1,8452
93,5	1,7	2,6255	62	4,3	1,8140
93	1,8	2,5943	60,5	4,4	1,7827
92	1,9	2,5631			
91	2,0	2,5319	59	4,5	1,7515
			57,5	4,6	1,7203
90	2,1	2,5007	56	4,7	1,6891
89	2,2	2,4695	54	4,8	1,6579
88	2,3	2,4382	53	4,9	1,6267
87	2,4	2,4070	51	5,0	1,5955
86	2,5	2,3758	50	5,1	1,5642
85	2,6	2,3446	48	5,2	1,5330
84	2,7	2,3134	46,5	5,3	1,5018
83	2,8	2,2822	45	5,4	1,4706
82	2,9	2,2510			
80	3,0	2,2197			

Der obere Grenzwert (Pi_o) und der untere Grenzwert (Pi_u) werden normativ festgelegt. Pi_o setzt KLAUER auf $3,000_z$. Diesem Wert wird die Note 0,5 zugeordnet. Die untere Grenze (Pi_u) setzt KLAUER auf 59 % (1,7515). Diese Grenze wählt er, weil in der umfänglichen Praxis der USA (dort wurden solche Verfahren zuerst verwendet) sich als Zielmarke für „eben noch bestanden" ein Lösungsprozentsatz von 60 % bewährt haben soll. Für das Lösungsverhalten 59 % setzt KLAUER die Note 4,5. SACHER (vgl. 1984) hat die Zielmarken anders gesetzt und dazu ebenfalls Tabellen veröffentlicht (vgl. auch BEINER/NIERMANN 1982, S. 213 f). Über solche Zensierungsmodelle lassen sich über die Notenfestsetzung hinaus auch der Vertrauensbereich einer Note, der signifikante Unterschied zwischen zwei Noten und die Wahrscheinlichkeit der vollen Erreichung des Lehrzieles bestimmen (vgl. hierzu KLAUER 1987, S. 204).

8.4 Die „gerechte" Zensur

Eine Beurteilung als Zensur ist nicht nur von der Urteilsfähigkeit des Lehrers, den Kriterien, dem „Meßinstrument" und dem Wissen, Können und Urteilen der SchülerInnen, sondern auch vom Bezugsrahmen und dem Modell, nach dem die Zensur als Index einer sekundären Skala festgesetzt wird, abhängig. In den vorangegangenen Kapiteln wurden immer wieder Möglichkeiten, die Zensur objektiver zu machen, diskutiert. Bei dem zuletzt vorgestellten Ansatz nach der Festsetzung einer Ober- und einer Untergrenze wurden die Noten nach einem mathematisch exakten Modell bestimmt. Mit diesen wird die „wahre Note" geschätzt, sie führen zur objektiven Zensur. Diese Sprache kann einen Laien, das heißt hier einen Nicht-Diagnostiker, also auch einen Lehrer, irreführen. Das Modell ist meßtheoretisch exakt mathematisch abgeleitet und begründet. „Wahre Note" bedeutet aber nur: Es erfolgt eine Schätzung, die die nicht-systematischen Fehler („errors") berücksichtigt und — obwohl mit einem exakten Modell bestimmt — im umgangssprachlichen Sinne gerade keine exakte Notenangabe darstellt, sondern lediglich eine Wahrscheinlichkeitsaussage.

„Objektive Zensur" heißt weiter nichts, als daß außer der konventionellen oder subjektiven Setzung der Eckwerte (dies kann ein erheblicher subjektiver Einfluß sein) die Festsetzung der Ziffernzensur ohne irgendwelche Einflüsse des Beurteilers rein objektiv erfolgt; es sagt überhaupt nichts über die Güte der vorangegangenen Informationserhebung aus. Der Gewinn der Pädagogik beim Anwenden solcher Modelle liegt in der Bestimmung der Note als Wahrscheinlichkeitsaussage und aller daraus hervorgehenden Folgerungen und Probleme. Die „objektive Zensur" ist eine formal gut begründete Verteilungspraxis, die deshalb noch lange nicht gerecht sein muß. Ein Schüler/eine Schülerin hat von 30 Aufgaben 18 gelöst, das entspricht einem Lösungsprozentsatz von 60 %. Bestimmen wir nun die Note nach dem mathematischen Modell von KLAUER über die Pi-Tabelle, so erhält man die Note 4,4. Das ist fast „mangelhaft", aber eben nur eine Wahrscheinlichkeitsaussage. Innerhalb desselben Modells läßt sich nun bestimmen, mit welcher Wahrscheinlichkeit der Schüler das Lehrziel noch erreicht hat (vgl. KLAUER 1987, S. 204). Das heißt wir verwenden den Pi-Wert für eine lehrzielorientierte Klassifikation und stellen fest, daß mit der Note 4,4 noch eine 12 %ige Wahrscheinlichkeit besteht, das gesetzte Ziel erreicht zu haben.

Die objektive Zensur kann eine gerechte Zensur sein, wenn die vorangegangene Informationserhebung die Bedingungen für eine gerechte Zensur erfüllt. Bedingungen für eine gerechte Zensur sind:
— die kontrollierte Subjektivität als Ersatz für die nicht erreichbare Objektivität,
— die Beachtung der diagnostischen Fairneß,
— die Beachtung der ökologischen Validität.

Aus den drei Forderungen läßt sich neben der Reflexion des Urteilsverhaltens beim Beurteiler die Beteiligung der Schüler nicht nur als Objekt, sondern auch als Subjekt im Beurteilungsprozeß und an der Festsetzung der Zensur ableiten.

— Zur kontrollierten Subjektivität ist es notwendig, die vorgefundene Realität als eine Bündelung von Realitätsperspektiven aus verschiedenen Positionen zu begreifen und deshalb die Interpretationen (I-, P-, Z-Information) aus diesen Positionen bei einer Urteilsbildung zu berücksichtigen.
— Die I-Information ist in solchen Beurteilungssituationen die Interpretation und damit die Beurteilung des Schülers selbst (SSB). Schülerselbst- und Schülermitbeurteilungen sind in den Beurteilungsprozeß aufzunehmen, wenn eine gerechte Zensur angestrebt wird.
— Unter dem Kriterium der Fairneß hat der Lehrer das, was tatsächlich in der Klasse vermittelt wurde, was dem Schüler im Unterricht angetragen wurde, zum Maßstab für die Beurteilung zu machen. Er hat den individuellen Lernprozeß und die Lebens- und Lernsituation des Schülers zu berücksichtigen.
— Hierzu bedarf es der Dokumentation des Unterrichts und der individuellen Lernfortschritte der Schüler im pädagogischen Tagebuch und des Gesprächs mit dem Schüler und seinen Eltern oder anderen Partnern (P-Information).
— Auf der Basis des o.a. werden auch die Forderungen ökologischer Validität erfüllt.

Hieraus ergibt sich nicht, daß eine „gerechte" Zensur keinerlei Vergleichsmöglichkeiten mehr zuließe — es ergibt sich allerdings zwingend, daß die „gerechte" Zensur nicht nur aus einer Ziffer bestehen kann, sondern immer eine zusammengesetzte Zensierung sein wird, die die Form eines Zeugnisberichtes annimmt. Bei der „gerechten" Zensur steht die individuelle Bezugsnorm im Vordergrund und nicht der soziale Vergleich. Deshalb können trotzdem Aussagen über das Verhältnis zu bestimmten Zielebenen und zu Bezugsgruppen gemacht werden.

8.4.1 Schülerpartizipation am Beurteilungsprozeß

Schüler können in vielfältiger Weise am Beurteilungsprozeß teilnehmen, sie können ihn von der Informationssammlung bis zu den Entscheidungen mitbestimmen. Schülerselbstbeurteilung (SSB) und Schülermitbeurteilung (SMB) sind nicht grundsätzlich zu trennen. Generell bleibt Schülerbeurteilung im schulischen Beurteilungsprozeß innerhalb der Verantwortlichkeit der LehrerInnen. SchülerInnen können im Gesamtprozeß nur mitwirken.

Nicht nur im Beurteilungskontext, sondern auch bei der SSB/SMB treffen pädagogische und diagnostische Forderungen hart und unvermittelt aufeinander.

Die pädagogische Seite:
Mündigkeit und Mitbestimmung sind oberste pädagogische Leitziele. Beteiligung an der Planung des Unterrichts, Selbständigkeit und Eigenverantwortlichkeit sind Aktivitäten auf dem Weg dahin. Kritik und Urteilsfähigkeit sind weitere Ziele, die eingeübt werden sollen. Auch Selbstkritik und realistisches Einschätzen der eigenen Möglichkeiten liegen – insbesondere und spätestens seit der Reformpädagogik der zwanziger Jahre – im pädagogischen Zielhorizont. SchülerInnen sollen ihre Arbeiten selbstkritisch beurteilen lernen, und Arbeitsmittel für den Unterricht müssen so beschaffen sein, daß die Lernenden die eigenen Arbeiten und die daraus entstehenden Produkte auch selbst auf ihre Richtigkeit hin kontrollieren können (vgl. MONTESSORI 1922; PETERSEN 1936/1963). Darüber hinaus sollen die SchülerInnen zur kritischen Urteilsfähigkeit auch gegenüber ihrer eigenen Arbeit ermutigt werden. Hierzu dienen in der FREINET-Pädagogik die Qualifikationen („brevets", vgl. FREINET 1979; ein Beispiel ist auch in DIETRICH 1982, S. 102 zu finden). Es gibt also eine Vielzahl besonderer und stringenter pädagogischer Argumente für die Selbst- und Mitbeurteilung durch die SchülerInnen.

Die diagnostische Seite:
Nach den über mehrere Generationen anhaltenden Bemühungen, die Schülerbeurteilung objektiver und gültiger zu machen, muß der Vorschlag zur Schülerselbstbeurteilung zunächst überraschen. Sollen jetzt neben der ohnehin schon unzureichenden Objektivität und Zuverlässigkeit noch subjektive Betroffenheit, fehlende Selbstdistanz bei den SchülerInnen, bewußte bis unbewußte Manipulationen als zusätzliche Fehlerquellen in Kauf genommen werden? Es ist zu diskutieren, inwieweit diese neuen zusätzlichen Fehlerquellen kontrolliert werden können, inwieweit sie vielleicht sogar zu vernachlässigen sind. Es steht außer Frage, daß Schülermitbeurteilung die ökologische Validität erhöht und auch im Sinne kontrollierter Subjektivität einen Beitrag liefern kann. Ein weiterer Punkt ist die Möglichkeit der breiteren Informiertheit des Lehrers bei der Schülermitbeurteilung. Selbstdiagnosen erlauben, Daten von allen SchülerInnen zur gleichen Zeit zu sammeln, wodurch man sich schnell ein umfassendes Bild über bestimmte Vorgänge machen kann. „Wir glauben insgesamt, daß Selbstdiagnosemöglichkeiten zu Unrecht vernachlässigt werden" (WAHL/WEINERT/HUBER 1984, S. 343). Sie könnten einen Ansatz zur gerechteren Zensur darstellen.

Trotz der pädagogischen Relevanz und der diagnostisch-konstruktiven Argumente ist die Beurteilungspraxis bisher kaum auf die Möglichkeit der Schülerbeteiligung eingegangen. WAHL/WEINERT/HUBER (vgl. 1984) sehen als zentralen Grund hierfür mangelnde Erfahrungen mit diesen Möglichkeiten bei den LehrerInnen. Selbst sich als basisdemokratisch verstehende pädagogische Institutionen, wie z.B. die Odenwaldschule, überlassen die LehrerInnen bei der Beurteilung der Isolation und „Autorität", und die SchülerInnen, die sonst mit vielfältigen Mit- und Selbstverantwortlichkeiten bedacht und immer wieder als Subjekte gefragt sind, werden in Beurteilungssituationen zu Objekten (vgl. SCHLEGELMILCH 1963, S. 68 f; EDELSTEIN 1967, S. 84 f). Aus einer Befragung an 30 Schulen in NRW in 98 Klassen (befragte Personen: 2833 Schüler, 477 Lehrer, 473 Eltern, zusätzlich 182 Studenten) von STELTMANN (vgl. 1977) geht hervor, daß in Schulen allgemein ein großer Wunsch zur Mitwirkung der Schüler an der Beurteilung besteht.

Tab. 36: Mitwirkung der Schüler an der Zensurengebung (STELTMANN 1977, S. 92)

	Lehrer	Schüler	Studenten
Sollten Schüler bei der Notengebung mitwirken?	76,4 %	75,3 %	93,4 %
Sollten sie auch mitentscheiden?	32,7 %	49,6 %	57,1 %
Wird die Mitwirkung bei der Notengebung in Deiner Schule praktiziert?	92,8 %	35,5 %	97,2 %

In bezug auf die Mitwirkung sind die Wünsche bei LehrerInnen und SchülerInnen gleich hoch. Ein Drittel der LehrerInnen und die Hälfte der SchülerInnen plädieren für das Mitentscheiden bei der Zensierung. Über die bestehende Praxis gehen die Meinungen weit auseinander. 93 % der LehrerInnen behaupten, daß die Mitwirkung bereits praktiziert wird, hingegen stimmen nur 36 % der SchülerInnen aus den gleichen Klassen dieser Meinung zu. Es gibt kein einheitliches Mitwirkungskonzept. In mehr als 50 % der Fälle wird zwar behauptet, die Mitwirkung sei bereits Unterrichtspraxis, kann aber von den Betroffenen nicht als solche erkannt oder akzeptiert werden.

In der pädagogischen Psychologie liegt bereits eine größere Anzahl von Untersuchungen zum Thema Selbstbeurteilung vor. Die älteren Arbeiten bis 1970 befassen sich mit dieser Thematik fast ausschließlich unter dem Aspekt des Mogelns (vgl. FINKENBINDER 1933; HETHERINGTON/FELDMANN 1964; BURCH 1968; HILL/KOCHENDORFER 1969; BURKE 1969). In diesen Untersuchungen wird aufgezeigt, daß — allerdings nicht nur bei Selbstbeurteilung — ganz bestimmte Rahmenbedingungen in bestimmter Weise und bestimmtem Ausmaß zum Mogeln führen (vgl. CHRISTMANN 1978). Die Untersuchungen seit 1970 sind mehr auf die Herausarbeitung positiver Effekte von Schülerselbstbeurteilung ausgerichtet, die die Situation des einzelnen Schülers bzw. der Klasse verbessern.

Schülerselbstbeurteilung bietet günstige Bedingungen dafür, daß
— die Anforderungen für die SchülerInnen durchschaubarer werden,
— sie bei der Festlegung der Art einer Klassenarbeit beteiligt werden,
— sie sich besser auf die Lern- und Prüfsituation einstellen können und

— ihnen durch klarere Vorstellungen über die Leistungsmaßstäbe die festgelegten Anforderungen eher erreichbar erscheinen.

Hierdurch werden Lerneifer und -erfolg erhöht (vgl. NICKEL 1968; KAISER 1970; KNOF 1976). DUHMKE (vgl. 1977) berichtet von zunehmender Motivation der SchülerInnen, wenn sie ihre Aufgaben in der Klassenarbeit wiederfinden. Keine Leistungsunterschiede fanden BRADY/RICKARDS/FELKER (vgl. 1975). Bei DAVIS/RAND (vgl. 1980) trat eine leichte Tendenz zum Leistungsnachteil der Schülerselbsbeurteilungs-Gruppe auf. In bezug auf die Lernleistungskontrollen führte die Beteiligung der SchülerInnen (SMB) zur schülerorientierten Verschiebung der inhaltlichen Akzente (vgl. SCHNOTZ 1979) und zu hilfreicheren Kommentierungen der Schülerleistungen (vgl. SCHRÖTER 1977), beides Fortschritte auf dem Weg zu einer gerechteren Zensur.

Generell führt die Schülermitbeurteilung zu lernwirksamerer Handlungskompetenz bei SchülerInnen, zu mehr Selbständigkeit und höherer kognitiver Selbstkontrolle (vgl. SCHNOTZ 1979; GORNY/KNOPF 1979). Hierzu liegen bereits die reformpädagogischen Forderungen nach selbständigem Kontrollieren bei der Arbeit, als Anwendung der Denkpsychologie in der Pädagogik, vor (vgl. POTTHOFF 1974). Neben Leistungssteigerung, Erhöhung der Lernbereitschaft sowie der kognitiven Kontrolle und Handlungskompetenz (Selbständigkeit) wirken Schülerselbst- und -mitbeurteilung angst- und streßmindernd aufgrund der höheren Durchschaubarkeit (vgl. KROHNE 1975) und der Vermeidung von Ohnmachtsgefühlen. Dies wird in mehreren Untersuchungen bestätigt. Neben geringeren Angst- werden höhere Selbstbildwertungen gefunden (vgl. BRADY/RICKARDS/FELKER 1975; DAVIS/RAND 1980; LISSMANN/PAETZOLD 1984).

Selbstbeurteilungen sind insbesondere aus der Verhaltenspsychologie bekannt und wurden von dort auch zum Zwecke von Verhaltensänderungen in die Schulpraxis eingeführt (vgl. LANGER/SCHULZ v. THUN 1974; LORENZ/MOLZAHN/TEEGEN 1976; REDLICH/SCHLEY 1981; SCHULZ v. THUN 1982). Die dort aufgezeigten Konzepte dienen ausschließlich der Verhaltensmodifikation und nicht der Lernleistungsbeurteilung. Die Schülerselbstbeurteilung wird zum ersten Mal in einem Diagnostik-Handbuch (vgl. KLAUER 1982a) behandelt, und in der „Psychologie für die Schule" heißt es: „Es ist aus verschiedenen Gründen ein besonders elegantes Verfahren, Schüler die eigenen Leistungen und Verhaltensweisen selbst diagnostizieren zu lassen. Einmal wird der Lehrer von Beobachtungstätigkeiten entlastet und kann sich seinen didaktischen und erzieherischen Aufgaben widmen. Zum anderen bewirkt jede Selbstbeobachtung, daß die Aufmerksamkeit für das eigene Verhalten zunimmt. Das bedeutet, daß die Schüler bewußter handeln, was (wiederum) ihre Selbstkontrollmöglichkeiten erhöht" (WAHL/ WEINERT/HUBER 1984, S. 343).

In mehreren Untersuchungen wird von einer ausreichenden Zuverlässigkeit und Gültigkeit der Schülerselbstbeurteilung berichtet (vgl. KRÜGER 1970; VIEBAHN 1982; WAHL/WEINERT/HUBER 1984, S. 344). So beurteilten sich selbst bei so multifaktoriellen Fragestellungen wie Zeugnisnoten, bei denen nicht einmal eine Verständigung über die zugrundeliegenden Kriterien stattgefunden hatte, im Fach Deutsch 69 % der SchülerInnen exakt so wie ihre LehrerInnen – über alle Fächer gemittelt waren es noch 64 %.[7] Von den verbleibenden 36 % beurteilten sich ca. 16 % schlechter und nur 20 % besser als es die LehrerInnen taten (HauptschülerInnen beurteilten sich häufiger schlechter als RealschülerInnen, vgl. KRÜGER 1970; VIEBAHN 1982). Es fehlen Untersuchungen auf weniger komplexem Niveau als es Zeugnisnoten repräsentieren, die methodisch jeder Kritik standhalten. Hinweise aus der Literatur sind in bezug auf die Gültigkeit ermutigend (vgl. KRÜGER 1970; VIEBAHN 1982; WAHL/WEINERT/HUBER 1984), besonders dann, wenn bestimmte Rahmenbedingungen eingehalten werden.

Schülerselbstbeurteilung ist dagegen nicht angebracht, wenn LehrerInnen ausschließlich autoritär unterrichten, die SchülerInnen ausschließlich als Objekte behandelt werden und/oder wenn gar in der Klasse zwischen LehrerInnen und SchülerInnen eine Art Grabenkrieg geführt wird. Je vertrauensvoller, partnerschaftlicher, offener und wahrhaftiger LehrerInnen und SchülerInnen miteinander umgehen, desto günstiger ist die Grundsituation für Schülerselbstbeurteilung und Schülermitbeurteilung. Allerdings kann eine Unterrichtssituation, in der Ansätze der o.g. Interaktionsbeziehungen vorhanden sind, durch die Einführung von Schülermitbeurteilung verbessert bzw. ausgebaut werden. Für Schülerselbstbeurteilung und Schülermitbeurteilung ist die Beteiligung der SchülerInnen an der Planung des gesamten Unterrichts eine gute Voraussetzung, bei komplexeren Beurteilungsaufgaben ist sie sogar notwendig.

KNOF (vgl. 1976, S. 443) nennt für die Schülermitbeurteilung folgende weitere Voraussetzungen:
- Den SchülerInnen sollten die einzelnen Lern- und Übungsziele bekannt sein.
- Die Begründung der Sollforderungen sollte für die SchülerInnen einen hohen Grad von Einsehbarkeit haben.
- Die unterrichtlichen Verfahren sollten den Zielen entsprechen.
- Die Bewertungs- und Beurteilungsgrundsätze müssen offen und verständlich begründet und diskutiert werden.

8.4.2 Formen der Schülermitbeurteilung (SMB)

Die SMB beginnt bei der diagnostisch höchst wichtigen Aufgabe des Inventarisierens und auf einem sehr einfachen Niveau, in der Regel bei der Selbstkontrolle der Aufgabenerledigung, bei der Bearbeitung des Arbeitsmaterials nach PETERSEN oder beim Lernen in der vorbereiteten Umwelt nach MONTESSORI. Selbstverständlich kann sie auch anhand von selbst erstellten Arbeitsblättern des Lehrers erfolgen. Es lassen sich verschiedene Formen der SMB unterscheiden:

---

7 Die Untersuchung wurde mit 814 Haupt- und Realschülern der Klassen 7, 8 und 9 in Schleswig-Holstein durchgeführt („Die Selbstbeurteilung der Schüler – Eine Untersuchung zur Problematik der Leistungsfeststellung", Examensarbeit D. LÜDTKE 1969 an der PH Flensburg).

Schülermitbeurteilung mit Hilfe der Lernweg-Leit-Kartei

— Selbstkontrolle der richtig erledigten Aufgaben
   Dokumentation derselben: Zu einer einfachen Form der Selbstbewertung wird das Selbstkontrollsystem, wenn SchülerInnen selbst eine Lernweg-Leit-Kartei erstellen (es kann dies auch durch Ankreuzen auf einer vorbereiteten Karteikarte geschehen). Diese Kartei stellt der Schüler von Zeit zu Zeit dem Lehrer zur Verfügung. Sie ergänzt das pädagogische Tagebuch, wird zum Grundstock einer individuellen Schülerkartei, geht in die Beurteilung des Lerninformationsstandes des Schülers ein und bildet gleichsam das Rückgrat für die individuelle Bezugsnorm.

— Reflexion des Lernweges und des Lernprozesses
   Der Schüler überlegt aufgrund seiner Lernweg-Leit-Kartei, was er jetzt schon alles kann und was ihm zu einem komplexeren Ziel hin als nächstes zu tun bleibt. Der Lehrer bespricht dies von Zeit zu Zeit mit ihm, erfährt dabei Näheres über den individuellen Lernprozeß. Er berät den Schüler, soweit notwendig, führt ihn gegebenenfalls auf ein schwierigeres Niveau bzw. in neue Aufgabenstellungen ein (vgl. KAROW 1973, S. 161 f).
   Immer dann, wenn entsprechend didaktisch ausgearbeitete Materialien oder Lehrgänge vorliegen, ist diese Art Schülermitbeurteilung ohne weiteres möglich, sowohl in der Primarstufe als auch im Sekundarbereich (z.B. Erledigung von Prüfaufgaben zu den geplanten Unterrichtseinheiten).[8]

Schülermitbeurteilung durch Partner- und Gruppenbewertung

Bei Partnerdiktaten, beim Vorlesen eines Textes, beim Abhören von Vokabeln u.ä. kann die Schülermitbewertung durch die Aufgabenkontrolle des Partners erfolgen. Im Falle der schriftlichen Fixierung können parallel auch die Selbst- und Lehrerkontrolle durch Bewertung der Lösungen des Textes durchgeführt werden. Bei Texterstellungen jeder Art kann eine kleine Schülergruppe als Redaktionsgruppe den vorgelegten Text diskutieren und anhand einer Kriterienliste notieren, welche Kriterien berücksichtigt worden sind und wie die Umarbeitung sein sollte, damit alle Kriterien berücksichtigt werden. Die Redaktionsprotokolle, die gegebenenfalls sehr einfach sein können (ab der dritten Klasse Grundschule), entsprechen dann wieder den gemeinschaftlich erstellten Lernweg-Leit-Karteien, die neben dem Schüler auch dem Lehrer zur Verfügung gestellt werden.

Schülermitbeurteilung bei Klassenarbeiten und informellen Tests

Klassenarbeiten und informelle Tests können z.B. als Epochenabschlußüberprüfung zur Lernsteuerung ebenfalls gemeinsam entworfen und sowohl im Sinne von Schülermitbeurteilung mit Hilfe der Lernweg-Leit-Kartei bzw. durch Partner- und Gruppenbewertung als auch zuvor vom Lehrer kontrolliert werden (Schüler, die nicht alle wichtigen Zielkriterien erreichten, könnten sich dann noch einmal mit der Thematik befassen, bevor sie zu anderen Inhalten fortschreiten). Nach der Auswertung kann die Interpretation der Ergebnisse, gegebenenfalls die Benotung, mit einzelnen Schülern, mit Gruppen oder auch in der Klasse besprochen werden. Häufig werden die SchülerInnen nur über eine „Selbstauswertung" (VIEBAHN 1982, S. 65) beteiligt.

---

8 Solche Aufgaben liegen in modernen Unterrichtswerken vor. Sie können aber auch im gemeinsam geplanten Unterricht entsprechend der fixierten Zielstruktur zusammen mit den SchülerInnen erarbeitet werden (selbst für Projektunterricht kann man Teile so bewerten).

8.4.3 Formen der Schülerselbstbeurteilung (SSB)

Neben der Informationssammlung über die Erledigung und richtige Lösung von Aufgaben, die immer zentral Selbst- oder Partnerauswertung darstellt und für die immer ein mehr oder weniger objektiviertes Arbeitsprodukt vorliegt, geht es insbesondere dann um Schülerselbstbeurteilung, wenn die Selbstbeobachtung zur Grundlage der Bewertung wird.

Zunächst einmal besteht die Selbstbeobachtung im Registrieren elementarer, noch hinreichend leicht erkennbarer Ereignisse. Alle Selbstbeurteilung beginnt mit der Einübung in Selbstbeobachtung. Sie ist das Mittel, mit dem wir uns an das komplexe Lernziel einer realistischen Selbstbeurteilung annähern können (vgl. SCHULZ v. THUN 1982, S. 749 f). Über die Selbstbeobachtung kann der Schüler auch selbst Informationen zu seinem Arbeitsverhalten sammeln. Neben den inhaltlichen Eintragungen in die Lernweg-Leit-Kartei kann der Schüler selbst einschätzen, wie er bei der Erarbeitung vorgeht: zeitlich, methodisch, strategisch und in bezug auf Kooperation mit anderen (Arbeitsprozeßdokumentation aus der Sicht des Schülers). Solches Vorgehen muß eingeführt werden. Arbeitstechniken müssen von Anfang an mit den SchülerInnen diskutiert werden. Dieses wiederum ist ein Weg zu mehr Selbständigkeit und zu konstruktiver Bereicherung des Lernens.

Innerhalb der Verhaltensmodifikation wurden Selbstbeobachtungsbögen entworfen (z.B. KANFER 1977). Im folgenden Beispiel geht es um Selbststeuerung:

— Der Lehrer hilft den SchülerInnen, indem er geeignete Bedingungen für Selbststeuerung schafft.
— Die Lehrerin diskutiert mit den SchülerInnen über notwendige Verhaltenskomponenten zur Selbststeuerung.
— Der Lehrer achtet verstärkt darauf, wie seine SchülerInnen sich mit den Möglichkeiten zur Selbststeuerung auseinandersetzen. Er unterstützt und lobt Schritte in Richtung auf zunehmende Selbständigkeit.

Steuerungsaufgaben des Lehrers, wie Überwachung, Bewertung und Bekräftigung, gehen nach KANFERs Modell des Selfmanagements nach und nach in die Verantwortung der SchülerInnen über.

Neben Selbstbeobachtungsbögen werden Fragebögen und Selbsteinschätzungsskalen in der in diesem Kapitel zitierten Literatur genannt.[9]

Komplexere Aufgaben der Selbstbeurteilung stellen sich in Schule und Unterricht bei der Erfassung von sozialen Lernzielen, von Interessen und Einstellungen bzw. dem strategischen Arbeitsverhalten. Sie werden entweder durch den Unterricht angestrebt oder durch den „heimlichen Lehrplan" hervorgebracht. Standardisierte Fragebögen aus der Testdiagnostik sind kaum brauchbar. Sie sind in der Regel so angelegt, daß die Fragen undurchsichtig gemischt und oft undurchschaubar formuliert sind. Sie sollen dann den Befragten dazu

---

9 SCHULZ v. THUN erwähnt zusätzlich Polaritätsprofile, auf diese soll jedoch hier nicht näher eingegangen werden.

Tab. 37: Selbstbeobachtungsbogen einer Schülerin des 9. Schuljahres zum Melden und Aufgerufenwerden während einer Unterrichtsstunde (vgl. WAHL/WEINERT/HUBER 1984, S. 350)

Montag, 17.3.1980	Dienstag, 18.	Mittwoch, 19.	Donnerstag, 20.	Freitag, 21.	Samstag, 22.
Deutsch X	HTW	schulfrei	Religion II	Englisch XXI	Mathematik II
Physik/Chemie	HTW	schulfrei	Mathematik I	Mathematik I	Mathematik I
Erdkunde I	HTW	schulfrei	Deutsch III	Erdkunde I	Kunst
Englisch X	Deutsch IIX	schulfrei	Englisch IIIXIXXI	Deutsch IX	Kunst
Sport	Mathematik IX	schulfrei	Sport	Kunst	
			Geschichte X		
			Gemeinschaftskunde II		

Zeichenerklärung:
I = ich habe mich gemeldet
X = gemeldet und drangekommen

verleiten, Informationen zu geben, über deren Stellenwert und Weiterverwendung er sich nicht im klaren ist. Fragebögen zur Unterrichtsbewertung oder zur Bewertung von Unterrichtseffekten sollten unter Beteiligung der Schüler, in jedem Fall aber bezogen auf den konkreten Unterricht, selbst entwickelt werden. Ein Beispiel dafür, wie ein solcher Fragebogen aussehen könnte, liefert der Einstellungsfragebogen zum Thema „Eigentum", Sekundarstufe II; den SchülerInnen werden verschiedene Aussagen zur Problematik des Eigentums vorgelegt. „. . . Man sollte privates Eigentum überhaupt ganz abschaffen . . . Alles sollte allen gehören . . . Jeder sollte Sachen dann benützen können, wenn er sie gerade braucht" usw. (SCHULZ v. THUN 1982, S. 752). Nach der Testdurchführung wird eine Auswertungsanleitung ausgeteilt. Jeder Schüler ermittelt damit seinen Standort. Nachdem die Verteilung der Testwerte für die Klasse ermittelt wurde, sieht er auch seinen relativen Standort zur Klasse. Wird der Test bereits vor dem Unterricht verteilt, dient er als Ausgangspunkt für die Sacharbeit. Durch ihn werden die Sachverhalte bewußt gemacht, und er liefert außerdem Diskussionsanlässe. Er wird zum motivierenden Element. Da die fixierten Rollen von Getesteten und Tester aufgehoben werden und die SchülerInnen selbst die Auswerter sind, dient er auch als Kommunikationsmittel zwischen Gleichberechtigten (vgl. SCHULZ v. THUN 1982). Später kann der Fragebogen auch benutzt werden, um die Wirkungen des erfolgten Unterrichts abzuschätzen. Bei merkmalsorientierter Selbsteinschätzung sprechen LANGER und SCHULZ v. THUN (1974) von „konzeptorientiertem Selbstrating". Das gleiche Verfahren wird ebenfalls zur Lehrerselbsteinschätzung verwendet (vgl. Diagnose des Lehrerverhaltens im Unterricht, WAHL/WEINERT/HUBER 1984, S. 361-374; TAUSCH/TAUSCH 1977).

Darüber hinaus dient das Verfahren auch zur Fremdeinschätzung (Einschätzung des Schülers durch den Lehrer, vgl. Zeugnisberichte). In der Pädagogik geht es dabei immer um das Einschätzen eines konkreten Verhaltens in definierten Situationen (Situations-Verhaltens-Einschätzungen). Ein zentrales Problem besteht bei diesen Einschätzungen immer in der Verankerung der Aussagen im konkreten, beobachteten Verhalten. Diese Verankerung bedarf der Vorbereitung und Einübung. Die Kooperation von LehrerInnen mit SchülerInnen, wie sie für die Schülerselbstbeurteilung unerläßlich ist, beinhaltet gleichzeitig große Vorteile, das heißt diagnostische Verbesserungen der Lehrereinschätzungen. Folgendes Vorgehen bietet sich an: Das Merkmal wird definiert und von anderen ähnlichen Merkmalen abgegrenzt. Es wird eine Skala mit mehreren Abstufungen gewählt. Diese Abstufungen werden sodann durch möglichst konkrete Beispiele verankert, die entweder als konkret beobachtbares Verhalten vorliegen müssen oder als konkretisierte Fakten aus Texten (gegebenenfalls dem Lehrplan) identifiziert werden können (vgl. Kap. 7.5). Am Beispiel eines wesentlichen Merkmals des „Sozialverhaltens", nämlich der Kontaktbereitschaft, soll die Ergänzung von Selbst- (SSB) und Fremdeinschätzung verdeutlicht werden (vgl. Abb. 86).

Abb. 86: Kontaktbereitschaft
(Einschätzen des Schülerverhaltens durch den Schüler selbst)

5
Ich schließe schnell Freundschaften, unterhalte mich gern mit meinen Mitschülern, teile ihnen gern meine Angelegenheiten mit, arbeite und spiele am liebsten mit anderen zusammen. Ich glaube, ich kann gut mit anderen umgehen.

4
Ich glaube, ich kann andere im Gespräch fesseln, zu vielen Menschen gute Beziehungen aufbauen. Ich habe keine Probleme, mit anderen in Kontakt zu kommen. Ich arbeite und spiele viel mit anderen zusammen. Ich habe keine Hemmungen, Fremde anzusprechen.

3
Ich versuche immer wieder, mit anderen in Kontakt zu kommen, ich versuche, auf andere einzugehen; es gelingt mir nicht immer.

2
Ich finde nur schwer Zugang zu anderen. Ich warte meistens, bis andere mich ansprechen. Wenn andere mich fragen, mache ich auch schon mal mit, sonst lasse ich die anderen ihr Zeug machen und bleibe für mich.

1
Ich bleibe meist für mich, rede auch nicht gern über mich oder meine Angelegenheiten mit anderen. Mich interessieren andere auch nicht so sehr. Wenn man mich fragt, antworte ich nicht mehr als notwendig.

0
Ich bleibe für mich allein. Es bringt nichts, sich um andere zu bemühen. Ich glaube, viele Menschen denken auch so.

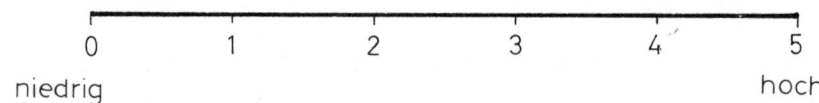

0   1   2   3   4   5

niedrig   hoch

Eine weitere Frage in diesem Zusammenhang ist, ob das Kind bzw. der/die Jugendliche in der Klassensituation Kontakt und Kooperation sucht (Kontakthandeln) (vgl. Abb. 87).

Abb. 87: Kontakthandeln (Einschätzen des Schülerverhaltens durch den Lehrer)

5   Schließt schnell Freundschaften, ist mitteilsam, ungezwungen, aktiv, kann gut mit Menschen umgehen, erzählt viel, hat viele Freunde.

4   Versteht, andere zu fesseln, kommt mühelos mit anderen ins Gespräch, hat keine Hemmungen, Fremde anzusprechen.

3   Versucht, auf andere einzugehen, regt gemeinsame Unternehmungen an, findet leicht Anschluß.

2   Findet nur schwer Zugang zu anderen, wartet bis er/sie angesprochen wird, schließt sich von gemeinsamen Unternehmungen nicht aus.

1   Antwortet einsilbig auf Fragen, findet nur schwer Anschluß, kann sich auch guten Bekannten nur schwer mitteilen.

0   Findet keinen Zugang zu anderen, ist zurückhaltend, passiv, bemüht sich nicht um andere Menschen, ist immer alleine.

```
     0      1      2      3      4      5
 niedrig                              hoch
```

Insbesondere für die Einführung in eine Kooperation bei der Beurteilung und für die Einübung des Einschätzens sind Erstellung und Diskussion umfänglich verankerter Skalen, wie in Abb. 88 und Abb. 89 dargestellt, geeignet. Es können sinnvollerweise aber auch die Situationen weiter spezifiziert und die Verankerung vereinfacht werden.

Abb. 88: Einschätzen der Kontaktbereitschaft (KEMMLER 1967, Frage Nr. 60)

"Was macht das Kind in der Pause?"

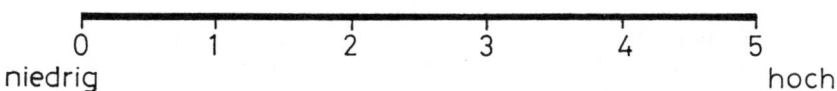

| ist immer bei anderen | häufig bei anderen | | häufiger allein | immer allein |

Für die Sensitivierung zur Dokumentation des eigenen Arbeitsverhaltens kann die Methode des gemeinsamen „lauten Denkens" verwendet werden (vgl. WAHL/WEINERT/HUBER 1984, S. 335). Das Herangehen an Aufgaben, die Planung (soweit vorhanden) und der Lösungsgang werden gemeinsam rekonstruiert, der Schüler gibt möglichst viele seiner Überlegungen wieder.

Abb. 89: Einschätzen der eigenen Arbeit und der verlangten Fertigkeiten

Aufgezeichnet wird zum Beispiel:

a) Ich verstehe die Aufgabe so: ...
b) Ich denke mir, daß ich so eine Lösung finde: ...
c) Ich habe folgendes gemacht: ...
d) Ich habe folgende Arbeitsmittel benützt: ...
e) Folgendes macht mir noch Probleme: ...
f) Ich glaube, daß ich das jetzt kann.
g) Was mir dabei sonst noch auffällt: ...

Die Aussage zu Punkt f) kann in folgender Schätzskala
festgehalten werden:

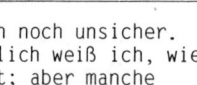

○	○	○
Ich bin noch unsicher. Eigentlich weiß ich, wie es geht; aber manche Aufgabe löse ich noch falsch (ich brauche noch lange für die Arbeit und auch Hilfe)	Ich kann das schon, aber ich brauche noch lange für die Arbeit, manchmal muß ich noch jemanden fragen, manche Aufgaben muß ich zweimal machen	Das kann ich ganz sicher (9 von 10 Aufgaben ohne Probleme richtig gelöst), die Arbeit kann ich ohne Hilfe erledigen

Außer bei e) handelt es sich hier um die Dokumentation des eigenen Arbeitsprozesses, in unserem Kontext also nur um Schülermitbeurteilung (SMB) im engeren Sinne. Diese Art der SMB gibt dem Lehrer gegebenenfalls wichtige Hinweise für die Förderung des Lernens der SchülerInnen. Auch wenn bei jüngeren Kindern die Ausbeute an Informationen nicht immer sehr groß sein wird, handelt es sich um eine wichtige Methode für den Schüler, das Lernen zu lernen, und für den Lehrer, den Schüler in seinem Lernverhalten zu verstehen und ihn gezielt fördern zu können. Ergänzt werden sollte dieses Verfahren durch Fehleranalyse und strukturorientierte Diagnostik auf seiten der Lehrerbeurteilung (vgl. EBERLE/KORNMANN 1984, S. 125 f).[10]

Wenn SchülerInnen dazu aufgefordert werden, sich nach den hier dargestellten Partizipationen in einem Fach eine Zeugnisnote zu geben, so beurteilen sie sich selbst (SSB). Berücksichtigt man diese Selbstbeurteilung bei der Zeugniserstellung, so handelt es sich übergreifend wieder um Mitbeurteilung (SMB). Sind SchülerInnen in einem demokratischen Schulsystem mit der Beurteilung des Lehrers nicht einverstanden, sollte ihnen die Möglichkeit einer Gegendarstellung gegeben werden. In diesem Fall handelt es sich wieder um eine Schülerselbstbeurteilung.

---

10 Zur Fehleranalyse: RADATZ (1980) und KLEBER/MÜRNER (1983); strukturorientierte Diagnostik vgl. PROBST (1979; 1984) zusammen mit KUTZER.

8.4.4 Selbstreflexion und Selbsteinschätzung der Lehrperson

Zu den pädagogischen Aufgaben des Lehrers gehört von jeher die Reflexion des geplanten und durchgeführten Unterrichts und in diesem Zusammenhang die des eigenen Lehrverhaltens. In früheren Kapiteln wurde herausgearbeitet, daß ebenfalls die Selbstreflexion des Bewertungsverhaltens vom verantwortungsbewußten Lehrer ständig neu zu leisten ist. Innerhalb von Diagnostik in der Pädagogik geht es nun darum, die Informationserhebung bei diesem Tun in Richtung auf die diagnostischen Grundforderungen zu gestalten und zu verbessern. Im Sinne einer Inventarisierung und eines systematischen, aber noch informellen Vorgehens kann hierzu das Konzept der „reflektierenden Beobachtung" (BUSCHBECK 1985a,b) verwendet werden.

Ein anderes Beispiel, das für die Pädagogik ebenfalls relevant ist, findet man bei TAUSCH/TAUSCH (vgl. 1977, S. 74 f). Es geht um die Auseinandersetzung mit dem eigenen Erleben. Diese Auseinandersetzung kann folgendermaßen beschrieben werden:

— Eine Person konfrontiert sich selbst mit bedeutsamen Wahrnehmungen, Erlebnissen, Erfahrungen und dem Fühlen über die eigene Person.
— Sie denkt über Erlebnisse und Erfahrungen ihrer eigenen Person nach, stellt sie in Frage, wägt ab, vergleicht, gewichtet und bewertet sie.
— Sie klopft gleichsam ihre Wahrnehmungen und Erlebnisse auf die für sie selbst enthaltenen Bedeutungen ab.
— Sie empfängt und verarbeitet ihre Erlebnisse, Erfahrungen und Empfindungen aktiv.
— Sie bemüht sich um Klärung und versucht herauszufinden, was die Erlebnisse, Erfahrungen und das Fühlen für sie selbst bedeuten.
— Sie erwägt und diskutiert für sich die Richtigkeit verschiedener Möglichkeiten ihres Handelns oder die Bedeutungen ihrer Erfahrungen und Erlebnisse.
— Sie horcht in sich hinein, was das Erleben und die Erfahrungen für sie bedeuten und was sie jetzt darüber fühlt. Ihr Fühlen dient ihr als ein hilfreiches Mittel auf ihrer Suche nach Klärung ihres Erlebens.
— Sie zieht ihr Fühlen und ihre gespürten Bedeutungen für ihre Auseinandersetzung mit dem Erleben und Erfahren heran, als Referenz für ihr Denken und Handeln.
— Sie exploriert und differenziert ihre bedeutsamen Erlebnisse und Erfahrungen.
— Sie stellt ihre verschiedenen Erlebnisse, Erfahrungen, Wissenskenntnisse, ihr Fühlen und ihre Wahrnehmungen gegeneinander und zieht Schlüsse.
— Sie integriert ihre bisherigen Erfahrungen, sucht nach neuen Erfahrungen im inneren Erleben und setzt sich mit neuen Perspektiven ihres Selbst auseinander.

Hierzu Fragen an sich selbst:

— Wie fühle ich wirklich darüber?
— Wenn ich das tue, fühle ich mich dann besser?
— Wie werde ich mich fühlen, wenn ich es nicht mache?
— War ich nicht früher anders zu ihr/ihm als heute? Womit hängt das zusammen, was habe ich dazu getan?
— Was wird die Folge davon sein? Wie stehe ich dann da?
— Ist es nicht egoistisch, mich so zu entscheiden?
— Haben die anderen nicht auch ein Recht auf mich? Warum fühle ich mich so hin- und hergerissen?
— Was fühle ich wirklich ihr/ihm gegenüber?

- Warum bin ich eigentlich so?
- Ich fühle, da muß noch etwas anderes dabei sein, was ist das, was ich noch nicht kenne?

WAHL/WEINERT/HUBER (vgl. 1984) empfehlen folgendes Vorgehen für Selbstreflexion: LehrerInnen haben in der Regel bestimmte Vorstellungen, wie sie auf SchülerInnen wirken. Zur Selbstreflexion sollte sich eine Lehrperson eine Unterrichtssituation suchen, in der ihr ein Schüler oder dessen Verhalten besonders auffiel (gegebenenfalls eine Konfliktsituation). Diese Situation sollte sie so lange in der Vorstellung behalten und durchforschen, wie sie glaubt, etwas Wichtiges entdecken zu können. Sie sollte sich dann in die Rolle des Schülers versetzen und die früher erlebte Situation in ihrer Vorstellung noch einmal durchleuchten. Danach sind die dabei gemachten gedanklichen Erfahrungen z.B. nach folgendem Schema festzuhalten (WAHL/WEINERT/HUBER 1984, S. 375):

- Was würde ich als SchülerIn gut an mir als LehrerIn finden?
- Was würde mich als SchülerIn an mir als LehrerIn stören?
- Welche meiner typischen Verhaltensweisen (in Konfliktsituationen)[11] halte ich selbst für pädagogisch ungünstig?
- Welche aktuellen Einstellungen, Erwartungen und Gefühle sind es, die mich (in Konfliktsituationen) häufig in einer Weise reagieren lassen, die ich nachträglich für pädagogisch ungünstig halte?

Eine weitergehende Standardisierung der Selbstbeurteilung erfolgt über das Selbstrating. Als Beispiel wird hier die Rating-Skala zum „einfühlenden, nicht-wertenden Verstehen" von TAUSCH/TAUSCH (1977, S. 181) angeführt. Diese Skala kann sowohl für Fremd- als auch für Selbstrating verwendet werden (vgl. Kap. 7.5).

Das Selbstrating bringt wie jede diagnostische Methode sowohl allgemeine als auch spezielle Probleme mit sich. Es unterliegt insbesondere den beeinträchtigenden Tendenzen der „Personwahrnehmung" wie auch den „erwartungsbedingten Urteilsreaktionen". Verzerrende Tendenzen im Wahrnehmungsurteil sind dann um so kleiner, je ausgeglichener und sicherer die einschätzende Person ist. In jedem Fall liefert die oben aufgezeigte Analyse Informationen, die für die pädagogische Situation relevant und in anderer Weise oft überhaupt nicht zu bekommen sind. Günstig ist, wenn Lehrpersonen zum Zwecke solcher Analysen zusammenarbeiten oder wenn ihnen von Zeit zu Zeit eine Supervision zur Verfügung steht.

---

11 Die Klammer wurde vom Autor in das Zitat eingefügt, da sich WAHL/WEINERT/HUBER nur auf Konfliktsituationen beziehen.

Eine Person versteht einfühlend und nicht-wertend die innere Welt eines anderen und läßt ihn das erfahren

Kein einfühlendes Verstehen	Vollständiges einfühlendes Verstehen
• eine Person geht auf die Äußerungen des anderen nicht ein	• eine Person erfaßt vollständig die vom anderen geäußerten gefühlsmäßigen Erlebnisinhalte und gefühlten Bedeutungen
• sie geht nicht auf die vom anderen ausgedrückten oder hinter seinem Verhalten stehenden gefühlsmäßigen Erlebnisinhalte ein	• sie wird gewahr, was die Äußerungen oder das Verhalten für das Selbst des anderen bedeuten
• sie versteht den anderen deutlich anders, als dieser sich selbst sieht	• sie versteht den anderen so, wie dieser sich im Augenblick selbst sieht
• sie geht von einem vorgefaßten Bezugspunkt aus, der den des anderen völlig ausschließt	• sie teilt dem anderen das mit, was sie von seiner inneren Welt verstanden hat
• sie zeigt nicht einmal, daß ihr die vom anderen offen ausgedrückten Oberflächengefühle bewußt sind	• sie hilft dem anderen, die von ihm gefühlte Bedeutung dessen zu sehen, was er geäußert hat
• sie ist entfernt von dem, was der andere fühlt, denkt und sagt	• sie ist dem anderen in dem nahe, was dieser fühlt, denkt und sagt
• sie bemüht sich nicht, die Welt mit den Augen des anderen zu sehen	• sie zeigt in ihren Äußerungen und Verhalten das Ausmaß an, inwieweit sie die Welt des anderen mit seinen Augen sieht
• sie befaßt sich nicht mit den vom anderen geäußerten gefühlsmäßigen Erlebnissen oder schmälert diese, indem sie bedeutsam geringere gefühlsmäßige Erlebnisinhalte des anderen anspricht	• sie drückt die vom anderen gefühlten Inhalte und Bedeutungen in tiefgreifenderer Weise aus als dieser es selbst konnte
• ihre Handlungen und Maßnahmen sind nicht der inneren Welt des anderen angemessen, sie gehen an dem Fühlen und den inneren Bedürfnissen des anderen vorbei	• ihre Handlungen und Maßnahmen sind dem persönlichen Erleben des anderen angemessen

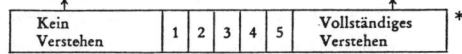

Kein Verstehen	1	2	3	4	5	Vollständiges Verstehen	*

*) Stufe 1 = kein einfühlendes nicht-wertendes Verstehen der inneren Welt des anderen
Stufe 3 = mäßiges einfühlendes nicht-wertendes Verstehen
Stufe 5 = vollständiges einfühlendes nicht-wertendes Verstehen

8.5 Zeugnisberichte und Gutachten

8.5.1 Historische Betrachtung der Berichtspraxis

Mit der zunehmenden Skepsis gegen die historisch gewordene Staatsschule als geeignetem Lernfeld wurden auch die Ziffernzensierung und der Beurteilungsprozeß in der Schule immer schärfer kritisiert. Bereits vor der psychologisch-diagnostischen Kritik an der Notengebung wurde in neu entwickelten Schulmodellen, insbesondere in der Reformpädagogik der zwanziger Jahre, Bewertung in Berichtsform favorisiert. Die meisten pädagogischen Modelle aus dieser Zeit arbeiten mit Zeugnisberichten; von PETERSEN/FÖRTSCH (vgl. 1930, S. 103 f) wurde das Berichtsverfahren besonders ausgearbeitet. Insbesondere kann im Zeugnisbericht leicht auf den sozialen Vergleich verzichtet und das motivationspsychologische Primat eingelöst werden.

Dies ist auch das wichtigste Argument in der Diskussion um die Abschaffung der Ziffernzeugnisse in der Grundschule. Berichte dienten von PESTALOZZI bis zu den Reformpädagogen auch dazu, die „Individuallage" der einzelnen Kinder zu erfassen und sie durch Dokumentation zur weiteren Planung von Unterricht fruchtbar zu machen. PESTALOZZI verschickte regelmäßig Berichte an die Eltern seiner Schüler. In ihnen machte er Mitteilungen über die charakterliche und intellektuelle Entwicklung sowie über Fortschritte in den einzelnen Fächern. Diese Berichte sollten die Eltern in ihrem „Verantwortungsbewußtsein gegenüber ihrer erzieherischen Aufgabe stärken, das Verständnis für die individuelle Veranlagung und besonderen Entwicklungssituationen ihrer Kinder vertiefen . . ." (RENGGLI-GEIGER 1950, S. 13). Dem Schüler sollten die Berichte bei der „harmonischen Entfaltung" seiner Anlagen und zur Gewinnung von Selbstvertrauen helfen.

Berichte haben demnach eine spezielle pädagogische Funktion. Ihr Inhalt wird weniger von diagnostischer Objektivität als vielmehr von therapeutischer Wirkungsrelevanz diktiert. Sie sind so verstanden letztlich therapeutische und nicht diagnostische Mittel. Berichte sind aber auch Bestandsaufnahme und Bilanz. Eine Grundlage dafür ist die fortlaufende Beobachtung des Verhaltens und der Lernprozesse. Berichte sind demnach diagnostisch und therapeutisch gedachte Ergebnisse aufgrund von Informationserhebung mit den Methoden der Beobachtung und des Gesprächs.

PETERSEN (1927/1957) fertigt zwei Berichte an: den „objektiven" zur Weitergabe diagnostischer Information und den „subjektiven" als therapeutisches Mittel. „. . . Am Schlusse jedes Jahres wird eine Charakteristik eines jeden Kindes angefertigt. Ich unterscheide dabei zwischen dem objektiven und dem subjektiven Bericht. Für die objektive Charakteristik tragen alle Lehrer, die mit dem Kinde zu tun hatten, ihre Beobachtungen und Urteile über das Kind ein und stellen sie den Eltern zur Einsicht, zur kritischen Stellungnahme und zur schriftlichen Gegenäußerung frei". „. . . Den Eltern wird eingeschärft, zu bedenken, daß alles, was dort niedergelegt sei, für sie und nicht für ihre Kinder bestimmt sei. Der objektive Bericht soll dazu dienen, seine guten und schlechten Neigungen so vielseitig wie nur möglich im rechten Lichte erkennen zu lassen, damit die beste gemeinsame Erziehungsarbeit an ihm daheim und in der Schule in gleicher Front und nach gleichen Grundsätzen einsetzen kann. Auf der Grundlage des objektiven verfaßt jeder Gruppenführer (Lehrer) den subjektiven Bericht, dazu bestimmt, dem Kinde in die Hand gegeben und von jedermann gelesen zu werden, dem Eltern und Kinder ihn geben wollen. Es bildet die Aufgabe des Lehrers, nur das dem Schüler zu sagen, was nach seiner besten Überzeugung für dieses Kind das Beste ist, was die reinste erzieherische Wirkung auszuüben imstande sein mag. So muß manches verschwiegen, anderes milder oder stärker gesagt werden als im objektiven Berichte. Übrigens wissen wohl die meisten Schüler um die objektiven Berichte, ohne daß die Eltern ihnen — von uns gebeten und belehrt — daraus erzählen sollen" (PETERSEN 1927/1957, S. 62/63).

In der Odenwaldschule wurden von der Gründung (1910) an Berichte als dia-gnostisch-therapeutische Maßnahme abgefaßt. Die Berichte sind insbesondere seit 1950 sehr breit gegliedert. Unterschieden wird in:

„A: Allgemeine Beurteilung
    (I Formales — II Leistungswille — III Kräftehaushalt)
 B: Kursbericht
    (I Geistige Begabung — II Hemmende Faktoren — III Fördernde Faktoren)
 C: Familienbericht" (EDELSTEIN 1969, S. 85/86).

Der Familienbericht ist eine Ergänzung, die der Situation eines Internats entspricht. Im Geiste GEHEEBs und der Landerziehungsheimbewegung stellt sich das folgende Problem: „Wie man auch der Entwicklung des Individuums in der Zensur gerecht wird. Wenn am Ende der Erziehung der mündige Mensch stehen soll, dann ist die Arbeit des Lehrers auf den einzelnen Menschen als Person verwiesen . . . Die Ziele der Erziehung sind für alle einheitlich, aber den Weg dahin muß jeder Mensch einzeln gehen. Auf diesen Sachverhalt muß die Beurteilung eingehen" (SCHLEGELMILCH 1963, S. 69).

„. . . Zwei Klippen müssen vermieden werden: a) der Verzicht auf Beurteilung, da dies Verhalten dem Bedürfnis nach sozialer Einstufung seitens des Kindes nicht entgegenkommt und die übermäßig differenzierte und rein sachlich ausgerichtete Beurteilung, eben aus dem gleichen Grunde. Sie vernachlässigt die psycho-soziale Wirkung des Urteils. Die Beurteilung muß also so erfolgen, daß das Kind auf seine eigene Entwicklung und damit auf seine sachlich schulische Leistungsentfaltung mehr ausgerichtet wird als auf den Vergleich seiner Leistung mit seinen Kameraden . . ." (SCHLEGELMILCH 1963, S. 77).

Es scheint so, als ob man 1927 einen für die SchülerInnen offenen und einen geheimen Bericht für dringend notwendig hielt. Zwischen den Zeilen lesen wir, daß dies aus fürsorglichem, beschützendem Verhalten gegenüber der jungen noch ungefestigten Persönlichkeit notwendig sei. Wir vermuten aber auch „Overprotection" und eine im Geist der Zeit begründete Gängelung oder Entmündigung. Fordern wir heute zu viel mit völliger Offenheit, auch der noch sehr jungen, sich entwickelnden Person gegenüber?

8.5.2 Zeugnisberichte 1990

Zeugnisberichte werden in den meisten alternativen Schulen, in einer Reihe von Gesamtschulen (Modellschulen) sowie in der ersten und zweiten Klasse der bundesdeutschen Grundschule in der Regel halbjährlich verfaßt. In der äußeren Form unterscheiden sich diese Berichte je nach Schulart, Bundesland und Schule.[12] Sie sind teils mit Zeugnis, teils mit Lernzustandsbericht überschrieben. Die Grundlage für diese Berichte bilden die „kontinuierliche Schülerbeobachtung", das heißt die Eintragungen im pädagogischen Tagebuch, die vorliegenden Inventarisierungsdaten einschließlich der Notizen über Geprä-

---

12 Für die Sekundarstufe siehe: BESSER/WÖBCKE/ZIEGENSPECK (1977); für die
    Primarstufe siehe: BOLSCHO/BURK/HAARMANN (1979), BARTNITZKY/
    CHRISTIANI (1977/1987).

che und die Beiträge aus der SMB, ergänzt durch informelle Tests, praktische Überprüfungen und ergänzende Gespräche. Die Berichte werden vornehmlich für die Eltern (in der dritten Person) oder betont für die Schüler (in der zweiten Person) geschrieben. Sie werden entweder völlig frei verfaßt bzw. in inhaltliche Bereiche gegliedert, oder aber sie sind halbstandardisiert. Beispiele dafür geben die Abbildungen 91–93.

Abb. 91: Zeugnisbericht der Freien und Hansestadt Hamburg (BURK 1979b, S. 260)

FREIE UND HANSESTADT HAMBURG

GRUNDSCHULE

ZEUGNIS

für Jörn

geb. Klasse 2

Allgemeiner Bericht zum Arbeits- und Sozialverhalten und zu den Leistungen:

Du hast auch in diesem Schuljahr gute Fortschritte gemacht, Jörn.

Du kannst Dir jeden Text erlesen und nach einigem Üben fehlerfrei und fließend vorlesen.
In Diktaten schreibst Du die geübten Wörter und Sätze meistens ohne Fehler.
In Mathematik weißt Du besonders gut Bescheid. Du kennst alle Zahlen im Bereich von o bis 100 sehr sicher und kannst Vorgänger und Nachfolger bestimmen. Du kannst jede gestellte Aufgabe in diesem Zahlbereich mit reinen Zehnern und Zehnerübergang selbständig lösen. Du kannst mit Mengen umgehen und Teil- sowie Schnittmengen bilden. Du erkennst alle mathematischen Zeichen sehr sicher und kannst sie immer richtig einsetzen.
Im Sportunterricht machst Du immer gut mit, hast gute Ideen und fügst Dich gut in Deine Gruppe ein. Du hast Dich auch immer bemüht, anderen Kindern zu helfen.
Im mündlichen Unterricht machst Du zeitweise sehr gut mit und trägst Wichtiges zum Unterrichtsgespräch bei. Es passiert aber leider recht häufig, daß Du Dich mit anderen Dingen beschäftigst und Deine Nachbarn damit störst. Aus eigener Erfahrung weißt Du, wie anstrengend es für die ganze Klasse ist, wenn etwas unnötig oft wiederholt werden muß, nur weil einige nicht aufgepaßt haben. In der Gruppenarbeit gibst Du Dir immer besonders viel Mühe, so daß Deine Gruppe gute Arbeitsergebnisse erreicht. Besonders viel Freude hast Du an Rollenspielen und machst auch uns durch Deine Spielvorschläge viel Freude.
Im Sachunterricht warst Du besonders an technischen Aufgaben interessiert und hast geschickte Lösungen gefunden. Bemühe Dich auch darum, Deine Lösungen gut zu beschreiben.
Du kannst mit Deinen Leistungen sehr zufrieden sein, Jörn.
Deine Mitschüler und ich schätzen besonders an Dir, daß Du immer bereit bist, ihnen und mir zu helfen.

Vermerk zur Schullaufbahn:

versetzt nach Klasse 3

Versäumnisse: **Hamburg, den** 197

Schulleiter (Schulstempel) Klassenlehrer

Inhalte der Zeugnisberichte:

„(2) Die Leistungsbewertung bezieht sich auf die im Unterricht vermittelten Kenntnisse (Fähigkeiten) und Fertigkeiten.

(3) Bei der Bewertung von Schülerleistungen ist der Eigenart der Schulstufe, der Schulform und des Unterrichtsfaches Rechnung zu tragen. Es werden der Umfang sowie die selbständige und richtige Anwendung der Kenntnisse (Fähigkeiten) bewertet“ (SCHULRECHT NW, Erg. 58 vom 5. Aug. 1985, S. 16).

Die Inhalte, soweit sie den Lehrplan betreffen, sind also lediglich diejenigen, die im Unterricht vermittelt wurden. Darüber hinaus gilt: „Die Anforde-

Abb. 92: Zeugnisse der ersten Klasse (Nordrhein-Westfalen, nach BARTNITZKY/ CHRISTIANI 1977, S. 115)

Sozialverhalten: Klaus trug in seiner Gruppe zur gemeinsamen Arbeit bei. Er war mehrere Male Gruppensprecher und half die Arbeit mit den anderen organisieren. Bei Helferaufgaben unterstützte er, ohne überheblich zu sein, das Lernen anderer Kinder.

Arbeitsverhalten: Aufgetragene Arbeiten erledigte er zügig; bei umfangreichen Aufgaben konnte er sich die Arbeit selbst einteilen. Häufig brachte er den Unterricht durch Vorschläge, durch Fragen, aber auch durch mitgebrachtes Material weiter.

Hinweise zu den Lernbereichen: Klaus hat die grundlegenden Lehrziele der 1. Klasse erreicht. Im Bereich Sport entwickelte er besondere Freude und Geschicklichkeit bei Ballspielen. Im Bereich Sprache zeigte er eine besondere Produktivität beim Erzählen und bei Rollenspielen.

Sozialverhalten: Jan übernahm häufig für die Klasse Aufgaben (Blumenpflege, Klassenkalender) und erledigte sie zuverlässig. Seinen Nachbarn und Gruppenmitgliedern half er gern aus. Er nahm auch selbst bereitwillig von anderen Hilfe an.

Arbeitsverhalten: Er arbeitete willig mit, ließ aber bei Schwierigkeiten schnell den Mut sinken. Störungen im Unterricht konnten ihn in der Regel leicht von seiner Arbeit ablenken. Es war deshalb immer wieder nötig, durch zusätzliche Anregungen seine Lernbereitschaft wachzuhalten.

Hinweise zu den Lernbereichen: Jan hat die grundlegenden Lehrziele in den Bereichen Schreiben und Lesen erreicht. In den Bereichen Rechtschreiben und Mathematik hat er die grundlegenden Lehrziele noch nicht erreicht. Hier muß er im kommenden Schuljahr zusätzlich gefördert werden.

rungen in den Arbeiten sind so zu bemessen, daß sie der durchschnittlichen Leistungsfähigkeit der Klasse oder Lerngruppe entsprechen" (SCHUL-RECHT NW, Erg. 58 vom 5. Aug. 1985, S. 17). Im Zitat wurde der Begriff „Fähigkeit" immer in Klammern gesetzt. Bei einer umfänglichen Reflexion der Möglichkeiten und Grenzen von Diagnostik in der Pädagogik muß betont werden, daß LehrerInnen nicht versuchen sollten, Fähigkeiten zu beurteilen. Im übrigen reicht es aus, wenn sie in diesem Zusammenhang Aussagen über Kenntnisse und Fertigkeiten machen. Zu diesen unmittelbar fachlich inhaltlichen Lernprodukten sollen von der Lehrperson auch die Zielvorstellungen der Richtlinien (z.B. für die Grundschule in NordrheinWestfalen) mitbeurteilt werden:

— Fachkompetenz = Fähigkeit zum Gebrauch allgemeiner Verfahrensweisen des Erkennens und Problemlösens,
— Sozialkompetenz = Fähigkeit zum sozialverantwortlichen Handeln,
— Selbstkompetenz = Selbstbestimmung und Entscheidungsvermögen.

In Anlehnung an die alten Kopfnoten sollen LehrerInnen

— Sozialverhalten = Kontaktfähigkeit, Kooperationsfähigkeit, Kritikfähigkeit, soziale Produktivität, Verläßlichkeit und soziale Stellung sowie

LERNZUSTANDSBERICHT 1975/76 1. Halbj. 3. Jahrg.			
		Visuelle Kommunikation	
(Name) (Vorname) (St. gr.)			
	Lernziele		
	e.	te.	ne.
1. Allgemeine fachspezifische Ziele			
A. Beherrschung von Arbeitstechniken			
Anfertigen von Skizzen	X		
Malen mit Deckfarben	X		
Bauen mit Holz	X		
B. *Kommunikationsfähigkeit*			
Bildnerische Darstellung von Erlebnissen und Vorstellungen	X		
Sprachliche Stellungnahme zu Bildern und Gegenständen			
C. *Kritikfähigkeit*			
Bewußtes Wahrnehmen und kritisches Überprüfen von Bildern, Gegenständen, Medien			
D. *Kreativität*			
Finden von eigenen Lösungen bei Skizzen, Modellen, Bildern			
E. *Genußfähigkeit*			
Einbringen eigener Interessen und Vorlieben			
2. Themen der Unterrichtseinheiten			
Selbstdarstellung – Sich anderen mitteilen Landesmuseum Hannover Bild – Sprache – Spiel: „Der Clown" Spielzeugverpackung Spielplatz – Planung und Modell			
3. Bereitschaft, Aufgaben entgegenzunehmen und auszuführen	X		

individuelle Lernentwicklung: Anton zeigt Ausdauer beim Bewältigen von Aufgaben und kann Aufgaben selbständig weiterentwickeln. Er kann sich sprachlich gut zu bildnerischen Problemen äußern.

Hannover, den 30.1.1976   (Unterschrift Fachlehrer)

– Arbeitsverhalten = Aufgabenverständnis, Konzentration, Selbständigkeit, Produktivität, Verläßlichkeit und Leistungsbereitschaft (vgl. BARTNITZKY/CHRISTIANI 1977, S. 50 f)

gesondert beurteilen.

LehrerInnen sollen zwar hier nicht mehr ein „Wesensbild" erstellen und das „Wesen eines Schülers" (DONAT 1965, S. 165) beurteilen; sie sollen auch nicht SchülerInnen in einer „Ganzheitsschau" (HUTH 1955, S. 87) erfassen und unter anderem „die einzelnen Seelenfähigkeiten" (HUTH 1955, S. 84) bewerten. Allerdings bleibt eine große Anzahl von Konstrukten zu beurteilen (vgl. die Problematik solcher Beurteilungen Kap. 5.2.7). LehrerInnen dürften in dieser Situation überfordert sein, und es ist ihnen als Verdienst anzurechnen, wenn sie dies erkennen und zugeben können (vgl. Kompetenzen Kap. 1.4.2).

In solchen Fällen werden Beurteilungshilfen verlangt und sie werden, wie die Literatur ausweist, auch reichlich angeboten (vgl. ENGELMAYER 1949; HUTH 1955; FEIGEL/KEITEL 1964; BARTNITZKY/CHRISTIANI 1977). Diese Hilfen sind oft sehr problematisch. Sie täuschen den Lehrer in bezug auf sein Kompetenzwissen und verkehren sich dann leicht in ihr Gegenteil. Dies wird an einigen Beispielen demonstriert. Gleichzeitig soll ermutigt werden, ohne diese äußerlichen Hilfen auszukommen, sich um diagnostische Kompetenz zu bemühen und aus dieser heraus entweder gestellte Kriterien kompetent zu beurteilen oder begründet kein Urteil abzugeben.

Hilfen für die Beobachtung und Beurteilung von Schülern und Schülerinnen sind z.B.:

„Die Selbständigkeit der Auffassung
E: starrköpfig, eigenwillig, umständlich;
D: überlegen wird ein eigener Weg gesucht, der zum Ziel führt;
C: durchschnittliche Selbständigkeit im Wahrnehmen und Anschauen;
B: schließt sich dem Lehrer oder einem Mitschüler an: geht den Weg, den andere vorschlagen, geht ihn aber richtig;
A: wagt gar nicht, richtig zu beobachten, unfähig, übertrieben genau; der Schüler klebt an Einzelheiten und erfaßt nicht das Ganze" (HUTH 1955, S. 113).

„Die Richtigkeit des Urteilens
E: der Schüler ist ein bohrender Tiftler, ein Skrupulant, der an irgendeiner Einzelheit hängen bleibt und nicht mehr den gesamten Sachverhalt überschaut; er ist ein Nörgler, der immer alles besser weiß und überall etwas auszusetzen hat, mit seiner aufdringlichen Kritiksucht stört er jede Gemeinschaft;
D: der Schüler arbeitet sachlich richtig, logisch zutreffend, gründlich, unvoreingenommen; Wesentliches und Unwesentliches werden klar unterschieden . . .;
C: durchschnittliche Urteilsrichtigkeit und Kritikfähigkeit;
B: der Schüler fällt mehr intuitive, durchaus richtige Urteile, die er zwar nicht voll begründen kann, die aber mit erstaunlicher Sicherheit das Richtige treffen (diese Form findet sich besonders häufig bei Mädchen der Oberstufe) . . .;
A: der Schüler urteilt sachlich falsch; er verliert sich im Nebensächlichen oder er läßt sich durch persönliche Sympathie oder Antipathie beeinflussen" (HUTH 1955, S. 117).

Ich hoffe, daß die Problematik jedem aufmerksamen Leser unmittelbar auffällt. Die „erhellenden Beispiele" sind von A bis E wie eine Einschätzskala (vgl. Kap. 7.5) dargestellt, bilden jedoch tatsächlich keine Skala. ENGELMAYER hilft Lehrpersonen, die richtige Bezeichnung für den Zeugnisbericht zu finden: „Verspielt, läppisch, tändelnd, Tagträumer, Heulsuse, Starrkopf, Rechthaber, Zappelphilipp, Nägelbeißer, Daumenlutscher, frech, dreist, Störenfried, Heimtücker, Egoist, Früchtchen, Lügenbeutel" (1960, S. 243). Er nimmt insofern eine Sonderstellung ein, als darin nicht nur bestimmte Stereotype gepflegt werden, sondern geradezu eine Schimpfkanonade als psychologische Hilfe ausgegeben wird. Alle entliehenen Formulierungen, auch wenn sie psychologische Fachbegriffe darstellen, sind für Beurteilungen höchst gefährlich und nicht wirklich hilfreich. Viele Hilfen bewirken eher die Verfestigung von Vorurteilen, als daß sie Beurteilungen verbessern.

Sehr viel positiver sind die Hilfen von BARTNITZKY/CHRISTIANI zu werten. „Der Lehrer sollte also nicht der Versuchung verfallen, für die einzelnen

Schüler aus Beschreibungslisten und Merkmalsammlungen eine Anzahl vorfabrizierter Wendungen einfach zu übernehmen" (1977, S. 112):

> „Pauschalierende Bewertung verhindert eine gezielte Hilfe (z.B.) . . . ist normal begabt . . .
> Diskriminierende Formulierungen, die häufig das Persönlichkeitsbild des Lehrers widerspiegeln, ersticken die sachliche Zusammenarbeit (z.B.) . . . ‚verbissen', ‚Egoist', ‚Meckerer'" (1977, S. 106).

Diese Aussagen sind im Sinne diagnostischer Bemühungen voll zu unterstützen.

Weiterhin wird aber eine große Anzahl von Schülermerkmalen, die Konstrukte sind, als Beurteilungskriterien vorgegeben, und es liegt dann an den beurteilenden LehrerInnen, was sie daraus machen. Das Problem der gültigen Indikatorenstellung und -anwendung ist nach wie vor offen (vgl. SCHWARZER 1979a). Eine Lösung scheint mir nur im Situations-Verhaltens-Rating zu liegen. Nur wenn alle dort verlangten Kriterien eingelöst werden können, wird eine verantwortbare Beurteilung für LehrerInnen möglich.

Allgemeine Kriterien für die Abfassung von Berichten:

— sie sollten die individuelle Lernsituation oder Individuallage des Schülers berücksichtigen;
— sie müssen für die Adressaten (Eltern, SchülerInnen) verständlich abgefaßt sein (keine Fachausdrücke);
— sie sind so zu formulieren, daß sie ermutigen. Ermutigende Aussagen sind nicht synonym mit Erfolgsaussagen.

Hieraus folgt:

— Sie werden nicht als Mängelkataloge abgefaßt und sollten weder pauschalierende (ist oberflächlich oder . . . ist konzentrationsschwach), noch diskriminierende (malt primitiv . . . ist ein Meckerer) Äußerungen enthalten;
— sie sollen keine Beeigenschaftung der Person darstellen (P. ist begabt aber faul und unzuverlässig).
— Zur Beschreibung werden keine Persönlichkeitskonstrukte (Begabung, Ehrlichkeit usw.) verwendet, die Formulierung sollte nicht adjektivisch, sondern adverbial erfolgen (kann selbständig arbeiten, versorgt die Blumen zuverlässig).

Bei der Berichtsabfassung sollte das nach reiflicher Überlegung Wichtigste und am ehesten zu Verallgemeinernde, bezogen auf die Richtlinien und die unterrichtlichen Lernprozesse, ausgewählt werden. In Zeugnisberichten ist keine Vollständigkeit im Sinne einer Personbeschreibung gefordert.

Zeugnisberichte sind im Grunde wie informelle Gutachten strukturiert, sie sind jedoch keine solchen, weil sie nicht auf eine konkret gutachterliche Frage ausgerichtet werden. Sie entsprechen einem Erlebnis- und Ergebnisbericht über einen Interaktionszeitraum.

Die Empfehlungen des Grundschullehrers zum Übergang an weiterführende Schulen werden aufgrund einer präzisen gutachterlichen Fragestellung erstellt, ihre Argumentation wird dementsprechend auf die Beantwortung dieser Frage ausgerichtet. Sie werden jedoch ebenfalls als informelle Gutachten akzeptiert. Ein formales Gutachten beginnt mit der Reflexion und ausgliedernden Präzisierung der Fragestellung sowie dem Aufzeigen der Grenzen der dem Gutachter möglichen Antworten (vgl. Kompetenzwissen Kap. 1.4.2). Danach folgt die Darstellung der vorliegenden Informationssammlung und deren mögliche Überprüfung und Ergänzung durch vorgenommene zusätzliche diagnostische Erhebungen (vgl. technologisch-kritisches Wissen Kap. 1.4.2).

Im folgenden werden die zur Weitergabe auf externe Anfragen geeigneten Daten in der Reihenfolge ihres Überprüfungsergebnisses (zunächst die am besten abgesicherten Daten) und der Möglichkeit zur Verallgemeinerung dargestellt. Daraus werden Schlußfolgerungen für die Beantwortung der an den Gutachter gestellten Frage gezogen. Zum Abschluß erfolgt die Antwort. Als Nachwort kann eine Bewertung der eigenen Antwort erfolgen.

8.6 Für und wider die Ziffernzensur

Die Note oder Ziffernzensur ist allein für sich stehend und als einzige Beurteilungsaussage ein pädagogisch und psychologisch höchst problematisches Unterfangen. Die Zensur mag so „objektiv" wie irgend möglich zustande kommen, dies ändert an der generellen Problematik wenig.

Eine Zensur ist kein exaktes Meßergebnis, sondern eine Klassifikation, eine Zuordnung auf Nominal-, höchstens aber auf Ordinalniveau.

Eine Ziffernnote kann für den Adressaten die getroffene Beurteilungsaussage präzisieren (dabei ist zum Ausdruck zu bringen, daß es sich hier um die Aussage über einen relativ breiten Vertrauensbereich handelt, jede Dezimalstelle sollte vermieden werden).

Wenn eine Ziffernzensur gegeben wird, ist diese in eine ergänzende, möglichst konkrete Beschreibung der vorgenommenen Klassifikation einzubetten. Im internen Bereich einer Klasse und Schulstufe hat die Ziffernzensur einen besonders geringen Informationswert. Sie für bestimmte Bereiche abzuschaffen (derzeit die Klassen 1 und 2 der Grundschule), ist ein Schritt in die richtige Richtung.

Das Zeugnis als eine Bestandsaufnahme im Sinne eines konkret beschreibenden und mit den Beteiligten diskutierten Berichtes ist eine pädagogisch äußerst nützliche Übung für Lehrpersonen, nicht nur zur Beurteilung von SchülerInnen-Leistungen, der je individuellen Lernsituation und der angehenden Lernprozesse, sondern auch als Reflexions- und neuer Planungsansatz. Geübt wird dabei, das Denken und das Tun kritisch zu hinterfragen (voller Verdachtsmomente gegen die Unzulänglichkeit aller menschlichen Bewertungen und Urteile). Im konkreten, pädagogisch verantwortlichen, proaktiven Dokumentieren und Berichten kann die Sensibilität, insbesondere bei Lehrpersonen für die individuelle Lernsituation der SchülerInnen, deren Bedürfnisse und Probleme sowie die Probleme des Unterrichts bzw. der Lehr-Lern-Situation, ausgebaut oder wachgehalten werden.

Die Diskussion über die Abschaffung von Zensur und Zeugnis oder gar der Beurteilung scheint mir nach Vorliegen dieses Buches beendet. Es führt nicht weiter, Zensur, Zeugnis und Beurteilung abzuschaffen, aber Schule und LehrerInnen beizubehalten.

Die Beurteilung (und auch Verurteilung) geschieht in der Begegnung, der schulischen Interaktionssituation, und es gilt, über evaluative Bewertungsprozesse die Beurteilung zu kultivieren, das Denken und das Tun der Lehrpersonen pädagogisch konstruktiv zu steuern.

Die Erhöhung diagnostischer Kompetenzen, die Erzeugung proaktiven Denkens und Handelns sowie das Wachhalten und Steigern der Sensibilität für verständnisvolles pädagogisches Miteinander-handeln und für evaluative Bewertung und gerechte, ständig für Revision offene Beurteilung können viele der mit Zensur und Zeugnis in Verbindung stehenden Probleme wesentlich verkleinern oder manchmal sogar auflösen.

Diese Schrift versucht, einen Beitrag in diese Richtung zu leisten. Ich hoffe und wünsche, daß dieses Bemühen nicht ganz erfolglos bleiben möge!

Literatur

ABRAMS, R.D./FINESINGER, J.E.: Guilt Reactions in Patients with Cancer. In: Cancer, 6, 1953, S. 474-482

ACHTENHAGEN, F.: Unterrichtsanalyse in konstruktiver Absicht – neuere Verfahren der Unterrichtsforschung. In: ACHTENHAGEN, F. (Hg.): Neue Verfahren der Unterrichtsanalyse. Düsseldorf 1982, S. 9-31

ALBERT, H.: Wertfreiheit als methodisches Prinzip. Zur Frage der Notwendigkeit einer normativen Sozialwissenschaft. In: TOPITSCH, E. (Hg.): Logik der Sozialwissenschaften. Köln 1968(5), S. 181-210

ALBERT, H.: Plädoyer für kritischen Rationalismus. München 1971

AMTHAUER, R.: Intelligenz-Struktur-Test (IST). Göttingen 1955

ANGER, H.: Befragung und Erhebung. In: GRAUMANN, C.F. (Hg.): Handbuch der Psychologie. Bd. 7, 1. Halbband: Sozialpsychologie. Göttingen 1969, S. 567-618

ARNOLD, W.: Möglichkeiten und Grenzen der praktischen Psychologie in der Berufsberatung. Nürnberg 1954

ARRINGTON, R.E.: An Important Implication of Time Sampling in Observational Studies of Behaviour. American Journal of Sociology, 43, 1937, S. 284-295

ATKINSON, J.W.: Motivational Determinants of Risk-Taking Behaviour. In: Psychological Review, 64, 1957, S. 359-372

ATKINSON, J.W./McCLELLAND, D.C.: The Projective Expression of Needs II: The Effect of Different Intensities of the Hunger Drive on Thematic Apperception. In: Journal of Experimental Psychology, 38, 1948, S. 643-658

BACHMAIR, G.: Möglichkeiten und Grenzen des Diagnosebogens. In: Zeitschrift für Pädagogik, 21, 1975, S. 951-969

BADAD, E.Y./INBAR, J.: Performance and Personality Correlates of Teachers' Susceptibility to Biasing Information. In: Journal of Personality and Social Psychology, 40, 1981, S. 553-561

BÄUMER, G.: Schulaufbau, Berufsauslese, Berechtigungswesen. Berlin 1930

BÄUMLER, A.: Kants Kritik der Urteilskraft. o.O. 1923a

BÄUMLER, A.: Das Irrationalitätsproblem in der Ästhetik und Logik des 18. Jahrhunderts bis zur Kritik der Urteilskraft. (erstm. Halle/Saale 1923b) Darmstadt 1967

BAILLET, D.: Freinet – praktisch. Weinheim 1983

BALES, R.F.: Interaction Process Analysis. Cambridge (Mass.) 1951

BANDURA, A.: Principles of Behaviour Modification. New York 1969

BANDURA, A.: Lernen am Modell. Stuttgart 1976

BARKER, R.G.: Ecological Psychology. Stanford (Cal.) 1968

BARKEY, P.: Modelle pädagogischer Diagnostik. In: BARKEY, P./LANGFELDT, H.P./NEUMANN, G.: Pädagogisch-psychologische Diagnostik am Beispiel von Lernschwierigkeiten. Bern 1976, S. 22-58

BARKEY, P./LANGFELDT, H.P./NEUMANN, G.: Pädagogisch-psychologische Diagnostik am Beispiel von Lernschwierigkeiten. Bern 1976

BARR, A./FEIGENBAUM, E.A. (Hg.): The Handbook of Artificial Intelligence. Vol. I 1981. Vol. II 1982. Los Altos (Cal.)

BAR-TAL, D./GUTTMANN, J.: A Comparison of Pupils', Teachers' and Parents' Attributions Regarding Pupils' Achievement. In: British Journal of Educational Psychology, 51, 1981, S. 301-311

BARTHOLD, F.: Idiotismus und seine Bekämpfung. Stettin 1868

BARTKY, W.: Multiple Sampling with Constant Probability. In: American Mathematical Society, 14, 1943, S. 363-377

BARTNITZKY, H./CHRISTIANI, R.: Zeugnis ohne Noten. Düsseldorf 1977
BARTNITZKY, H./CHRISTIANI, R.: Zeugnisschreiben in der Grundschule. Heinsberg 1987
BARTSCH, K.: Das psychologische Profil und seine Auswertung für die Heilpädagogik. Halle/Saale 1922
BASTIN, G.: Die soziometrischen Methoden. Bern 1967
BAURMANN, J.: Der Einfluß von Auswertungsbedingungen, Vorinformationen und Persönlichkeitsmerkmalen auf die Benotung von Deutschaufsätzen. Unveröffentlichte Diplom-Hauptarbeit an der EWH Rheinland-Pfalz, 1973
BECK, K.: Die empirischen Grundlagen der Unterrichtsforschung. Göttingen 1987
BEINER, F./NIERMANN, J.: Prüfungsdidaktik und Prüfungspsychologie. Leistungsmessung und Leistungsbewertung. Köln 1982
BEM, D.J.: Self-Perception Theory. In: BERKOWITZ, L. (Ed.): Advances in Experimental Social Psychology. Vol. 6, New York 1972, S. 1-62
BESSER, H./WÖBCKE, M./ZIEGENSPECK, J.: Der Schülerbeobachtungsbogen. Braunschweig 1977
BETZ, D.: Rhythmische Schwankungen als Fehler in der Notengebung bei mündlichen Prüfungen. In: Psychologie in Erziehung und Unterricht, 21, 1974, S. 1-14
BIERBRAUER, G.: Why Did He Do It? Attribution of Obedience and the Phenomenon of Dispositional Bias. In: European Journal of Social Psychology, 9, 1979, S. 67-84
BIRKEL, P.: Mündliche Prüfungen. Bochum 1978
BIRKEL, P.: Beurteilung mündlicher Prüfungsleistungen. In: HELLER, K.A. (Hg.): Leistungsdiagnostik in der Schule. Bern 1984, S. 229-236
BLÄTTNER, F.: Geschichte der Pädagogik. Heidelberg 1958
BLOOM, B.S.: Stability and Change in Human Characteristics. New York 1964
BLOOM, B.S./HASTINGS, J.T./MADAUS, G.F.: Handbook on Formative and Summative Evaluation of Student Learning. New York 1971
BLOOM, B.S. u.a.: Taxonomy of Educational Objectives. Handbook 1: Cognitive Domain. New York 1956. Dt.: Taxonomie von Lernzielen im kognitiven Bereich. Weinheim 1972
BLUHM, H.P.: Computer Managed Instruction: A Useful Tool for Educators? In: Educational Technology, 27, 1/1987, S. 7-13
BOLLNOW, O.F.: Vom Wesen geschichtlicher Begegnung. In: GERNER, B. (Hg.): Begegnung. Darmstadt 1969, S. 163-173
BOLSCHO, D./BURK, K.H./HAARMANN, D. (Hg.): Grundschule ohne Noten. Frankfurt/Main 1979
BONNET, A.: Artificial Intelligence: Promise and Performance. Englewood Cliffs (N.J.) 1985
BORMANN, W.C.: Consistency of Rating Accuray and Rating Errors in the Judgement of Human Performance. In: Organizational Behavior and Human Performance, 20, 1977, S. 238-252
BOTKIN, J.W./ELMANDJRA, M./MALITZA, M.: Das menschliche Dilemma. Wien 1979
BRADY, P.J./RICKARDS, J.P./FELKER, D.W.: Affective Outcomes of Evaluation Strategies by Self and Another Children's Learning from Testbook Material. In: Psychological Reports, 37, 1975, S. 311-317
BREITSCHUH, G.: Zur Geschichte des Schulzeugnisses. In: BOLSCHO, K./ BURK, K.H./HAARMANN, D.: Grundschule ohne Noten. Frankfurt/Main 1979, S. 35-63
BREZINKA, W.: Von der Pädagogik zur Erziehungswissenschaft. Eine Einführung in die Metatheorie der Erziehung. Weinheim 1971
BREZINKA, W.: Metatheorie der Erziehung. München 1978

BRICKENKAMP, R. (Hg.): Handbuch psychologischer und pädagogischer Tests. Göttingen 1975

BROCKHAUS ENZYKLOPÄDIE. Bd. 4. Wiesbaden 1968

BRONFENBRENNER, U.: The Measurement of Sociometric Status, Structure, Development. In: Sociometric Monographs, No. 6, Beacon 1945, S. 71

BRONFENBRENNER, U.: The Ecology of Human Development. Cambridge 1979

BROPHY, J.E./GOOD, T.L.: Teacher-Student Relationships. New York 1974. Dt.: Die Lehrer-Schüler-Interaktion. München 1976

BRÜGGEN, G.: Möglichkeiten und Grenzen der Soziometrie. Ein Beitrag zur Gruppendynamik der Schulklasse. Neuwied 1974

BRUMLIK, M.: Symbolischer Interaktionismus. In: LENZEN, D./MOLLENHAUER, K. (Hg.): Enzyklopädie Erziehungswissenschaft. Bd. 1: Theorien und Grundbegriffe der Bildung und Erziehung. Stuttgart 1983, S. 232-245

BRUNER, J.S.: Personality Dynamics and the Process of Perceiving. In: BLAKE, R.R./RAMSEY, G.V. (Eds.): Perception – an Approach of Personality. New York 1951, S. 121-147

BRUNER, J.S./TAGIURI, R.: The Perception of People. In: LINDZEY, G. (Ed.): Handbook of Social Psychology. Vol 2. Cambridge 1954, S. 634-654

BRUNSWIK, B.: Perception and the Representative Design of Psychological Experiments. Berkeley (Cal.) 1956

BRUSTEN, M./HOHMEIER, J. (Hg.): Stigmatisierung – Zur Produktion gesellschaftlicher Randgruppen. 2 Bde. Neuwied 1975

BUBER, M.: Das dialogische Prinzip. Heidelberg 1973

BUCH DER RICHTER. In: Die Bibel. Altes Testament, Kap. 7, Verse 3-8.

BÜHLER, C.: Der menschliche Lebenslauf als psychologisches Problem. Göttingen 1959

BÜHLER, C./ALLEN, M.: Introduction to Humanistic Psychology. Monterey (Cal.) 1972. Dt.: Einführung in die Humanistische Psychologie. Stuttgart 1973

BÜHLER, C./HETZER, H.: Kleinkindertests. München 1953

BUNDSCHUH, K.: Dimensionen der Förderdiagnostik. München 1985

BURCH, B.A.: Dishonesty as Expressed in the Attitudes and Behavioral Responses of Elementary and Secondary School Children in the Classroom Testing Situation. Dissertation 1968, 29. 1971

BURK, K.H.: Ziele und Inhalte der neuen Beurteilungsformen. In: BOLSCHO, K./BURK, K.H./HAARMANN, D.: Grundschule ohne Noten. Frankfurt/Main 1979a, S. 149-168

BURK, K.H.: Ministerielle Hinweise zur Abfassung der Zeugnisberichte – genügend oder ungenügend. In: BOLSCHO, K./BURK, K.H./HAARMANN, D.: Grundschule ohne Noten. Frankfurt/Main 1979b, S. 243-274

BURKE, R.J.: Some Preliminary Data on the Use of Self-Evaluations and Peer Ratings in Assigning University Course. In: Journal of Educational Research, 62, 1969, S. 444-448

BUSCHBECK, H.: Reflektierende Beobachtung. Berlin 1985a

BUSCHBECK, H.: Strukturierungshilfen für reflektierende Beobachtung. Berlin 1985b

BUSS, A.H.: Psychopathology. New York 1966

CARL-FRIEDRICH-VON-SIEMENS-STIFTUNG: Sinn und Unsinn des Leistungsprinzips. Ein Symposion. München 1974

CARTER, H.: How Reliable Are Good Oral Examinations? In: California Journal of Educational Research, 13, 1962, S. 147-153

CARVER, C.S.: A Cybernetic Model of Self-Attention Processes. In: Journal of Personality and Social Psychology, 37, 1979, S. 1251-1281

CATTELL, J.M.: Mental Tests and Measurements. In: Mind, 15, 1890, S. 373-381

CATTELL, R.B.: Personality and Motivation Structures and Measurement. Yonkerson-on-Hudson 1957

CATTELL, R.B./WEISS, R./OSTERLAND, J.: Grundintelligenztest (Culture Fair Intelligence Test). Braunschweig 1979(3)

CHASE, C.I.: The Impact of Some Obvious Variables on Essay Test Scores. In: Journal of Educational Measurement, 5, 1968, S. 315-318

CHEMNITZ, G.: Beurteilungshilfen für Lehrer (BFL). In: Psychologie in Erziehung und Unterricht, 29, 1/1982, S. 49-53

CHODOFF, P./FRIEDMANN, S.B./HAMBURG, D.A.: Stress Defenses and Coping Behaviour: Observations in Parents of Children with Malignant Disease. In: American Journal of Psychiatry, 120, 1964, S. 743-749

CHOTZEN, H.: Einführung in die Kenntnis der geistigen Schwächezustände der Hilfsschüler. Halle/Saale 1921

CHRISTIANI, R.: Die Grundschule braucht keine Zensuren. In: Grundschule, 21, 4/1989, S. 22-24

CHRISTIANI, R./MEIS, R.: Neue Grundschulzeugnisse in NRW. In: BOLSCHO, K./BURK, K.H./HAARMANN, D.: Grundschule ohne Noten. Frankfurt/Main 1979, S. 103-113

CHRISTMANN, H.: Mogeln in der Schule. Braunschweig 1978

CLAPARÈDE, E.: Psychologie de l'enfant en pédagogie expérimentale. I: Le développement mental. Neuchâtel 1947.

CLARK, E.: Value of Student Interviews. In: Journal of Personal Research, 5, 1926, S. 204-207

CLAUSS, G.: Zur Methodik von Schätzskalen in der empirischen Forschung. In: Probleme und Ergebnisse der Psychologie, 1968, Heft 26, S. 7-52

CLAUSS, G.: Wörterbuch der Psychologie. Leipzig 1978

CLOSTERMANN, G.: Studien zur Testwissenschaft – Der Mann-Zeichen-Test in formtypischer Auswertung (MZT/ft). Münster 1959

COHEN, R.: Systematische Tendenzen bei Persönlichkeitsbeurteilungen. Bern 1969

COHN, R.C.: Von der Psychoanalyse zur themenzentrierten Interaktion. Stuttgart 1978

COMBE, A.: Kritik der Lehrerrolle. München 1971

COOPER, H.M.: Pygmalion Grows up – A Model for Teacher Expectation Communication and Performance Influence. In: Review of Educational Research, 49, 1979, S. 389-410

COOPER, H.M./HINKEL, G.M./GOOD, T.L.: Teachers' Beliefs about Interaction Control and Their Observed Behavioral Correlates. In: Journal of Educational Psychology, 72, 1980, S. 345-354

CRANACH, M. von/FRENZ, H.G.: Systematische Beobachtung. In: GRAUMANN, C.F. (Hg.): Handbuch der Psychologie. Bd. 7, 1. Halbband: Sozialpsychologie. Göttingen 1969, S. 269-331

CRESPI, L.: The Cheater Problem in Polling. In: Public Opinion Quarterly, 9, 1945, S. 431-445

CROCKETT, W.H.: Cognitive Complexity and Impression Formation. In: MAHER, B.A. (Ed.): Progress in Experimental Personality Research. Vol. 2. Chicago 1965, S. 47-90

CRONBACH, L.J.: Essentials of Psychological Testing. New York 1970

CRONBACH, L.J./GLESER, G.C.: Psychological Tests and Personnel Decisions. Urbana (Ill.) 1965

CRONBACH, L.J./MEEHL, P.E.: Construct Validity in Psychological Tests. In: Psychological Bulletin, 53, 1955, S. 281-302

DAHRENDORF, R.: Gesellschaft und Freiheit. München 1962

DAVIS, H.: Evolution of Current Practices in Evaluating Teacher Competence. In: BIDDLE, B.J./ELLENA, W.J. (Eds.): Contemporary Research of Teacher Effectiveness. New York 1964, S. 41-66

DAVIS, J.K./RAND, D.C.: Self-Grading versus Instructor-Grading. In: Journal of Educational Research, 50, 1980, S. 207-211

DERBOLAV, J.: „Existentielle Begegnung" und „Begegnung am Problem". In: GERNER, B. (Hg.): Begegnung. Darmstadt 1969, S. 174 f

DEUTSCHER BILDUNGSRAT (Hg.): Bildungsforschung: Probleme – Perspektiven – Prioritäten. Teil 1. Stuttgart 1975

DIENER, C.T./DWECK, C.S.: An Analysis of Learned Helplessness – Continuous Changes in Performance Strategy, and Achievement Cognitions Following Failure. In: Journal of Personality and Social Psychology, 36, 1978, S. 451-462

DIETRICH, I. (Hg.): Politische Ziele der Freinet-Pädagogik. Weinheim 1982

DILTHEY, W.: Pädagogik – Geschichte und Grundlinien des Systems (1934). In: BOLLNOW, O.F. (Hg.): Gesammelte Schriften. Bd. 9. Stuttgart 1974

DOHSE, W.: Das Schulzeugnis. Weinheim 1963

DONAT, H.: Persönlichkeitsbeurteilung – Methoden und Probleme der Charaktererfassung im pädagogischen Bereich. München 1965

DRECHSLER-KUTSCH, H./GÜRTLER-REDLICH, A./REINEMANN, G.: Praxisbericht über die Entwicklung der Lernzustandsberichte im Primarbereich der Integrierten Gesamtschule Hannover-Roderbruch. In: BOLSCHO, D./BURK, K.H./HAARMANN, D.: Grundschule ohne Noten. Frankfurt/Main 1979, S. 190-202

DUHMKE, D.: Zur Beteiligung der Klasse an der Zensurengebung. In: Blätter für die Lehrerfortbildung, 29, 1977, S. 202-206

DUNN, J.A.: The Guidance Program in the PLAN System of Individualized Education. American Institute for Research. Palo Alto (Cal.) 6/1972

DYMOND, R.: A Preliminary Investigation of the Relation of Insight and Empathy. In: Journal of Consulting and Clinical Psychology, 12, 1948, S. 228-233

EBERLE, G./KORNMANN, R.: Anforderungsorientierte Leistungsdiagnostik. In: HELLER, K. (Hg.): Leistungsdiagnostik in der Schule. Stuttgart 1984, S. 125-140

EBERWEIN, H. (Hg.): Behinderte und Nichtbehinderte lernen gemeinsam. Weinheim 1988

ECHTERHOFF, W.: Lern- und Veränderungsmessung. In: KLAUER, K.J. (Hg.): Handbuch der Pädagogischen Diagnostik. Bd. 1. Düsseldorf 1982, S. 157-175

EDELSTEIN, W.: Odenwaldschule – Eine differenzierte Gesamtschule. Entwicklung und Struktur. Frankfurt/Main 1967

EICHLER, W./THURNER, F.: Schriftliche Prüfung und Klassenarbeiten a) Deutsch. In: KLAUER, K.J. (Hg.): Handbuch der Pädagogischen Diagnostik. Bd. 2. Düsseldorf 1982, S. 647-660

EIGLER, G.: Das Verhältnis von Lernen und Leistung als Forschungsproblem. In: DEUTSCHER BILDUNGSRAT (Hg.): Bildungsforschung: Probleme – Perspektiven – Prioritäten. Teil 1. Stuttgart 1975, S. 55-98

ELASHOFF, J.D./SNOW, R.E.: Pygmalion auf dem Prüfstand. München 1972

EMERICK, J.A.: An Evaluation Model for Mastery Testing. In: Journal of Educational Measurement, 8, 1971, S. 321-326

ENGELMAYER, O.: Beobachtung und Beurteilung des Schulkindes. Nürnberg 1949

ENGELMAYER, O.: Psychologie für den schulischen Alltag – Das psychologische Grundwissen im Dienste einer modernen Unterrichtspraxis. München 1960

ENGELMAYER, O.: Das Soziogramm in der modernen Schule. Wege der soziographischen Arbeit an der Klasse. München 1970(5)

EULER, D. u.a.: Computerunterstützter Unterricht: Möglichkeiten und Grenzen. In: SCHMITZ, P./SZYPERSKI, N. (Hg.): Programm Angewandte Informatik. Braunschweig 1987
EVANS, F.: On Interviewer Cheating. In: Public Opinion Quarterly, 25, 1961, S. 126-127
EVERTSON, C./BROPHY, J.E./GOOD, T.L.: Communication of Teacher Expectations: Second Grade. Report No. 92, Research and Development Center for Teacher Education. Austin 1973

FASSNACHT, G.: Systematische Verhaltensbeobachtung. München 1979
FATKE, R.: Schulumwelt und Schülerverhalten. München 1977
FEIGEL, K./KEITEL, E.: Bayerische Landesvolksschulordnung. München 1964
FELDMANN, R.S./PROHASKA, T.: The Student as Pygmalion-Effect of Student Expectation on the Teacher. In: Journal of Educational Psychology, 71, 1979, S. 485-495
FERBER, R./WALES, H.: Detection and Correction of Interviewer Bias. In: Public Opinion Quarterly, 16, 1952, S. 107-127
FESTINGER, L.: A Theory of Cognitive Dissonance. Evanston (Ill.) 1957
FEUERSTEIN, R.: The Dynamic Assessment of Retarded Performers. Baltimore 1979
FINK, E.: Erziehungswissenschaft und Lebenslehre. Freiburg 1970
FINKENBINDER, E.O.: A Measure of the Amount of Cheating by College Students. Proceedings of the Iowa Academy of Science, 40, 1933, S. 201 f
FIPPINGER, F./INGENKAMP, K. (Hg.): Allgemeiner Schulleistungstest für 3. Klassen (AST3). Reihe Deutsche Schultests. Weinheim o.J.
FISCHER, H.: Die modernen pädagogischen und psychologischen Forschungsmethoden. Eine Einführung. Göttingen 1957
FISCHER, R./JÜNGST, K.L.: Differentielle Effekte von Kleingruppen- und Frontalunterricht auf Kenntnisse in Naturwissenschaft. In: Zeitschrift für empirische Pädagogik, 2, 1977, S. 41-58
FITTKAU, B.: Ratingskalen in der pädagogischen Beurteilung. In: KLAUER, K.J. (Hg.): Handbuch der Pädagogischen Diagnostik. Bd. 2. Düsseldorf 1982, S. 727-748
FITTKAU, B./MÜLLER-WOLF, H.-M./SCHULZ v. THUN, F.: Kommunizieren lernen (und umlernen). Braunschweig 1977
FLANDERS, N.A.: Analyzing Teaching Behavior. Reading (Mass.) 1970
FLECHSIG, K. u.a.: Probleme der Entscheidung über Lernziele. In: ACHTENHAGEN, F./MEYER, H.L. (Hg.): Curriculumrevision. München 1971, S. 243-282
FLITNER, A.: Das Schulzeugnis im Lichte neuerer Untersuchungen. In: Zeitschrift für Pädagogik, 12, 1966, S. 511-538
FLITNER, A./LENZEN, D.: Abitur-Normen gefährden die Schule. München 1977
FÖRSTER, E./ENGERMAYER, F.: Korrelations- und Regressionsanalyse. Berlin 1966
FRANK, H.: Die kybernetischen Grundlagen der Pädagogik. Baden-Baden 1969
FRANKEL, A./SNYDER, M.L.: Poor Performance Following Unsolvable Problems — Learned Helplessness or Egotism? In: Journal of Personality and Social Psychology, 36, 1978, S. 1415-1423
FREEMAN, G.L. u.a.: The Stress Interview. In: Journal of Abnormal and Social Psychology, 37, 1942, S. 427-447
FREIBICHLER, H.: Der computerunterstützte Unterricht aus didaktischer Sicht. In: FREIBICHLER, H. (Hg.): Computerunterstützter Unterricht. Erfahrungen und Perspektiven. Hannover 1974, S. 11-42
FREINET, C.: L'Ecole Moderne Française. (erstm. Gap 1946). Dt.: Die moderne französische Schule. Paderborn 1979
FREINET, C.: Pädagogische Texte. Mit Beispielen aus der praktischen Arbeit nach Freinet. Reinbek 1980
FRENZEL, F.: Geschichte und Literatur des Hilfsschulwesens. Halle/Saale 1925

FREY, K. (Hg.): Curriculum Handbuch. Bd. 1. München 1975

FRICKE, R.: Über Meßmodelle in der Schulleistungsdiagnostik. Düsseldorf 1972

FRICKE, R.: Testgütekriterien bei lehrzielorientierten Tests. (Ein Maß zur Bestimmung von Objektivität, Zuverlässigkeit, Gültigkeit und Trennschärfe bei lehrzielorientierten Tests.) In: Zeitschrift für erziehungswissenschaftliche Forschung, 6, 3/1972, S. 150-175

FRICKE, R.: Kriteriumsorientierte Leistungsmessung. Stuttgart 1974

FRIEDRICHS, J./LÜDTKE, H.: Teilnehmende Beobachtung. Weinheim 1971

FURCK, C.L.: Das pädagogische Problem der Leistung in der Schule. Weinheim 1972

GALLUS, L./KÜSTER, R.: Der Computer im Prozeß der Leistungskontrolle. In: LEHNERT, U. (Hg.): Elektronische Datenverarbeitung in Schule und Ausbildung. München 1970, S. 126-132

GALPARIN, P.J.: Die geistige Handlung als Grundlage für die Bildung von Gedanken und Vorstellungen. In: GALPARIN, P.J./LEONTJEW, A.N. u.a.: Probleme der Lerntheorie. Berlin 1974, S. 33-49

GALTON, F.: Inquires into Human Faculty and Its Development. London 1883

GAUDIG, H.: Die Schule der Selbsttätigkeit. (erstm. 1922). Bad Heilbrunn/Obb. 1969

GESELLSCHAFT FÜR DEUTSCHE ERZIEHUNGS- UND SCHULGESCHICHTE (Hg.): Monumentae Germaniae Paedagogica. Mittelschulgeschichtliche Dokumente Altbayerns, einschließlich Regensburgs. 2 Bde. Bd. 42. Berlin 1908

GOLDENBERG, H.: Contemporary Clinical Psychology. Monterey (Cal.) 1973

GOLDSTEIN, A.: An Inquiry into the Value of Rank Grades in the Medical Course. In: Journal of Medical Education, 33, 1958, S. 193-199

GOOD, T.L./BROPHY, J.E.: Changing Teacher and Student Behavior: An Empirial Investigation. Technical Report No. 58. Center for Research in Social Behavior. University of Missouri at Columbia. Columbia (Miss.) 1972a, S. 64 f

GOOD, T.L./BROPHY, J.E.: Behavioral Expression of Teacher Attitudes. In: Journal of Educational Psychology, 63, 1972b, S. 617-624

GOOD, T.L./COOPER, H.M./BLAKEY, S.L.: Classroom Interaction as a Function of Teacher Expectations, Student Sex, and Time of the Year. In: Journal of Educational Psychology, 72, 1980, S. 378-385

GOODENOUGH, F.L.: Measurement of Intelligence by Drawings. New York 1926

GOODENOUGH, F.: Children's Drawings. In: MURCHISON, C.A. (Ed.): Handbook of Child Psychology. London 1931

GORBATSCHOW, M.: Perestroika: Die 2. russische Revolution – eine neue Politik für Europa. München 1987

GORNY, E./KNOPF, H.: Psychologische Aspekte des Kontrollverhaltens im Leistungsbereich. In: Probleme und Ergebnisse der Psychologie, 68, 1979, S. 63-73

GOTTSCHICK: Schulzeugnisse (Censuren). In: SCHMID, K.A. (Hg.): Encyclopädie des gesamten Erziehungs- und Unterrichtswesens. Bd. 8. Gotha 1870, S. 336 f

GRÄSER, L.: Familie in Tieren. München 1957

GRAUMANN, C.F.: Grundlagen einer Phänomenologie und Psychologie der Perspektivität. Berlin 1960

GRAUMANN, C.F.: Nichtsinnliche Bedingungen der Wahrnehmung. In: METZGER, W. (Hg.): Handbuch der Psychologie. Bd. 1, 1. Halbband: Wahrnehmung und Erkennen. Göttingen 1966, S. 1031-1096

GREENSPOON, J.: The Reinforcing Effect of Two Spoken Sounds on the Frequency of Two Responses. In: American Journal of Psychology, 68, 1955, S. 409-416

GRÜMER, K.-W.: Techniken der Datensammlung 2 – Beobachtung. Stuttgart 1974

GRUND, O.: Die Anamnese. Leipzig 1957

GUILFORD, J.P.: Psychometric Methods. New York 1954

GULLIKSEN, H.: Theory of Mental Tests. New York 1950

GUNTHART, A.: Einführung in die Vererbungslehre. Bern 1946
GUTHKE, J.: Zur Diagnostik der intellektuellen Lernfähigkeit. Berlin 1974(2)
GUTHKE, J.: Mengenfolgen-Test (MFT). Stuttgart 1983

HABERMAS, J./LUHMANN, N.: Theorie der Gesellschaft oder Sozialtechnologie. Frankfurt/Main 1971
HADLEY, T.S. Feststellungen und Vorurteile in der Zensierung. In: INGENKAMP, K. (Hg.): Die Fragwürdigkeit der Zensurengebung. Weinheim 1971, S. 134-141
HAMBLETON, R.K./NOVICK, M.R.: Toward an Integration of Theory and Method for Criterionreferended Tests. In: Journal of Educational Measurement, 10, 1973, S. 159-170
HAMMOND, H.R./HURSCH, C.J./TODD, F.J.: Analyzing the Components of Clinical Inference. In: Psychological Review, 71, 1964, S. 438-456
HAMMOND, H.R./WILINS, M.M./TODD, F.J.: A Research Paradigm for the Study of Interpersonal Learning. In: Psychological Bulletin, 65, 1966, S. 221-232
HARTMANN, H.: Psychologische Diagnostik. Auftrag — Testsituation — Gutachten. Stuttgart 1970
HASTORF, A.H./SCHNEIDER, D.J./POLEFKA, J.: Person Perception. Reading (Mass.) 1970
HECKHAUSEN, H.: Motive und ihre Entstehung. In: WEINERT, F.E. u.a. (Hg.): Funkkolleg Pädagogische Psychologie. Bd. 1. Frankfurt/Main 1974, S. 133-171
HECKHAUSEN, H.: Leistungsprinzip und Chancengleichheit. In: DEUTSCHER BILDUNGSRAT (Hg.): Bildungsforschung: Probleme — Perspektiven — Prioritäten. Teil 1. Stuttgart 1975, S. 99-152
HECKHAUSEN, H.: Achievement Motive Research: Current Problems and Some Contributions toward a General Theory of Motivation. In: ARNOLD, W.J. (Ed.): Nebraska Symposium on Motivation. Lincoln 1968, S. 103-174
HECKHAUSEN, H.: Motivation und Handeln. Berlin 1980
HECKMANN, G.: Das sokratische Gespräch. Erfahrungen in philosophischen Hochschulseminaren. Hannover 1981
HEESE, H.A.: Basisorientierte Modelle der Curriculumforschung. In: FREY, K. u.a. (Hg.): Curriculum-Handbuch. Bd. I. München 1975, S. 270-279
HEIDER, F.: The Psychology of Interpersonal Relations. New York 1958
HEINRICH, P.B.: Der Rechner als Instrument zur Überwachung des Lernprozesses. Charakterisierung eines CMI-Systems anhand bestehender Projekte in den USA. In: FREIBICHLER, H.: Computerunterstützter Unterricht. Hannover 1974, S. 104-118
HEINRICH, P.B.: Strukturelles Testen. Ansbach 1980
HELSON, H.: Adaptation-Level as a Frame of Reference for Prediction of Psychophysical Data. In: American Journal of Psychology, 60, 1947, S. 1-29
HENKE, J.: Aspekte des heimlichen Lehrplans in Schulbüchern. Frankfurt/Main 1980
HENSLIN, J.M.: Craps and Magic. In: American Journal of Sociology, 73, 1967, S. 316-330
HENTIG, H. von: Abitur-Normen gefährden die Schulreform. In: FLITNER, A./ LENZEN, D. (Hg.): Abitur-Normen gefährden die Schule. München 1977, S. 21-40
HENTIG, H. von: Wie frei sind freie Schulen? Stuttgart 1985
HENZE, G./NAUCK, J.: Testen und Beurteilen — Grundfragen pädagogischer Diagnostik. Bad Heilbrunn/Obb. 1985
HERBART, J.F.: Pädagogische Briefe oder Briefe über die Anwendung der Psychologie auf die Pädagogik. (erstm. 1831). Leipzig 1913
HERBIG, M.: Praxis lehrzielorientierter Tests. Düsseldorf 1976
HERBIG, M.: Aufgabentypen zur Leistungsüberprüfung. In: KLAUER, K.J. u.a.: Lehrzielorientierte Tests. Düsseldorf 1972, S. 74-100
HERBIG, M.: Ein lehrzielorientiertes Zensierungsmodell. In: Zeitschrift für erziehungswissenschaftliche Forschung, 8, 1974, S. 129-142

HERBIG, M./ERVEN, P.: Sequentielle Prüfpläne in der pädagogischen Diagnostik. In: Unterrichtswissenschaft, 3, 1/1975, S. 31-49

HERBIG, M.: Aufgabenanalyse, Testanalyse und Normierung bei lehrzielorientierter Messung. In: KLAUER, K.J. (Hg.): Handbuch der pädagogischen Diagnostik. Bd. 1. Düsseldorf 1982, S. 301-316

HERGANG, K.G. (Hg.): Pädagogische Realencyklopädie. Bd. 1. Grimma 1843; Bd. 2. Grimma 1847

HERRLITZ, H.-G.: Studienrecht als Standesprivileg — sozialgeschichtliche Materialien. In: Neue Sammlung, 11, 1971, S. 231-248

HERRMANN, U.: Erziehung und Bildung in der Tradition geisteswissenschaftlicher Pädagogik. In: LENZEN, D./MOLLENHAUER, K. (Hg.): Enzyklopädie Erziehungswissenschaft. Bd. 1: Theorien und Grundbegriffe der Erziehung und Bildung. Stuttgart 1983, S. 25-41

HESS, F./LATSCHA, F./SCHNEIDER, W.: Die Ungleichheit der Bildungschancen. Freiburg 1966

HETHERINGTON, E.M./FELDMANN, S.E.: College Cheating as a Function of Subject and Situational Variables. In: Journal of Educational Psychology, 55, 1964, S. 212-218

HIELSCHER, H. (Hg.): Die Schule als Ort sozialer Selektion. Heidelberg 1972

HILL, J.P./KOCHENDORFER, R.A.: Knowledge of Peer Success and Risk of Detection as Determinants of Cheating. In: Developmental Psychology, 1, 1969, S. 231-238

HINST, K. (Hg.): Wir und die anderen. Eine Sozialpsychologie des Alltags. Reinbek 1970

HINTZ, O.: Hygiene und Erziehung. Leipzig 1893

HIROTO, D.S./SELIGMAN, M.E.P.: Generality of Learned Helplessness in Man. In: Journal of Personality and Social Psychology, 31, 1975, S. 311-327

HÖHN, E.: Spielerische Gestaltungsverfahren. In: HEISS, R. (Hg.): Handbuch der Psychologie. Bd. 6: Psychologische Diagnostik. Göttingen 1964, S. 685-705

HÖHN, E.: Der schlechte Schüler. München 1967

HÖRMANN, H.: Konflikte und Entscheidung: Experimentelle Untersuchung über das Interferenzphänomen. Göttingen 1960

HOFER, M.: Die Schülerpersönlichkeit im Urteil des Lehrers. Weinheim 1969

HOFER, M.: Zur impliziten Persönlichkeitstheorie von Lehrern. In: Zeitschrift für Entwicklungspsychologie und pädagogische Psychologie, 2, 1970, S. 197-209

HOFER, M.: Zu den Wirkungen von Lob und Tadel. In: Bildung und Erziehung, 38, 1985, S. 415-427

HOFSTÄTTER, P.R.: Exploration. In: HOFSTÄTTER, P.R. (Hg.): Fischer Lexikon Psychologie. Frankfurt/Main 1957, S. 103-106

HOFSTÄTTER, P.R.: Einführung in die Sozialpsychologie. Stuttgart 1963

HOLZKAMP, K.: Sinnliche Erkenntnis. Historischer Ursprung und gesellschaftliche Funktion der Wahrnehmung. Frankfurt/Main 1973

HOMFELDT, H.G.: Stigma und Schule. Düsseldorf 1974

HOMME, L./CSANYI, A.P./GONZALES, M.A./RECHS, J.R.: How to Use Contingency Contracting in the Classroom. (1969). Dt.: Verhaltensmodifikation in der Schulklasse. Weinheim 1970

HORN, W.: Leistungsprüfsystem (LPS). Göttingen 1965

HORN, H./SCHWARZ, E.: Bildertest (BT) 1-2. Weinheim 1967

HORSTKEMPER, M.: Schule, Geschlecht und Selbstvertrauen. München 1987

HUNTER, J.E./SCHMIDT, F.L.: Critical Analysis of the Statistical and Ethical Implications of Various Definitions of Test Bias. In: Psychological Bulletin, 83, 1976, S. 1053-1071

HURLOCK, E.: Evaluation of Certain Incentives Used in School Work. In: Journal of Educational Psychology, 16, 1925, S. 145-159

HUTH, A.: Meine Schüler — Eine Beobachtungsanleitung für den Lehrer. Ansbach 1955

HYMAN, H.H. u.a.: Interviewing in Social Research. Chicago 1954

INGENKAMP, K.: Möglichkeiten und Grenzen des Lehrerurteils und der Schultests. In: ROTH, H. (Hg.): Begabung und Lernen. Stuttgart 1969, S. 407-432

INGENKAMP, K.: Pädagogische Diagnostik. Weinheim 1975

INGENKAMP, K. (Hg.): Die Fragwürdigkeit der Zensurengebung. Weinheim 1976(6)

INGENKAMP, K./SAMTLEBEN, E./BIGLMAIER, F.: Lesetest für 2. Klassen (LT2). Reihe Deutsche Schultests. Weinheim 1969

IRLE, M.: Texte aus der experimentellen Sozialpsychologie. Neuwied 1973

JÄGER, R.S.: Zur Diskussion um Hochschuleignungstests. In: Mitteilungen und Nachrichten des Deutschen Instituts für Internationale Pädagogische Forschung Nr. 94/95. Frankfurt/Main 1979, S. 50-64

JÄGER, R.S.: Strategien und Zielsetzungen in der Pädagogischen Diagnostik. In: INGENKAMP, K./HORN, R./JÄGER, R.S. (Hg.): Tests und Trends 1982 — Jahrbuch der Pädagogischen Diagnostik. Weinheim 1982, S. 119-145

JÄGER, R.S.: Der diagnostische Prozeß. Göttingen 1986

JÄGER, R.S./JUNDT, E.: Mannheimer Rechtschreib-Test (MRT). Göttingen 1981

JÄGER, R.S./MATTENKLOTT, A.: Diagnostische Urteilsbildung in der Psychologie — Ein Überblick. Deutsches Institut für Internationale Pädagogische Forschung. Frankfurt/Main 1981

JÄGER, R.S./NORD-RÜDIGER, D.: Thesen zur Brauchbarkeit psychologischer Forschung. In: NORD-RÜDIGER, D. u.a. (Hg.): Beiträge zur Theorie und Praxis in Psychologie und Pädagogik. Deutsches Institut für Internationale Pädagogische Forschung. Frankfurt/Main 1982, S. 1-31

JENKINS, B.: Teachers' Views of Particular Students and their Behavior in the Classroom. Unpublished Dissertation. Chicago 1972

JENNINGS, H.H.: Leadership and Isolation. New York 1950

JONES, L.V.: The Nature of Measurement. In: THORNDIKE, R.L. (Ed.): Educational Measurement. Washington 1971, S. 335-355

JONSSON, C.O.: Questionnaires and Interviews. Swedish Council for Personnel Administration. Report No. 12. Stockholm 1957

KAHN, R.L./CANNEL, C.F.: The Dynamics of Interviewing. New York 1957

KAISER, A.: Demokratie in der Schule. In: Die deutsche Schule, 62, 1970, S. 426-429

KALLENBACH, K.: Der Einfluß unterschiedlicher Testanweisungen auf die Testleistung im HAWIK. Teiltest „Gemeinsamkeiten finden". In: Diagnostica XVI, 1970, S. 164-171

KAMINSKI, G.: Verhaltenstheorie und Verhaltensmodifikation. Stuttgart 1970

KAMINSKI, G.: Rahmentheoretische Überlegungen zur Taxonomie psychodiagnostischer Prozesse. In: PAWLIK, K. (Hg.): Diagnose der Diagnostik. Stuttgart 1976, S. 45-70

KANFER, F.H.: Selbstmanagement-Methoden. In: KANFER, F.H./GOLDSTEIN, A.P. (Hg.): Möglichkeiten der Verhaltensänderung. München 1977, S. 330-406

KAROW, W.: Änderung der Lernbedingungen und ein neues Verständnis der Schülerleistung. In: LICHTENSTEIN-ROTHER, I. (Hg.): Schulleistung und Leistungsschule. Bad Heilbrunn/Obb. 1973, S. 161-173

KATZ, D.: Do Interviewers Bias Poll Results? In: Public Opinion Quarterly, 6, 1942, S. 248-268

KELLEY, H.H.: Causal Schemata and the Attribution Process. In: WEINER, B. u.a. (Eds.): Attribution: Perceiving the Causes of Behaviour. New York 1972, S. 151-174

KEMMLER, L.: Erfolg und Versagen in der Grundschule. Göttingen 1967
KERLINGER, F.N.: Grundlagen der Sozialwissenschaften. Bd. 2. Weinheim 1979
KERR, W./SPEROFF, B.: The Empathy Test. Chicago 1955
KERSCHENSTEINER, G.: Die Schule der Zukunft, eine Arbeitsschule. (erstm. 1908).
In: KERSCHENSTEINER, G.: Ausgewählte pädagogische Schriften. Bd. 2. Paderborn 1968, S. 26 f
KLAFKI, W.: Probleme der Leistung in ihrer Bedeutung für die Reform der Grundschule. In: Die Grundschule, 7, 1975, S. 527-532
KLAUER, K.J.: Schülerselektion durch Lehrmethoden? Ein Beitrag zur Theorie des differentiellen Methodeneffekts. In: Zeitschrift für erziehungswissenschaftliche Forschung, 3, 1969, S. 152-164
KLAUER, K.J.: Einführung in die Theorie lehrzielorientierter Tests. In: KLAUER, K.J. u.a.: Lehrzielorientierte Tests. Düsseldorf 1972, S. 13-44
KLAUER, K.J.: Revision des Erziehungsbegriffs. Düsseldorf 1973
KLAUER, K.J. (Hg.): Handbuch der Pädagogischen Diagnostik. 2 Bde. Düsseldorf 1982a
KLAUER, K.J.: Bezugsnormen zur Leistungsbewertung: Begriffe, Konzepte, Empfehlungen. In: RHEINBERG, F. (Hg.): Bezugsnormen zur Schulleistungsbewertung — Analyse und Intervention. Düsseldorf 1982b, S. 21-38
KLAUER, K.J.: Kriteriumsorientierte Tests. Göttingen 1987
KLAUER, K.J./FRICKE, L./HERBIG, M./RUPPRECHT, H./SCHOTT, F.: Lehrzielorientierte Tests. Düsseldorf 1972
KLEBER, E.W.: Grundlagen sonderpädagogischer Diagnostik. Berlin 1976
KLEBER, E.W.: Lehrbuch der sonderpädagogischen Diagnostik. Berlin 1978a
KLEBER, E.W.: Funktion von Leistungsmessung und Leistungsbeurteilung für die Gesellschaft und das Individuum. In: STEPHAN, E./SCHMIDT, W. (Hg.): Messen und Beurteilen von Schülerleistungen. München 1978b, S. 37-55
KLEBER, E.W.: Probleme der diagnostischen Validität der Informationserhebung und Lösungsansätze für die Schuleingangsdiagnose. In: MANDL, H./KRAPP, A. (Hg.): Schuleingangsdiagnose. Göttingen 1978c, S. 121-133
KLEBER, E.W.: Tests in der Schule. München 1979
KLEBER, E.W.: Probleme des Lehrerurteils. In: KLAUER, K.J. (Hg.): Handbuch der Pädagogischen Diagnostik. Bd. 2. Düsseldorf 1982, S. 589-617
KLEBER, E.W.: Pädagogische Beratung. Weinheim 1983
KLEBER, E.W.: Strukturell-funktionale Erziehungsforschung. In: HAFT, H./KORDES, H. (Hg.): Enzyklopädie Erziehungswissenschaft. Bd. 2: Methoden der Erziehungs- und Bildungsforschung. Stuttgart 1984, S. 83-105
KLEBER, E.W.: Ökologische Pädagogik oder Umwelterziehung? In: TWELLMANN, W. (Hg.): Handbuch Schule und Unterricht. Bd. 7,2. Düsseldorf 1985a, S. 1194-1210
KLEBER, E.W.: Ökologische Erziehungswissenschaft — ein neues metatheoretisches Konzept? In: TWELLMANN, W. (Hg.): Handbuch Schule und Unterricht. Bd. 7,2. Düsseldorf 1985b, S. 1167-1193
KLEBER, E.W.: Ökologie, neue Kriterien für wissenschaftliche Diskussion. In: TWELLMANN, W. (Hg.): Handbuch Schule und Unterricht. Bd. 7,2. Düsseldorf 1985c, S. 1129-1139
KLEBER, E.W.: Erfassen von Lernumwelten als geschachtelte Handlungssysteme — ein Beitrag zur ökologischen Erziehungswissenschaft. In: EBERWEIN, H. (Hg.): Fremdverstehen sozialer Randgruppen. Berlin 1987a, S. 127-151
KLEBER, E.W.: Beratung in der Schule und ihre Probleme. In: NEUKÄTER, H./ GÖTZE, H. (Hg.): Handbuch der Sonderpädagogik. Bd. 6. Berlin 1987b, S. 390-419
KLEBER, E.W.: Die Bedeutung des Konzeptes „Geschachtelte Handlungssysteme als Lernumwelt" für die Schulpädagogik. In: Pädagogikunterricht, 7, 4/1987c, S. 1-20

KLEBER, E.W.: Integration durch „integrative Pädagogik" (bzw. eine Pädagogik, welche den verschiedenen Strömungen der humanistischen Psychologie folgt)? In: EBERWEIN, H. (Hg.): Behinderte und Nichtbehinderte lernen gemeinsam. Weinheim 1988, S. 149-153

KLEBER, E.W./FISCHER, R./HILDESCHMIDT, A./LOHRIG, K.: Lernvoraussetzungen und Unterricht – Zur Begründung und Praxis adaptiven Unterrichts. Weinheim 1977

KLEBER, E.W./KLEBER, G./HANS, O.: Differentieller Leistungstest – (DL-KG). Göttingen 1975

KLEBER, E.W./MEISTER, H./SCHWARZER, C./SCHWARZER,R.: Beurteilung und Beurteilungsprobleme. Weinheim 1976

KLEBER, E.W./MÜRNER, C.: „Beratender Mathematikunterricht" oder Förderung im Rechenunterricht in der Grundschule. In: Sonderpädagogik, 13, 1983, S. 99-113

KLEINERT, H. (Hg.): Lexikon der Pädagogik. Bd. 2. Bern 1951

KLEITER, E.: Zur differentiellen Übereinstimmung von Lehrerurteil und Testbefund. Dissertation. Kiel 1972

KLEITER, E.: Über Theorie und Modell kategorialer Fehler des Lehrerurteils. In: Psychologische Beiträge, 15, 1973, S. 185-229

KLEITER, E.: Über Referenz-, Interaktions- und Korrelationsfehler im Lehrerurteil. In: SCHWARZER, C./SCHWARZER, R. (Hg.): Diagnostik im Schulwesen. Braunschweig 1976, S. 37-56

KLEITER, E.F./PETERMANN, F.: Abbildungen von Lernwegen. München 1977

KLINK, J.G. (Hg.): Zur Geschichte der Sonderschule. Bad Heilbrunn/Obb. 1966

KNOF, R.R.: Die Mitwirkung von Schülern bei der Leistungsbeurteilung. In: Westermanns Pädagogische Beiträge, 28, 1976, S. 437-443

KOCH, K.: Der Baumtest. Bern 1967

KÖNIG, R. (Hg.): Handbuch der empirischen Sozialforschung. Stuttgart 1962a

KÖNIG, R. (Hg.): Praktische Sozialforschung I. Das Interview – Formen, Technik, Auswertung. Köln 1962b

KÖNIG, R. (Hg.): Fischer Lexikon Soziologie. Frankfurt/Main 1967

KOGAN, G.: The History, Philosophy and Practice of „Gestalt Therapy". Berkeley 1973

KONRAD, M.: Unter anderem: Zensuren – Formen des Lehrerurteils. In: Grundschule, 21, 4/1989, S. 25-27

KORMANN, A.: Schulleistungsspezifische Lerntests. In: HELLER, K.A. (Hg.): Leistungsdiagnostik in der Schule. Bern 1984, S. 198-204

KORNMANN, R./MEISTER, H./SCHLEE, J. (Hg.): Förderungsdiagnostik: Konzept und Realisierungsmöglichkeiten. Heidelberg 1983

KRAIKER, C.: Handbuch der Verhaltenstherapie. München 1974

KRAMER, J.: Intelligenztest. Solothurn 1965

KRAPP, A.: Prognose und Entscheidung. Weinheim 1979

KRAPP, A.: Diagnose und Prognose. In: WEIDEMANN, B./KRAPP, A. (Hg.): Pädagogische Psychologie. Weinheim 1986, S. 565-666

KRAPP, A./MANDL, H.: Einschulungsdiagnostik. Weinheim 1977

KRAPPMANN, L.: Soziologische Dimensionen der Identität. Stuttgart 1972

KRATHWOHL, D.R./BLOOM, B.S./MASIA, B.B.: Taxonomy of Educational Objectives. The Classification of Educational Goals. Handbook II: Affective Domain. New York 1964. Dt.: Taxonomie von Lernzielen im affektiven Bereich. Weinheim 1975

KRAUTH, J./LIENERT, G.A.: Die Konfigurationsfrequenzanalyse (KFA). München 1973

KRICHBAUM, G.: Dem Kind gerecht werden – Plädoyer für eine differenzierte Leistungsbewertung. In: Grundschule, 21, 4/1989, S. 10-12

KRIZ, J.: Statistik in den Sozialwissenschaften. Reinbek 1973

KRÖBER, W.: Das Gespräch als Methode. In: Sprachforum, 1, 1955, S. 62-70
KROHNE, H.: Angst und Angstverarbeitung. Stuttgart 1975
KRÜGER, H.P.: Soziometrie in der Schule. Verfahren und Ergebnisse zu sozialen Determinanten der Schülerpersönlichkeit. Weinheim 1976
KRÜGER, R.: Schüler zensieren sich selbst. In: Unterricht heute, 1, 1970, S. 33-38
KÜHN, W.: Einführung in die multidimensionale Skalierung. München 1976
KULTUSMINISTER DES LANDES BADEN-WÜRTTEMBERG (Hg.): Schulordnung des KM über die Schülerbeurteilung in der Grundschule. In: Kultus und Unterricht. 17/1977
KULTUSMINISTER DES LANDES NORDRHEIN-WESTFALEN (NW) (Hg.): Erläuterung der Notenstufen. Rd.Erl.des KM v. 30.4.53. II E gen /02 Nr. 161/53
KULTUSMINISTER DES LANDES NORDRHEIN-WESTFALEN (NW) (Hg.): Bewertung von Schülerleistungen − Erläuterung der Notenstufen. Rd.Erl.d.KM vom 28.11.66 II A 1, 36-50/0 Nr. 4060/66
KULTUSMINISTER DES LANDES NORDRHEIN-WESTFALEN (NW) (Hg.): Bewertung von Schülerleistungen − Erläuterung der Notenstufen. Rd.Erl.d.KM v. 20.1.69 III B 36-60/0-6979/68; III A, III C, IV
KULTUSMINISTER DES LANDES NORDRHEIN-WESTFALEN (NW) (Hg.): Zeugnisse für Klassen 1 und 2. Rd.Erl.d.KM v. 22.3.77. II A 1.36-6070 Nr. 850/77
KULTUSMINISTER DES LANDES NORDRHEIN-WESTFALEN (NW) (Hg.): Allgemeine Schulordnung (AScho). Erl.d.KM v. 8.11.78 IC 2.30-40/0 Nr. 2681/78
KULTUSMINISTER DES LANDES NORDRHEIN-WESTFALEN (NW) (Hg.): Verwaltungsvorschriften zu der Verordnung über den Bildungsgang und die Abiturprüfung in der gymnasialen Oberstufe (VVZ APO-GOSt). Rd.Erl.d.KM vom 19.7.79. III A 1 36-20/0 Nr. 1355/79
KULTUSMINISTER DES LANDES NORDRHEIN-WESTFALEN (NW) (Hg.): Materialien zur Leistungsbewertung und zur Gutachtenherstellung in der Grundschule. Rd.Erl.d.KM v.16.1.80 − II A, 3.36-60/0-3669/79
KULTUSMINISTER DES LANDES NORDRHEIN-WESTFALEN (NW) (Hg.): Verordnung über den Bildungsgang und die Abiturprüfung in der gymnasialen Oberstufe (APO-GOSt). Verordnung vom 28.3.79 (GV.NW. S. 248 ff) in der Fassung vom 10.4.84 (GV.NW.S. 242, SGV.NW.223)
KULTUSMINISTER DES LANDES NORDRHEIN-WESTFALEN (Hg.): Allgemeine Schulordnung: Verwaltungsvorschriften (VVZ ASchO) zu § 5 Abs. 4 ASchO-Richtlinien zum sonstigen Datenbestand in der Schule. Rd.Erl.d.KM vom 10.3.83 (GABl NW S. 111) geändert durch Rd.Erl. vom 29.7.86 (GABl NW S. 419)
KULTUSMINISTER DES LANDES NORDRHEIN-WESTFALEN (NW) (Hg.): Rd.Erl. d. KM v. 29.10.83 geändert durch Rd.Erl. v. 29.7.86
KULTUSMINISTER DES LANDES NORDRHEIN-WESTFALEN (NW) (Hg.): Bereinigte Amtliche Sammlung der Schulschriften des Landes NW (BASS). Gemeinsames Amtsblatt des Kultusministeriums und des Ministeriums für Wissenschaft und Forschung NW. Düsseldorf 1988
KULTUSMINISTERKONFERENZ (KMK) (Hg.): Zur Vereinheitlichung des Schulwesens in der BRD. Hamburg 1964
KULTUSMINISTERKONFERENZ (KMK) (Hg.): Empfehlungen zur Arbeit in der Grundschule. Beschluß der KMK vom 2.7.70
KULTUSMINISTERKONFERENZ (KMK) (Hg.): Vereinbarung über die Anwendung einheitlicher Prüfungsanforderungen in der Abiturprüfung der neugestalteten gymnasialen Oberstufe. Beschluß der KMK vom 6.2.75a
KULTUSMINISTERKONFERENZ (KMK) (Hg.): Erläuternde Hinweise zu der Vereinbarung über die Anwendung einheitlicher Prüfungsanforderungen in der Abiturprüfung. Beschluß der KMK vom 23.5.75b

KUTSCHER, J. (Hg.): Beurteilen oder verurteilen. München 1977

KUTZER, R. u.a.: Mathematik entdecken und verstehen. Frankfurt/Main 1980

KVALE, S.: Prüfung und Herrschaft. Weinheim 1972

LANGER, I./SCHULZ v. THUN, F.: Messung komplexer Merkmale in Psychologie und Pädagogik. München 1974

LANGFELDT, H.P.: Die klassische Testtheorie als Grundlage standardisierter Tests. In: HELLER, K. (Hg.): Leistungsbeurteilung in der Schule. Heidelberg 1975(2), S. 94-136

LANGHORST, E.: Beobachtung und Beurteilung des Schülerverhaltens im Unterricht. In: HELLER, K.A. (Hg.): Leistungsdiagnostik in der Schule. Bern 1984, S.208-244

LATSCHA, F./HESS, F./SCHNEIDER, W.: Die Ungleichheit der Bildungschancen. Freiburg 1966

LAUKEN, U.: Naive Verhaltenstheorie. Stuttgart 1974

LEHNERT, U.: Einsatzmöglichkeiten von elektronischen Datenverarbeitungsanlagen im Schul- und Ausbildungswesen. Eine Einführung in die Thematik dieses Buches. In: LEHNERT, U. (Hg.): Elektronische Datenverarbeitung in Schule und Ausbildung. München 1970, S. 7-26

LEHNERT, U. (Hg.): Elektronische Datenverarbeitung in Schule und Ausbildung. München 1970

LEMPERT, W.: Leistungsprinzip und Emanzipation. Frankfurt/Main 1971

LENZ, A.: Computerunterstützter Unterricht und die Forschung zur Künstlichen Intelligenz. In: EULER, D. u.a.: Computerunterstützter Unterricht: Möglichkeiten und Grenzen. Braunschweig 1987, S. 54-103

LENZEN, D./MOLLENHAUER, K. (Hg.): Enzyklopädie Erziehungswissenschaft. Bd. 1: Theorien und Begriffe der Erziehung und Bildung. Stuttgart 1983, S. 498

LEONTJEW, A.N.: Probleme der Entwicklung des Psychischen. (erstm. Moskau 1959). Frankfurt/Oder 1973

LERNER, M.J.: The Desire for Justice and Reaction to Victims. In: MACAULAY, J.R./BERKOWITZ, L. (Eds.): Altruism and Helping Behavior. New York 1970

LEWIN, K.: Field Theory in Social Science. London 1952. Dt.: Feldtheorie in den Sozialwissenschaften. Bern 1963a

LEWIN, K.: Psychologische Ökologie. (erstm. New York 1943). In: LEWIN, K.: Feldtheorie in den Sozialwissenschaften. Bern 1963b, S. 206-222

LICHTENSTEIN-ROTHER, I.: Schulleistung und Leistungsschule. Bad Heilbrunn/Obb. 1973

LIENERT, G.A.: Testaufbau und Testanalyse. Weinheim 1967

LINDNER, K.: Parameterwahl bei kriteriumsorientierten Zensierungsmodellen. In: Lernzielorientierter Unterricht, 2/1980, S. 25-37

LISSMANN, U./PAETZOLD, B.: Schulleistungsunterschiede und ihr Einfluß auf die Effizienz von Korrekturmodus und Häufigkeit der Leistungsrückmeldung. In: INGENKAMP, K. (Hg.): Sozialemotionales Verhalten in Lehr-Lernsituationen. Landau 1984, S. 341-344

LITWIN, G.H.: Achievement Motivation, Expectancy of Success andRisk-Taking Behavior. In: ATKINSON, J.W./FEATHER,N.T. (Eds.): A Theory of Achievement Behavior. New York 1966, S. 103-115

LOCHNER, R.: Deskriptive Pädagogik: Umrisse einer Darstellung der Tatsachen und Gesetze der Erziehung vom soziologischen Standpunkt. Reichenberg 1927

LORENZ, R./MOLZAHN, R./TEEGEN, F.: Verhaltensänderung in der Schule: Systematische Anleitungsprogramme für Lehrer. Reinbek 1976

LUCHINS, A.S.: Social Influence on Perceptions of Complex Drawings. In: Journal of Social Psychology, 21, 1945, S. 257-273

LÜHMANN, R.: Ein lehrzielorientiertes Zensierungsmodell. In: Lernzielorientierter Unterricht, 3/1980, S. 17-28

MACCOBY, E.E./MACCOBY, D.: Das Interview – ein Werkzeug der Sozialforschung. In: KÖNIG, R. (Hg.): Das Interview. Köln 1954

MAENNEL, B.: Vom Hilfsschulwesen. Leipzig 1905

MAGNUSSON, D.: Testtheorie. Wien 1969

MANDL, H./FISCHER, M. (Hg.): Lernen im Dialog mit dem Computer. München 1985

MARKOWSKA, B.: Arkusz Ocean Zachowania Sie Dziecka w Szole (Scale for Rating the Child's Behavior in School). In: Builetyne Psychometry czny, Tom II, 1968, S. 111-143

MARSHALL, H.H./WEINSTEIN, R.S.: Classroom Factors Affecting Students' Self-evaluation: An Interactional Model. In: Review of Educational Research, 54, 1984, S. 301-32

MARTIN, L.R.: Beraten und Beurteilen in der Schule – Ziele, Möglichkeiten, Grenzen. München 1980

MASENDORF, F. u.a.: Dortmunder Skala zur Erfassung von Lehrerverhalten durch Schüler (DSL). Braunschweig 1976

MASENDORF, F./TSCHERNER, K.: Förderunterricht für lerngestörte Kinder in der Grundschule. Vierteljahresschrift Sonderpädagogik, 6, 1976, S. 97-101

MASENDORF, F./TSCHERNER, K./TÜCKE, M.: Clusteranalytisch ermittelte Beurteilungstendenzen bei der Einschätzung der Schülerpersönlichkeit durch den Lehrer. In: Zeitschrift für Entwicklungspsychologie und Pädagogische Psychologie. Bd. 6. 1974, S. 19-27

MAYNITZ, R./HOLM, K./HÜBNER, P.: Einführung in die Methoden der empirischen Soziologie. Opladen 1971

McDONALD, C.: The Influence of Pupil Liking of Teacher, Pupil Perception of Being Liked, and Pupil Socio-Economic Status on Classroom Behavior. Unpublished Dissertation. Austin 1972

MEAD, G.H.: Geist, Identität und Gesellschaft. Aus der Sicht des Sozialbehaviourismus. Frankfurt/Main 1968

MEADOWS, D.H. u.a.: The Limits to Growth. New York 1972. Dt.: Die Grenzen des Wachstums. Reinbek 1973

MEEHL, P.E.: Clinical versus Statistical Prediction. A Theoretical Analysis and a Review of the Evidence. Minneapolis 1954

MENZE, C.: Bildung und Bildungswesen – Aufsätze zu ihrer Theorie und ihrer Geschichte. Hildesheim 1980

MERKENS, H.: Probleme und Schwierigkeiten bei der Beobachtung als einer empirischen Methode. In: Programmiertes Lernen und Programmierter Unterricht, 9, 1972, S. 75-82

MERKENS, H./SEILER, H.: Interaktionsanalyse. Stuttgart 1977

MESAROVIC, M./PESTEL, E.: Menschheit am Wendepunkt. 2. Bericht an den Club of Rome zur Weltlage. Stuttgart 1974

MEYER, W.U.: Leistungsmotiv und Ursachenerklärung von Erfolg und Mißerfolg. Stuttgart 1973

MEYER, W.U.: Leistungsorientiertes Verhalten als Funktion von wahrgenommener Begabung und wahrgenommener Aufgabenschwierigkeit. In: SCHMALT, H.D./MEYER, W.U. (Hg.): Leistungsmotivation und Verhalten. Stuttgart 1976, S. 104-135

MEYER, W.U.: Indirect Communications about Perceived Ability Estimates. Unveröffentlichtes Manuskript. Bielefeld 1981

MICHEL, L.: Allgemeine Grundlagen psychometrischer Tests. In: HEISS, R. (Hg.): Handbuch der Psychologie. Bd. 6: Psychologische Diagnostik. Göttingen 1964

MICHOTTE, A.: La Perception de la Causalité. Louvain 1954(2)

MIETZEL, G.: Interpretation von Leistungen. Opladen 1982

MITTENECKER, E./RAAB, E.: Informationstheorie für Psychologen. Göttingen 1973

MÖBUS, C.: Grundfragen in psychologischer Diagnostik — Fairness und Validität. In: TACK, W.H. (Hg.): Bericht über den 30. Kongreß der Deutschen Gesellschaft für Psychologie in Regensburg. Bd. 2. Göttingen 1976, S. 17-20

MÖCKEL, A./KLEIN, G./LAUPHEIMER, W.: Lehrerbegleitheft zum Intensivtraining: ITL in der Lesetechnik. Ravensburg 1977

MOELLER, M.L.: Psychische Funktionen und Wirkungen von Prüfungen. In: SCHÜTZ, M. u.a. (Hg.): Prüfungen als hochschuldidaktisches Problem. Blickpunkt Hochschuldidaktik, 1/1969, S. 74-80

MOLLENHAUER, K.: Theorien zum Erziehungsprozeß. München 1972

MONTESSORI, M.: Mein Handbuch — Grundsätze und Anwendung meiner neuen Methode der Selbsterziehung der Kinder. Stuttgart 1922

MONTESSORI, M.: Die Entdeckung des Kindes. (erstm. Rom 1909). Freiburg 1969

MORENO, J.L.: Die Grundlagen der Soziometrie: Wege zur Neuordnung der Gesellschaft. (erstm. Beacon (N.Y.) 1934). Dt. Übersetzung Frankfurt/Main 1954

MORENO, J.L.: Soziometrie als experimentelle Methode. Reihe: Bibliotheca psychodramatica. Bd. 1. (erstm. Beacon (N.Y.) 1951). Paderborn 1981

MORENO, J.L./JENNINGS, H.: Statistics of Social Configurations. In: Sociometry, Vol. I, No. 3-4, 1938, S. 343-374

MOSER, H.: Aktionsforschung als Sozialforschung. Hagen 1981

MÜLLER, H.A./INGENKAMP, K. (Hg.): Sinnverstehendes Lesen (SVL) 3. Reihe Deutsche Schultests. Weinheim 1977

MÜLLER, R.: Diagnostisches Soziogramm. Handanweisung für die Durchführung, Auswertung und Interpretation. Braunschweig 1980

MULAIK, S.A.: Are Personality Factors Raters' Conceptual Factors? In: Journal of Consulting and Clinical Psychology, 28, 1964, S. 506-511

MURRAY, H.A.: The Effect of Fear upon Estimates of the Malicousness of Other Personalities. In: Journal of Social Psychology, 4, 1933, S. 310-329

MYERS, R.J.: Errors and Bias in the Reporting of Ages in Census Data. In: Transaction of the Actuarial Society of America, 41, 1940, S. 395-415

NEHNEVAJSA, J.: Soziometrie. In: KÖNIG, R. (Hg.): Handbuch der empirischen Sozialforschung. Bd. 2. Stuttgart 1973(3), S. 260-299

NEUBAUER, W.F.: Selbstkonzept und Identität im Kindes- und Jugendalter. München 1976

NEWCOMB, T.: An Experiment Designed to Test Validity of a Rating Technique. In: Journal of Educational Psychology, 22, 1931, S. 279-289

NICKEL, H.: Untersuchungen über den Einfluß verschiedener Formen der Stoffdarbietung und Rückmeldung auf die Rechtschreibung von Volksschülern. In: Schule und Psychologie. 1968, S. 336-345

NOELLE, E.: Umfragen in der Massengesellschaft. Hamburg 1963

NORTHWAY, M.L.: A Method for Depiciting Social Relations by Sociometric Testing. In: Sociometry, Vol. 3, 1940

NOVICK, M.R./JACKSON, P.H.: Statistical Methods for Educational and Psychological Research. New York 1974

NOVICK, M.R./LINDLEY, D.V.: The Use of More Realistic Utility Functions in Educational Applications. In: Journal of Educational Measurement, 15, 1978, S. 181-191

NYGARD, R.: Personality, Situation and Persistence. Oslo 1977
NYSSEN, E.: Unterrichtspraxis in der Hauptschule. Reinbek 1975

OEDIGER, P.: Die offene Prüfungsplanung. Pfaffenweiler 1985
OERTER, R.: Die Entwicklung der Motivation und Handlungssteuerung. In: OER-TER, R.: Entwicklungspsychologie. München 1982, S. 567-632
OERTER, R./MONTADA, L.: Entwicklungspsychologie. München 1982
OFFE, C.: Leistungsprinzip und industrielle Arbeit. Frankfurt/Main 1972
O'LEARY, K./O'LEARY, S. (Eds.): Classroom Management: The Successful Use of Behaviour Modification. New York 1977
OLSON, W.C.: The Measurement of Nervous Habits in Normal Children. Minneapolis 1929
OSWALD, P./SCHULZ-BENESCH, G. (Hg.): Schule des Kindes — Montessori-Erziehung in der Grundschule. (erstm. Garzanti 1916). Freiburg 1976

PARK, O./SEIDEL, R.J.: Conventional CBI versus Intelligent CAI: Suggestions for the Development of Future Systems. In: Educational Technology, 27, 5/1987, S. 15-21
PAULSEN, F.: Geschichte des gelehrten Unterrichts. Leipzig 1896
PAWLIK, K. (Hg.): Diagnose der Diagnostik. Stuttgart 1976
PEARSON, K.: Mathematical Contributions to the Theory of Evolution, XI, Philosophical Transactions of the Royal Society of London, Sev. A, 200, 1903, S. 1 f
PESTALOZZI, H.: Über den Aufenthalt in Stans. (erstm. 1807). In: SEYFARTH, L.W. (Hg.): Pestalozzis sämtliche Werke. Bd. 8. Liegnitz 1900
PETERMANN, F.: Veränderungsmessung. Stuttgart 1978
PETERSEN, P.: Der Aufstieg der Begabten. Leipzig 1916
PETERSEN, P.: Der Jena-Plan einer freien allgemeinen Volksschule — Der sogenannte Kleine Jena-Plan. (erstm. Locarno 1927). Braunschweig 1957(27)
PETERSEN, P.: Führungslehre des Unterrichts. (erstm. Langensalza 1936). Braunschweig 1963(7)
PETERSEN, P./FÖRTSCH, A.: Das gestaltete Schaffen im Schulversuch der Jenaer Universitätsschule 1925-1930. Weimar 1930
PETERSEN, P./PETERSEN, E.: Die pädagogische Tatsachenforschung. Paderborn 1965
PFÄNDER, A.: Logik. (erstm. 1921). Tübingen 1963(3)
PFLANZAGL, J.: Theory of Measurement. Würzburg 1968
PIAGET, J.: Psychologie der Intelligenz. Zürich 1947
PIAGET, J.: Die Entwicklung des Erkennens I. Das mathematische Denken. Stuttgart 1975
POPPER, K.R.: Induktionslogik und Hypothesenwahrscheinlichkeit. In: Erkenntnis, 5, 1935, S. 426-427
POPPER, K.R.: The Logic of Scientific Discovery. Dt.: Logik der Forschung. (erstm. 1934). Tübingen 1971(4)
PORTMANN, R./STARK, G.: Rechtschreibung 3. Weinheim 1974
POSTMAN, L./BRUNER, J.S.: Personal Values as Selective Factors in Perception. In: Journal of Abnormal and Social Psychology, 43, 1948, S. 142-154
POTTHOFF, W.: Erfolgskontrolle. Ravensburg 1974
PREUSS, O.: Soziale Herkunft und die Ungleichheit der Bildungschancen. Weinheim 1970
PRICE, R.H.: Abnormal Behavior — Perspectives in Conflict. New York 1972
PRIESTER, H.J.: Die Standardisierung des Hamburg-Wechsler-Intelligenztests für Kinder (HAWIK). Bern 1958
PROBST, E.: Der Binet-Simon-Test (BST). Basel 1955

PROBST, H.: Strukturorientierte Diagnostik. Kritische Behindertenpädagogik in Theorie und Praxis. Oberbiel 1979

PROBST, H./KUTZER, R.: Strukturbezogene Aufgaben zur Prüfung mathematischer Einsichten. Weinheim 1984

PYSZCZYNSKI, T.A./GREENBERG, J.: Role of Disconfirmed Expectancies in the Instigation of Attributional Processing. In: Journal of Personality and Social Psychology, 40, 1981, S. 31-38

RADATZ, H.: Fehleranalysen im Mathematikunterricht. Wiesbaden 1980

RAITH, W./RAITH, X.: Manche Lehrer schluchzen um die guten alten Ziffer-Zensuren. In: päd. extra, 5/1981, S. 37-39

RAPP, G.: Messung und Evaluation von Lernergebnissen in der Schule. Bad Heilbrunn/Obb. 1974

RASCH, G.: Probabilistic Models for Some Intelligence and Attainment Tests. Kopenhagen 1960

RAUER, W.: Schülerbeurteilung. In: HEMMER, K.P./WUDTKE, H.: Enzyklopädie Erziehungswissenschaft. Bd. 7: Erziehung im Primarschulalter. Stuttgart 1985, S. 452-455

RAUER, W.: Kompensatorische Erziehung; Schülerbeurteilung, Schulfähigkeit. In: Enzyklopädie Erziehungswissenschaft. Bd. 7: Erziehung im Primarschulalter, 1985, S. 452-458

REDLICH, A./SCHLEY, W.: Kooperative Verhaltensmodifikation im Unterricht. Weinheim 1981

REJESKI, W.J./LOWE, C.A.: The Role of Ability and Effort in Attributions for Sport Achievement. In: Journal of Personality, 48, 1980, S. 233-244

REMMERS, H.H.: Rating Methods in Research on Teaching. Weinheim 1971

RENGGLI-GEIGER, G.: Die Beichte Pestalozzis an die Eltern seiner Zöglinge. Frauenfeld 1950

RHEINBERG, F.: Leistungsbewertung und Lernmotivation. Göttingen 1980

RICE, S.: Contagions Bias in the Interview: A Methodological Note. In: American Journal of Sociology, 35, 1929, S. 420-423

RICHTER, H.E.: Eltern, Kind und Neurose. Stuttgart 1963

RICHTER, K.: Die Entwicklung der Leipziger Schwachsinnigenschule. (erstm. Leipzig 1893). In: KLINK, J.G. (Hg.): Zur Geschichte der Sonderschule. Bad Heilbrunn/Obb. 1966, S. 70-77

RIEDER, O./INGENKAMP, K. (Hg.): Allgemeiner Schulleistungstest für 2. Klassen (AST2). Reihe Deutsche Schultests. Weinheim o.J.

RIESEBERG, H.J.: Verbrauchte Welt: die Geschichte der Naturzerstörung und Thesen zur Befreiung vom Fortschritt. Berlin 1988

RODENWALDT, H.: Diagnostik als praktische Erkenntnistätigkeit. In: Sonderpädagogik — Vierteljahresschrift über aktuelle Probleme der Behinderten in Schule und Gesellschaft, 19, 1/2/1989, S. 1-13

ROEDER, B./MASENDORF, F.: Zum Einsatz von Fördermaterialien und Lernspielzeugen bei leistungsschwachen Kindern. In: KANTER, G.O./MASENDORF, F. (Hg.): Fortschritte sonderpädagogischer Forschung und Praxis. Bd. 2. Berlin 1980

ROGERS, C.R.: The Non-Directive Method as a Technique in Social Research. In: American Journal of Sociology, 50, 1945, S. 279-284

ROGERS, C.R.: Client-Centered Therapy. Boston 1951. Dt.: Die klient-bezogene Gesprächstherapie. München 1973

ROGERS, C.R.: Lernen in Freiheit. München 1979

ROLLETT, B.: Kriterienorientierte Prozeßdiagnostik im Behandlungskontext. In: PAWLIK, K. (Hg.): Diagnose der Diagnostik. Stuttgart 1976, S. 131-148

ROLLETT, B.: Lerndiagnose und Lerntherapie in der Grundschule. In: MANDL, H./ KRAPP, A. (Hg.): Schuleingangsdiagnose. Göttingen 1978, S. 134-142

ROLLETT, B./BARTRAM, M.: Anstrengungsvermeidungstest (AVT). Braunschweig 1977

RORSCHACH, H.: Psychodiagnostik: Methodik und Ergebnisse eines wahrnehmungsdiagnostischen Experiments. Bern 1937(3)

ROSENBAUM, R.M.: A Dimensional Analysis of the Perceived Causes of Success and Failure. Unpublished Dissertation. University of California. Los Angeles 1972

ROSENSHINE, B.: Die Beobachtung des Unterrichts in der Klasse. In: HOFER, M./ WEINERT, F.E. (Hg.): Pädagogische Psychologie. Bd. 2. Frankfurt/Main 1973, S. 200-217

ROSENTHAL, R.: Experimental Effects in Behavioral Research. New York 1966

ROSENTHAL, R./JACOBSEN, L.: Pygmalion im Unterricht. Weinheim 1971

ROSNER, B.: Kurzmythen, Mimikry, Plagiate und andere Itemarten. In: INGENKAMP, K./MARSOLEK, T. (Hg.): Möglichkeiten und Grenzen der Testanwendung in der Schule. Weinheim 1973, S. 263-288

ROST, J./SPADA, H.: Probabilistische Testtheorie. In: KLAUER, K.J. (Hg.): Handbuch der Pädagogischen Diagnostik. Bd. 1. Düsseldorf 1982, S. 59-98

RUBINSTEIN, S.L.: Grundlagen der allgemeinen Psychologie. Berlin 1958

RÜDIGER, D.: Der prozeßdiagnostische Ansatz mit einem Beispiel curricularer Prozeßdiagnose im Erstleseunterricht. In: BOLSCHO, D./SCHWARZER, C. (Hg.): Beurteilen in der Grundschule. München 1979, S. 162-184

SACHER, W.: Praxis der Notengebung. Hilfen für den Schulalltag. Bad Heilbrunn/ Obb. 1984

SALZMANN, C.G.: Ameisenbüchlein. Leipzig 1806

SCHACHTER, M./COTTE, S.: Der diagnostische Wert der Zeichnung in der Klinischen Psychologie. In: STERN, E.: Die Tests in der Klinischen Psychologie. Zürich 1955, S. 485-511

SCHÄFER, K.H./SCHALLER, K.: Kritische Erziehungswissenschaft und Kommunikative Didaktik. Heidelberg 1971

SCHÄFER, W./EDELSTEIN, W.: Berichte und Zensuren in der Odenwaldschule. In: LICHTENSTEIN-ROTHER, I. (Hg.): Schulleistung und Leistungsschule. Bad Heilbrunn/Obb. 1973, S. 109-118

SCHEERER-NEUMANN, G.: Intervention bei Lese-Rechtschreib-Schwäche. Bochum 1979

SCHELSKY, H.: Schule und Erziehung in der industriellen Gesellschaft. Würzburg 1962

SCHEUCH, E.K.: Das Interview in der Sozialforschung. In: KÖNIG, R. (Hg.): Handbuch der empirischen Sozialforschung. Stuttgart 1962, S. 66-190

SCHLEGELMILCH, W.: Das Landeserziehungsheim Odenwaldschule. Fédération Internationale des Communautés d'Enfants (Hg.). Charleroi 1963

SCHNÄDELBACH, H.: Erfahrung, Begründung und Reflexion − Versuch über den Positivismus. Frankfurt/Main 1971

SCHNEIDER, K.: Leistungsmotiviertes Verhalten als Funktion von Motiv, Anreiz und Erwartung. In: SCHMALT, H.D./MEYER, W.U. (Hg.): Leistungsmotivation und Verhalten. Stuttgart 1976, S. 33-60

SCHNOTZ, W.: Lerndiagnose als Handlungsanalyse. Weinheim 1979

SCHOTT, F.: Zur Präzisierung von Lehrzielen durch zweidimensionale Aufgabenklassen. In: KLAUER, K.J. u.a.: Lehrzielorientierte Tests. Düsseldorf 1972, S. 45-73

SCHRAML, W.:Das psychodiagnostische Gespräch − Exploration und Anamnese. In: HEISS, R. (Hg.): Handbuch der Psychologie. Bd. 6: Psychologische Diagnostik. Göttingen 1964, S. 868-897

319

SCHREINER, G.: Gegen eine verdinglichende Leistungsbeurteilung. In: Westermanns Pädagogische Beiträge, 3, 1972, S. 155-159

SCHRÖTER, G.: Zensurengebung. Kastellaun 1977

SCHÜLLER, B.: Ich möchte, daß die Kinder sich wiederfinden — Zeugnisse, die von etwas zeugen. In: Grundschule, 21, 4/1989, S. 16-21

SCHULRECHT: Ausgabe für das Land Nordrhein-Westfalen

SCHULTE, D. (Hg.): Diagnostik in der Verhaltenstherapie. München 1974

SCHULZ v. THUN, F.: Verfahren zur Selbstbeurteilung von Schülern. In: KLAUER, K.J. (Hg.): Handbuch der Pädagogischen Diagnostik. Bd. 2. Düsseldorf 1982, S. 749-759

SCHULZ v. THUN, F./SORGE, H.: Lernzielorientierter Einstellungstest zum Thema Eigentum. In: Informationen zum Religions-Unterricht, 2, 1975, S. 8-18

SCHULZE, T.: Ökologie. In: LENZEN, D./MOLLENHAUER, K. (Hg.): Enzyklopädie Erziehungswissenschaft. Bd. 1: Theorien und Grundbegriffe der Erziehung und Bildung. Stuttgart 1983, S. 262-282

SCHWARZER, C.: Lehrerurteil und Schülerpersönlichkeit. München 1976

SCHWARZER, C.: Diagnostik im Schulwesen. Braunschweig 1977

SCHWARZER, C.: Einführung in die Pädagogische Diagnostik. München 1979

SCHWARZER, C.: Gestörte Lernprozesse. München 1980

SCHWARZER, C./SCHWARZER, R.: Praxis der Schülerbeurteilung. München 1977

SCHWARZER, R.: Schulangst und Lernerfolg. Düsseldorf 1975

SCHWARZER, R.: Diagnose und Prognose des individuellen Lernerfolgs. Referat beim Seminar 19 des Instituts für Pädagogik der Naturwissenschaften (IPN). Kiel 1979b

SCHWARZER, R.: Zur Situation der pädagogischen Diagnostik in der Grundschule. In: BOLSCHO, D./BURK, K.H./HAARMANN, D. (Hg.): Grundschule ohne Noten. Frankfurt/Main 1979c, S. 64-78

SCHWARZER, R.: Streß, Angst und Hilflosigkeit. Stuttgart 1981

SEBBEL, E./ACKER, D.: Ausbildungs- und Prüfungsordnung für die Oberstufe des Gymnasiums. Köln 1981

SEHRINGER, W.: Zeichnerische Gestaltungsverfahren. In: HEISS, R. (Hg.): Handbuch der Psychologie. Bd. 6: Psychologische Diagnostik. Göttingen 1964, S. 706-743

SELIGMAN, M.E.P.: Helplessness: On Depression, Development and Death. San Francisco 1975

SILBERMAN, M.L.: Behavioral Expression of Teachers' Attitudes toward Elementary School Students. In: Journal of Educational Psychology, 60, 1969, S. 402-407

SILBERMAN, M.L.: Teachers' Attitudes and Actions towards Their Students. In: SILBERMAN, M.L. (Ed.): The Experience of Schooling. New York 1971, S. 86-96

SIMON, H./MÖBUS, C.: Untersuchungen zur Fairneß von Intelligenztests. In: Zeitschrift für Entwicklungspsychologie und Pädagogische Psychologie, 9/1976, S. 1-12

SIMON, H./MÖBUS, C.: Veränderung von Berufschancen durch Intelligenztraining. Bericht aus dem Psychologischen Institut der Universität Heidelberg, Nr. 8, Juni 1977

SIMON, H./MÖBUS, C.: Testfairneß. In: KLAUER, K.J. (Hg.): Handbuch der Pädagogischen Diagnostik. Bd. 1. Düsseldorf 1982, S. 187-198

SIMONS, V.: Computerunterstützte Diagnose und Therapie von Fehlern. In: LEHNERT, U. (Hg.): Elektronische Datenverarbeitung in Schule und Ausbildung. München 1970, S. 133-141

SIXTL, F.: Sequentielles Testen in der Pädagogischen Diagnostik. In: KLAUER, K.J. (Hg.): Handbuch der Pädagogischen Diagnostik. Bd. 1. Düsseldorf 1982, S. 137-144

SLEEMAN, D./BROWN, J.S.: Intelligent Tutoring Systems. London 1982

SMITH, H.L./HYMAN, H.H.: The Biasing Effect of Interviewer Expectations on Survey Results. In: Public Opinion Quarterly, 14, 1950, S. 491-506

SMOCK, C.D.: The Influence of Stress on the Perception of Incongruity. In: Journal of Abnorm and Social Psychology, 50, 1955, S. 354-356

SNYDER, M./GANGESTAD, S.: Hypothesis-Testing Processes. In: HARVEY, J.H./ICKES, W.J./KIDD, R.F. (Eds.): New Directions in Attribution Research. Vol. 3, Hillsdale (N.J.) 1981, S. 171-196

SNYDER, M./SWANN (Jr.), W.B.: Hypothesis-Testing Processes in Social Interaction. In: Journal of Personality and Social Psychology, 36, 1978, S. 1202-1212

SNYDER, M./WICKLUND, R.A.: Attribute Ambiguity. In: HARVEY, J.H./ICKES, W.J./KIDD, R.F. (Eds.): New Directions in Attribution Research. Vol. 3, Hillsdale, (N.J.) 1981, S. 197-221

SOIKA, C.D.: Messung von Lernergebnissen — Mathematik. In: KLAUER, K.J. (Hg.): Handbuch der Pädagogischen Diagnostik. Bd. 2. Düsseldorf 1982, S. 771-780

SOMMER, W.: Bewährung des Lehrerurteils. Bad Heilbrunn/Obb. 1983

SOST, J.: Wesen und Bedeutung der Schulzeugnisse und ihre pädagogische und psychologische Auswertung. Paderborn 1926

SPADA, H.: Modelle des Denkens und Lernens. Bern 1976

SPADA, H./OPWIS, K.: Intelligente tutorielle Systeme aus psychologischer Sicht. In: MANDL, H./FISCHER, M. (Hg.): Lernen im Dialog mit dem Computer. München 1985, S. 13-23

SPEARMAN, C.: „General Intelligence" Objectively Determined and Measured. In: American Journal of Psychology, 15, 1904, S. 201-293

SPITZNAGEL, A.: Diagnostik sozialer Beziehungen. In: HEISS, R. (Hg.): Handbuch der Psychologie. Bd. 6: Psychologische Diagnostik. Göttingen 1964, S. 799-806

STAABS, G. von: Der Sceno-Test. Stuttgart 1951

STEINKAMP, G.: Die Rolle des Volksschullehrers im schulischen Selektionsprozeß. In: INGENKAMP, K. (Hg.): Die Fragwürdigkeit der Zensurengebung. Weinheim 1971, S. 256-276

STEINKAMP, G.: Analyse und Kritik des Leistungsprinzips im Ausbildungs- und Berufssystem industrieller Gesellschaften. In: HURRELMANN, K. (Hg.): Soziologie der Erziehung. Weinheim 1974, S. 159-211

STELTMANN, K.: Einstellungen zur Zensurengebung. Bonn 1977

STERN, E.: Die Tests in der Klinischen Psychologie. Bd. 2. Zürich 1955

STERN, W.: Die differentielle Psychologie in ihren methodischen Grundlagen. Leipzig 1911

STEVENS, S.S.: On the Theory of Scales of Measurement. In: Science, 103, 1946, S. 677-680

STOCKFORD, L./BISSEL, H.W.: Factors Involved in Establishing a Merit Rating Scale. In: Personnel, 26, 1949, S. 94-116

STÖTZNER, H.E.: Schulen für schwachbefähigte Kinder. Leipzig 1864

STÖTZNER, H.E.: Altes und Neues aus dem Gebiet der Heilpädagogik. In: Pädagogische Vorträge und Abhandlungen. Bd. 2. Leipzig 1868

STOUFFER, S. u.a.: The American Soldier. Vol. 12, Princeton 1949

SÜLLWOLD, F.: Theorie und Methodik der Einstellungsmessung. In: GRAUMANN, C.F. (Hg.): Handbuch der Psychologie. Bd. 7, 1. Halbband: Sozialpsychologie. Göttingen 1969, S. 475-514

SUMASKI, W.: Dimensionen des Lehrerverhaltens und ihre phänomenale Repräsentiertheit. Dissertation an der PH Niedersachsen. Hildesheim 1977

SUPPES, P./ZINNES, J.L.: Basic Measurement Theory. In: LUGE, R.D./BUSH, R.R./GALANTER, E. (Eds.): Handbook of Mathematical Psychology. Vol. 1, New York 1963, S. 3-76

SWANN (Jr.), W.B./PITTMANN, T.S.: Initiating Play Activity of Children: The Moderating Influence of Verbal Cues on Intrinsic Motivation. Child Development, 48, 1977, S. 1128-1132

SYMONDS, P.M.: Notes on Rating. In: Journal of Applied Psychology, 9, 1925, S. 188-195

SZASZ, T.S.: The Myth of Mental Illness. In: American Psychologist, 15, 1960, S. 113 f

TAGIURI, R.: Relational Analysis: An Extension of Sociometric Method with Emphasis on Social Perception. In: Sociometry. Vol. 15, No. 1-2, 1952, S. 91-104

TAUSCH, R./TAUSCH, A.M.: Erziehungspsychologie: Psychologische Prozesse in Erziehung und Unterricht. 1963 (1). Göttingen 1977(8)

TAYLOR, J.A.: Psychological Need, Set and Visual Duration, Threshold. In: Journal of Abnormal and Social Psychology, 62, 1956, S. 96-99

TEIGELER, P./GAUDE, P./TEIGELER, U.: Skalen zur Beschreibung von Schülerverhalten. In: Die Deutsche Schule, 65, 1973, S. 786-799

TELLER, B.: Für Zensuren schreiben? In: Grundschule, 21, 4/1989, S. 12-13

TENT, L.: Schätzverfahren in der Unterrichtsforschung. In: INGENKAMP, K./PAREY, E. (Hg.): Handbuch der Unterrichtsforschung. Bd. 1. Weinheim 1970, S. 853-1000

TEWES, U./THURNER, F.: Testbatterie Grammatische Kompetenz (TGK). Braunschweig 1978

THEOPHRAST: Charakterskizzen. München 1974

THERRIEN, S.: Teachers' Attributions of Student Ability. In: Alberta Journal of Educational Research, 22, 1976, S. 205-211

THOMAE, H. (Hg.): Untersuchungen über die Periodik im kindlichen Verhalten. In: Zeitschrift für Experimentelle Angewandte Psychologie, 3, 1955/56, S. 1-43 und 179-217

THOMAE, H.: Lage und Lageschema. In: Konkrete Vernunft. Festschrift für E. Rothacker. Bonn 1958

THOMAE, H.: Beobachtung und Beurteilung von Kindern und Jugendlichen. Basel 1968

THOMAS, W.I./THOMAS, D.S.: The Child in America. New York 1928

THORNDIKE, E.L.: The Measurement of Intelligence. New York 1927

THORNDIKE, E.L.: A Constant Error in Psychological Ratings. In: Journal of Applied Psychology, 4, 1920, S. 25-29

THURNER, F./EICHLER, W.: Messung von Lernergebnissen – Deutsch. In: KLAUER, K.J. (Hg.): Handbuch der Pädagogischen Diagnostik. Bd. 2. Düsseldorf 1982, S. 761-770

THURSTONE, L.L.: The Vectors of Mind, Multiple Factor Analysis for the Isolation of Primary Traits. Chicago 1935

THURSTONE, L.L.: Primary Mental Abilities. Chicago 1938

TIMAEUS, E./LÜCK, H.E.: Experimenter Expectancy and Social Facilitation. In: Psychological Reports, 23, 1968, S. 456-458

TISMER, K.-G.: Verhaltensbeobachtung bei Kindern und Jugendlichen. In: HELLER, K.A. (Hg.): Handbuch der Bildungsberatung. Bd. 3. Stuttgart 1976, S. 817-836

TRÖGER, H./FRENZ, H.G.: Zur Orientierung einer Pädagogischen Diagnostik. In: GARTEN, H.K. (Hg.): Anwendungsorientierte Diagnostik von Lernprozessen. Braunschweig 1977, S. 14-25

TROMMSDORFF, G. (Hg.): Erziehungsziele. Jahrbuch für Empirische Erziehungswissenschaft. Düsseldorf 1984

TYLER, R.W.: Curriculum und Unterricht. Düsseldorf 1973

ULICH, D./MERTENS, W.: Urteile über Schüler. Weinheim 1973

VERNON, P.E.: The Structure of Human Abilities. London 1950

VIEBAHN, P.: Schülerselbstbeurteilung in der Leistungsdiagnostik. In: Unterrichtswissenschaft, 10, 1982, S. 59-72

VIEBAHN, P.: Zur pädagogischen Funktion schwach gegliederter Bewertungsskalen in der Leistungsdiagnostik. In: Zeitschrift für Erziehungswissenschaftliche Forschung, 22, 1988, S. 145-162

VORMBAUM, R. (Hg.): Die evangelischen Schulordnungen des 16. – 18. Jahrhunderts. 3 Bde. Gütersloh 1860-1864

WAGNER, A.C. (Hg.): Schülerzentrierter Unterricht. München 1976

WAHL, D./WEINERT, F.E./HUBER, G.L.: Psychologie für die Schulpraxis. München 1984

WALTER, H.: Neue Wege zum optimalen Unterricht. München 1973

WALTER, H.: Einführung in die Unterrichtsforschung. Darmstadt 1977

WALTER, J.: Lernen mit Computern. Düsseldorf 1984

WARR, P.B./KNAPPER, C.: The Perception of People and Events. London 1968

WARTEGG, E.: Gefühl und Phantasiebild. In: Industrielle Psychotechnik, 13, 1936, S. 12-19

WARTEGG, E.: Der Wartegg-Zeichentest. In: STERN, E.: Die Tests in der Klinischen Psychologie. Bd. 2. Zürich 1955, S. 520-585

WATZLAWICK, P./BEAVIN, J.H./JACKSON, D.D.: Menschliche Kommunikation. Bern 1974

WEBB, E.J. u.a.: Unobtrusive Measures: Nonreactive Research in the Social Sciences. Chicago 1966

WECHSLER, D.: Wechsler Intelligence Scale for Children (New York 1949). Dt.: BONDY, C. (Hg.): Handbuch für den Hamburg-Wechsler-Intelligenztest für Kinder (HAWIK). Stuttgart 1963

WEINER, B.: A Theory of Motivation for some Classroom Experiences. Journal of Educational Psychology, 71, 1979, S. 3-25

WEINER, B.: A Cognitive (Attribution) – Emotion – Action Model of Motivated Behavior: An Analysis of Jugdments of Help-Giving. In: Journal of Personality and Social Psychology, 39, 1980, S. 136-200

WEINER, B.: The Emotional Consequences of Causal Ascriptions. In: CLARK, M.S./FISKE, S.T. (Eds.): Affect and Cognition. The 17th Annual Carnegie Symposium on Cognition. Hillsdale (N.J.) 1982

WEINERT, F.E./KNOPF, M./STORCH, C.: Erwartungsbildung bei Lehrern. In: HOFER, M. (Hg.): Informationsverarbeitung und Entscheidungsverhalten von Lehrern. München 1981, S. 157-191

WEINERT, F.E./SCHRADER, F.W.: Diagnose des Lehrers als Diagnostiker. In: PETILLON, H./WAGNER, J./WOLF, B. (Hg.): Schülergerechte Diagnose. Weinheim 1986, S. 11-30

WEISE, T.: Betrachtungen über geistesschwache Kinder in Hinsicht auf Verschiedenheit, Grundursachen, Kennzeichen und der Mittel, ihnen auf leichte Art durch Unterricht beizukommen. Zeitz 1820

WELLENDORF, F.: Schulische Sozialisation und Identität. Weinheim 1977(4)

WELLENREUTHER, M.: Grundkurs empirische Forschungsmethoden. Königstein/Ts. 1982

WENDELER, J.: Intelligenztests in Schulen. Weinheim 1971

WESTMEYER, H.: Grundlagenprobleme psychologischer Diagnostik. In: PAWLIK, K. (Hg.): Diagnose der Diagnostik. Stuttgart 1976, S. 71-102

WIECZERKOWSKI, W. u.a.: Angstfragebogen für Schüler. Braunschweig 1974

WIECZERKOWSKI, W./QUINTAMILLA, R.: Aufgabenanalyse, Testanalyse und Normierung auf der Basis der klassischen Testtheorie. In: KLAUER, K.J. (Hg.): Handbuch der Pädagogischen Diagnostik. Bd. 1. Düsseldorf 1982, S. 281-300

WILDE, K.: Die Frage der Sicherheit in der psychologischen Diagnose. In: Psychologische Rundschau, 1, 1949/50, S. 47-56

WILEY, M.G./ESKLISON, A.: Why Did You Learn in School Today? Teachers' Perceptions of Causality. In: Sociology of Education, 51, 1978, S. 261-269

WILLIAMS, A.J.: Interviewer-Respondent Interaction. In: Sociometry, 27, 1964, S. 332-352

WINNEFELD, F.: Pädagogischer Kontakt und pädagogisches Feld. München 1965

WITTE, J.H.: Die mehrfach bedenkliche Einrichtung von Hilfsschulen als Schulen nur für schwachbegabte Kinder. (erstm. Thorn 1901). In: KLINK, J.G. (Hg.): Zur Geschichte der Sonderschule. Bad Heilbrunn/Obb. 1966, S. 77-78

WÖLKER, H.: Zensuren aus dem Computer. Objektivierte Auswertung programmierter Prüfungen. München 1968

WÖLKER, H.: Objektivierung der Bewertung: Zensuren aus dem Computer. In: LEHNERT, U. (Hg.): Elektronische Datenverarbeitung in Schule und Ausbildung. München 1970, S. 118-125

WÖLKER, H.: Zensuren aus dem Computer. In: LICHTENSTEIN-ROTHER, I. (Hg.): Schulleistung und Leistungsschule. Bad Heilbrunn/Obb. 1973, S. 81-89

WÜRTTEMBERGISCHE KOMMISSION FÜR LANDESGESCHICHTE (Hg.): Geschichte des humanistischen Schulwesens in Württemberg. Bd. 2 (1559-1905). Stuttgart 1920

WYGOTSKI, L.S.: Denken und Sprechen. Berlin 1964

YATES, A. (Hg.): Grouping in Education. (New York 1966). Dt.: Lerngruppen und Differenzierung. Weinheim 1972

ZAJONC, R.B.: Feeling and Thinking. Preferences need no Inferences. In: American Psychologist, 35, 1980, S. 151-175

ZIEGENSPECK, J.: Zensur und Zeugnis in der Schule. Hannover 1973

ZIEGLER, R.: Typologien und Klassifikationen. In: ALBRECHT, G./DAHEIM, H. (Hg.): Soziologie, Sprache, Bezug zur Praxis, Verhältnis zu anderen Wissenschaften. Köln 1973, S. 11-47

ZILER, H.: Der Mann-Zeichen-Test (MZT). Münster 1958

ZILLIG, M.: Einstellung und Aussage. In: Zeitschrift für Psychologie, 106, 1928

ZIMMERMANN, K.W./KORNMANN, R./LORENZ, A.L.: Der HAWIK bei lernbehinderten Sonderschülern. Überbiel 1971

ZINNECKER, J. (Hg.): Der heimliche Lehrplan. Weinheim 1973

Sachregister

326

Autorenregister